信贷业务全流程实战

报表分析、风险评估与模型搭建

周艺博 著

本书作者在外资银行工作15年。本书内容融合了作者的从业经验和深度思考。全书以商业银行前线工作人员的视角，详细讲解公司信贷业务全流程的实务与方法，包括尽职调查、财务报表分析、现场检查、信贷结构设计、信贷条款设计、信贷报告撰写以及贷后管理等工作。书中有大量的工作图表和真实案例，提供了一套完整、系统化的工作流程，以及信贷思维、财务报表分析方法和风险管理实战经验。

图书在版编目（CIP）数据

信贷业务全流程实战：报表分析、风险评估与模型搭建 / 周艺博著 . —北京：机械工业出版社，2024.5（2024.11重印）
ISBN 978-7-111-75289-9

Ⅰ.①信… Ⅱ.①周… Ⅲ.①信贷业务 – 业务流程 – 研究 – 中国 Ⅳ.① F832.4

中国国家版本馆 CIP 数据核字（2024）第 050523 号

机械工业出版社（北京市百万庄大街 22 号　邮政编码 100037）
策划编辑：石美华　　　　　　　责任编辑：石美华　刘新艳
责任校对：张慧敏　张昕妍　　　责任印制：常天培
北京铭成印刷有限公司印刷
2024 年 11 月第 1 版第 2 次印刷
170mm×230mm · 24.75 印张 · 1 插页 · 428 千字
标准书号：ISBN 978-7-111-75289-9
定价：89.00 元

电话服务　　　　　　　　　网络服务
客服电话：010-88361066　　机　工　官　网：www.cmpbook.com
　　　　　010-88379833　　机　工　官　博：weibo.com/cmp1952
　　　　　010-68326294　　金　书　网：www.golden-book.com
封底无防伪标均为盗版　机工教育服务网：www.cmpedu.com

PREFACE
前　言

从大学毕业起，我就进入银行工作，走上公司业务客户经理的岗位，一做就是十几年。现在我暂别银行，开启了新的职业旅程，给银行和企业提供公司信贷和风险管理相关的培训及咨询服务。虽暂别了银行的工作，但研究各个行业和各家企业，阅读和分析财务报表，仍然是我每天都继续在做并且乐在其中的事情。我很享受这种惯性思维和行为，给我的生活带来的乐趣、满足和踏实感。大学毕业后入职德意志银行参加新员工培训时，一位高管曾说过："要足够重视和敬畏自己每天的工作，因为在银行工作的一点一滴都会慢慢融入你的血液。"十几年里，从事的这份工作，打磨了我的品格，造就了我的思维模式，也影响和约束着我日常的行为。

2006年我入职银行的时候，给企业开立公司账户，需要手工填写一套开户申请资料，内容特别多。每填错一个地方就需要麻烦客户盖一次公章，所以每次填写的时候，我都很紧张。那时候，德意志银行在国内还没有向客户提供网上银行服务，客户做交易都要亲临柜台，带着一大堆章完成"折角验印"的流程。我现在还记得第一次给客户打电话时那种怯生生的样子和处理第一笔外汇交易时的紧张与慌乱。我第一次在书本外见到了真实的票据、信用证和提单等单据，写了第一份信贷报告，放了第一笔贷款。我就这样一路走来，在一点一滴中学习商业银行的公司业务，从陌生到精通，对商业银行的公司业务如何运转逐渐有了全面而深刻的理解。

这些年，我管理过中小型企业、中大型民营企业、央企、国企等上百家各个行业的企业客户。管理过的贷款规模也从几百万元增长到几百亿元，这其中没有出现过一笔逾期和坏账。尽管在离职时有同事调侃我，说没有处理过坏账的客户经理的职业生涯是不完整的，但我很感恩这种不完整。

在银行工作的15年里，市场和政策都变化太快了，时常让我如履薄冰。刚入职银行时，国内的互联网行业正从萌芽中发展壮大，光伏行业也正值出口繁荣期。当时，光伏组件出口企业是我们银行服务的主要客户群体之一，我每天下午都忙于处理这些企业的信用证单据，跟德国总部连线做福费廷（Forfeiting）。从业的第3年，经历了2008年全球金融危机，我国实施了四万亿计划应对经济下行。石油、煤炭、钢铁、金属、水泥、电力、房地产、建筑等行业随之进入高速增长期。随着四万亿计划的实施，国内市场对大宗商品的需求愈加旺盛，加之人民币兑美元汇率从2005年后一直处在单边升值的趋势，彼时美元的贷款利率比人民币贷款利率要低，这其中蕴含着丰厚的套利空间。在这段时间里，我管理的企业客户正是以这些高速增长行业的企业为主，还有部分是致力于矿产和能源产品进口的大宗商品贸易企业。结合当时的市场需求和金融环境，主要给这些企业客户提供美元贷款、跨境贸易融资、大宗商品以及外汇的套期保值方面的服务。

在金融危机的冲击下，欧美经济大幅衰退，对光伏产品的需求骤减，并在2011年对我国光伏组件出口企业实施"双反"政策。而当时我国出台了支持光伏产业发展的相关政策，在政府补贴、土地和税收优惠等多方面的政策下，越来越多的中国厂商进入光伏行业。国内光伏产业迅速发展，2013～2015年，我国光伏新增装机容量连续三年排名全球第一。同期，互联网企业也处在快速增长期，并且电商行业的发展促进了快递行业的迅速发展，2014年，中国快递业务量排名世界第一。

四万亿计划实施后，煤炭、钢铁等重资产生产制造行业，出现增速放缓、产能过剩的现象。2014年青岛德诚矿业因在青岛港口的融资活动涉嫌诈骗而被调查，银行对大宗商品贸易融资趋严。2015年汇率改革后人民币兑美元汇率单边升值的走势终止，套利空间随之变窄。随着我国提出"供给侧结构性改革"，淘汰落后产能，大宗商品市场也逐渐变得低迷。

2014年，我国出现首例债券违约事件，在那之后，债券违约规模不断攀升，2016年违约规模达到近400亿元，约是2014年和2015年债券违约总额的4倍（以上数据来源于Wind）。这是我从业近10年来，第一次看到大范围的企业破产倒闭，而且亲历了一些企业高速增长至巅峰，然后衰落到破产倒闭。这些债券违约的企业里还包括大量之前市场中的明星企业。

随后，国家实施去产能、全国范围降杠杆的政策，企业一时间都来不及反应，再融资的各种途径就不存在了，大量的民营上市公司违约，实际控制人股票质押爆仓。各地政府成立纾困基金救助当地的企业，上市公司实控人排队争取纾困资金渡过难关。我当时的感触很深，在这种场面下我才真正理解了到底什么是风险，才真正懂得自己每天工作中管理"风险"究竟意味着什么，而之前每天提到无数次的"风险",不过只是在说这个词而已。

2018年"逆全球化"现象逐渐出现,一些跨国企业撤离中国,中美贸易摩擦开始,产业格局开始重塑,市场上违约爆雷事件频频发生,其中不乏国企以及市场认可的"白马"企业。光伏行业巨大的产能过剩导致企业利润率大幅下降,2018年出台的"5·31"政策,使得之前依靠补贴粗放式发展的企业纷纷倒闭。地产行业在降杠杆后遭遇的"寒冬"越来越冷,2019年后30多家地产龙头企业相继爆出债务违约。

2020年初原油暴跌,新冠疫情的冲击带来产业格局的剧烈变化,医疗器械、病毒检测、防疫物资等相关行业迅速增长,餐饮和旅游等服务行业遭受着巨大的冲击。"黑天鹅"事件的发生不断刷新着我们对风险的理解和认知,不仅要防范"灰犀牛",更要防范"黑天鹅"。

在"双碳"⊖政策的拉动下,我国开启了能源结构的转型,光伏行业再度迎来高峰。新零售、共享经济、短视频、直播等新经济出现并蓬勃发展,但其中很多商业模式创新的可行性还没有得到市场验证。人民币兑美元的汇率,在汇率改革后已从单边升值的趋势转为双向波动,并且波动趋于频繁而剧烈。如今的企业面临着市场、政策以及汇率等多重风险,商业银行公司信贷业务的风险管理也面临着全新的挑战。

如果问我十几年银行的工作经历教会我最重要的东西是什么,我想是教会我实事求是、遵从事物发展规律,学会对市场的敬畏,练就了我做事谨慎且始终如一的品质,正如老子所说"慎终如始,则无败事";让我拥有了一种成长性思维,理解事物存在不确定性的同时,又能勇于面对这种不确定性。这些对我来说是人生中收获的最宝贵的经验和财富。非常幸运能有这样的思维融入我的血液,我想这就是我享受并保持这种"惯性"的原因。

公司信贷业务并不需要火箭科学般尖端的理论知识,更多的是需要用常识去判断,遵从事实,不被思维偏误影响和引导。想要做好这份工作,需要培养结构化、系统性的公司信贷思维,也需要很多耐心,甚至需要有一种每天"清零"的思维模式,不要让自己陷入经验主义和思维偏误。尤其是当自己工作时间越来越长,"觉得"自己越来越有经验的时候,反而可能更容易犯错。每天都要保持对风险的敬畏,在每一次分析和每一笔交易中,都要有从业第一天的那种对市场和风险"无知"的警惕与敬畏。

正如我在上文中描述的部分从业经历,公司信贷业务的经验积累,需要一个

⊖ 双碳是指碳达峰、碳中和。

比较长的时间段，才能经历一遍从贷前到贷后直至企业归还完借款的完整工作流程。需要不断重复这些业务流程，才能越来越熟练，从而总结出经验。而管理的企业、企业所在的行业又是具有随机性的，这使得积累的经验可能具有局限性。培养对风险的意识，只经历过经济周期的上行是不够的，那时看到的都是企业的发展，只有经历过经济周期的下行，才能深刻地理解风险，才能在实践中积累管理风险的经验。这也是资产管理行业从业者所面临的共同的问题。

于是我萌生了写一本书的想法，根据自己过往15年的工作经验，总结出一套系统化的工作流程和方法，希望能给资产管理行业的从业者和计划走向这些岗位的朋友提供实务参考，同时也希望能给企业家、财务总监等高管及融资岗位的人员带来启发，让大家了解从商业银行的视角，如何看待企业的每一种行为，如何评估企业风险，从而学会跟银行这个特殊的、管理和经营风险的商业体打交道，而不是仅仅把银行看成一个"资金方"。企业只有清楚银行这个资金方的游戏规则和对交易对手方的评价标准，学会"聪明地"借钱，构建适合企业自身商业模式及所处行业特性的债务结构，才能愉快地跟银行和谐共处、实现共赢。

公司信贷业务涉及的内容学无止境，本书的内容仅是我个人通过自己的工作经验总结出的方法，不代表曾经就职过的任何一家银行的风险管理流程。

在写书的过程中，我始终追求的目标是读者的阅读体验感一定要好，绝不能因为这是一本专业书，内容就可以枯燥。因此，我尽己所能地努力写得不拖沓，内容结构和案例编排、设计都是从读者角度考虑是否易读、易学，而且学完就能实操的。特此还配上了一份思维导图，其脱胎于本书的构思大纲。如需获取本书的思维导图，请关注公众号"OZ财报分析"，并回复"思维导图"，自动领取。在一年多的写作时间里打磨了几十个版本，便于读者对本书的学习和在实务中的应用。

受限于个人的经验与能力，本书提及的理论和方法、囊括的内容肯定远远不足以覆盖实际工作中会遇到的问题，难免存在疏漏。本书对公司信贷业务的学习来讲仅是抛砖引玉，作为读者的学习及参考。我更希望本书能为读者打开思维，成为一把梯子，助你拾级而上。希望这本书能带给大家良好的阅读体验，能对大家建立自己的系统工作方法和思维框架有所启发，并且能为大家的工作带来实际的帮助。

也在此祝福我的每一个老东家（德意志银行、花旗银行和星展银行）在中国的业务发展蒸蒸日上！

周艺博

| KEY INSIGHTS |
核心内容速览

本书按照商业银行公司信贷业务传统的业务流程划分方式，分为贷前、贷中以及贷后三个部分。

第一部分　贷前

贷前部分共 18 章，详细讲述了商业银行公司信贷业务的尽职调查与风险评估工作流程。

第 1～4 章介绍了企业历史沿革和背景信息调查、股权结构分析、主营业务分析以及供应商和客户分析。用理论结合案例的方式，讲述了中小型企业和大型集团在企业调查和分析中的底层逻辑、分析步骤和工作方法，介绍了在调查与分析中存在的几种思维偏误和应对方式。

第 5～10 章详细讲述了在公司信贷业务中，如何对一家拟授信企业的财务报表展开分析，如何对其财务数据进行预测。其中第 5～7 章讲述了如何对利润表、资产负债表、现金流量表进行分析。用实务案例解析的方法，详细讲解了实务中常见的细分科目（含最新企业会计准则下的合同资产、使用权资产、合同负债、租赁负债等科目）的分析步骤、方法、思路及可能隐含的财务作假手段。

第 8 章讲述了评估企业盈利能力、营运能力及偿债能力的财务指标。分别讲述了每一类财务指标的计算方法、分析思路以及应用的局限性。

第 9 章是一个完整的财务报表分析实务案例。

第 10 章是一个搭建财务模型和财务数据预测的实战案例。

第 11 章讲述了快速了解一个行业的方法、同业竞争对手分析，包括如何选择对标竞争对手，对标分析中应该选择哪些财务指标，以及对标分析实务中常见的错误。

第 12 章讲述了如何分析一家企业的隐性负债和或有负债。其中，隐性负债讲述了实务中常见的三种情况：生产经营中存在的隐性负债，实际控制人、高管层可能存在的隐性负债及企业故意隐藏的负债。或有负债主要讲述了担保和诉讼。

第 13 章讲述了如何分析一家企业的现有授信结构，包括对现有授信金融机构的分析、额度使用集中度与贷款余额分析、成本分析、信用报告分析以及授信条件分析。

第 14 章讲述了现场检查工作流程：现场检查前的准备工作、现场检查中的工作方法与技巧（如何开展办公区、生产车间与仓库等场所的现场检查）、现场文件抽调与核实的方法与技巧、现场检查结束后的工作。

第 15 章讲述了公司治理层面的风险识别与分析，包括评估公司治理风险、识别公司治理风险点的工作方法与技巧。

第 16 章详细讲述了公司信贷中常见的风险，例如杠杆率过高的风险，短债长用风险，控股公司风险，从属风险，固定资产投资、并购扩张的风险，客户集中度风险，大宗商品价格波动、汇率波动和金融衍生品风险。

第 17 章讲述了公司信贷业务中常见的信贷产品种类与结构，包括流动资金贷款、固定资产贷款、并购贷款以及国内贸易融资和国际贸易融资产品，跨境融资和其他常见融资种类，列举了市场中发生的融资性贸易违约案例，通过阐述与分析详细讲解了融资性贸易的特点和财务指标特征。

第 18 章讲述了信贷业务中涉及的核心条款，如限制性条款、先决性条件和承诺条款，并列举了融资意向函包括的核心要素。

第二部分　贷中

贷中部分共两章，分别是信贷报告的撰写、信贷审批和额度的使用。

第 19 章讲解了信贷报告的撰写，包括信贷报告的内容要点、信贷报告撰写的技巧和 9 类注意事项以及快速完成一份信贷报告的实务技巧。

第 20 章介绍了贷款的审批与额度的使用，包括授信的审批流程、合同的签署与授信额度的设立，提款申请的书写要点及注意事项。

第三部分　贷后

贷后部分共两章，分别是贷后管理及年审与风险的预警信号。

第 21 章讲述了贷后管理及年审的工作内容，用 3 节内容详细介绍了如何做贷后管理方案、年度审查的要点以及如何撰写年审信贷报告。

第 22 章详细讲述了风险预警的信号和识别方法，共 7 节内容，包括账户、交易的监控风险点，如何识别宏观经济、政策及行业层面、经营及业务层面、财务指标层面、利益相关方及其他几个方面的预警信号及实务案例解析。

附录案例解析：大宗商品企业客户的贷前、贷后风险管理（青山伦镍实例）。解析了 2022 年初，民营企业青山控股集团在伦敦交易所持有镍期货空单，因镍期货价格上涨被逼空的事件。根据该案例，阐述了大宗商品套期保值业务的原理、商业银行向大宗商品企业提供套期保值业务的实务。此案例解析为本书内容的延伸与补充。

阅读和使用方式建议

全书共有 22 章和一个附录案例，以商业银行一线工作人员的视角展开，详细讲解了商业银行公司信贷业务全流程的实务。本书是一个科班出身的公司信贷业务老兵，把自己十几年来总结出的一套系统化的工作流程、信贷思维、财务报表分析方法以及风险管理实战经验，手把手地交付于你。

本书内容有其他财经书籍较少涉及但又非常重要的财务报表细分科目的详细讲解。如汇兑损益科目，第 5 章里讲述了实务中汇兑损益科目的几种成因，企业选择不同记账汇率时汇兑损益科目体现出的差异，介绍了国内企业使用金融衍生品等套期保值业务对汇率风险进行管理的现状，以及如何理解和分析使用套期保值工具后的汇兑损益科目。内容完整而翔实，结合了作者多年的实务经验与深度思考。

如果你是一个商业银行公司信贷业务和信贷审批部门的新手，或是有计划从事公司信贷相关工作，或是希望系统化地学习公司信贷业务，建议你按照顺序完整阅读，并跟随书中每个章节中的案例讲解一起分析、思考和练习。

如果你是有一定公司信贷工作经验的读者或非银行从业人员，如企业财务部、融资部以及其他资产管理岗位的从业者，或是对财务分析感兴趣的学习者，则无须从头至尾完整阅读全书，可以根据实际工作中遇到的具体问题，在目录中查找相关章节对照学习，或者直接找到感兴趣的章节，有选择地进行阅读。

建议读者把贷前部分的第 5～9 章财务报表分析及实战案例和贷后部分第 22 章中的财务指标层面的风险预警信号，两部分对照着阅读。在学习每一个财务报表细分科目的基础上，思考其变化可能带来的风险预警信号，可以拓宽思维并加深思考，加深对公司信贷业务风险的理解。

目 录

前言
核心内容速览

第一部分　贷前

第1章　企业历史沿革、背景信息调查　/2

1.1　重点关注信息　/2
1.2　实务中的工作方法与技巧　/5
1.3　防止认知偏误　/7

第2章　股权结构分析　/9

2.1　控股股东及最终受益人　/9
  2.1.1　股权结构分析实务　/9
  2.1.2　实务难点解析　/11
2.2　子公司　/14
2.3　关联公司　/16

第3章　主营业务分析　/18

3.1　如何认定企业的主营业务　/18

3.1.1　主营业务的认定　/18
　　　3.1.2　别轻易相信企业告诉你的主营业务　/19
　3.2　集团公司主营业务分析　/21
　　　3.2.1　子公司与集团公司主营业务的关系　/21
　　　3.2.2　集团公司主营业务与非主营业务板块的风险探究　/22
　　　3.2.3　如何在集团公司里筛选拟授信企业　/23
　3.3　核心产品或服务分析　/24
　3.4　商业模式分析　/28

第4章　供应商和客户分析　/30

　4.1　供应商分析　/30
　4.2　客户分析　/35
　4.3　实务中的两种特殊风险　/38

第5章　利润表分析　/40

　5.1　营业收入　/41
　　　5.1.1　三个变量和一个公式　/41
　　　5.1.2　营业收入构成、变化及驱动因素分析　/42
　　　5.1.3　行业周期性对营业收入的影响　/45
　　　5.1.4　阶段性行情与阶段性产品对营业收入的影响　/47
　　　5.1.5　营业收入的横向比较　/47
　　　5.1.6　虚增收入的几种操纵方式　/48
　　　5.1.7　新经济中收入被"夸大"现象的思考　/50
　5.2　营业成本　/51
　　　5.2.1　营业成本与生产成本　/51
　　　5.2.2　固定成本与可变成本　/52
　　　5.2.3　营业成本的分析方法与案例　/53
　　　5.2.4　现金成本与非现金成本　/56
　5.3　费用　/56

  5.3.1　销售费用和管理费用　/56

  5.3.2　财务费用　/58

  5.3.3　研发费用　/61

5.4　汇兑损益　/65

  5.4.1　汇兑损益的成因　/66

  5.4.2　汇兑损益如何体现在财务报表上　/67

  5.4.3　记账汇率如何影响汇兑损益　/70

  5.4.4　如何理解和分析套期保值下的汇兑损益　/70

  5.4.5　国内企业使用金融衍生品管理汇率风险的现状　/74

  5.4.6　高风险特征的识别与应对　/75

5.5　其他损益　/76

  5.5.1　其他经营收益　/76

  5.5.2　资产减值损失、信用减值损失　/78

  5.5.3　资产处置收益/损失　/80

  5.5.4　营业外收入/支出　/80

5.6　净利润　/81

5.7　少数股东损益与其他综合收益　/82

  5.7.1　少数股东损益　/82

  5.7.2　其他综合收益　/84

第6章　资产负债表分析　/85

6.1　流动资产　/85

  6.1.1　货币资金　/85

  6.1.2　交易性金融资产　/87

  6.1.3　应收票据、应收账款、应收款项融资　/90

  6.1.4　合同资产　/93

  6.1.5　其他应收款　/97

  6.1.6　预付款项　/98

  6.1.7　存货　/99

6.2 非流动资产 /102

    6.2.1 债权投资 /102

    6.2.2 长期股权投资 /104

    6.2.3 固定资产 /111

    6.2.4 在建工程 /117

    6.2.5 生产性生物资产 /120

    6.2.6 使用权资产 /122

    6.2.7 无形资产 /124

    6.2.8 商誉 /126

    6.2.9 长期待摊费用 /129

    6.2.10 其他非流动金融资产 /134

    6.2.11 递延所得税资产 /135

6.3 流动负债 /136

    6.3.1 短期借款 /136

    6.3.2 应付票据和应付账款 /136

    6.3.3 其他应付款 /139

    6.3.4 预收款项与合同负债 /142

    6.3.5 一年内到期的非流动负债 /145

6.4 非流动负债 /146

    6.4.1 长期借款 /146

    6.4.2 应付债券 /147

    6.4.3 租赁负债 /150

    6.4.4 递延所得税负债 /153

6.5 所有者权益 /156

第7章 现金流量表分析 /158

7.1 三类活动现金流 /158

7.2 现金流分析 /160

    7.2.1 实务案例1 /161

　　　　7.2.2　实务案例 2　/162
　　7.3　现金流量表中的两个常用财务指标　/165
　　　　7.3.1　净现比　/165
　　　　7.3.2　收现比　/167
　　7.4　自由现金流　/171
　　7.5　间接法编制的现金流量表　/175

第 8 章　财务指标分析　/178

　　8.1　盈利能力指标　/178
　　　　8.1.1　毛利率　/178
　　　　8.1.2　净利率　/185
　　　　8.1.3　资产回报率和净资产收益率　/186
　　　　8.1.4　EBIT 与 EBITDA　/187
　　8.2　营运能力指标　/188
　　　　8.2.1　现金循环周期　/188
　　　　8.2.2　实务案例　/189
　　8.3　偿债能力指标　/193
　　　　8.3.1　杠杆率　/193
　　　　8.3.2　利息保障倍数　/194
　　　　8.3.3　偿债覆盖率　/195

第 9 章　财报分析实战案例　/196

第 10 章　财务预测与模型搭建　/215

第 11 章　行业及同业竞争对手分析　/238

　　11.1　如何快速了解一个行业　/238
　　11.2　同业竞争对手分析　/240
　　　　11.2.1　如何选择对标竞争对手　/240
　　　　11.2.2　对标分析中选择的财务指标　/242

11.2.3　对标分析实务中常见的几种错误　/242

第12章　隐性负债和或有负债分析　/244

12.1　隐性负债　/244

12.2　或有负债　/246

12.2.1　担保　/246

12.2.2　诉讼　/250

第13章　现有授信结构分析　/251

13.1　现有授信金融机构分析　/251

13.2　集中度和贷款余额分析　/252

13.3　成本分析　/253

13.4　企业信用报告分析　/253

13.5　授信条件分析　/254

第14章　现场检查　/256

14.1　现场检查前的准备工作　/256

14.1.1　预约的技巧　/256

14.1.2　拜访前的准备工作　/257

14.2　现场检查中的工作方法与技巧　/260

14.2.1　现场访谈　/260

14.2.2　办公区检查　/262

14.2.3　工厂生产车间及仓库检查　/264

14.2.4　现场检查的"独门秘籍"　/265

14.3　文件的抽调与核实　/268

14.4　现场检查结束后的工作　/270

第15章　公司治理的风险评估　/272

15.1　公司治理风险点的识别　/272

15.2　识别公司治理风险点的工作方法与技巧　/274

第 16 章　识别和明确信贷中常见的 7 种风险　/278

16.1　杠杆率过高的风险　/278

16.2　短债长用的风险　/279

16.3　控股公司风险　/281

16.4　从属风险　/284

16.5　固定资产投资、并购扩张的风险　/285

16.6　客户集中度风险　/286

16.7　大宗商品价格波动、汇率波动和金融衍生品风险　/290

第 17 章　信贷产品种类与结构　/293

17.1　流动资金贷款、固定资产贷款、并购贷款　/293

17.2　国内贸易融资　/294

　　17.2.1　采购端（供应商）融资　/295

　　17.2.2　销售端（客户）融资　/296

17.3　国际贸易融资　/297

　　17.3.1　进口商融资　/298

　　17.3.2　出口商融资　/299

17.4　跨境融资　/300

　　17.4.1　跨境融资——境外企业融资　/300

　　17.4.2　跨境融资——境内企业融资　/302

17.5　其他常见融资种类　/303

17.6　融资性贸易违约案例分析　/304

第 18 章　条款　/311

18.1　限制性条款、先决性条件与承诺条款　/311

18.2　融资意向函　/313

第二部分 贷中

第19章 信贷报告的撰写 /316
- 19.1 信贷报告的内容要点 /316
- 19.2 信贷报告撰写注意事项与技巧 /317
- 19.3 如何快速完成一份信贷报告 /327

第20章 审批和使用 /330
- 20.1 审批、合同签署、额度设立 /330
- 20.2 提款申请的书写要点及注意事项 /331

第三部分 贷后

第21章 贷后管理及年审 /336
- 21.1 如何做一份贷后管理方案 /336
- 21.2 年度审查的要点 /340
- 21.3 贷后管理（年审）的报告撰写 /341

第22章 风险的预警信号 /344
- 22.1 账户、交易的监控风险点 /344
- 22.2 宏观经济、政策及行业层面的预警信号 /345
- 22.3 经营及业务层面的预警信号 /347
- 22.4 财务指标层面的预警信号 /350
- 22.5 财务指标预警信号实战案例分析 /357
- 22.6 利益相关方的预警信号 /364
- 22.7 其他预警信号 /367

附录 案例解析：大宗商品企业客户的贷前、贷后风险管理（青山伦镍实例） /369

后记 /377

PART 1
第一部分

贷　　前

CHAPTER 1
第 1 章

企业历史沿革、背景信息调查

　　了解企业的历史沿革和背景信息，是尽职调查中非常重要的一个环节。实务中因为更关注企业当下的信息，往往对历史沿革和背景信息的调查一带而过。事实上企业的发展历程中隐藏着大量的信息，是否能把这些隐藏信息挖掘出来并进行准确解读，最终会影响对企业现今经营情况、治理能力和发展战略的理解，对财务报表（简称"财报"）的解读与分析，对企业综合信用风险的评估，乃至贷后管理的质量。

　　每一个企业的现状，都是一个企业家拒绝和接受了一系列的威胁以及机会后塑造出来的，代表着企业家管理风险的能力。企业今后的发展很可能会延续该企业家的思维模式、行为习惯，这些都蕴含着面对以及应对风险的行为方式。

　　做好对企业历史沿革和背景信息综合全面的调查和了解，对后续尽职调查工作是一个重要的铺垫。

1.1　重点关注信息

　　对企业历史沿革和背景信息的调查，重点关注的信息包括几个方面。

　　（1）成立时间

　　企业成立时间是银行向企业提供授信的基本要求之一，完成信贷风险评估需要企业有至少 2 个连续、完整自然年度的财务报表。企业成立时间要超过 3

年才能满足商业银行授信基本准入条件。

（2）主营业务

银行需要了解企业主要生产经营活动范围、业务板块、销售的商品或提供的服务、产品的市场占有率、企业在其行业和市场中所处的地位。

（3）股东信息

银行需要了解企业现有股东结构和股东信息，包括控股股东和实际控制人持股比例与属性，股东之间是否存在一致行动人，是否存在委托投票权的情况等，并了解企业历史存续期股东和控制权变更情况。

（4）企业属性

银行在尽职调查的早期阶段，只需根据股权结构区分清楚企业属性即可，如属于央企、国企（县属、市属、省属）、合资企业、外商投资企业或民企。待后续工作展开，判断企业符合商业银行授信基本准入条件时，才需对企业属性进行进一步分析。

（5）所处发展阶段

银行需要判断企业处在初创期、成长期、成熟期还是衰退期。处在不同发展阶段的企业，表现出的特征不同。对企业所处发展阶段的了解，有助于银行进行财务报表的分析和财务数据的预测，同时也有助于判断企业的风险。

- 初创期。处在初创期的企业，通常还未建立稳定的业务形态，财务报表大多都不规范，甚至会很混乱。处在这个时期，企业能否存活下去是最大的问题，还谈不上追求盈利。大部分初创期的企业都是不符合商业银行授信基本准入条件的。
- 成长期。处在成长期的企业，基本有了稳定的商业模式，产品或服务也得到了市场的认可。处在这个阶段的企业，发展较为迅速，财务报表规范性更高，通常表现出营业收入增长率高、盈利能力逐步提升的特征。生产制造型企业还会表现出固定资产不断增加的特征。处在成长期的企业，资金需求最为旺盛，融资规模也会随着企业的发展快速增长。
- 成熟期。处在成熟期的企业，财务数据表现出的特征通常是营业收入、盈利水平达到高峰，利润率相对稳定。它们会寻找在产业链上下游延伸发展的机会进行并购。处在这个时期的企业，营业收入、营业成本、利润率以及现金流等指标的预测会相对更准确。
- 衰退期。处在衰退期的企业，在财报上可能会表现出营业收入、利润率等指标下滑的特征。当然，衰退的迹象也很有可能不会立即表现在财务数据上。比如拥有多业务板块的企业，其中部分业务板块的衰退和下滑有可能被其他上涨业务板块的数据所遮盖。识别企业是否处在衰退期并不是一件容易的事情。如果在贷前能从财务数据上看出明显的下滑趋势，明确判断企业处在衰退期，反而是件"好事"，银行可以及时停止授信，避免违约风险。处在衰退期的企业，迫于业绩压力，会进行业务的转型，或通过并购的方式以支撑业绩，这些操作可能会给企业带来新的发展机会，也可能带来更大的风险。企业也可能会迫于业绩压力而在财务数据上造假。对于商业银行来讲，对待处在这个阶段的企业要谨慎，提供授信意味着高风险。

（6）所处行业特性

银行需要了解企业所处行业的特性。比如是否属于周期性行业，属于重资产还是轻资产行业，属于新兴行业、成熟行业还是夕阳行业。

（7）业务演化与发展

银行需要了解企业存续期间业务发展路径。有些企业存续时间较长，在存续过程中，业务经历过数次转型与调整，如控制权变更很可能会带来企业属性、战略方向、主营业务及管理层等诸多方面的变化。

银行需要分析企业业务是如何演化的。比如是根据所处行业在产业链里延伸发展，还是通过并购实现快速发展，了解企业所处行业在企业存续期间发生过哪些事件和变化，借助行业信息判断企业的竞争优势和抗风险能力。

如果一家企业的存续时间超过10年，延续着同样的主营业务，且还处在成熟期，业务并未衰退。这个信号传递出该企业经历和跨越了一个经济周期，其商业模式在市场上有一定的认可度，在跟上下游合作关系的稳定性、运营管理能力、管理团队的稳定性等各方面都优于新进入该行业的企业，竞争力和抗风险能力也更强。

（8）公开信息

银行需要了解企业是否为上市公司。如已上市，确认其上市场所（不同交易所的信息披露规则和要求不同），是否有公开市场评级（海外评级、国内评级），是否有在公开市场上发行的债券等。

上市公司、有公开市场评级的企业，财务数据透明度更高，可信度也更高（这是一个针对群体的相对评价，不是针对个体的绝对评价，任一上市企业与非上市企业之间没有可比性，上市公司也有财务造假的个例。）。

（9）负面消息

银行需要查询企业现在和过去是否存在债务违约记录，是否有诉讼纠纷、安全、环保等方面的重大负面信息，是否有企业的实际控制人、高管层的重大负面信息，比如被列为失信人、被诉讼等。

（10）企业文化

银行需要了解企业文化是什么？在公关、媒体方面的自我展示有哪些？是否有官网？信息更新是否及时？

本节内容中提到的这些重点关注信息，是在授信早期的初步筛选阶段，需要尽可能全面地了解和搜集，不需要深入分析。通常这些信息也无法在第一时间充分获取，但可以随着尽职调查的推进，不断补充和完善。

1.2 实务中的工作方法与技巧

上一节内容中，介绍了尽职调查早期需要关注哪些具体重点信息。本节将详细讲述可以通过哪些渠道和途径获取这些信息，以及获取的方法与技巧。

1. 如何获取企业信息和相关资料

通过和财务总监等企业高管的交流，以及企业提供的资料，可以获取部分尽职调查所需要的信息。这是最简单、直接的方式，但通过这种方式获取到的信息和资料远远不够，还需要通过其他渠道和途径来获取更多元的信息。

比如向征信公司获取企业最近的征信报告，或者使用企查查、天眼查等app，输入企业名称（公司全称），获取企业基础的工商注册信息、股东信息以及诉讼等信息。

获取企业的评级报告或财务报告，可以通过以下两个网站。

1）巨潮资讯网（www.cninfo.com.cn）。在深交所、上交所、北交所及港交所上市的公司，均可以通过巨潮资讯网来获取信息，输入企业的股票代码即可一站式查询。这是证监会指定的上市公司信息披露网站，提供上市公司的公司概况、各类公告、股东信息、交易信息及财务报告（季报、半年报及年报）。

2）中国货币网（www.chinamoney.com.cn）。这是为银行间交易市场提供信息的平台。凡是在境内市场发行过债券等公开市场债务融资类产品的，按照监管的要求，必须定期披露财报。该网站还可以查询和下载发债企业的主体信用评级报告。

获取财经新闻及行业研究报告等信息，可以通过以下软件及网站。

1）万得（Wind）数据和彭博（Bloomberg）数据。这是国内金融机构常用的软件，其包含的企业信息和数据全面而且时效性高。

2）萝卜投研（robo.datayes.com）。这个网站有丰富的行业研报。

3）财新网（www.caixin.com）。这是一个发布财经新闻与资讯的网站，创办已十余年，有较强的影响力，其报道的财经文章全面、分析深入且时效性强。

2. 高效的信息搜索方法

在信息搜集的过程中，会频繁使用到搜索工具。高效和精准地在海量信息里找到想要和需要的信息与文件，是我们追求的目标。以下这些搜索方法，可以迅速提高信息搜索的工作效率。

（1）善用符号搜索

1）+/-。加号和减号可以调整搜索结果中显示的信息。加号代表显示结果中必须包括这些内容，而减号则是不包含这些内容。加号和减号的使用可以有效地过滤信息。

2）"|"。"|"可以用于搜索含义相同但表述方法不同的内容。例如想要搜索某个企业债务违约的相关信息，由于有些文章提法不同，搜索"债务逾期|债务违约"，包含这两个词之一的文章，就都被搜出来了。

3）Intitle。Intitle用于把搜索范围缩小至只有标题中含有该内容的才会显示。例如搜索"intitle 碳达峰"，只会出现标题中含有碳达峰的文章。这个搜索方法可以实现精准找到相关文章。

4）Filetype。Filetype这个搜索技巧是指定文件类型。如搜索"某企业评级报告 filetype:pdf"，相当于指定了只搜索相关内容的pdf文件，搜索出的结果就是该企业评级报告的pdf文件。

5）Site。Site是指定网站搜索内容。如在某些权威媒体官方网站搜索法规文件或者新闻，如"康美药业处罚 site: csrc.gov.cn"，就可以搜到证监会官网关于康美药业处罚相关的所有文章和文件。

6）双引号""。双引号也是一个用于缩小搜索范围的技巧。搜索的时候加不加双引号差别是很大的。加双引号可以搜索到与引号中的内容完全一致的字段，而不加双引号会搜索到拆开来的很多内容。

例如搜索"恒大集团债务违约"，如果不加双引号，就会出现包含恒大集团的各类信息和其他债务违约的信息，内容就不够聚焦。而加了双引号之后，就只会显示包含"恒大集团债务违约"连在一起完整的这几个字的内容。

（2）善用关键字、不断优化关键字

在搜索过程中，熟练运用以上搜索技巧，同时根据展示的信息，不断调整关键字，通过不断优化关键字，让想要的信息越来越精准。㊀

1.3 防止认知偏误

物理学家理查德·费曼说过："我们喜欢说外在的世界是真实的，或者我们能够测量的东西是真实的；如果你思考得再久一点就会发现，所谓唯一真实的不过是你所感觉到的、测量出的和你感知一切的方式；外部世界很容易沦为大脑的幻觉。"

费曼这段话表述了我们永远弄不清楚大脑之外的世界究竟是什么样子，因为我们一直要通过大脑这个"滤镜"来感受、观察和理解外部环境。如果不知道这个"滤镜"的局限，我们就会做出明明是眼镜上有土却去擦窗户的蠢事。我们的大脑经常在为证明某些论点而努力搜集证据，这是每个人都有的"确认性偏误"，用观点的筛子筛选证据，最终无论你怎么看这个企业，都能证明你是对的。

举例来说，通过对小张这个人的性格特点描述，猜猜她更可能是做什么工作的：

- 小张很害羞，乐于助人，但对周围发生的事不太关心，喜欢活在自己的世界里。
- 她很整洁，做任何事情都很有条理，关注细节。

请问，你认为小张更可能是做什么工作的？农民还是图书管理员。

我猜，你大概率会说小张更可能是图书管理员，大多数人的确都会这样回答，因为描述的这些性格特征很像是一位图书管理员，比农民要像得多。

但如果我们用"贝叶斯法则"来计算小张从事两种职业的概率，农民在中国占就业人口的比例显然高于图书管理员。理性的回答是小张是农民的可能性更大。㊁

这就是我们大脑日常会犯的认知偏差错误，太关注代表性特征而忽略了其他信息㊂。人总是倾向于根据代表性特征来冲动地做判断，这被称为认知的代表

㊀ 部分内容来自刘润的《5分钟商学院》基础课程中的一讲：搜索工具。
㊁ 资料来自得到 app 陆蓉 "行为金融学"。
㊂ 卡尼曼. 思考，快与慢 [M]. 胡晓姣，李爱民，何梦莹，译. 北京：中信出版社，2012.

性偏差。这种认知偏差错在了用小样本信息来做判断。这种小样本的代表性偏差很容易出现在金融市场里，出现在我们尽职调查过程的判断中。

尽职调查是一个发现问题、探究真实情况的过程，之所以要获取更多元的、多维度的信息，就是想要通过综合信息，得出一个相对客观的结论。

尽职调查的第一个阶段，是尽可能收集更多元、更全面的信息，但同时也要尽可能排除信息噪声，确保收集信息的有效性。

这个阶段要把发现的所有问题都罗列下来，在后续一步步地深入分析和研究中，去寻找答案，去验证其合理性，避免根据自己主观的判断，武断地给出一个结论。

在尽职调查的过程中，要时刻保持独立思考的意识，减少确认性偏误和主观性偏差，时刻提醒自己实事求是。

CHAPTER 2
第 2 章

股权结构分析

本章所要讲述的股权结构分析，是以拟授信主体为核心展开的，向上追溯逐层股东，向下追溯控股的子公司，以及横向追溯关联公司的一套全面分析流程。

股权结构分析是为了确认拟授信企业的实际控制人，并依据实际控制人的属性来判断拟授信主体的企业属性。企业属性的判断是信贷风险评估中的一部分。比如一个企业的实际控制人是自然人，则该企业的属性为民营企业。同理，实际控制人是国有企业，则该企业的属性为国有企业。

除了判断企业的属性外，股权结构的分析还有助于判断拟授信企业与各股东的关系，挖掘关联公司，以达到挖掘风险点和进行全面信贷风险评估的目的。

2.1 控股股东及最终受益人

2.1.1 股权结构分析实务

确认一家企业的最终受益人，不仅是信贷风险评估的需要，还是银行反洗钱以及合规要求的需要。本节内容讲述实务中如何通过向上追溯逐层股东的方法，来确认控股股东以及实际控制人（也称"最终受益人"）。

股权结构图是实务中用来描述一家企业股权结构的最佳方式。可以通过查询企业征信报告或使用企查查、天眼查等手机端 app，获取一家企业的股东信息，然后在图中把逐层股东及持股比例列示出来，直至最终受益人。

使用股权结构图描述股东的持股情况，比使用文字更直观。清晰的股权结构图，更直观地展现了企业与各股东之间的关系，有助于理解企业的治理结构和决策机制，从而更准确地评估信贷风险。

下面以 A 股上市公司广州市浪奇实业股份有限公司（简称"广州浪奇"）为例，来演示实务中如何使用股权结构图描述股权结构。

首先通过查询获取该公司的股东信息：截止到 2021 年 9 月 30 日，广州浪奇前十大流通股股东中，控股股东为广州轻工工贸集团有限公司，持股比例为 31.04%；第二大股东为广州国资发展控股有限公司，持股比例为 14.22%；其余 8 位股东均为自然人，持股比例从 2.55% 依次减少至 0.44%。

从控股股东和第二大股东继续向上追溯其股东信息，这两家公司的股东均为广州市人民政府办公厅和广东省财政厅，分别持股 90% 和 10%。

基于以上信息绘制广州浪奇的股权结构图，如图 2-1 所示。

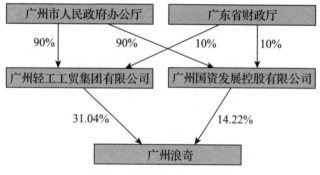

图 2-1　广州浪奇股权结构图

绘制股权结构图时，无须列示出所有股东信息，只需要遵循一个原则，即股权结构图能清晰展现出该企业最终受益人的完整持股情况。某位股东的持股信息是否需要列示在股权结构图中，跟该股东持股比例的多少无关。

实务中，如果不确定是否需要把某位股东的持股信息列示在图中，可以通过去掉该股东信息后是否对描述最终受益人控股比例有影响这一方式来判断。如果有影响就必须列示在图中，无影响则可以去掉。控股股东的一致行动人也需要全部列示在图中，即使其中有些股东的持股比例很小也不能去掉。

广州浪奇的案例，图 2-1 中列示了前两大股东及其股东的信息，其余 8 位自然人股东的信息无须列示在图中，就足以完整地描述出广州浪奇实际控制人的持股情况。而第二大股东不可以从图中去掉，否则最终受益人广州市人民政府办公厅的一部分持股就体现不出来了。

下面以广州浪奇股权结构图为例，讲述如何基于股权结构图展开分析并判断企业属性。

广州浪奇的大股东也是其控股股东，是广州轻工工贸集团有限公司，该公司为广州市第一家工贸合一的大型企业集团公司，对广州浪奇的持股比例为 31.04%，且拥有相同比例的表决权。

广州浪奇最终的实际控制人是广州市人民政府办公厅，是国有企业属性，间接总持股比例为 40.73%（31.04%×90% + 14.22%×90%）。因此，可以判断广州浪奇的企业属性是国有企业。

分析股权结构图时，除了分析各股东持股比例还要确认各股东的表决权，切勿仅凭持股比例来判断控制权，持股比例最大的股东有可能并不是实际控制人。有些上市公司的大股东会通过协议委托的方式将表决权委托给其他股东。这种情况发生时，拥有表决权最多的股东掌握着对公司的实际控制权。

广州浪奇的股权结构属于较为简单的一类，实务中很多企业的股权结构相当错综复杂。越是错综复杂的股权结构，则越可以发现用股权结构图描述股东结构及持股情况，比用文字更为直观和清晰。

2.1.2　实务难点解析

小微企业和中小型企业的股权结构通常是相对简单和清晰的，比较容易识别出企业的实际控制人，并判断企业属性。这类企业的股权结构分析难点并非在于判断企业属性，而是对其股东身份真实性的识别，即是否存在股份代持的情况。

比如小微企业、中小型企业的实际控制人通常都是企业的创始人，他们依托个人掌握的技术、市场等资源和优势，一手创办企业，全权把握着企业的经营与发展。如果在实务中发现某个中小型企业的实际控制人并未参与公司的经营管理，这就与实际常见的情况不相符，很可能存在股份代持的情况。遇到这类情况时，要了解实际控制人未参与公司经营管理的原因，并判断其合理性，并且要进一步调查实际控制人与经营管理者以及各股东之间的关系。

营业收入规模越大的企业，其股权结构通常会越复杂。央企、国企和大型民营企业集团的股权结构,相比中小型企业,会略复杂一些。但民营企业的股权结构再错综复杂,最终总能追溯到实际控制人是一个自然人,企业属性不会模棱两可难以判断。而国有企业则不同,追溯到的实际控制人可能会是一些特殊的机构或者组织,还有可能存在"挂靠"㊀的情况,会令其国有企业的身份真假难辨,这种情况一直都是信贷风险评估的一个痛点。

识别和判断拟授信企业的真实属性,是信贷风险评估中一个非常重要的环节。企业属性在商业银行传统信贷分析模型中占有一定的权重比例,因此对于企业属性识别的偏差,会影响到整体信贷风险的评估结果,会增加信贷投放的违约风险。

下面列举一个债务违约的案例,来说明究竟什么是"真假国企身份"难辨的情况。

2018年5月28日,国内各大财经媒体相继报道了一则重大违约新闻事件。

一家名为中国国储能源化工集团股份有限公司(简称"国储能源")的企业,为其全资子公司发行的离岸美元债进行了全额担保,债券已于当年5月11日到期。国储能源的全资子公司未能偿还3.5亿美元本金,已构成实质性违约。此次债券违约还触发了另外两只债券的交叉违约,金额分别为4亿美元和20亿港元。

此次违约事件,引起了市场的高度关注,不仅由于违约金额数目巨大,还由于有一个舆论的焦点,便是国储能源的"真假国企身份"。

报告称,国储能源曾在2017年,因发起402亿港元收购李嘉诚旗下中环中心、3.48亿美元收购澳大利亚天然气生产商AWE的两起收购事件而轰动市场。虽然最终收购均未成功,但这两起事件使其身份背景更加扑朔迷离。㊁

2018年债券违约事件,虽已过去5年,但该事件对一些金融机构的影响尚未结束,仍有牵扯其中的金融机构因国储能源未偿还债务而向其提起诉讼。

国储能源发债时点的债券募集说明书等相关资料已不太容易查询到,因此在这里,我们不再去推敲国储能源在发债时点究竟是否属于真正的国企。就从截止到2022年12月的股权信息来看,该企业的真实属性很难分辨。

根据天眼查和企业预警通这两个手机端app,查询到截至2022年12月国储能源的工商注册信息,并绘制股权结构图,如图2-2所示。

㊀ 国有企业挂靠是指一个企业工商注册的股东是某个国有企业,企业对外名义上以该国有企业子公司的身份开展生产经营活动,但实则并不真正属于该国有企业的管理体制,国有企业的出资是虚假的,也并不参与企业的经营管理与决策。

㊁ 对国储能源案例的描述,资料来源于新浪财经、第一财经、和讯网、凤凰网财经报道。

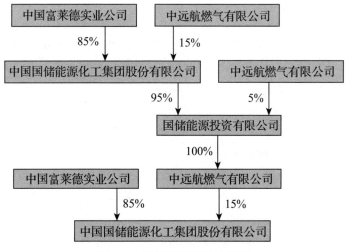

图 2-2 国储能源股权结构图

仔细观察图 2-2 所示的股权结构图，会发现国储能源与其股东中远航燃气有限公司存在互相交叉持股、互为彼此股东的情况。交叉持股是实务中股权结构分析的一个难点，会导致无法分辨企业的最终受益人。

在国储能源的案例里，交叉持股还不是股权结构分析中最大的难点，因为中远航燃气有限公司并非控股股东，其持股比例仅为 15%。

抛开交叉持股这个问题，分辨国储能源真实属性的最大难点，是其控股股东中国富莱德实业公司的股东信息无法获取和查询到，因此无法得知国储能源最终的实际控制人究竟是谁。这样的股权结构，会给信贷人员为该企业做整体风险评估带来障碍，也不符合银行的 KYC（了解你的客户，Know Your Customer）的合规要求。

除了以上案例中提到的特殊难点问题，在过往的工作中，我还发现其他一些很难界定真实属性的企业。比如企业的实际控制人是某基金会、某学院、某事业单位或者交流中心等特殊机构或组织，再或者是一些混合所有制企业、多个地方国有企业作为小股东参股且无实际控制人的企业。

在实际工作中遇到这些特殊的股权结构时，要格外谨慎，多问"为什么"，不要想当然地认定企业属性就开展授信工作。如果的确没有办法界定企业真实属性，就该停止对其展开更进一步的尽职调查工作。

在接下来的一节，我们将继续探讨如何通过分析子公司的结构，来进一步分辨企业的真实属性。

2.2 子公司

企业在发展和壮大的过程中，会设立全资子公司，会以参股股东身份跟其他企业共同出资设立新公司，通过联合经营的方式经营，也可能以投资人的身份投资孵化新公司。企业成立时间越长，收入规模越大，涉及的业务板块越多，设立的子公司也就越多，股权结构也会相应越复杂。

在信贷风险评估中，不仅要分析拟授信企业的股权结构，同时也要分析企业的子公司结构。本节重点讲述子公司结构的分析目的与方法。分析子公司的结构，有助于判断一个企业的发展战略和动机；判断其公司治理能力；还有助于判断是否隐藏了负债，并挖掘隐藏风险；还可以给"真假国企身份"的难点问题，提供更多的判断依据。

一个主营业务清晰、发展战略明确的企业，子公司的设立会围绕着该企业主营业务的发展战略。比如隶属于中央国资委的五大电力集团公司，其核心的业务板块都是发电，子公司的设立表现出的共同特征是主营业务围绕着电力板块展开。在这些主营业务清晰的集团公司里，存在"挂靠"子公司的可能性相对较小。反之，如果一个企业没有清晰的战略方向，也没有明确的主营业务，子公司存在"挂靠"的可能性相对较大。

下面用一个债务违约案例，对上述观点展开详细阐述。

2020年12月10日，第一财经独家报道了一则新闻，内容是关于中科建设开发总公司（简称"中科建"）的破产重整。

报道中提到，中科建在2014年后，由一家专注于工程建设施工的企业，转变为集投融资、综合建设、开发、国内外贸易、新材料研发生产、文化旅游、矿业、能源、汽车配件、生物医学、农业养殖业等多板块经营的以及为城市发展建设提供整体方案和一体化服务的大型国有投资建设集团。子公司数量在3年内增加了近400家。2014年末总负债37.14亿元，2015年末增加至90.29亿元，2016年末增加到282.2亿元，到2018年初已达到560亿元。债务违约时总负债达700亿元，债权方包括多家银行、信托、私募基金等机构，涉及债权人3000多名。报道中提到的一些子公司只是"挂靠"中科建，实际经营和有关资产都与中科建没有关系。

这则新闻报道中的企业中科建，就是一个非常典型的主营业务不清晰、子公司的数量在短时间爆发式增长的案例。

违约事件发生期间，中科建的控股股东及实际控制人是中国科学院行政管理局，就其股权结构来讲，是相对简单的，并不存在交叉持股等难以辨别实际控制人属性的复杂问题，很容易追溯到实际控制人，并查询其属性。中科建的股权结构分析难点是，实际控制人表面上看是一个国有属性机构，但国企身份的真实与否比较难辨别。这就是上节提到的，实务中股权结构分析的难点问题，通过追溯实际控制人，不足以界定企业真实属性的情况，子公司的结构分析，可以为分辨和判断中科建的真实属性提供依据。

据报道，该企业在2014年后，从一家以工程建设施工为主的企业转变为多元化经营的企业。业务类型涉及十几个板块，各板块之间毫无关系，跨度很大，也不存在任何协同，并且这些业务是由在短短的3年时间里增加的近400家子公司来实现的。同期，中科建的负债规模也极速增长，从37亿元迅速增长到700亿元。任何一家企业的资源和能力都是有边界的。盲目开展多元化经营，不具备技术、运营、市场及商业模式等真正的竞争力，不能真正创造价值的企业，业务发展和盈利是很难稳定和持续的，将面临极大的风险。

中科建的发展更多的是依靠国企的招牌和银行的融资来实现的。实务中遇到这种情况，即便企业的实际控制人是一个国有机构，在信贷风险评估中仍然不能将其按照国有企业属性来对待。

实务中，针对股权结构非常简单的中小型企业、小微企业，子公司的分析要在允许的时间里，尽可能做到细致。至少控股和参股的企业有哪些，要做到心里有数。要调查每一个子公司的具体情况，尤其是对企业的营业收入和利润影响较大的子公司。通过挖掘子公司的信息，进一步深入理解该企业，并分析和识别企业是否有隐藏负债、是否存在关联交易。

股权结构复杂的大型企业集团公司，子公司数量也很庞大。由于尽职调查时间有限，不可能对每一个子公司都展开调查，而是要抓核心要素。首先要对各个子公司的主营业务范围有基本的了解，其次对集团公司主营业务板块中营业收入及利润贡献较大的子公司展开重点调查，并了解集团公司在经营管理中是否有决策权，是否有委派核心管理人员，是否对其提供了直接或者间接的资金支持、融资担保。

可以借助合并资产负债表中所有者权益的构成，来判断母公司与子公司之间的关系。少数股东权益占所有者（股东）权益总额的比例超过50%，意味着母公司的角色是一家控股公司，少数股东权益占比越高，意味着母公司越虚，少数股东权益为负意味着非全资子公司资不抵债。在少数股东权益占比高的集团公司里，要集中关注企业是否有向持股比例低的子公司提供了超股比的担保，或者提供了资金借款，这些情况的存在可能蕴含着风险或财务舞弊。（关于少数股东权益与所有者权益的分析，在第6章中还有详细讲述。）

2.3 关联公司

关联公司的调查和分析，是尽职调查过程中的一个难点，在民营企业里这个问题表现得更突出。

有一些企业的关联公司较为明显，表现为同一个实际控制人持股并控制多家企业。如集团公司 A，业务涉及多个板块，包括工程施工、农业养殖以及物流运输。集团公司 A 下属的各子公司之间发生业务往来，如物流运输板块子公司向农业养殖板块子公司提供物流运输服务，或者工程施工板块子公司为农业养殖板块子公司提供了建筑施工服务。任意两家同一实际控制人控制的子公司之间发生业务往来交易，即为关联公司之间的关联交易。

有些企业的关联公司较为隐蔽，并非表现为同一实际控制人控制的企业，而是通过实际控制人的亲属持股，来实现对关联公司的控制，通过关联公司与企业发生采购或销售的往来交易而获取利益。这些隐藏的关联公司，在尽职调查早期很难很快地识别出来。

关联公司除了通过股权结构识别，还可以借助财务报表分析寻找一些蛛丝马迹。企业与关联公司的交易，通常隐藏在其他应收款、其他应付款、预收款、预付款等科目里。具体请参照第 5 章至第 8 章相关内容，此处不再展开详细讲述。

在公司信贷业务中，对关联公司的调查，主要识别以下两种可能存在的违约风险。

第一种：拟授信企业向关联公司"输血"。这种情况下，拟授信企业的信用资质和财务状况，可能比其关联公司好。通过非市场化的关联交易，即通过资质好的主体进行融资，然后将资金转移给较难融资的关联公司，给关联公司输血。

第二种：关联公司向拟授信企业"输血"。这与第一种情况恰好相反，是关联公司通过关联交易向拟授信企业进行利益输送。看到这里，你可能会有一个疑问，关联公司向拟授信企业"输血"这不是好事么？银行借给企业的钱，并没有通过关联交易转移出去，为什么还要特意调查这种情况呢？实际上，这种情况中蕴含的违约风险比第一种情况可能还要高。

为什么呢？第一种情况，拟授信企业的财务报表是向关联公司"输血"后的样子，原本真实的财务状况很可能比财务报表展现出的结果要好。而第二种情况，拟授信企业原本真实的财务状况可能比财务报表展现出的结果差。财务报表展现出的结果是一个或多个关联公司向拟授信企业"输血"后的样子，盈利能力是虚假的，财务数据是失真的，是经过了伪装的。

市场上曾经违约爆雷的企业，其中有些就存在这样的操作。通过引入"明股实债"⊖的股东，将某些控股子公司的部分股权转让后通过参股的方式持有，参股的企业不再进行报表合并。企业通过表内的控股子公司向参股子公司销售产品，实现虚增收入的目的。

在尽职调查中没有识别出关联公司以及关联交易，向企业提供贷款后，风险很可能会逐步暴露出来，从而引发债务违约。

实务中，可以通过以下两种方式，来识别企业的关联公司。

第一种：正向排查法。

对企业前五大供应商、前五大客户逐一进行股权结构的查询；对其他应收款、其他应付款、预收款项、预付款项等往来科目中涉及金额比较大的交易对手方，或者过往3～5年中的某一年里数额突然增大的科目中涉及的交易对手方，要逐一进行股权结构查询，确认其最终受益人并判断是否跟拟授信企业有直接或者间接的股权关系。

第二种：反向排查法。

近些年随着大数据、云计算及人工智能等技术的进步，诞生出一批科技公司为企业提供信息查询服务。借助手机端app查询这类企业的企业图谱，通过图谱上标注的可能存在关联关系的公司，来反向核查并找出企业的关联公司。也可以在app上查询企业实际控制人及高管的名字，app里会显示出一些疑似同一实际控制人控制的企业名录，把这些企业名录与该企业前五大供应商或者前五大客户名单进行比对，来确认是否有重叠的企业。还可以再把企业名录与其他应收款、其他应付款等往来明细科目里涉及的交易对手方名称进行比对，寻找是否有重叠的企业。

如果通过以上方式，在这些细分科目或过往的交易信息中找到了线索，就要进一步仔细地调查，确认是否为企业的关联公司，并评估相应的风险。

不要轻视关联公司和关联交易可能会给企业带来的风险，在尽职调查中必须确保自己有独立的思考与判断。不要想当然地假定企业会老老实实将其关联公司披露给银行，也不要想当然地认为国有企业会按照国有体制的经营管理制度来运行、治理公司，更不要迷信会计师事务所出具的审计报告中对关联公司及关联交易的披露信息是充分和完整的。

⊖ 指表面上假借股东的身份出资持有股份，实际上并非真正持有相应的股权，而是通过协议的方式来约定双方权利义务及交易实质是债权的本质，对持有的股权约定回购的时间，并按照约定的利率支付利息。

CHAPTER 3
第 3 章

主营业务分析

3.1 如何认定企业的主营业务

3.1.1 主营业务的认定

主营业务是指企业从事的经营活动中，连续多年持续、稳定地为其创造主要收入的业务，即持续创造的销售收入占总营业收入比例最大的这部分业务。与其对应的是非主营业务，即总收入中占比较小的那部分业务。

想要查询一家境内 A 股上市企业的主营业务，可以在任意一个股票软件里，输入股票代码，点击"搜索"查询。主营业务分类方式通常有几种，比如按照销售的产品种类、行业或者销售的区域进行划分。除了通过此方法之外，通过企业披露的年报信息，也可以获取到主营业务的相关信息。年报中有一节叫作"公司业务概要"，专门披露该企业在报告期内的主营业务。

例如我们熟知的牙膏生产企业，上市公司两面针（股票代码 600249），其主营业务为日化产品，2021 年日化产品的销售收入为 5.87 亿元，占总营业收入的比例为 82%。家电制造企业九阳股份（股票代码 002242），家电产品是其主营业务，2021 年归入家电产品的收入为 104.34 亿元，占总营业收入比例为 99%。

这两家企业的主营业务非常清晰，主营业务收入占总营业收入的比例非常高，并且在过往的几年里都没有发生过变化，对主营业务的认定不存在争议，它们均属于比较容易区分主营业务的企业。

实际中,随着经济环境、行业周期、控制权等各种因素的变化,企业的主营业务是会发生变化的。比如我们熟知的、闻名世界的瑞士军刀生产企业维氏(Victorinox),其业务就曾受到"9·11"事件的严重冲击。"9·11"事件之后,瑞士军刀被禁止出现在乘机人的手提行李中,因此该企业调整了业务范围。

既然企业的主营业务是可能发生改变的,尽职调查时就要首先确认清楚企业现在的主营业务。主营业务所创造的收入,体现在利润表中,为营业收入这一科目里的主营业务收入,可以通过这一数据来认定企业的主营业务。从授信的时点往前推,至少在3个连续、完整的自然年度里,创造主营业务收入的这部分业务,就可以被认定为该企业的主营业务。

目前国内有上千万家企业,而上市的数量只有5000多家,因此在实际工作中遇到的绝大部分企业都是没有公开财务数据的。在公开市场发过债、规模大的集团企业,通过评级报告可以确认其主营业务。百万元到千万元营业收入的中小企业,其业务比较单一,也比较容易界定其主营业务。最难界定主营业务的是一些没有公开财务数据而且业务板块又非常多元化的中型、中大型企业。

3.1.2 别轻易相信企业告诉你的主营业务

我在这些年的工作中发现了一个问题,尽职调查时企业总是喜欢把表现最好、听起来最有亮点的一些业务介绍给银行。这会让我们的思维偏误起作用,不自觉地把重点放在企业强调和突出的业务上,"以为"这些就是企业的主营业务,甚至还会"以为"企业的利润也来源于此。

记得我刚做客户经理的时候,拜访过一家企业。财务总监介绍该企业时称其是某种矿产品的进口商,贸易额全国排名前三。在交流过程中他并未提及企业的其他业务,当天双方的交流基本是围绕该矿产品的进口业务展开的。当时,根据交流中获得的信息我初步判断,该企业的主营业务应该就是矿产品的进口。但在几天后,收集了企业资料和财务报表后仔细一看,发现该企业除了有矿产品的进口贸易外,还有合金、化工产品、石材等十几种产品的国内贸易业务,矿产品销售收入占总营业收入的比例不到20%,完全算不上该企业的主营业务。

在过往工作中我还遇到过一个集团企业,它们生产一种食品添加剂,称其在国内的市场占有率超过50%,而且远销全球上百个国家,是某省当地百强企业。我前去拜访企业的时候,财务总监对该集团企业的地产等其他业务板块只字未提。收集了资料后,我回来仔细一看,食品添加剂业务的收入,对整个集团企业的营业收入贡献不超过40%，并不是集团企业的主营业务。分析下来得知，这部分业务并不需要融资，急需融资的是企业投入巨大且亏损多年的重型设备制造板块。

在过往十几年的工作中，我遇到了很多企业会通过一些标签来美化自己。比如用排名来定义和宣传自己，强调自己是某省、某市、某地区的百强、十强企业。A股中有不少企业喜欢蹭热点，给业务包装了时下流行的概念，比如"生物""科技""智慧""绿色""新能源"等，以此给人制造一种错觉，让人觉得这个企业特别有发展前景、科技感十足。越是喜欢用排名来宣传自己或者用概念对业务进行包装美化自己的企业，在信贷业务中，越是要谨慎对待。

下面以A股上市公司为例，来看看该公司如何描述其主营业务。

在该公司2020年公开披露的年报中，"公司业务概要"是这样描述的：

"报告期内，公司在现有业务基础上，积极通过内部资源整合、外部并购融合等方式，拓展和延伸了公司的产业板块，形成了以生物工程及后端衍生功能性健康消费品为主要发展方向，以供应链服务及民间资本管理提供金融服务支持，以互联网传媒为辅助工具与手段的三大业务板块。"

此处请暂停阅读，思考一下：通过阅读以上这段描述主营业务的文字，你认为该公司的主营业务是什么？

如果你已思考完毕，那请你带着你的答案，使用前文中介绍的认定主营业务的方法，我们一起来一探究竟。

该公司2020年公开披露的年报中，合并利润表里营业收入附注如表3-1所示。

表 3-1 营业收入附注　　　　　　　　　　（单位：元）

合同分类	分部1	分部2	本年发生	合计
商品类型			2 130 243 693.83	2 130 243 693.83
其中：				
煤炭、铁精粉			1 928 228 273.91	1 928 228 273.91
民间资本管理			144 568 516.89	144 568 516.89
广告传媒			43 754 933.33	43 754 933.33

年报中营业收入附注显示，营业收入中占比最大的业务是煤炭、铁精粉，共计19.28亿元，约占总营业收入的91%。其余两项业务为"民间资本管理"和"广告传媒"，营业收入合计1.88亿元，约占总营业收入的9%。营业收入的数据

中，并没有年报中公司业务概要里描述的"生物工程及后端衍生功能性健康消费品"业务的销售收入。

详细阅读了该公司 2020 年年报后得知，该公司本年度并购了一家公司，计划改变战略方向，从事其在公司业务概要里描述的业务。至此，我们知道该公司的主营业务未来有可能会发生变化。请注意此处的用词，仅仅是"有可能"发生变化。如果你只是看到一个公司描述自己要改变战略方向，就先入为主地预测了来年的主营业务，那么你就"陷入圈套"了。新并购公司的业务创造的营业收入能否超过煤炭和铁精粉的销售收入，能否在未来持续、稳定地创造最多的收入，成为公司的主营业务收入，还是一个未知数。哪项业务能被确认为公司的主营业务，要以未来合并利润表的营业收入数据为准。

也许有人会说，这不过是一个个例罢了。其实不然，在我工作的十几年中，我发现这是尽职调查中经常遇到的麻烦，并不是一个特殊的情况。如果是一个新入行的人员，在尽职调查时看到这家公司的信息，一定会被搞得一头雾水，就像我刚工作时一样。

在尽职调查的过程中，除了要确认企业目前的主营业务，还要了解清楚现有的主营业务是如何演变而来的，这就是第 1 章中提到的了解企业历史沿革的意义，将此作为判断主营业务未来能否持续稳定发展的依据之一。

分析和确认企业的主营业务时，不能仅凭从各渠道获取的文字介绍，或者某个人的介绍来认定企业的主营业务。需要认真阅读财务报表，要用报表里的数字去验证，要盯紧合并利润表附注里的主营业务收入信息。既不要听任思维偏误的引导，自以为是地认定企业的主营业务，也不要想当然地认为利润一定来自主营业务，尤其是在没有看到财务报表等资料就先跟企业的高层见面交流的情况下。在尽职调查中要时刻谨记不要犯"我以为"的错误。（本章我们暂时不讨论利润，关于利润的分析请见第 5 章。）

3.2　集团公司主营业务分析

3.2.1　子公司与集团公司主营业务的关系

如果拟授信企业处在一个集团公司里，是该集团公司的子公司或孙公司，那么除了分析拟授信企业的主营业务，还要分析该集团公司的主营业务，确认拟授信企业和集团公司主营业务之间的关系。

如果拟授信企业的主营业务，与集团公司的战略方向一致，且属于集团公司的主营业务板块，那么在资源上可能会获得集团公司的倾斜，包括人力资源、市场开发、产品研发的资金和技术投入、业务的协同、资金拆借、资本的持续投入等各方面。

认定拟授信企业的主营业务是否属于集团公司的主营业务板块，首先要看该集团公司的主营业务是否足够清晰。集团公司的主营业务，首先应该是该集团公司的战略发展方向，表现在财务数据上是合并利润表中贡献了最多营业收入的业务板块。主营业务不明确的集团公司，则不符合上述特征。

在过往的工作中，我曾看到过不少集团公司的营业收入是靠子公司（贸易公司）支撑起来的，而对外宣称的主营业务，对营业收入和利润的贡献却很有限。贸易是企业实现"做大、做强"这个目标最立竿见影的利器，尤其是对于央企、国企来讲，拥有的银行授信额度大，利用自身的信誉以及贷款成本低的优势，可以在很短的时间里把贸易规模做大。甚至可以利用自身贷款额度充裕、成本低的优势在贸易环节中为上、下游提供资金支持做起"二银行"㊀。如果贸易涉及大宗商品，营业收入就更容易在短时间内实现暴增。2010年以来央企、国企已经在政策要求下"回归主业"，注销和清理最多的子公司就是贸易公司。

利润的贡献并不能单独作为一个指标来判断集团公司的主营业务。因为利润贡献有可能来自非战略发展方向的公司，如家电集团公司下属的地产公司、央企和国企下属的金融属性的子公司（保理公司、租赁公司等），即使这类子公司的主营业务对集团公司贡献的利润、分红是稳定的，也不能被认定成集团公司的主营业务。

此外，利润的贡献还有可能是一次性的，如持有的金融资产、固定资产等资产出售获取的利润，这些利润是不可持续的偶得行为，更不能认定为主营业务。

综上，对集团公司主营业务的分析是前提和基础，然后根据其战略发展方向与合并利润表中营业收入的贡献度判断，与集团公司的战略发展方向一致且营业收入的贡献度高的子公司的主营业务板块，可以认定为集团公司的主营业务板块，其余则属于非主营业务板块。

3.2.2 集团公司主营业务与非主营业务板块的风险探究

集团公司主营业务板块的下属公司，其信贷风险是否比集团公司非主营业务板块的下属公司更低？这是一个在信贷业务中很常见的、总是带来思维偏误

㊀ 利用自身信用优势在银行获得低成本授信额度，在贸易中通过提供资金赚取收益。

的问题。信贷业务人员(也称"客户经理")经常误以为,集团公司主营业务板块的下属公司比集团公司非主营业务板块的下属公司信贷风险更低。

为什么会有这种思维偏误呢?因为混淆了集团公司和单一企业的信贷风险。在信贷业务中,经常有信贷业务人员把集团公司信用视同为下属公司信用,并把集团公司可能给予下属公司的信贷支持与授信中实际提供的担保措施混为一谈。

无论是主营或非主营业务板块的下属公司,作为单独的授信主体,都需要进行单独的信贷风险评估。是否属于集团公司的主营业务板块,只是影响其综合信用的要素之一,并不是绝对要素。

集团公司主营业务板块的下属公司,也很有可能出现亏损、经营现金流无法覆盖借款本金与利息的情形。比如央企大唐电力集团下属火力发电子公司,隶属于集团公司主营业务板块,但也存在亏损、破产清算的实例。而集团公司非主营业务板块的下属公司,也有经营良好的,盈利能力强、经营现金流充裕、偿债能力强的。

在尽职调查过程中,信贷业务人员要提醒自己,避免先入为主地带有思维偏误,对集团公司主营业务板块的下属公司进行信贷风险评估时,就加上"滤镜",先入为主地认为其风险低。无论是否隶属于集团公司主营业务板块,对任何一个单一授信主体进行信贷风险评估时,都要遵从实事求是的态度,老老实实分析企业的真实情况,切勿与集团公司的信贷风险混淆,以偏概全或以全概偏。

3.2.3 如何在集团公司里筛选拟授信企业

银行与企业之间是双向选择的。每个银行自然都愿意选择信誉优质的客户,愿意选择在集团公司主营业务板块里,盈利能力强的企业作为拟授信企业,这也是市场上出现银行产品同质化、白热化竞争局面的原因。而企业选择银行则是综合了银行的资金成本、分支网络、结算能力、服务品质等诸多方面因素的考量。

对于信贷业务人员来讲,理性的做法是筛选出符合银行风险偏好的企业,并确认企业能够接受银行的资金成本,银行自身的服务能力可以满足企业的要求,而不是一味去竞争"信誉最优"的企业。信誉最优的企业对银行的资金成本的要求也更苛刻,如果银行的资金成本与企业的要求无法达成共识,或者银行的服务能力满足不了企业需求,那么就白白浪费信贷业务人员的时间和精力。

如何在庞大的集团公司里,筛选出符合银行自身风险偏好的授信企业,可以使用四象限法则矩阵图,来帮助梳理思路。

按照下属企业的业务板块是否隶属于集团公司的主营业务板块、非主营业务板块和是否盈利、亏损两个维度,划分成四个象限,如图3-1所示。

	主营业务板块	非主营业务板块
盈利	象限1	象限2
亏损	象限3	象限4

图3-1 四象限法则矩阵图

象限1是主营业务板块下属且盈利的企业,这显然是银行优先选择的客户群体。象限2是非主营业务板块下属且盈利的企业,这也是银行可以选择的范围。对象限1和象限2中的企业,进行单独的信贷风险分析时,筛选出其中符合银行风险偏好的企业。再评估银行的资金成本企业是否能接受,以及银行的服务能力是否可以满足企业的要求。几个条件都满足时,再进行业务拓展。处在象限3和象限4的分别为主营业务板块和非主营业务板块下属的企业,都是亏损的,银行应该谨慎选择。

3.3 核心产品或服务分析

对中国经济的描述中,有这样一种说法:"国民经济是投资、消费和出口这三驾马车所拉动的。"如果用这种说法来类比一个企业的营业收入,则各个业务板块就是拉动企业营业收入的"马车"。而更进一步的类比是对每一驾"马车"的能耗和可持续性等因素的分析过程,就是对企业核心产品或服务的分析过程。

核心产品或服务的分析包括以下几部分内容。

(1)核心产品或服务的市场占有率和替代产品

银行需要确认企业核心产品或服务具体包括哪些,需要了解每一种核心产品或服务的市场占有率、替代产品以及市场竞争对手。

(2)生产流程的关键节点和替代策略

在尽职调查早期过程中,银行需要对核心产品的生产过程有一个综合的了解,包括生产流程、生产模式、生产周期、技术难度、附加值等。对这些信息进行综合全面地了解,其实花的时间并不多,但这个过程是非常必要的,是不可或缺的,这是对企业所在行业基本常识的了解。

在尽职调查中，需要了解清楚企业所在行业的核心壁垒，是上游原材料的资源优势，是生产资质和牌照，是技术和人工还是其他要素。同时，还需要了解在核心产品的生产环节中，对生产成本、产品的产量和质量可能造成重大影响的因素有哪些。企业是否有应对重大影响的能力？企业是否有成熟的替代策略或者解决方案？这些信息的收集和掌握，对判断一个企业是否具有真正的竞争优势，能否持续、稳定地发展和盈利，以及对企业未来的财务数据进行预测至关重要。

当银行给企业提供超过1年的授信时，需要根据授信的期限对企业未来的各项财务指标进行合理的预测，从而判断企业的偿债能力。假设企业预测自己未来3年的产能可以翻一番，营业收入和利润会实现某一个目标。信贷业务人员如何来判断企业的预测是否合理呢？产能翻一番需要投入的固定资产是多少？原材料供应是否充足？需要多少人力资源？能否招聘得到？在生产过程中产生的废气、废水等是否有相应的处理能力？生产出的产品市场是否有容纳空间？会给市场带来怎样的冲击和影响？对以上这些问题的判断依据都是基于对企业所处行业基本常识的充分了解，否则对企业财务数据的预测就是盲目的、失真的，失去了意义。

（3）生产成本剖析和组成

生产制造型企业的生产成本主要由原材料、制造费用、折旧、人工成本、能源及动力等组成。剖析企业核心产品的生产成本，目的是搞清楚核心产品在生产过程中涉及的各类生产要素，以及每部分要素的成本占生产总成本的比例。生产成本剖析的环节非常重要，只有对一个企业的生产成本剖析清楚，才能对企业的财务报表理解得更精准，展开更有效的分析和预测，识别出企业虚减成本、虚增利润的舞弊行为。

通常来说，以制造有形商品为主的企业，其生产成本构成中占比较大的是原材料。而以提供服务为主的企业来说，其生产成本构成中占比较大的则是人工成本，比如培训、咨询等业务。生产制造型企业的生产成本一部分体现为营业成本，另一部分体现为库存，这三者之间的关系，在第5章营业成本的部分中会展开详细阐述。

以下4张表格分别是4家公司的营业成本构成，所处的行业分别是电子设备制造（见表3-2）、医药制造（见表3-3）、化工产品制造（见表3-4）和农副产品加工制造（见表3-5）。

表 3-2　电子设备制造行业某公司营业成本构成　　（单位：元）

行业分类	项目	2021 年		2020 年		同比增减
		金额	占营业成本比重	金额	占营业成本比重	
电子元器件制造业	原材料	22 196 291 940.87	62.01%	16 081 551 660.62	61.70%	38.02%
电子元器件制造业	人工成本	8 405 267 376.08	23.48%	6 039 363 826.45	23.17%	39.17%
电子元器件制造业	折旧	2 570 648 206.33	7.18%	1 929 988 478.66	7.40%	33.20%
电子元器件制造业	水电费	2 261 018 396.79	6.32%	1 792 137 163.14	6.88%	26.16%
电子元器件制造业	其他	363 611 551.85	1.02%	221 810 738.13	0.85%	63.93%
电子元器件制造业	合计	35 796 837 471.92	100.00%	26 064 851 867.00	100.00%	37.34%

表 3-3　医药制造行业某公司营业成本构成　　（单元：元）

行业分类	项目	2021 年		2020 年		同比增减
		金额	占营业成本比重	金额	占营业成本比重	
化学药研发及生产服务	直接材料	1 137 221 405.36	62.46%	709 264 162.78	58.70%	60.34%
化学药研发及生产服务	制造费用	442 488 915.73	24.30%	321 960 573.43	26.64%	37.44%
化学药研发及生产服务	直接人工	165 754 223.37	9.10%	101 809 675.77	8.43%	62.81%
化学药研发及生产服务	能源及动力	53 597 529.11	2.94%	39 532 362.82	3.27%	35.58%
化学药研发及生产服务	增值税进项税额转出	—	—	2 595 403.40	0.21%	−100.00%
化学药研发及生产服务	其他	21 778 464.11	1.20%	—	—	—
化学药研发及生产服务	小计	1 820 840 537.68	100.00%	1 175 162 178.20	97.25%	54.94%
其他业务		—	—	33 185 345.18	2.75%	−100.00%
合计		1 820 840 537.68	100.00%	1 208 347 523.38	100.00%	50.69%

表 3-4　化工产品制造行业某公司营业成本构成　（单位：元）

行业分类	项目	2021 年		2020 年		同比增减
		金额	占营业成本比重	金额	占营业成本比重	
农化	直接材料	1 079 502 227.34	74.52%	863 514 407.10	73.85%	25.01%
农化	直接工资	42 071 795.12	2.90%	62 840 859.62	5.37%	−33.05%
农化	制造费用	233 365 712.32	16.11%	181 739 143.06	15.54%	28.41%
农化	燃料动力	61 846 405.15	4.27%	61 140 302.56	5.23%	1.15%

表 3-5　农副产品加工制造行业某公司营业成本构成　（单位：元）

行业分类	项目	2021 年		2020 年		同比增减
		金额	占营业成本比重	金额	占营业成本比重	
饲料	主要材料	57 674 487 187.53	87.11%	40 994 371 437.84	85.55%	1.56%
饲料	辅助材料	6 316 319 685.10	9.54%	5 012 286 677.26	10.46%	−0.92%
饲料	包装材料	436 978 091.42	0.66%	450 434 940.40	0.94%	−0.28%
饲料	职工薪酬	350 906 649.17	0.53%	253 968 636.61	0.53%	0.00%
饲料	制造费用	748 159 459.56	1.13%	608 566 355.65	1.27%	−0.14%
饲料	燃料及动力	681 950 657.83	1.03%	598 982 633.52	1.25%	−0.22%

仔细观察以上四张表格，可以发现公司所处的行业性质不同，营业成本的结构表现出较大的差异。电子设备制造、医药制造、化工产品制造和农副产品加工制造这四个行业，营业成本构成中原材料的占比依次增加。营业成本构成中原材料占比越高，产品生产的附加值越低。产品生产的附加值越低，意味着产品的利润率越低，并且原材料价格的波动对利润率影响越大。

虽然我国已是制造业排名第一的大国，但制造业的附加值仍跟发达国家有所差距。李晓教授的《双重冲击》一书中，关于中国制造业的附加值，有如下论述：

"1970～2011 年，美国制造业附加值的世界占比始终在 20% 以上。长期排名第二的日本在 1991 年达到 17.95% 的峰值后几乎一路下滑。中国的制造业附加值在超越德国、日本后，2011 年的世界占比为 16.87%，较美国少 3.65 个百分点。但由于科技水平仍与美国有很大差距，中国制造业附加值的实现方式和领域目前仍难以与美国同日而语。"⊖

⊖　李晓. 双重冲击：大国博弈的未来与未来的世界经济 [M]. 北京：机械工业出版社，2022.

3.4 商业模式分析

商业模式主要分为两部分，一部分是企业如何创造价值，另一部分是企业如何获取价值，也就是盈利的模式。比如，谷歌创造价值的方式，是让用户快速准确地搜索所需信息，同时让广告商找到可能对它们的产品感兴趣的用户。谷歌获取价值的方式是通过广告业务，当用户搜索信息时，谷歌会提供有针对性的广告，用户点击广告后，谷歌会向广告商收取费用。这两部分加起来，就是谷歌的商业模式。

目前市场上，对商业模式的划分惯例，是根据企业服务的终端客户群体类型来进行划分。终端客户群体是企业称为 To B 的商业模式，终端客户群体是个人称为 To C 的商业模式，终端客户群体是政府称为 To G 的商业模式，依此类推。还有一些商业模式会通过企业客群作为中间载体，最终销售给终端个人客户，这样的商业模式略复杂，称之为 B To B To C。

说到底商业模式要解决的问题是如何盈利，这是商业模式的第一性原理。商业的本质是"可持续性"的，银行根据对企业商业模式的分析，来判断该企业所采取的商业模式是否可以如其设想的那样实现盈利并保持持续盈利。

分析企业商业模式的目的是看清企业的现金是如何流转的。可以说每一种商业模式都会生成一套与之对应的财务报表，所以说财务报表才是展现企业经营成果的数据。不理解企业的商业模式，自然就没办法看懂该企业的财务报表。

对商业模式的分析，可以拆分为以下几个维度去对应理解：

（1）业务和收入

这是指分析商业模式要理解企业的业务模式，企业如何收取费用。根据企业最终服务的客户群体，对应上文中提到的商业模式，是 To B、To C 还是 To G 或者其他？企业采用了哪些销售模式，直销还是通过经销商分销？企业采用了哪些销售渠道？通过线下还是线上？只销售产品还是销售产品并提供相应产品的维修服务？

（2）成本和费用结构

在分析企业的商业模式时，要理解成本的构成取决于企业所处的行业、在产业链里的位置以及生产经营模式，而费用的结构又取决于企业的客群是谁以及采取什么销售模式。比如在生物医药行业的费用结构中，明显的特点是销售费用和研发费用均很高。

（3）客户关系

在分析企业的商业模式时，要理解企业如何与上下游客户建立关系，企业建立客户关系的基础和资源是什么？企业能否自己掌握最关键的核心资源和能力？企业与客户的关系是否稳固和可持续？

（4）资源及战略联盟

在分析企业的商业模式时，要理解企业开展业务独一无二的资源，是技术、客户资源、销售渠道，还是数据或者网络优势等？企业已经拥有以及未来还需要哪些战略联盟，包括供应商、客户和合作伙伴等。

上述的每一个维度都影响着企业是否可以不断地优化商业模式，是更加有竞争力还是会随着企业的发展突显出短板问题而导致风险。

财务报表可以验证企业所说的商业模式是否属实。比如戴尔电脑，其"零库存"的管理模式被市场所熟知。基于这样的商业模式，在财务报表中的存货科目里，不应有大量的电脑产成品甚至不应有电脑产成品，否则就跟所谓的"零库存"管理模式相违背。比如 To C 的商业模式不应有大量的应收账款，如果财务报表中有大量的应收账款，就显然与商业模式不相符。

在成熟的行业里，产业链的上、中、下游经过多年的充分博弈，会形成相对成熟的商业模式。如果出现创新的商业模式，要判断其合理性。比如输配电行业下游客户主要是电网、发电企业、建筑商等，行业惯例是以直销的商业模式为主。如果该行业里有新创办的企业，是以经销的商业模式运营，并不符合行业惯例，就要判断业务能否持续，并要对其营业收入的真实性给予更多的关注。要关注应收账款科目，若经销模式下应收账款大幅增加并伴随着应收账款周转天数拉长，则企业可能存在跟经销商联合进行财务舞弊的行为。

近年来市场涌现出很多创新的商业模式，俗称"新经济"，例如共享经济、直播、电商等。这些"新经济"中，很多企业都还是在烧钱，还没有真实变现的能力，没有从实际经营中盈利，商业模式的合理性并没有得到证实。

不论是成熟的商业模式还是创新的商业模式，对公司信贷业务的分析，都要把握的一点就是商业模式能否持续、稳定地盈利并创造正向的现金流。

CHAPTER 4
| 第4章 |

供应商和客户分析

众所周知,每一个企业都不是孤立存在的,都处在行业的生态里。各个行业之间又相互依存、相互关联,形成一个产业链生态。

产业链的上游是一个产业的开端,主要提供原材料、原材料制品、零部件;中游处在产业链中心,以加工生产中间工业产品、设备等为主;下游是一个产业的末端,以生产制造产成品和提供服务为主,面对的是终端企业用户或个人消费者。

对任何一个企业来讲,为其生产提供所需原材料、设备、能源等资源的企业,统称为供应商,也称为"上游"企业。与之对应的另一端,企业向其销售产品或者提供服务的对象,统称为企业的客户,也称为"下游"企业。随着市场的竞争与博弈,企业与其上下游之间的合作关系会逐渐形成相对稳定的格局,支付结算方式和账期也会随之慢慢形成一定的行业惯例。

在公司信贷业务中,对供应商和客户的分析,是信贷风险评估中一个重要且不可或缺的环节。

4.1 供应商分析

供应商分析,主要包括分析供应商与企业之间合作的依存度、稳定性和话语权,通过以上分析进而判断该企业是否存在以下几种风险:

- 供应商集中度过高的风险。
- 提供核心原材料的供应商依存度过高的风险。
- 供应商频繁更换、不稳定的风险。
- 支付结算方式上明显不符合行业惯例的风险。
- 关联交易的风险。

实务中，对供应商的分析分为两个步骤。

第一个步骤是搜集与整理信息。

首先，统计每个自然年度里前五大供应商的采购金额，并把统计的相关信息列在一个表格中，包括供应商的公司名称、采购的产品名称、采购金额、支付结算方式、账期及与该企业的合作期限等。其次，分别计算每一家供应商采购金额占全年采购金额的比例，并将前五大供应商采购金额加总，计算出前五大供应商采购总额占全年总采购金额的比例（如表4-1所示）。

表4-1 供应商分析表格

供应商名称	采购产品	采购金额（元）	结算方式	账期（天）	合作期限（年）	占年度采购总额比例	……
第一大供应商							
⋮							
第五大供应商							
合计							

实务中可以按照授信的时点，统计过往3个自然年度的数据，按年度制作表格。

第二个步骤是基于上一步整理的信息展开分析，判断风险点。

下面来逐一讲述分析的思路与方法。

（1）供应商集中度

以A股的一家上市公司为例，来分析其供应商集中度风险。

根据该公司2019～2021年公开披露的信息，把3年中前五大供应商的采购信息，整理如下，如表4-2、表4-3和表4-4所示。

首先，分析三张表中采购合计金额和占年度采购总额的比例。

前五大供应商采购合计金额占年度采购总额的比例越高，代表着供应商集中度风险越高。若该数值连续3年大于25%的话，认定为供应商集中度风险略高，超过40%认定为风险较高，超过50%认定为风险很高。

表 4-2　前五大供应商采购明细（2019 年）

序号	供应商名称	采购额（元）	占年度采购总额比例
1	供应商一	86 182 962	56.95%
2	供应商二	10 353 056	6.84%
3	供应商三	10 137 418	6.70%
4	供应商四	4 973 810	3.29%
5	供应商五	3 406 870	2.25%
合计		115 054 116	76.03%

表 4-3　前五大供应商采购明细（2020 年）

序号	供应商名称	采购额（元）	占年度采购总额比例
1	供应商一	68 266 512	35.93%
2	供应商二	6 806 018	3.58%
3	供应商三	10 154 513	5.34%
4	供应商四	11 773 972	6.20%
5	供应商五	3 323 805	1.75%
合计		100 324 820	52.81%

表 4-4　前五大供应商采购明细（2021 年）

序号	供应商名称	采购额（元）	占年度采购总额比例
1	供应商一	99 594 336	55.53%
2	供应商二	18 654 720	10.40%
3	供应商三	14 296 924	7.97%
4	供应商四	7 505 779	4.18%
5	供应商五	6 520 634	3.64%
合计		146 572 393	81.72%

以上公司，2019～2021 年，采购合计金额占年度采购总额的比例分别是 76.03%、52.81% 和 81.72%，3 年中比例都超过了 50%，并且在 2019 年和 2021 年这两年中比例高达 75% 以上。以此判断，该企业的供应商集中度风险很高。

再次分析三张表中每一个供应商的采购金额和占年度采购总额的比例，以此来判断是否存在单一供应商集中度高的风险。若该比例超过 15%，认定为单一供应商集中度略高，超过 25% 认定为风险较高，超过 40% 则认定为风险很高。

以上公司，2019～2021 年，"供应商一"的采购金额占年度采购总额的比例分别是 56.95%、35.93% 和 55.53%，3 年中有 2 年的比例均超过了 50%。如果 3 年中"供应商一"是同一家企业，则意味着该企业不仅前五大供应商的集中度风险很高，并且单一供应商的集中度风险也很高。实务中，拟授信企业向银行提供的前五大供应商信息中有具体的供应商名称，不存在以上需要假设来判断风险的情况。

根据以上分析可以判断出案例企业是一个典型的供应商集中度风险高的企业。

供应商集中度风险越高，供应商能否持续稳定地供应对企业生产经营的影响则越大。一旦出现供应中断，则会对企业的生产造成严重的影响。如果企业是单方面对供应商的依存度高，则在采购成本的定价话语权上处在弱势地位，采购成本存在不确定性，很可能会面临采购成本的大幅上升。

（2）核心原材料的集中度

核心原材料的集中度风险分析，是在供应商集中度风险分析的基础上，更进一步地分析。"核心"意味着没有替代性，没有这些核心原材料，企业无法正常开展生产经营，不能生产出产成品，比如曾有手机因为芯片断供而不能正常生产。

"核心"意味着不可或缺，并非等同于价格高。而前五大供应商是按照采购金额来统计，会有可能不包含核心原材料的供应，所以供应商分析的环节，要注意这一点。如果前五大供应商提供的产品不包括核心原材料，则需要对核心原材料的采购进行单独分析。分析方法相同，把核心原材料的供应商按照采购金额进行单独统计，目的同样是通过统计的结果，判断是否存在集中度风险，以及是否存在关联交易。

在信贷业务中，关注点通常都集中在前五大供应商的分析上，容易忽视对核心原材料供应商集中度的分析。芯片事件就是核心原材料集中度风险，目前在国内，其实还有一些产业也面临这样的"卡脖子"困境。

新能源车在"双碳"政策的引导下，行业迅速发展使得原材料碳酸锂的价格暴涨，从 2021 年初至 2022 年初，价格从 3 万元/吨上涨到 50 万元/吨。而其中上游原材料锂的供应是高度依赖进口的。如果锂的供应出现停滞，则中下游所有行业都将遭遇减产甚至停产的危机。

己二腈是化工产业里生产尼龙 66 的核心原材料，可以说没有这个原材料是无法开展尼龙 66 的生产的。目前，该原材料的供应高度依赖进口。尼龙 66 是重要的化工产品，应用领域有工业纱、汽车、电子和机电等行业，上游原材料的供应得不到保障，下游产品应用市场的开拓就受到限制。

类似上述行业，核心原材料供应高度依赖于企业之外的不可控因素，整个产业链都面临着风险。对这些企业进行信贷风险评估时，要充分考虑到核心原材料的集中度风险。

（3）供应商稳定性

通过比较过往连续 3 个自然年度供应商名称及采购产品这两列信息的变化，可以判断企业跟前五大供应商是否已建立稳定的合作关系。当然这个分析和判断的前提是该企业在同期的主营业务相同，否则的话便失去了分析和判断的意义。

如果前五大供应商频繁更换，则说明企业还没有建立稳定的上游资源，这意味着企业的原材料供应存在着不确定性风险，同时，成本也存在不确定性风险。

供应商更换越频繁、原材料稳定供应的不确定性就越大，风险则越高。尤其是前五大供应商的采购比例占采购总额的比例较高时，如果频繁更换供应商，风险就更高。如本章案例公司（见表 4-2～表 4-4），如果 3 年中的"供应商一"不是同一家企业，意味着该企业有一半的原材料采购都没有连续稳定的供应商，那么企业的持续生产存在不确定性风险。

2021 年发生的各地限电事件，是之前较少大规模发生过的。在很多行业里，电力能源都是一个重要的生产要素，比如行业数据中心的运营、电解铝的生产。而陶瓷等产品的生产企业，天然气是其重要的生产要素。对于这类属性的企业，能源供应的风险也需要纳入供应商分析范畴，包含能源供应的稳定性和成本两方面的风险。

（4）支付结算方式分析与关联交易

上文中讲述供应商集中度风险时，提到如果企业单方面对单一供应商的依存度高，则意味着采购成本的定价话语权弱。请注意，这里强调的是"单方面"，也就是说，依存度高并不代表定价话语权处在绝对弱势的地位，而是存在双方依存度高的可能性，这一点可以通过支付结算方式来进行印证。

理论上，供应商给企业提供的赊销账期越长，意味着企业拥有的话语权更强；赊销账期越长，企业的现金流压力就越小。在有些行业里，供应商有着很强的话语权，需要款到发货甚至预付货款，这样的结算方式对企业来讲，意味着资金占压时间更久，现金流压力也更大。

在一个成熟的行业里，上下游之间是存在支付结算惯例的。企业与供应商之间话语权的强弱变化，会因双方合作期限的长短而有所波动，但一定不会偏离行业惯例太多。如果发现企业跟某一家或者几家供应商的支付结算方式以及账期信息，跟其他供应商和行业惯例差异很大，则要警惕存在财务舞弊行为。需要查询支付结算方式差异较大供应商的股权结构，判断是否存在关联交易。

此外，要把前五大供应商的支付结算方式和账期信息，与财务报表中应付账款与预付款项科目进行对比分析与交叉验证。比如企业通过预付的结算方式进行采购，则可以通过预付款项的数据来验证，计算预付款项的天数是否与实际情况相符。如果采购是通过赊销的结算方式，可以计算应付账款周转天数来进行交叉验证。核实企业之间提供的信息是否相符，并判断是否符合行业惯例，是否存在舞弊行为。(应付账款、预付款项科目的分析，详见第6章相关内容。)

（5）国别和汇率风险

如果原材料是通过进口的方式采购，还要考虑到国别和汇率风险，主要是两个方面。

一是所采购的产品，在其出口国家的出口政策是否稳定，比如稀缺的矿产品、高科技类产品以及生物制品等可能会有出口限制。比如2013年印度尼西亚就曾经禁止过镍矿的出口，2022年在禁止出口名单中又添加了铝土矿、煤矿等品种。

二是要看采购合同中的付款币种。付款币种跟企业主要收入来源的币种不同时，企业就会面临汇率风险。如果是按照出口一方（供应商）本国货币定价，当该币种升值时，意味着所采购产品的价格上升，这将导致企业的采购成本增加，利润将受到影响。

要考虑出口方（供应商）所在国家的货币与采购合同约定的支付货币两者之间的汇率，是否在过往几年中存在巨大的汇率波动。比如在过去3年内，汇率波动幅度是否超过20%，汇率波动幅度越大，意味着企业面临的汇率风险越高，自然亏损的可能性就越大。

对供应商的分析是否透彻，能否在分析的过程中把握更全面的分析要点，把风险判断的更准确，都要基于对企业主营业务、核心产品或服务的理解。理解得越透彻，对供应商的分析就会越透彻，对风险判断的就越准确。

实务中，企业的情况千变万化，要学会根据拟授信企业的实际情况，灵活调整和应对。不要所有的企业，不论实际情况如何，都只会按照刻板的流程和步骤分析，照搬同样的方法。这就变成了一种为了分析而分析的机械行为，并不求得到真实的结论，对风险的判断肯定也是有偏差的。

4.2 客户分析

对下游客户的分析，逻辑和方法跟供应商分析相同。目的也是通过分析企业与下游客户之间合作的依存度、稳定性和话语权，判断是否存在以下风险：

- 客户集中度过高的风险。
- 客户不稳定（维护成本高或营销成本高）的风险。
- 支付结算方式上明显不符合行业惯例的风险。
- 关联交易的风险。

实务中的第一步还是要搜集和整理信息。

首先，统计每个自然年度前五大客户的销售金额，并把相关信息列在表格中，包括客户公司名称、销售的产品名称、销售金额、支付结算方式、账期及与该企业的合作期限等。其次，分别计算前五大客户销售金额占年销售总额（营业收入）的比例，并计算前五大客户合计销售总额占全年销售总额（营业收入）的比例，如表4-5所示。

表4-5 客户分析表格

客户名称	销售产品	销售金额（元）	结算方式	账期（天）	合作期限（年）	占年度销售总额比例	……
第一大客户							
⋮							
第五大客户							
合计							

按照授信的时点，统计过往3个自然年度的数据，按年度制作表格。

第二步是基于以上整理的信息展开客户分析，判断风险点。

下面来逐一讲述分析的思路与方法。

（1）客户集中度

首先，分析前五大客户销售合计金额和占年度销售总额的比例。

前五大客户销售合计金额占年度销售总额的比例越高，代表着客户集中度风险越高。跟供应商集中度风险的判断逻辑一样，同样是用25%、40%和50%三条线来衡量客户集中度风险的高低，占比越高，客户集中度风险越高。各家银行的衡量标准会略有差异。

其次，分析每一个客户的销售金额和占年度销售总额比例，判断单一客户集中度风险。同样是用15%、25%、40%三条线来衡量单一客户集中度风险，占比越高，单一客户集中度风险越高。

客户集中度风险是常见的信贷风险之一，在第16章（识别和明确信贷中常见的几种风险）中，我将用案例详细讲述实务中如何分析和识别这类风险。

与客户集中度相反的是客户太过于分散，这种情况下，某一个客户的流失对企业造成的影响较小，比如 To C 的商业模式，或客户是一些个体工商户。这类商业模式，企业并不一定拥有更强的话语权，但销售一般不存在赊销的情形，而是比较考验企业的营运能力，所以管理成本或营销费用会偏高。

（2）客户稳定性

通过比较表格中客户名称和销售产品的信息变化，判断客户的稳定性。

如果每一年前五大客户都发生重大变化，意味着企业没有长期合作的客户，还未建立起稳定的销售渠道，没有稳定的客户群，未来的销售情况存在高度不确定性。企业要分析是否存在客户维护成本较高，或同一个客户需要反复营销的问题，这会导致企业管理成本和营销成本的增加。

前五大客户的统计信息可以用于交叉验证企业的主营业务。如果统计结果显示向前五大客户销售的产品，并不是该企业的主营业务产品，则要对企业所描述的主营业务重新评估。统计结果还可以用于验证企业实际的销售模式。例如，一个企业对外描述自己的业务时，称其采用的是直销的销售模式，即直接销售产品给终端客户，而如果统计结果显示出的前五大客户名称是一些代理商或经销商，并不是真正的终端用户，这显然就跟企业描述的销售模式不符。

（3）支付结算方式

在与下游客户的交易中，如果拟授信企业处在较为强势的一方，结算方式会采用预收货款、款到发货或货到支付现金。反之，如果处在较为弱势的一方，结算方式则会采用赊销，越弱势赊销的期限会越长。

每个企业都希望赊销账期越短越好，现金流回款速度越快越好。受到商业模式的限制，除了对个人消费者（To C）的商业模式不存在赊销的情形，对企业客户（To B）、政府客户（To G）等的商业模式，基本上都存在赊销的情形，会面临应收账款。

在一个成熟的行业里，上下游之间会形成支付结算惯例，每个企业都会遵循所处行业的结算惯例，不会有太大的偏差。如果发现企业跟某一家或者几家客户的支付结算方式和账期信息，跟其他客户以及行业惯例差异很大，这时候就要留意，可能存在财务舞弊行为。对采用特殊的支付结算方式和账期的下游客户，要查询股权结构，判断是否存在关联交易。

在实务中，可以通过财务报表中的数据对企业提供的前五大客户的账期信息（见表 4-5 中结算方式与账期）进行交叉验证。比如通过预收的结算方式销售货物，可以通过预收款项科目以及合同负债科目来进行验证。而采用赊销的结算方式销售货物时，可以通过应收账款科目来进行验证。通过计算应收账款周转天数，来核实前五大客户的账期是否与财务报表中应收账款周转天数相符。（预收款项、合同负债以及应收账款科目的分析详见第6章相关内容。）

（4）国别和汇率风险

如果企业通过出口的方式把产品销售到海外，需要考虑国别和汇率风险，主要是两个方面。

一是进口商（客户）一方的汇率政策是否稳定，当地是否存在汇率管制政策？进口商用其本国货币购汇并把外汇通过银行汇出是否会受到政策限制？如果进口商所在国是一个外汇管制国家，出口企业很可能会因为上述风险而收不到货款。

二是要看销售合同签署时约定的支付结算币种。如果是按照进口方（客户）的货币定价，当合同约定的支付结算货币兑人民币的汇率下跌时，意味着出口企业收到的外汇兑换成的人民币将减少（假设销售合同约定的支付结算币种为美元，如果美元兑人民币的汇率下跌，出口企业收到美元后兑换成的人民币就会减少），利润会缩水。

要考虑进口商所在国货币与人民币之间的汇率，查询过往几年是否存在较大的汇率波动。比如在过去3年里，汇率波动幅度是否超过20%，汇率波动幅度越大，意味着企业面临的汇率风险越高。

4.3 实务中的两种特殊风险

供应商和客户的分析中，存在两种特殊的风险需要警惕。

1. 既是客户也是供应商

第1种特殊风险指的是两家企业互为彼此的供应商与客户。

在我过往的工作中，曾遇到过这样的风险。当时我负责一家大宗商品贸易企业的信贷业务，发现在该企业的前五大供应商和前五大客户列表里，出现了相同的企业名称。跟财务总监交流后，得知该企业进口一种矿产品，销售给国内一些冶金厂，同时也会从冶金厂采购合金产品销售给不锈钢钢厂。在该企业的贸易链条里，国内的冶金厂既是企业矿产品的客户，也是企业合金产品的供应商。

2015年在大宗商品市场下滑时，该企业财务状况恶化的程度比其他同行客户严重。原因是该企业向冶金厂销售矿产品时，采用了赊销的结算方式，给了冶金厂 3 个月的赊销账期，而从冶金厂采购的合金产品，采用了预付账款的结算方式。

大宗商品行情下滑导致冶金厂的资金链非常紧张，无法对采购的矿产品按时付款。资金紧张加剧了冶金厂的情况恶化，无法正常开工生产，也无法履行销售合同，无法向企业提供合金产品。这使得企业销售的矿产品应收账款无法收回，支付了合金产品的预付账款也收不到货。

当采购以预付款结算，同时销售以赊销结算，既是供应商又是客户的冶金厂，双倍甚至多倍放大了该企业的风险。在市场下行期，使得该企业"腹背受敌"，遭受了应收账款和预付款项双重坏账的打击。

此外，既是供应商又是客户的情况还存在循环交易、虚增营业收入的可能性。

2. 销售给母公司或股东

第 2 种特殊风险是把产品销售给母公司或股东，市场上有一个知名的案例。

汉能薄膜发电公司（Hanergy Solar）是一家能源设备制造商。2013 年公司业务开始迅速发展，到 2015 年收入增长了几倍，股价上升了十几倍，创始人被称为中国最富有的人之一。然而，就在 2015 年 5 月的一天，该公司股价暴跌，随后港交所宣布暂停该公司的股票交易。深挖该公司的收入就会发现，其主要客户是它的大股东——汉能控股集团。2013 年，该公司所有收入均来自对其母公司的销售，2014 年对母公司销售收入的占销售总收入的比例仍达到 61%。截至 2014 年末，该公司从未收到过来自母公司的货款，应收账款周转天数升至 500 天，逾期的应收账款占比达 57%。⊖

另外还要注意企业跟股东之间的交易。例如股东跟企业达成了一项交易，股东向企业注资，同时企业会采购股东的产品，这种资金在两方之间流转，伴随着股权的投资以及产品的买卖，很可能背后都是一场圈套。

⊖ 施利特，佩勒，恩格尔哈特. 财务诡计：如何识别财务报告中的会计诡计和舞弊（原书第 4 版）[M]. 续芹，陈柄翰，石美华，等译. 北京：机械工业出版社，2019.

CHAPTER 5
第5章

利润表分析

从本章开始,进入到财务报表分析的内容,这是公司信贷业务中重要的工作技能之一。

首先来认识财务报表,了解相关的基本知识。

一套完整的财务报表包括利润表、资产负债表、现金流量表、股东权益变动表及附注。公司年报中通常包含合并报表和母公司报表,母公司报表是指该公司本部的独立报表,而合并报表是指本部数据和按照企业会计准则要求并表的子公司数据进行合并以后的报表。根据企业会计准则的要求,年报中的财务报表还包含附注,附注是对合并财务报表的说明和补充。

经由会计师事务所审计的年报,包括以下几种审计意见:标准无保留意见、带强调事项的无保留意见、保留意见、否定意见和无法表示意见。可以简单地理解为几类审计意见反映出年报可信度程度不同。标准无保留意见的年报可信程度最高,带强调事项的无保留意见的年报可信程度其次(在授信过程中需要对强调事项进行分析和判断),而其余三种审计意见均代表着审计会计师对企业财务状况的负面评价。对于商业银行来讲,只要不是前两种审计意见,无论是后三者中哪一种,都是需要风险预警的。通常被出具了这三类负面意见的企业都存在重大风险,如持续经营能力不确定,涉及重大的诉讼和仲裁,涉及财务舞弊,有金额巨大的关联交易,有资产重大减值等。

对在交易所上市的企业来讲，不同交易所对企业披露信息的要求不同。拿 A 股沪深、港股和美股来比较，有三点不同：①财年截止日不同，A 股沪深均是 12 月 31 日，而在我国香港地区和美国的财年截止日是由上市公司决定的，有 12 月 31 日、6 月 30 日、3 月 31 日等；②披露时间限制不同，A 股沪深年报披露的截止日期是 4 月 30 日，我国香港地区是财年截止日期后的 3 个月内，美国则是财年截止日期后的 60 天 /75 天 /90 天内；③季报披露要求不同，A 股沪深和美股都需要披露季报，我国香港地区对此没有强制要求，只需披露年报和半年报。

5.1 营业收入

5.1.1 三个变量和一个公式

利润表反映企业在报告期内的经营成果。

营业收入是利润表中的第一个项目，该项目的数值由主营业务收入和其他业务收入两部分组成，合并利润表的项目注释里有这两类收入的明细信息，其中主营业务收入是财报中关注和分析的重点（主营业务的分析详见第 3 章）。

实务中，对营业收入的分析，可以从两个维度展开，即可持续性和增长性。营业收入可以拆解成三个变量和一个公式。三个变量是指产量、销量和价格，一个公式是指收入等于销量与单位产品价格的乘积（收入 = 销量 × 价格）。不论企业是生产制造型还是服务型，是提供有形的产品还是无形的服务，所有企业的营业收入，都可以通过这个公式来计算和分析。

产品的产出用产量来衡量，产品的标准化程度决定了产出的效率和稳定性。标准化程度高的产品才具备规模化生产的基础。规模化生产的产品，生产流程和效率的确定性较高。对产量影响较大的因素是原材料、能源等生产要素能否稳定供应、生产设备能否稳定运行。产品的标准化程度低则不可能实现规模化生产，而且产品的标准化程度越低，影响产量的因素就越多，生产流程和效率的不确定性也会随之降低，营业收入可持续性和增长性的不确定性就越大。

企业向消费者提供定制化的服务，通过提供服务获取收入，这种服务就是标准化程度很低的一种产品。企业需要根据客户的需求来定制相应的服务，服务的定制化程度越高则标准化程度越低，对企业的服务能力要求越高。这意味着企业在该领域必须掌握更多资源，必须拥有满足客户需求的服务能力和技术，必须能稳定招聘到有服务能力的员工，才有可能实现更多的产量。

产量与销量的关系是标准化程度越低的产品销量越接近产量，在定价权中更占优势，比如定制化的服务根据客户需求而提供，当然与此同时服务的价格也会对销量产生一定的影响，此消彼长。

5.1.2 营业收入构成、变化及驱动因素分析

本节以一家 A 股上市公司为例，来展示如何使用上文中提到的分析工具和方法，即三个变量和一个公式，对营业收入进行分析。

第一步，找到合并利润表中营业收入的项目注释，如表 5-1 所示。

表 5-1 合并利润表中营业收入的项目注释 （单位：元）

项目	本期发生额		上期发生额	
	收入	成本	收入	成本
主营业务	22 051 219 745.97	20 295 907 807.59	5 742 809 330.49	4 706 785 881.97
其他业务	174 977 273.41	147 099 448.41	132 431 794.52	90 362 472.18
合计	22 226 197 019.38	20 443 007 256.00	5 875 241 125.01	4 797 148 354.15

主营业务这一栏数据显示，本期发生额（2017 年）主营业务收入是 221 亿元，同比上期（2016 年）的 57 亿元，增长了近 3 倍。

营业收入的增长有 3 种可能：原有业务的增长、增加了新的业务板块或是并购了新的公司。

通常初创期的企业，会呈现出业务高速增长、营业收入成倍增长的现象。而该企业的营业收入已经有几十亿元的规模，显然已不再是一个初创期的企业。非初创期的企业，在原有产品和市场都非常成熟的情况下，营业收入实现几倍的增长，概率是很小的。当然也有极端的情况，比如疫情期间生产防疫物资的企业，在当时营业收入的确是存在几倍的增长，但这是小概率事件、特殊事件。所以，处在业务成熟期的企业，营业收入出现成倍的增长，大概率是因为增加了新的业务板块或是并购了新的公司。

下面来分析该企业营业收入增长的具体原因，把营业收入按照产品类型划分，这里直接使用年报中披露的信息，如表 5-2 所示。

表 5-2 合并利润表营业收入构成 （单位：元）

	2017 年		2016 年		同比增减
	金额	占营业收入比重	金额	占营业收入比重	
营业收入合计	22 226 197 019.38	100%	5 875 241 125.01	100%	278.30%

（续）

	2017年		2016年		同比增减
	金额	占营业收入比重	金额	占营业收入比重	
分行业					
化工	9 348 300 885.02	42.06%	5 742 809 330.49	97.75%	62.78%
供应链	12 702 918 860.95	57.15%			
其他业务	174 977 273.41	0.79%	132 431 794.52	2.25%	32.13%
分产品					
甲乙酮类	2 615 144 578.40	11.77%	1 653 914 602.29	28.15%	58.12%
顺酐化工类	5 057 897 189.07	22.76%	3 073 195 124.09	52.31%	64.58%
化工其他类	1 675 259 117.55	7.54%	1 015 699 604.11	17.29%	64.94%
供应链管理	12 702 918 860.95	57.15%			
其他业务	174 977 273.41	0.79%	132 431 794.52	2.25%	32.13%
分地区					
国内	21 459 637 605.63	96.55%	5 417 281 898.47	94.46%	296.13%
国外	766 559 413.75	3.45%	457 959 226.54	5.54%	67.39%

对比2016年和2017年的营业收入构成，会发现，按照行业划分，2017年多了一个行业板块"供应链"。按照产品划分，2017年新增了一个产品"供应链管理"。由此得知，2017年营业收入的增长，除了来自原有主营业务化工制造板块的业务增长，还来自新增的"供应链管理"业务，2017年贡献了127亿元营业收入。

表5-2显示2017年原有主营业务化工制造板块的收入同比增长了62.78%。下面对化工制造板块的收入增长展开分析，找到具体的增长驱动因素有哪些。在年报中找到影响收入的变量的数据，该企业披露的2016年和2017年的产销量数据，如表5-3所示。

表5-3　产销量数据

行业分类	项目	单位	2017年	2016年	同比增减
化工制造	销售量	吨	1 462 930	1 027 099	42.43%
	生产量	吨	1 471 605	1 000 742	47.45%
	库存量	吨	28 563	19 888	43.62%

注：相关数据同比发生变动30%以上的原因说明：

报告期内，化工制造行业销售量、生产量、库存量同比分别增长42.43%、47.45%、43.62%，主要是整体产能较去年同期有较大增幅所致。

找到 2016 年和 2017 年化工制造行业产品销售同比增长率和营业收入同比增长率，产品的销量同比增长了 42.43%，营业收入同比增长了 62.78%。对比这两个数据，营业收入增长率比销量增长率高。以此判断，主营业务的收入增长不光是由销量拉动的，价格的上涨也是驱动因素之一。企业在年报中很少披露产品销售价格，实务中可以通过搜索查询产品的市场销售价格，来做双重验证。

通过以上分析，对该企业 2017 年营业收入的增长，就有了一个明确判断：营业收入从 2016 年的 59 亿元增长到 222 亿元，来自原有业务增长和新增业务供应链管理，新增业务贡献了 127 亿元。2017 年原有主营业务的产量、销量和价格都有所增长。

把以上案例中营业收入的分析方法总结如下：

第一步，整理信息和数据。

首先通过合并利润表的营业收入项目注释，找到主营业务收入的明细。然后把至少连续 3 年的主营业务收入，按照产品构成划分的数据整理到一个表格中，并且找到对应每一年的产量、销量与价格的数据整理到一张表格内。可以直接采用企业年报中披露的相关信息。

第二步，分析每一个变量对营业收入的影响。

对营业收入的分析，不能仅通过营业收入的变化趋势做出判断，盲目下结论，认为增长的趋势就是好的表现，而下降的趋势就是差的表现。

首先要明确构成主营业务收入的产品有哪些，然后分析构成每一种产品的销售收入的三个变量，即产量、销量和价格的变化以及导致其变化的根本原因，从而判断营业收入的增长或下降趋势是持续性的还是阶段性的。

营业收入的增长，如果是由不断增长的销量所驱动的，那么这代表着企业拥有的市场份额有所增长。如果销量的增长不是通过采取更激进的赊销策略或以降价为代价而实现的，意味着产品在市场上具有真正的竞争优势。这种由销量的增长驱动的营业收入的增长，稳定性和可持续性更强。如果营业收入的增长，只是由于价格的增长所驱动，但销量是下降的，那么这就意味着企业失去了一部分市场份额，这种增长的可持续性存在不确定性。

当营业收入表现出下滑趋势时，也需要进一步分析原因，是产能下降、销量下降还是产品价格下降造成的？每一种原因的分析都要深挖，不要只停留在表面上，而要直到可以得出明确的结论为止。

比如产能下降，具体是哪些产品的产能下降？是否企业主动减产，打算退出某些市场？是长期战略还是阶段性减产？是某些原材料或者能源供应不足导致？或者某些生产资质受到了限制？是固定资产陈旧老化不能继续使用？还是排污等处理能力不足？必须要清楚究竟是什么原因导致了产能下降。

同理，销量下降也要分析具体原因，是由于产品不再符合市场需求？是技术或者生产工艺落后导致滞销？还是价格太高导致销售受阻？或是市场份额被竞争对手吞噬了？产品是否缺乏竞争力？

如果是价格下降导致了营业收入的下滑，也需要进一步分析原因，是阶段性和策略性的降价，目的是想要争夺更大的市场份额，还是长期的降价。如果企业是为了赢得更多的市场份额而采取短暂的降价策略，这种情况下的营业收入下滑，只是阶段性的。而如果是因产品缺乏竞争力而采取的降价策略，这种降价会是持续性的，其所带来的营业收入下滑在短期内很难扭转。

5.1.3　行业周期性对营业收入的影响

接下来继续来讲述，使用三个变量与一个公式的分析工具与方法对营业收入进行实务分析。

以 A 股中一家化工行业的上市公司为例，2021 年合并利润表附注营业收入项目注释，如表 5-4 所示。

表 5-4　合并利润表附注营业收入项目注释　　　　（单位：元）

项目	本期发生额		上期发生额	
	收入	成本	收入	成本
主营业务	22 131 160 160.38	17 137 420 827.18	16 910 770 149.76	13 763 330 742.84
其他业务	1 051 089 046.23	916 704 898.56	869 506 705.33	765 660 683.55
合计	23 182 249 206.61	18 054 125 725.74	17 780 276 855.09	14 528 991 426.39

首先，观察并对比表中主营业务与其他业务的数值，从 2 年主营业务收入的占比判断，该企业的主营业务非常突出且明确。本期发生额（2021 年）主营业务收入有所增长，从上年度的 169 亿元上涨到了 221 亿元，同比增长 31%。

接下来，找到构成主营业务收入的产品详细信息，如表 5-5 所示。

表 5-5　构成主营业务收入的产品详细信息　　　　（单位：元）

产品	2021 年		2020 年	
	营业收入	占比	营业收入	占比
纯碱	6 251 487 862.92	28.25%	4 189 819 543.75	24.78%

（续）

产品	2021年		2020年	
	营业收入	占比	营业收入	占比
粘胶纤维	8 283 661 981.38	37.43%	6 844 250 022.02	40.47%
聚氯乙烯树脂	3 180 279 823.57	14.37%	2 949 414 140.76	17.44%
烧碱	900 352 327.76	4.07%	719 788 130.80	4.26%
二甲基硅氧烷混合体	1 139 561 528.14	5.15%	947 127 658.47	5.60%
室温胶	564 685 870.27	2.55%	299 363 839.68	1.77%
高温胶	1 046 966 584.15	4.73%	403 331 796.50	2.39%
其他	764 164 182.19	3.44%	557 675 017.78	3.29%
合计	22 131 160 160.38	100.00%	16 910 770 149.76	100.00%

注：表中数据摘自上市公司公开披露的年报。

对比2021年和2020年的两组数据，该企业在2年里的主营业务及核心产品是一致的，没有发生任何变化，也没有新增的业务板块和产品，并且每一种产品的营业收入在2021年都有所增长。

接下来，找到产销量数据信息，并对该企业2021年营业收入增长驱动因素展开进一步分析。产销量数据如表5-6所示。

表5-6 产销量数据

主要产品	单位	生产量	销售量	库存量	生产量比上年增减（%）	销售量比上年增减（%）	库存量比上年增减（%）
纯碱	万吨	338.25	330.62	13.94	0.13	−1.75	119.12
粘胶短纤维	万吨	68.17	66.84	3.70	−9.05	−12.17	56.15
聚氯乙烯树脂	万吨	36.10	36.09	0.60	−14.80	−14.53	1.68
烧碱	万吨	47.21	47.03	0.40	−8.10	−8.11	80.08
二甲基硅氧烷混合环体	万吨	4.60	4.60	0.04	−24.44	−25.94	5.06
室温胶	万吨	2.20	2.21	0.04	16.49	15.51	−0.78
高温胶	万吨	3.70	3.64	0.10	52.33	47.19	227.88

注：表中数据摘自上市公司公开披露的年报。

观察每一种产品的产销量的数据，可以发现，只有室温胶和高温胶这两种产品的销量是增长的，而其余产品的产量和销量都有所下降。以此推测，该企业本年度营业收入的增长，只是由产品价格上升而拉动的。

对应市场行情来看，2021年整个化工领域都处在景气的行业周期里，很多化工产品的价格相比上年同期都有明显上升，如聚氯乙烯、尿素、复合肥等，市场价格都出现了大幅上涨。化纤、化学原料等细分领域因产品的供不应求，销量和产品价格较上年均有较大幅度增长。

综合化工行业的市场情况，以及以上对该企业的营业收入分析，可以明确该企业营业收入虽然有所增长，但驱动因素是价格而非销量，是由行业周期性因素驱动的产品价格上升导致的营业收入增长，而并非产品自身竞争力强所带来的营业收入增长，因此营业收入的可持续性存在不确定性。

行业周期性因素是营业收入分析中需要考虑的因素，行业周期波动对企业营业收入的影响是阶段性的。处在行业景气周期时，产品价格上升，会带动企业营业收入的上升；反之，产品价格下降，会导致企业营业收入的下滑。

5.1.4　阶段性行情与阶段性产品对营业收入的影响

阶段性行情不是指季节性行情，季节性行情是有规律的，也会随着季节变化表现出一定的周期性，比如生产和销售羽绒服的企业，在每个冬季的营业收入都会相对夏季而更高。阶段性行情指的是由突发的或者特殊原因导致的，比如市场原因、政策变化等出现的一些短期的、非预期的行情，是毫无规律可言的，是不可持续的。比如新冠疫情期间的防疫物资物品和熔喷布的短缺、病毒检测需求的增加、2020年底的风电抢装潮等，这些都属于阶段性行情。

阶段性产品也不是指季节性产品，季节性产品的销量会随着季节变化表现出一定的周期性，如月饼、粽子以及冬装等。而阶段性产品就是在一个短暂的时间周期里销售的产品，比如每次奥运会火爆一时的与吉祥物相关的纪念品，就属于阶段性产品。

阶段性的市场行情会带来产品销量和价格的上涨，并由此拉动营业收入的增长，这样的增长持续性存在不确定性。最终当阶段性的行情结束时，营业收入会随着销量、价格的回落而下降。

5.1.5　营业收入的横向比较

如果你是从本章开头读到这里，现在你已经掌握了营业收入分析的大部分要领了。但现在所掌握的分析方法，还不足以对一家企业的表现究竟是好是坏做出最终的判断。

仅根据企业的历史数据进行纵向的对比分析，不足以判断企业的真实表现究竟是好还是坏。打个比方，这就像判断一个学生的成绩是优还是差，单纯看过去 3 年的成绩表是没办法下结论的，必须要将其与班级里的同学乃至同年级的同学的成绩做横向比较，才能做出判断。企业的表现究竟好与不好，也同样要跟同行业或者同一细分领域里的其他企业进行横向的比较，才能做出判断。

比如这两年新能源产业得益于"双碳"政策的拉动快速发展，其中新能源汽车行业年均复合增长 86%。[⊖]如果其中某家企业营业收入的平均增长率低于行业平均水平，即使是表现出增长的趋势，也并不能算得上真正表现好。而反之，在目前低迷的地产行业中，如果某家企业营业收入的下降幅度远小于行业平均下降幅度，也能算得上表现优异。

横向比较分析还有一个作用，是可以发现企业的一些问题。一个企业营业收入的波动曲线应该跟行业的表现是趋同的，在周期性行业里，这个特点表现得尤为明显。如果一个企业的营业收入波动曲线表现出跟行业平均水平严重偏离，则有可能存在财务舞弊的行为，通过人为操纵平滑了营业收入的波动曲线。

5.1.6 虚增收入的几种操纵方式

在营业收入分析中，需要格外关注的一点是，如果营业收入的确认被列入了关键审计事项，则需要在尽职调查中高度重视营业收入的真实性。

企业虚减收入的做法比较少见，即使这么做，也是隐藏某一年的收入，然后移到下一年，最终目的还是为了美化报表，当然这也是一种舞弊现象。而虚增收入是一种较常见的舞弊现象，不论是国企还是私企，不论是上市企业还是非上市企业，都有可能会因为某些原因而虚增收入。比如上市公司为了业绩、市值、融资、保壳等目的，非上市的企业为了上市、出售股权时卖到更高的价格、对赌等目的。

下面介绍常见的 3 种虚增营业收入的做法。

1. 循环交易

实务中，常见的一种虚增收入的做法是循环交易，即同一批货物在几个公司之间流转，如图 5-1 所示。

A 公司从 B 公司采购货物，然后销售给 C 公司，C 公司再把同一批货物直接

⊖ 资料来自央视新闻报道的中国汽车产业发展国际论坛中，国家发改委产业发展司司长的发言。

卖回给 B 公司，或者为了掩人耳目通过卖给 D 公司再卖回给 B 公司，循环反复。

通过这种循环交易的方式来虚增营业收入，在交易的过程中一般都会伴随着贸易融资。比如在图 5-1 中，假设 C 公司是信誉较好的央企、国企，A 公司在循环交易的过程中，可以通过应收账款保理的方式实现融资（把来自 C 公司的应收账款收益权转让给银行或者保理公司）；或者 A 公司是信誉较好的公司（上市公司），通过 100% 预付货款的方式从 B 公司采购货物，这就帮助 B 公司实现了融资。（本书第 17 章中还会涉及相关内容。）

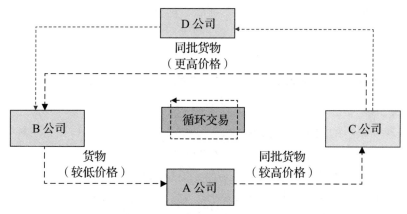

图 5-1　循环交易虚增营业收入

2. 以经销为主的销售模式

经销商并不是产品的终端用户，而是通过经销模式赚取差价。在很多行业里都存在着经销的销售模式，比如汽车、汽车轮胎、家具、厨卫产品的销售都是以经销模式为主。如果企业的主要销售模式是经销，营业收入出现大幅增长的同时，应收账款也出现了大幅增长，这种情况下就很可能存在舞弊行为。

企业很可能通过赊销的方式，跟经销商联手来虚增收入，等过了财务年度经销商再退货，这也是相对容易操纵营业收入的方式。银行对于以经销模式为主、同时还有大量应收账款的企业是非常忌惮的，给这类企业做应收账款保理融资的风险很高。

3. 客户以个人为主的销售模式

企业直接销售产品给自然人或者个体工商户等客户，这种涉及自然人客户的销售方式，通常销售金额小而分散，还会伴随着大量的现金交易。其中，最典型的就是餐饮企业，这里暂且不把反洗钱的因素考虑进来，这些现金收入充裕的企业，对银行来讲一直都是很"头痛"的，因为很难识别交易的真假。

近些年得益于电子化支付手段的普及，个人消费者基本上都使用了数字化的支付方式。电子化支付手段的确是比过去直接用纸币进行的现金交易更有迹可循。但不论是银行的尽职调查还是会计师事务所的审计，对企业营业收入的确认和审核，都是采用抽样调查的方式来核实，还做不到在短短的几天里，有效地识别每一笔交易的真假。企业营业收入规模越大，越难识别营业收入的真实性。比如生猪养殖企业，超过半数的客户是个体工商户，对这类企业营业收入真实性的确认就存在很大难度。企业有可能从中做手脚，制造虚假交易，虚增营业收入。

5.1.7　新经济中收入被"夸大"现象的思考

现在的新经济中存在一种销售收入被"夸大"的现象，值得我们思考与探究。随着互联网的发展，大数据、人工智能等技术的成熟与应用，出现了一类平台经纪的公司，聚合了两种或多种客户集群在其平台上进行交易。

比如之前 A 和 B 之间是直接交易的，但现在由于平台 C 的精准导流，使得 A 或者 B 其中一方，在短期内批量获得了大量的客户，平台 C 以客户流量为谈判筹码，从而帮助客户争取到更优惠的购买价格，对于单一个体客户来讲，更经济更便利。从目前看，这个商业模式理论上是成立的。平台 C 在 A 和 B 之间，充当了一个撮合者或者说贸易商的角色。

如果把平台 C 角色定位为撮合者，平台 C 收取的应该是手续费，比如撮合了 A 和 B 共 10 亿元的交易，假设按照交易总额的 0.5% 计算佣金，平台 C 应该确认 500 万元的佣金收入。

而如果把平台 C 角色定位成贸易商则大不同了，平台 C 会把本应该是 A 销售给 B 的收入 10 亿元，先收到自己公司的账户下，然后把 500 万元佣金收入留下，再把 9.95 亿元支付给 B。但与普通贸易商的差异是贸易商得先买后卖，而平台 C 不需要，只要通过信息搭建的方式就可以做到先收钱再支付，而并不改变原有两方的交易模式。

于是有趣的事情就出现了，如果平台上交易的商品单价够高、销量够大，平台的销售收入就会出现指数级的增长，而这类公司的毛利与收入却是极不相称的。微薄的毛利是否能支撑平台公司的运营费用，这对大部分平台企业来讲，还是一个问号。

如果对其中一些平台企业的业务内容，再加上一点想象力，比如平台上交易的产品是大宗商品，营业收入就会在短时间内出现百亿元规模的增长，犹如魔法一样"平地起高楼"。再假设这些商品还能跟仓储、物流的概念融合起来，就不仅是"平地起高楼"了，还可以编织出一个"大宗商品供应链金融"的图景来。如果还涉及期货、期权等衍生品的交易，这个故事在资本市场上似乎就变得更有吸引力了。

是不是觉得这个故事听起来很有创新，但感觉似乎又有那么一点儿熟悉的味道，让人不自觉地联想到20世纪90年代臭名昭著的安然事件。

20世纪90年代，安然公司从一家小管道燃气运营商，摇身一变转型成为集能源和期货交易于一体的公司，拓展了一条以互联网为基础的交易线——安然在线。安然以与能源相关的衍生品合同的总值而非净值来记账，交易一笔总值为500 000美元的能源合约，如果按照交易总额的0.1%计算佣金来确认收入大约是500美元，但是安然用交易的总额来确认收入，即500 000美元，是佣金收入的1000倍。这种会计处理方式使得安然在2000年的收入大增，一跃成为"美国第七大公司"。⊖

可能对于短期投资者来讲，企业按照交易总额确认收入增长的确非常好，但对于商业银行来讲，即使企业会计准则允许企业以交易总额确认收入，也依然要看清这些平台公司交易的真相，银行信贷人员要老老实实地按照传统的信贷分析思路操作，而不要忘记曾经发生的安然事件。

5.2　营业成本

营业成本是指在企业销售商品或者提供服务的生产过程中产生的成本，分为主营业务成本和其他业务成本，这两者是与主营业务收入和其他业务收入相对应的一组概念。

5.2.1　营业成本与生产成本

营业成本是与营业收入直接相关的，是与所销售商品或者所提供服务而取得的收入进行配比的。因此，利润表中记录的营业成本，是已销售商品或者提供服务所产生的生产成本。

⊖ 弗里德森，阿尔瓦雷斯. 财务报表分析（第四版）[M]. 刘婷，译. 北京：中国人民大学出版社，2022.

读到这里，你可能会有一个疑问，营业成本中只包括已销售商品的生产成本，那么未销售商品产生的生产成本记录在哪里呢？答案是记录在资产负债表中的存货科目里。

营业成本的计入需要跟营业收入相配比，也就是遵循会计记账的配比原则，把商品销售给客户，或者把服务提供给客户后，企业确认了相应的营业收入，根据配比原则计入相应的营业成本。

理解营业收入与营业成本的配比原则，是更好地理解利润表和资产负债表两者之间关系的基础。营业成本并不等于生产成本，生产成本一部分体现为利润表中的营业成本，另一部分体现为资产负债表中的存货。

图 5-2 描述了生产成本与营业成本之间的关系。

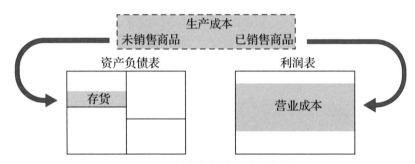

图 5-2　生产成本与营业成本的关系

5.2.2　固定成本与可变成本

生产成本可分为固定成本和可变成本。固定成本是指在一定范围内，不会随产量变化而变化的成本，比如厂房、机器设备等固定资产的折旧。而可变成本，则是指随着产量增加而不断增加的成本，比如原材料，每多生产一件产品，都需要相应地多一份原材料。

电力、天然气等能源要素属于可变成本。比如在电解铝的生产过程中，电的消耗随着电解铝产量的增加同比增加；在 IDC 行业中，电的消耗随机房数目的增加同比增加。人工成本属于固定成本还是可变成本，取决于人工成本的支付方式。如果支付方式是计件支付就会随着产量的增加而增加，就属于可变成本；如果支付方式是固定工资支付则属于固定成本。

固定成本占生产成本的比例叫作企业的经营杠杆。固定成本占比越高，意味着企业的经营杠杆越高，利润的波动也越大。当产能利用率提高时，固定成本没有增加，营业收入上升会带来利润大大增加；反之，营业收入下降时，由于固定成本比重大，成本不会下降太多，利润则会大幅减少，利润的波动就大。

可变成本占生产成本比例高，当营业收入大幅上升时，生产成本也会随之增加，利润不会增加太多。而当营业收入大幅下降时，生产成本也容易控制，利润也不会减少太多，利润的波动就小。

因此可以得到一个结论，固定成本占比高，也就是经营杠杆高的企业利润波动风险大。

5.2.3 营业成本的分析方法与案例

在企业的年报中，会披露营业成本构成明细，通常涉及原材料、人工、制造费这三部分。再详细一点儿的话，会涉及燃料、动力等能源、运输费、仓储费等成本。

下面以一家 A 股上市公司为例，来讲述营业成本的实务分析。

这是一家风电设备制造企业，主营业务是生产和销售风塔和叶片，所用到的主要原材料是钢材。根据 2021 年披露的年报，截取营业收入项目注释，如表 5-7 所示，营业成本构成如表 5-8 所示，核心产品风塔的产销量数据如表 5-9 所示。

表 5-7 营业收入项目注释　　　　　　　　（单位：元）

	营业收入	营业成本	毛利率	营业收入比上年同期增减	营业成本比上年同期增减	毛利率比上年同期增减
分行业						
风电设备	6 958 727 183.63	6 031 073 096.56	13.33%	−3.54%	2.59%	−5.18%
风力发电	1 050 506 153.35	315 165 564.90	70.00%	47.94%	32.60%	3.47%
其他	156 820 329.85	58 391 455.78	62.77%	23.21%	34.55%	−3.13%
分产品						
风塔及相关产品	5 177 342 542.92	4 552 208 684.93	12.07%	2.47%	8.96%	−5.24%
叶片类产品	1 781 384 640.71	1 478 864 411.63	16.98%	−17.58%	−13.07%	−4.31%
发电	1 050 506 153.35	315 165 564.90	70.00%	47.94%	32.60%	3.47%
其他	156 820 329.85	58 391 455.78	62.77%	23.21%	34.55%	−3.13%

表 5-8 营业成本构成（产品分类） （单位：元）

产品分类	项目	2021 年		2020 年		同比增减
		金额	占营业成本比重	金额	占营业成本比重	
风塔及相关产品	原材料	3 950 970 008.53	86.80%	3 423 837 530.52	81.95%	15.40%
风塔及相关产品	人工工资	198 024 176.32	4.35%	247 832 664.24	5.93%	−20.10%
风塔及相关产品	制造费用	194 579 577.87	4.27%	198 541 928.96	4.75%	−2.00%
风塔及相关产品	运费	208 634 922.21	4.58%	307 708 443.85	7.37%	−32.20%
小计		4 552 208 684.93	100.00%	4 177 920 567.57	100.00%	8.96%
叶片及相关产品	原材料	1 243 223 818.26	84.07%	1 468 511 436.03	86.33%	−15.34%
叶片及相关产品	人工工资	100 911 223.43	6.82%	95 520 601.46	5.62%	5.64%
叶片及相关产品	制造费用	120 214 584.16	8.13%	124 501 569.31	7.32%	−3.44%
叶片及相关产品	运费	14 514 785.78	0.98%	12 607 612.45	0.74%	15.13%
小计		1 478 864 411.63	100.00%	1 701 141 219.25	100.00%	−13.07%
电力产品	原材料	—		—		
电力产品	人工工资	12 074 880.45	3.83%	8 319 986.68	3.50%	45.13%
电力产品	制造费用	303 090 684.45	96.17%	229 366 241.85	96.50%	32.14%
小计		315 165 564.90	100.00%	237 686 228.53	100.00%	32.60%

注：风塔及相关产品成本中原材料比重增加，主要是因为本期主要原材料钢板价格走高。

表 5-9 产销量数据

行业分类	项目	单位	2021 年	2020 年	同比增减
风塔	销售量	吨	626 458	590 295	6.13%
风塔	生产量	吨	638 722	620 759	2.89%
风塔	库存量	吨	73 519	61 255	20.02%

观察表 5-8 中的信息，风塔及相关产品和叶片及相关产品这两种产品的营业成本构成，其中占比最大的项目均是原材料。2020 年风塔及相关产品的原材料占比为 81.95%，2021 年增长到 86.80%。2020 年叶片及相关产品的原材

料占比为 86.33%，2021 年下降至 84.07%。在第 3 章已经提到过技术附加值越低的产品，营业成本构成中原材料占比越高。根据该企业的营业成本构成，可以判断其核心产品风塔及相关产品和叶片及相关产品均属于技术附加值较低的产品。

原材料占比越高，意味着营业成本受原材料价格变动影响越大。实务中，可以用产量的数据来验证原材料的增加是产量的提高还是价格的上涨所致。

比如该企业风塔及相关产品的原材料占比，从 2020 年的 81.95% 增加到 2021 年的 86.80%，计算原材料采购金额的增长，在 2021 年同比增长了 15.40%。对照表 5-9 中风塔产销量的数据来看，生产量在 2021 年同比增长仅 2.89%，是远远低于原材料采购金额的增长幅度的。

综合风塔及相关产品的营业收入增长情况来分析（见表 5-7），风塔及相关产品的营业收入，2021 年同比增长了 2.47%，而营业成本同比增长了 8.96%。可见，营业成本的上升主要是由原材料价格上升导致。生产风塔的主要原材料是钢材，显然受到了 2021 年钢材价格上升的影响。

通过以上案例，把营业成本的分析方法总结如下：

营业成本的分析可以采用纵向比较方法，即把营业成本构成明细的占比情况与过往连续几年对应的数据进行对比，比较其中每一项营业成本构成的占比变化、总金额变化，并进行分析。

如原材料占营业成本的比例增加，意味着原材料价格上涨。比如 2021 年钢材价格上升，以钢材作为原材料的生产制造企业，都经历了钢材成本上升对利润的挤压，就像上述案例中的风电设备制造企业一样。同样，轮胎制造企业也经历了橡胶这个核心原材料价格上升对营业成本的影响。电价的上升也导致电解铝、化工等这些耗电量大的行业的营业成本大幅上升。

对营业成本的分析除了使用纵向对比分析，也需要采用横向对比分析，即与同行业的对标企业进行比较，来判断该企业营业成本的变化是否符合行业的市场行情。

例如轮胎企业的核心原材料是橡胶，如果营业成本中直接原材料的增加比例远远超过了同行业的水平，偏离了行业的基本情况，就需要了解清楚真实的原因，有可能是企业采购的原材料已经完全变了，或者是业务模式变了。如果不进行横向的对比分析，还按照原来对企业的固有了解进行分析，结论就会产生很大的偏差。同比行业情况进行的分析，是很好地发现企业财务舞弊行为的一种方式。

5.2.4 现金成本与非现金成本

轻资产行业拥有的固定资产少，或者没有固定资产，营业成本中涉及更多的是可变成本。重资产行业则相反，拥有大量的固定资产，生产过程中会涉及固定资产的折旧，影响当期的损益。

想要更好地理解固定资产折旧以及折旧对利润的影响，就要学会区分和理解两个概念：现金成本和非现金成本。这两个概念的学习，还有助于理解和分析现金流量表。

可变成本涉及企业当期实际的现金支付（流出），企业采购原材料需要向供应商付款，能源等消耗、运费、仓储、人工工资都需要支付现金，有实际现金支付的成本叫作现金成本。

固定资产的折旧在当期并不涉及实际的现金支付。购置固定资产的时候是一次性支付现金的，但会计记账原则是按照预估的固定资产使用年限，分摊到每年记录该项成本。因此固定资产折旧虽然无实际的现金流出，但会影响到当期利润，所以固定资产折旧叫作非现金成本。

对于财务的初学者、信贷业的新手来讲，这可能是营业成本中一个相对难理解、有点抽象的知识点。对营业成本进行分析时，只有加入了现金成本和非现金成本的概念，才能对利润表有更深刻的理解和认识。

5.3 费用

5.3.1 销售费用和管理费用

销售费用和管理费用都是将当期实际发生的费用记录在利润表中，跟营业成本的会计记账原则不同，无须跟营业收入进行配比。

对这两种费用的分析，应遵从比例概念而非总额概念。解释得更具体一些，费用科目都是会消耗企业毛利的科目，虽然在会计记账的原则上这两种费用跟营业收入不需要进行配比，但分析的时候需要计算出该项费用占营业收入的比例，而后对比每年该比例的变化趋势，分析得出结论。（做财务预测时，对费用科目也是按照该比例来估计的。）

判断销售费用与管理费用是否合理，除了采用跟企业历史数据的纵向对比分析方法外，还需要与所处行业的企业进行横向比较，根据行业的特性进行判断和分析。这点可以通过常识去理解和判断。比如随处可见的快消品的广告，这是快消品的行业特征，需要大量的广告投入保持曝光度和在消费者心中的新鲜度。药品的推销环节需要有层层的医药销售代表，这也意味着需要支付高昂的销售费用。因此，在快消品行业和医药行业的利润表里，销售费用占比就表现得比其他行业高。众所周知，茅台酒供不应求，无须再投入广告进行宣传，销售环节也无须大量的销售人员，所以销售费用占比较低。

下面以 A 股市场中一家医药企业为例，来讲述销售费用与管理费用的实务分析方法。

根据该公司 2019～2021 年公开披露的年报信息，把 3 年合并利润表中的数据整理如下（见表 5-10）。

表 5-10 利润表分析　　　　　　　　　　（单位：亿元）

项目	2019-12-31	2020-12-31	2021-12-31
营业收入	12.56	13.73	21.39
营业成本	2.07	1.95	2.23
营业收入增长率（%）	—	9.32	5.58
毛利率（%）	83.52	85.80	89.57
销售费用	6.23	6.85	11.55
销售费用/营业收入（%）	49.60	49.89	54.00
管理费用	0.59	0.63	1.00
管理费用/营业收入（%）	4.68	4.60	4.65

根据表 5-10 中的信息，2021 年销售费用占营业收入的比例达到了 54.00%，同比前两年，明显上升了大概 4 个百分点。虽然管理费用总额在这 3 年中是不断增加的，但占营业收入比例基本是持平的，因此关注点应该集中在销售费用上，分析销售费用上升的原因，而非管理费用。如果通过总额的变化趋势进行分析，2021 年销售费用同比增加了 4.7 亿元，管理费用同比增加了 3700 万元，这两类费用在连续 3 年中都呈现上升趋势。显然通过总额分析抓不住问题点，得不出有效结论。这就是上文中所提到的，对销售费用和管理费用的分析，需要遵从比例概念而非总额概念。

通过纵向分析，得知该企业的销售费用占比在 2021 年有所上升。想要判断该企业销售费用是否偏高，以及销售费用上升是否合理，还需要进行行业的横向对标分析。

选取在 A 股中医药行业里，营业收入规模相近的 3 家上市公司作为对标企业，展开同比分析（选择对标企业的方法详见第 11 章）。根据 2019～2021 年

3 家公司公开披露的年报信息，整理并计算销售费用占营业收入的比率（销售费率），如表 5-11 所示。

表 5-11 销售费率对比分析　　　　　　　　（单位：亿元）

企业	项目	2019-12-31	2020-12-31	2021-12-31
案例企业	营业收入	12.56	13.73	21.39
	销售费用 / 营业收入（%）	49.60	49.89	54.00
A	营业收入	15.54	18.7	22.46
	销售费用 / 营业收入（%）	36.23	36.58	36.29
B	营业收入	18.00	18.21	20.27
	销售费用 / 营业收入（%）	24.72	15.27	18.35
C	营业收入	24.49	24.41	28.74
	销售费用 / 营业收入（%）	35.48	33.43	35.87

表 5-11 中的数据显示，3 年中，A 和 C 这 2 家企业销售费用占比表现非常平稳，均维持在 33%～37% 的水平；B 企业销售费用占比的波动较大，在 2020 年有一个大幅的下滑，在 2021 年又有所回升，但 3 年中整体的水平都远低于其他 2 家企业。

把案例企业与这 3 家企业的销售费用占比进行横向比较，可以发现案例企业三年平均销售费率明显比其他 3 家企业高出 14.8%～31.7%。以此得出结论，该企业的销售费率是偏高的，2021 年又同比增加了 4 个百分点，是需要引起警惕和关注的。

5.3.2　财务费用

财务费用包括利息支出、利息收入以及汇兑损益三个部分。本节内容的讲解只包括利息支出与利息收入，汇兑损益单独进行讲解。

1. 利息支出

利息支出反映企业为筹集生产经营所需资金等而发生的应予费用化的利息支出，资本化的利息支出不会出现在这里。利息支出与有息负债总额的比值是企业债权融资的平均融资成本⊖。利息支出跟有息负债的规模直接相关，有息负债高的企业财务成本高。财务成本高指的是利息支出总额占营业收入的比例高。

利息支出不需要进行横向同比分析，因为每个企业的经营状况、融资策略

⊖ 此处指债权平均融资成本。企业加权平均资本成本（WACC）的计算还包括股权的部分。

不同。在授信过程中对企业利息支出的分析，目的是确认是否存在利息支出多记或少记的舞弊行为。计算并分析企业的平均利率（=利息支出/有息负债总额）是否符合该企业实际的融资水平。如果比实际融资成本偏高，多半是由于企业隐藏了负债，放在表外，或者有可能在当年多计了财务费用，目的是使下一年的利润更高而提前确认费用。而判断企业利息支出是不是少记了，可以借助中国人民银行征信记录上的已使用贷款总额来交叉验证企业是否隐藏了负债，同时也少记了利息支出。

2. 利息收入

利息收入是反映企业按照企业会计准则确认的、应冲减财务费用的利息收入，通常是企业在银行账户中的沉淀资金所赚取的利息收益。

利息收入这一科目，在信贷业务实务中，可以用于验证资产负债表中货币资金的含金量。若一个企业的货币资金占总资产的比例超过 25%，通常就认为该企业的货币资金很充裕。资产负债表中的货币资金只是财报时点的数值，在尽职调查中需要搞清楚企业实际的货币资金充裕度。实务中可以通过计算利息收入与货币资金的比值的方法来验证，公式为：

$$利息收入/货币资金期初和期末的平均值$$

计算结果的数值越小，证明在资产负债表中真实的货币资金充裕度跟财报时点的数值差距越大，货币资金的水分就越大，而实际的货币资金充裕度越低。

可以把计算结果与 7 天通知存款的利率做比较，假设一个企业平时有大量的资金沉淀在账户上，在保证资金流动性的基础上，会选择做 7 天通知存款。所以按照这个假设进行推理，如果计算结果小于 7 天通知存款的利率（1.1%），证明要么企业真实的资金充裕度并没有财报时点的数值这么高，要么就是连 7 天通知存款这种简单而常见的现金管理产品都没做。如果一个企业有大量的资金沉淀，而完全不在意沉淀资金的收益，这显然很不符合常识。尤其是当贷款规模也同样很大时，企业背负着如此高的负债和巨额利息支出，没有哪个企业会允许账上巨额的现金"躺"在那里置之不理，连 7 天通知存款都不做。

下面以康美药业为例，演示如何运用以上方法来验证货币资金的充裕度。

康美药业（简称"KMYY"）的案例是 A 股历史上的造假大案，在被立案调查前，康美药业曾是资本市场追捧的千亿市值白马股。

2020 年 5 月 13 日，中国证监会对康美药业下达了《行政处罚决定书》。提到 2016 年到 2018 年 3 年中，康美药业通过伪造和变造增值税发票、伪造银行回款凭证、伪造定期存单，虚增收入、利润和货币资金。2016 年到 2018 年 6 月，分别虚增货币资金225.49亿元、299.44亿元和361.88亿元,累计虚增货币资金886.81亿元。[1]

根据2015～2018年6月康美药业公开披露的年报信息,整理利息收入与货币资金相关数据,如表5-12所示。

表5-12 康美药业利息收入与货币资金相关数据 (单位:亿元)

项目	2015-12-31	2016-12-31	2017-12-31	2018-06-30
货币资金	158.18	273.25	341.51	398.85
利息收入	1.65	1.81	2.69	1.43
利息收入/货币资金(%)	1.04	0.66	0.79	0.36
有息负债	176.93	206.41	271.77	257.25
利息支出	5.85	8.67	12.16	7.98

观察表5-12中的数据,2015～2018年,货币资金的数值持续增加,利息收入与货币资金的比值一直都低于7天通知存款的利率(1.1%),同期又背负着高额的有息负债和巨额的利息支出。正是因为康美药业报表上的这些不符合常理的信息,才被分析师发现,随后被立案调查,揭开了康美药业重大财务舞弊的丑闻。

这个验证方法,我在过往工作中屡试不爽,不仅可以用于验证单个企业真实的货币资金充裕度,还可用于同行业企业之间的横向对比。

下面以A股中4家排名靠前的生猪养殖企业为例,来讲述如何运用此方法来对比同行业企业之间的货币资金充裕度。根据2017～2021年4家企业公开披露的信息,分别计算4家企业利息收入与货币资金的比值,如表5-13所示。

表5-13 4家企业利息收入与货币资金的比值对比分析

企业名称	2017-12-31	2018-12-31	2019-12-31	2020-12-31	2021-12-31
A	0.31%	0.19%	0.15%	0.49%	0.15%
B	5.10%	3.72%	2.13%	2.67%	1.12%
C	0.15%	0.22%	0.25%	0.30%	0.26%
D	0.88%	0.84%	0.44%	0.50%	0.30%

生猪养殖行业的销售基本上是现款现货,没有账期。这种商业模式跟餐饮、零售等行业是类似的,体现在报表上的特点是企业的货币资金充裕。

对比4家企业的利息收入与货币资金的比值,可以发现它们表现出的差异

---

[1] 中国证券监督管理委员会网站。

非常大。B企业的表现最突出，5年中的比值远远超过其他3家企业，虽然在后面的几年中比值有所降，但即使是表现最差的一年，比值也达到了1.12%，跟7天通知存款的利率持平，证明B企业的资金充裕度是4家企业中表现最好的。而A和C这2家企业是表现最差的，D企业表现略好一些，但3家企业连续5年利息收入与货币资金的比值都远低于7天通知存款的利率，这意味着这3家企业真实的货币资金充裕度并没有财报时点的数值表现得那么好。A和C这2家企业，在市场上均出现过商票违约的负面新闻，在媒体报道的文章中均强调了企业报表上明明有巨额的货币资金，却出现了商票不能按时兑付的情况。这也再一次证明了，财报时点货币资金的数值不能反映企业真实的现金流状况。

在信贷业务的尽职调查中，我们不要被财务报表中的数字蒙蔽，要牢记资产负债表只代表一个时点的数值。不要看到货币资金占比高，就认为企业的货币资金充裕、现金流好。众多造假案例已经证明，企业真实的情况并不像财务报表显示的那样。

5.3.3 研发费用

研发费用是企业研发活动所产生的费用化支出。不同的行业对研发投入的差异较大，在生物医药、计算机、通信、电子设备制造等科技属性强的行业里，企业需要在研发上不断地投入，以保持技术和产品的领先。虽然研发投入的多少与研发成果不能画等号，但在这些需要依靠技术和新产品来竞争的行业里，研发的投入是企业实力、竞争力的象征，只有持续进行研发投入才能在竞争中站稳脚跟。

研发的投入跟企业的未来息息相关，研发一旦成功，研发成果有可能在未来持续不断地为企业创造价值。当研发投入的成果符合企业会计准则中无形资产的确认标准时，就可以对研发投入进行资本化操作，即把研发投入中符合资本化操作的部分金额计入资产负债表中无形资产或研发支出的科目，而不再确认成企业当期的研发费用。

基于以上研发投入的这些特性，不难理解，企业把多少比例的研发投入进行资本化操作并没有严格的划分标准，存在着主观判断的空间，因此容易被操纵。所以研发费用与同行业企业的横向对比分析，并不像销售费用和管理费用的横向对比分析那么具有直接的参考意义。

企业把研发投入记录在当期作为费用会影响当期的利润，而进行资本化操作后便会形成无形资产，企业根据无形资产的年限确认摊销比例，按照逐年摊销的方式计入当期费用影响利润，显然对当期利润的影响减小了。当研发投入被企业不正当地资本化时，就会出现减记了费用、虚增了利润的结果。研发投入资本化的操作，不仅虚增利润还会虚增现金流量表中经营活动产生的现金流量净额。因此研发费用这个科目不能单独分析，要连同研发投入资本化后的无形资产、研发支出、无形资产摊销一起分析。实务中有以下两个分析方法。

1. 把资本化的研发投入还原成费用

对研发投入资本化比例高的企业进行财务报表分析时，需要将资本化的研发投入还原成费用，对比资本化操作前后净利润的变化，量化研发投入资本化对当期净利润的影响。

具体的做法是：把资本化的研发投入还原到利润表（不考虑所得税，粗略计算即可），重新计算当期净利润。同时把资产负债表中当期研发投入形成的无形资产减去，重新计算总资产，并在净资产中减去同样的数值，然后按照调整后的净利润、总资产以及净资产数值重新计算相应的财务指标。同时，用现金流量表中经营活动产生的现金流量净额减去资本化部分的研发投入，重新计算经营活动产生的现金流量净额。

把资本化的研发投入进行还原分析的过程无须大费周章地调整整个财报，粗略计算即可。研发投入资本化的操作，影响到的科目是净利润、未分配利润、无形资产或研发支出、经营活动产生的现金流量净额。还原成费用后，公式中涉及净利润、资产总额、所有者权益三个项目的财务指标会有相应的变化，如EBIT、总资产回报率、净资产回报率等指标需要重新计算，对比和分析调整前后财务指标的变化。

信贷报告中如需展示把资本化的研发投入还原成费用后对财务数据和财务指标的影响，可以做一个表格，把还原过程中涉及的科目以及财务指标对比数据列在表格中，再用文字表述对比分析结果即可。

2. 跟企业自身历史数据纵向比较

把企业过往至少3年中，研发团队人员数量、研发投入总额占营业收入的比例、研发投入资本化的比例以及研发费用这些数据进行纵向比较，从这些综合信息的变化中发现问题。

一个正常经营、战略清晰的企业，随着营业收入规模的增长，研发团队人员数量和在研发上的投入也会逐渐增加。

如果企业的营业收入是稳定增长的，而营业收入中每年投入到研发中的比例以及研发费用却是剧烈波动的，在某些年出现了大幅的增长或者下降，在授信评估时一定要了解其中的原因。研发投入不稳定是企业经营战略不稳定的一种表现。

当一个企业的战略不清晰或者内部经营出现问题时，不会第一时间体现在财务数据上，因为财务数据有滞后性，但很有可能体现在研发投入和研发团队人员的数量上。当企业营业收入中投入到研发的比例大幅下降时，或者研发团队人员数量骤减时，这对商业银行来讲，是一个风险预警信号，代表着企业战略可能发生了改变，业务出现停滞或者经营出现了问题。

某年度研发费用的大幅增加，存在一种可能性是企业在调整利润，把未来的成本费用提前确认在当期，这将导致未来利润的虚增。比如在评估一家企业时，看到去年的研发费用占营业收入的比例，相比历史往年的增长率更高。这就要考虑到今年看到的报表中利润是不是有可能存在水分，某些费用是不是在去年被提前确认了。如果忽略了这个问题，就有可能高估了企业当期的盈利能力。

事实上，企业如果本身经营不善、盈利能力有限，通过把研发投入资本化的不当操作来美化报表，利润也只不过是一时好看而已。最终被资本化的无形资产还是要逐年摊销的，影响利润。不当操作的资本化金额累计得越大，累计的摊销金额也会随之增加，一样会在利润表里对净利润造成影响，且这种影响是长期的。

比如市场上曾经轰动一时的乐视案例，这家企业就使用了研发投入资本化的操作来美化报表，研发投入资本化的比例达60%。一个企业没有真正创造利润的能力，光靠把研发投入进行资本化的操作来修饰美化报表，最终还是掩盖不住真实的情况的。乐视案例的结果众所周知，以退市告终。

下面以A股中2家医药上市公司为例，讲解研发费用的实务分析。

根据2019～2021年A企业公开披露的年报信息，整理研发投入相关的数据，如表5-14所示。

表5-14　A企业研发投入分析　　　　　　　（单位：亿元）

项目	2019年	2020年	2021年
研发投入总额	3.50	4.10	6.40
资本化研发投入	1.50	1.20	2.30
研发投入资本化的比例（%）	42.00	29.00	36.00
研发投入总额占营业收入的比例（%）	4.00	5.00	7.00
资本化研发投入占当期净利润的比例（%）	14.00	12.00	24.00
净利润	10.70	10.00	9.70

观察 A 企业研发投入总额及研发投入总额占营业收入的比例这两组数据。在 2019～2021 年这 3 年中，A 企业的研发投入总额分别为 3.5 亿元、4.1 亿元和 6.4 亿元，研发投入总额占营业收入的比例分别为 4%、5% 和 7%，两组数据均呈现上升的趋势。以此判断出，3 年中，A 企业营业收入增长的同时，在研发投入上也在持续发力。

从净利润的数据变化中可以发现，A 企业在 3 年中的净利润是下滑的。3 年中研发投入资本化的比例分别为 42%、29% 和 36%，资本化研发投入占当期净利润的比例分别为 14%、12% 和 24%。资本化研发投入在 2021 年对净利润的影响最大。

根据 2019～2021 年 B 企业公开披露的年报信息，整理研发投入相关数据，如表 5-15 所示。

表 5-15　B 企业研发投入分析　　　　　　　　　　（单位：亿元）

项目	2019 年	2020 年	2021 年
研发投入总额	2.20	2.70	7.40
资本化研发投入	0.20	0.40	3.80
研发投入资本化的比例（%）	8.00	15.00	51.00
研发投入总额占营业收入的比例（%）	11.00	12.00	20.00
资本化研发投入占当期净利润的比例（%）	3.00	6.00	30.00
净利润	5.80	6.80	12.60

2019～2021 年，B 企业研发投入总额及研发投入总额占营业收入的比例这两组数据也呈现上升的趋势，2021 年研发投入总额激增到 7.4 亿元，是 2020 年的近 3 倍。

3 年中，研发投入资本化的比例分别为 8%、15% 和 51%，资本化研发投入占当期净利润的比例分别为 3%、6% 和 30%。2021 年研发投入资本化的比例也出现大幅上涨，且对当期的净利润影响很大。

A、B 两家企业均为医药企业，对比 2 家企业的研发投入数据，虽然 2019 年和 2020 年这 2 年中，B 企业的研发投入总额比 A 企业的少，但从研发投入总额占营业收入的比例分析，B 企业的占比显然高于 A 企业。在 2021 年，B 企业研发投入总额占营业收入的比例高达 20%，当年研发投入总额 7.4 亿元高于 A 企业的 6.4 亿元。综合 3 年的数据，从研发投入总额占营业收入的比例分析，可以理解为 B 企业对研发的重视程度高于 A 企业。

2019 年和 2020 年，B 企业的研发投入资本化的比例明显低于 A 企业，但

2021 年激增到 51%，超过了 A 企业。从这两家企业研发投入资本化的比例的数据上来看，体现出了研发投入资本化操作并没有严格的标准和规则这一特点。主观判断空间很大，同比分析的意义不大，同一家企业每年采用的研发投入资本化比例差异也可能很大。

从表 5-14 中，可以发现 A 企业的净利润是逐年下滑的，3 年研发投入资本化的比例均比较高。把 A 企业资本化研发投入还原到利润表中，粗略计算调整后的净利润分别为 9.2 亿元、8.8 亿元和 7.4 亿元。可以发现，把资本化研发投入还原以后，净利润下滑趋势表现得更明显。

从表 5-15 中，可以看到 B 企业净利润是逐年上升的。2021 年净利润为 12.6 亿元，对比前 2 年，增速较大。仔细分析便可知，其实是 2021 年研发投入资本化操作对净利润影响很大。如果把资本化研发投入还原到利润表，则 2021 年净利润调整后仅为 8.8 亿元，显然是当年研发投入资本化的操作给净利润的增长做了很大的"贡献"。

5.4　汇兑损益

我在过往十几年工作中管理的大部分企业客户，业务包括国际贸易、境外投资、并购等，银行向这类客户提供的主要金融产品和服务是跨境结算、贸易融资以及外币贷款。想要管理好企业的信贷风险，不得不给予"汇兑损益"这个科目很多的关注。

先来看几则媒体报道过的新闻："2017 年，A 股披露汇兑损益项目的上市公司中有 2926 家公司，合计汇兑损失 173 亿元，其中 11 家企业汇兑损失超过 5 亿元，格力电器汇兑损失 16 亿元""2020 年，在 A 股发布年报的上市公司中，有 1255 家公司出现了不同程度的汇兑损失，63 家公司披露汇兑损失过亿元""中国交建的年报中显示，2020 年归母净利润 162 亿元，当年汇兑损失合计 13.44 亿元""安道麦 A 受汇率波动影响，2020 年汇兑损失达到 11.12 亿元，当年该公司全年净利润为 3.53 亿元"。看到上述这些新闻报道，是不是对汇兑损益这个科目有一种"不看不知道，一看吓一跳"的感觉？

2015 年"8·11"⊖汇改后，人民币汇率波动幅度有效扩大，市场化程度提高，美元兑人民币的汇率波动幅度，每年都超过了 8%（见图 5-3）。2017 年、

⊖ 2015 年 8 月 11 日，中国人民银行宣布调整人民币兑美元汇率中间报价机制，做市商参考上日银行间外汇市场收盘汇率，向中国外汇交易中心提供中间价报价。

2020年均出现了连续的人民币单边升值区间,升值幅度超过10%,这给使用美元结算的出口企业造成了巨大的汇兑损失。2022年,美联储为了控制通货膨胀率,美元连续加息,使美元兑人民币的汇率持续强势升值,在1月至10月期间,从6.3升到7.3,升值幅度超过15%,给使用美元结算的进口企业造成了极大的压力,汇兑损失直接侵蚀掉企业的利润。

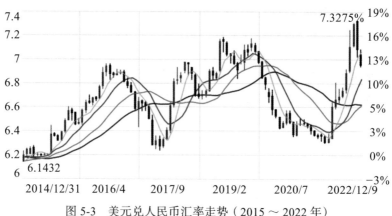

图 5-3 美元兑人民币汇率走势（2015～2022 年）

资料来源：新浪财经。

随着人民币的市场化程度越来越高,未来人民币跟外币之间的汇率将出现更频繁的双边波动。在信贷业务中,对汇兑损益这个科目的分析会变得越来越重要。

5.4.1 汇兑损益的成因

汇兑损益包括损失和收益两个层面,下面从实务出发探究汇兑损益的成因。

第1种情况,在进口和出口的国际贸易业务中,使用外币进行支付结算时,本外币之间的汇率波动会导致汇兑损益。

出口业务项下的应收账款以外币计价,外币升值带来收益,外币贬值带来亏损。进口业务项下的应付账款以外币计价,外币升值带来亏损,外币贬值带来收益。已签署但尚未执行的、以外币计价结算的销售或者采购合同,面临同样的汇率波动风险。

第2种情况,企业持有以外币计价的负债,外币升值会带来损失、外币贬值会带来收益。同理,当企业持有以外币计价的资产,比如外汇存款,或者投资了以外币计价的债券或其他金融资产,外币贬值会带来损失,外币升值会带来收益。

第 3 种情况，企业在境外投资或设立分、子公司，以境外本国当地货币为记账本位币，合并报表时因汇率折算导致汇兑损益。母、子公司之间进行资金拆借，币种之间存在差异，汇率波动也会导致合并报表汇率折算时出现汇兑损益。

境内企业把人民币兑换成外币，向境外子公司提供资金拆借业务，本外币之间的汇率波动在汇率折算时导致汇兑损益。这种情况等同于企业把持有的人民币资产换成了以外币计价的资产，本质上跟第 2 种情况中持有以外币计价的资产或负债导致的汇兑损益是相同的。但为了便于理解和记忆，把这种情况归纳在第 3 种情况中。

第 4 种情况，企业使用金融衍生品工具管理汇率风险，可能会因此获得额外的收益，但也可能因为使用不当而导致损失。

企业财务人员因专业知识不足、经验欠缺等原因，对汇率风险的识别不够准确，对风险敞口的计量出现偏差，选择了错误的套期保值工具，或者是出于投机等动机，持有套期保值的头寸超出了实际的贸易额，都会导致亏损。

比如一家出口企业以赊销模式销售商品，收汇币种为美元，跟银行签订外汇远期合约锁定美元结汇汇率。如果收汇时点美元兑人民币的汇率上涨超过了合约汇率，而企业还未收到该笔外汇收入，则企业需要按照差额交割的方式履约，即支付给银行相应的差额（＝结汇金额 × 汇率差），导致亏损。

以上这 4 种情况，基本上涵盖了企业汇兑损益形成的原因。在此基础上，我们继续来探讨这几种不同成因的汇兑损益，如何体现在财务报表上。

5.4.2　汇兑损益如何体现在财务报表上

第 1 种情况，国际贸易业务中使用外币进行支付结算导致的汇兑损益，这是实务中最常见，也是最复杂的一种情况。

下面以一家生产制造型出口企业为例，用出口业务流程时点图，详细分解和分析其中的汇兑损益如何体现在财报上。出口业务涉及几个重要时点，即签订合同、发货、收入确认、收汇以及结汇，如图 5-4 所示。

营业收入的核算以权责发生制为基础，当一笔出口业务满足收入的确认标准时，在利润表上记录该笔出口业务的营业收入，即图 5-4 中的"收入确认"时点。如果采用的是赊销而非现款现货的结算方式，收入确认时点并未收到现金，需要在确认收入的同时，在资产负债表中记一笔应收账款。T3 这个时间段就是应收账款的账期。由于该笔应收账款以外币计价，利润表中需要记录 T3 时间段里因本外币汇率波动导致的汇兑损益。直到企业收到该笔款项，才能把资产负债表中的应收账款转记为货币资金，此笔出口业务就结束了。

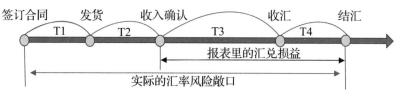

图 5-4 出口业务中的汇率风险敞口

虽然出口业务结束了，但企业持有外币现金，所以汇率风险敞口还依然存在，在T4这个时间段里，财务报表中要记录因外币汇率波动导致的汇兑损益。直到企业把外币结汇成人民币，在利润表中确认相应的汇兑损益，该笔出口业务对应的汇率风险才算终止了。T4这个时间段是企业从收汇到结汇这两个节点之间的时间。有些企业收到外汇后会立即结汇成人民币，而有些企业会选择持有外汇，在其认为汇率满意的时点，再结汇成人民币。企业持有外币就承担着外币汇率波动所导致的汇率风险。T4时间段的长短，取决于企业本身的财务管理办法，当然也受到自身现金流是否充裕的约束。

在出口贸易的业务流程中，企业每一笔业务的汇兑损益都是从"收入确认"时点起体现在财务报表上的，直到把外币结汇成人民币的时点为止，即图5-4中的T3和T4时间段。然而每一笔出口业务并不是从企业确认收入的时点才开始，而是还包括进出口双方的谈判、报价、合同的签署以及产品生产及发货的环节，即图5-4中的T1和T2时间段。T1和T2时间段并没有体现在财报上，但从出口企业跟客户签署销售合同的时点时，汇率风险敞口其实就已经开始了。

生产制造型企业签订销售合同后还涉及产品生产。生产完成之后、发货之前，还可能存在价格调整即汇率调整空间，只是根据商品性质不同、上下游企业在产业链上的话语权大小不同，调整的弹性有所不同。处于产业链强势地位的一方，对商品定价更有话语权，合同的报价就是有弹性的，可以在发货前，根据市场行情向客户提出价格调整的要求。但处在弱势一方的企业，能调整价格的可能性较小，比如汽车零部件出口企业，面对的客户都是海外的大汽车厂商，甚至有些企业签署的供货合同是长期的，价格是固定不变的。

如果企业可以调整价格，实际的汇率风险敞口可以从调整价格的时点开始计算，否则的话，汇率风险敞口计量时段，应该从"签订合同"时点开始计算

（T1+T2+T3+T4）。实务中存在一些特殊情况，可以根据实际情况灵活应对，调整汇率风险敞口计量时段。比如企业有现货无须安排生产，T1的时间段就可以忽略不计。采用FOB⊖条款的话，"发货"时点就可以确认收入，T2时间段就可以忽略不计。

综合以上分析，可以清楚利润表中的汇兑损益是企业过往发生的一笔笔业务累计起来体现在财务报表时点的数字。财务报表中的汇兑损益不能反映企业真实的汇率风险敞口。

第2、3种情况是因持有以外币计价的资产或负债以及因母子公司记账币种不同导致的汇兑损益，这2种情况产生的汇兑损益，相比第1种情况在国际贸易业务中因以外币计价结算导致的汇兑损益，体现在财务报表上就简单得多。

以企业持有外币负债的情况为例，如图5-5所示。

图5-5　外币贷款的汇率风险敞口

"贷款""还款"时点均会体现在财务报表中，两个时点之间就是汇率风险的敞口期，贷款存续期间，贷款币种与本币之间的汇率波动导致的汇兑损益会直接体现在财报中。

当存在汇率风险敞口时，企业才会使用金融衍生品，因此第4种情况因使用金融衍生品管理汇率风险产生的汇兑损益，不会单独出现，而是会跟前3种情况中的某一种或者几种同时出现。几种情况混在一起也就变得更加复杂，只通过财报上的数字，很难识别和判断出汇兑损益究竟是否因为使用金融衍生品所导致。

当企业持有金融衍生品头寸时，会体现在"衍生金融资产"科目里，期间因公允价值变动造成的损益，会计入"公允价值变动收益"科目中，在汇率风险敞口期间，在财报上体现出浮亏或者浮盈，直到风险敞口结束，确认汇兑收益或者损失。因使用金融衍生品获得的收益，也可能体现在"投资收益"科目中。

⊖　FOB（Free On Board），是一种国际贸易术语，指卖方将货物装载上船只并通知买方，则卖方责任已完成，买方承担船运过程中的风险和费用。

5.4.3 记账汇率如何影响汇兑损益

汇兑损益的计量受到企业选择的记账汇率的影响。大部分企业为了会计核算工作的方便，会选择每个月第一天中国人民银行发布的汇率，按照外币与本币兑换汇率的中间价，作为记账汇率。也有很少一部分企业，会选择记账当日的实时汇率作为记账汇率。

原则上，记账汇率的选择在一个财年内要保持统一，且更改时必须要在审计报告中说明。但实际情况中，很多非上市企业没有审计报告，记账汇率的选择相当随意。

在过往的工作中，我曾经遇到过一家企业，当时看了该企业的财务报表，发现汇兑损益这个科目的数字并不符合当年的市场行情，跟财务总监深入交流以后才知道，该公司的记账汇率竟然采用的是固定汇率，并且固定汇率跟市场汇率偏差很大。

从这以后，在尽职调查时，我都会记得首先要确认企业选择的记账汇率和记账汇率变更原则，否则对财务报表中"汇兑损益"这个科目的理解完全就是凭着自己想当然的结果而非表现出的事实，而双方对这个科目的交流也就根本没在同一个频道上。

5.4.4 如何理解和分析套期保值下的汇兑损益

汇率波动风险有没有办法管理或者规避呢？答案是肯定的。外汇市场是一个有效市场，企业可以通过金融衍生品来管理和规避汇率风险。企业必须建立完善的汇率风险管理体系，制定汇率风险管理制度和办法，并选择合适的套期保值策略和金融衍生品，如外汇远期、期权、掉期就是常用的几种金融衍生品。

1. 国际贸易中的汇率风险管理

下面还是以生产制造型出口企业为例，详细讲述在国际贸易中，使用外汇远期和期权两种衍生品在不同时点管理汇率风险的差异。

（1）"收入确认"时点的汇率风险管理

在"收入确认"时点开始管理汇率风险，这是目前出口企业常见的一种做法。

1）假设企业在未来收到外汇的时点就结汇（T4 时间段约等于零天），在 T3 时间段选择使用外汇远期作为管理汇率风险的工具，如图 5-6 所示。"收入确认"时点美元兑人民币（USD/CNY）的市场即期汇率为 6.5，与银行签署一笔外汇远期合约，合约条款如下：

- 约定银行买入美元卖出人民币。
- 约定企业卖出美元买入人民币。
- 合约金额为订单金额（该笔订单对应的销售收入）100 美元。
- 合约期限是应收账款账期（T3 时间段）1 个月。
- 合约约定汇率为 USD/CNY=6.53。

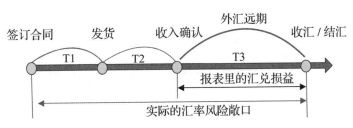

图 5-6 "收入确认"时点的汇率风险管理（外汇远期）

外汇远期是一种合约，意味着合约到期时双方必须履约，不论美元兑人民币的汇率是涨还是跌，银行和企业都必须按照约定履约。企业在合约到期时将面临两种情景，美元兑人民币的汇率下跌或者美元兑人民币的汇率上涨。

情景假设 1：美元兑人民币的汇率下跌。假设合约到期时，当日美元兑人民币的市场即期汇率下跌到 6.2。此时，不论企业是选择全额交割还是差额交割，企业和银行都要按照外汇远期合约约定的汇率 6.53 履约，相比企业"收入确认"时点的汇率 6.5，有效地规避了汇率风险，并获得了汇兑收益。

情景假设 2：美元兑人民币的汇率上涨。假设合约到期时，当日美元兑人民币的市场即期汇率上涨到 7.0。此时，企业如果持有实际头寸交割，企业和银行按照合约汇率 6.53 交割，相比"收入确认"时点的汇率 6.5 来讲，企业没有汇兑损失，有效规避了汇率风险。但如果企业没有头寸交割，则必须以差额交割的方式履约，需要按照即期汇率与合约汇率的差额计算，支付给银行现金 47 元 [= 100×（7.0-6.53）]，就出现了汇兑损失。

使用外汇远期的初衷是规避汇率风险，防范外币汇率下跌导致的损失，同时也放弃了因汇率上升带来潜在收益的机会。如果企业对汇率风险的敞口期限计量有偏差，很可能出现合约到期时，因收汇币种汇率上涨却没有实际头寸交割，只能选择差额交割的方式履约，企业会因此而面临汇兑损失。

2）假设企业在未来收到外汇的时点就结汇（T4 时间段约等于零天），在 T3 时间段选择使用期权作为管理汇率风险的工具，如图 5-7 所示。"收入确认"时

点的市场即期汇率为USD/CNY=6.5,在银行买入一笔美元看跌期权,并支付相应的期权费,核心条款如下:

- 行权价格为USD/CNY=6.53。
- 期限是应收账款账期(T3时间段)1个月。
- 金额为订单金额(该笔订单对应的销售收入)100美元。

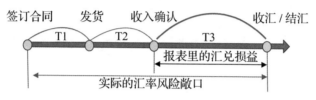

图5-7 "收入确认"时点的汇率风险管理(期权)

企业认购期权后,合约到期时也面临两种情景,美元兑人民币的汇率下跌或者美元兑人民币的汇率上涨。

情景假设1:美元兑人民币的汇率下跌。假设期权到期时,当日美元兑人民币的市场即期汇率下跌到6.2,企业选择按照约定的汇率行权,即按照6.53的汇率将收到的100美元结汇成人民币。相比"收入确认"时点的汇率6.5,有效地规避了汇率风险,并获得了汇兑收益。

情景假设2:美元兑人民币的汇率上涨。假设期权到期时,当日美元兑人民币的市场即期汇率上涨到7.0,企业会放弃行权,按照市场即期汇率结汇,得到700元人民币。相比"收入确认"时点的汇率6.5,有效地规避了汇率风险,也获得了汇兑收益。

对比使用期权与外汇远期这两种金融衍生品管理汇率风险的差异,外汇远期是一种合约,不论未来市场汇率如何变化,合约的买卖双方在到期时都必须履约。当美元兑人民币的汇率下跌时,使用外汇远期合约可以有效防范风险,但美元兑人民币的汇率上涨时,却无法获得美元兑人民币的汇率上涨带来的收益,并且企业对未来收汇的时间判断有误,很可能在合约到期时,没有头寸交割,而是以差额交割的方式履约,会给企业带来实际的汇兑损失。

而期权则是一种权利,企业购买了美元看跌期权,相当于支付一定的成本,而保留了美元兑人民币的汇率上涨可能带来收益的机会。未来美元兑人民币的汇率下跌时,企业选择行权,按照买入期权时约定的汇率卖出美元,有效地规避汇率风险。而美元兑人民币的汇率上涨时，则放弃行权，按照更有利的市场即期汇率卖出美元。购买期权需要支付认购费，根据行权协定价格、期权合约有效期长短而不同，看跌期权的行权协定价格比市场即期汇率越高，期权合约有效期越长，期权费越高。企业通常会选择跟市场即期汇率比较接近的行权价格作为协定价格，以降低管理汇率风险的成本。

在"收入确认"时点管理汇率风险，无论选择哪种金融衍生品，实际上都没有实现真正的汇率风险管理，因为T1和T2时间段的风险敞口，都未纳入管理范畴。

（2）"签订合同"时点的汇率风险管理

企业只有在"签订合同"的时点开始汇率风险管理，才做到了全周期完整的汇率风险管理，如图5-8所示。

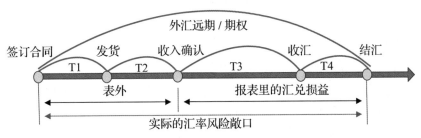

图 5-8 "签订合同"时点的汇率风险管理

不论是在"收入确认"时点还是"签订合同"时点管理汇率风险，选择外汇远期合约作为工具，合约到期时外币升值，差额交割的情况发生时，企业都会面临实际的汇兑损失。因此，企业对风险敞口期限的计量至关重要，外汇远期的合约时间要跟风险敞口期限匹配，否则不仅没有规避掉汇率风险，还可能会因为使用金融衍生品而导致损失。选择期权作为工具，可以有效规避外币汇率波动的风险，并且保留了外币汇率升值带来收益的机会。但认购期权需要支付期权费，企业要合理评估财务成本，选择适合自身风险管理制度的工具。

2. 外币贷款的汇率风险管理

当外币贷款利率更低时，企业会选择通过外币融资来满足资金需求，降低财务成本。境外子公司的借款，合并报表时会体现为持有以外币计价的负债。企业需要管理因持有以外币计价的负债所导致的汇率风险，这也是实务中常见的一种情况。

以交叉货币掉期（Cross Currency Swap，CCS）这种衍生品为例。具体的操作方法是在每一笔借款的提款时点使用 CCS，期限与该笔借款的期限相同，这样就锁定了还款时点的汇率，企业便不再承担该笔借款下外币升值可能造成的汇率风险，如图 5-9 所示。

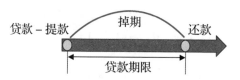

图 5-9　外币贷款汇率风险管理（掉期）

同理，持有外币资产也可以选择使用掉期的金融衍生品将汇率锁定，来保证持有的资产不贬值。比如境内母公司向境外子公司拆借资金时，将人民币兑换成外币的时点使用 CCS 锁定汇率，这样子公司向母公司归还资金时将以同样的汇率兑换成人民币，有效规避了汇率风险。

使用了金融衍生品在利润表里可能会涉及以下几个科目："公允价值变动收益——衍生金融工具产生的公允价值变动收益""投资收益——远期外汇合约交割收益""其他综合收益——现金流量套期储备"。要把这些科目跟"汇兑损益"这个科目合并起来理解和计算，汇兑损益科目中表现出的汇兑损失，可能已经通过金融衍生品获得了相应的对冲，相应的对冲收益会体现在"投资收益"这一科目里。到此为止，如何使用金融衍生品管理几种汇率风险就介绍完了。

现在请你再回看一下前面提到的几则新闻，相信你对这些新闻中描述的"汇兑损益"有了全新的理解。

5.4.5　国内企业使用金融衍生品管理汇率风险的现状

企业制定汇率风险管理策略，需要根据自身的经营与现金流制定出符合企业自身的策略，根据策略选择适当的金融衍生品。

比如大宗商品企业，一个订单就是一船货，货物单价高，单一订单的金额大，通常选择按订单进行汇率风险管理。而货物单价低的企业，采购和销售都会涉及大量的订单，比如医疗器械、药品、纺织品等行业，按照订单管理汇率风险是不现实的，通常会选择按照现金流或者应收账款月平均余额等动态的方式管理。

进出口业务规模大的企业，会设立专门的部门，招聘专业的外汇交易人员，进行金融衍生品的交易，从而更好地管理业务中的汇率风险。上市公司使用金融衍生品管理汇率风险，开展套期保值业务时，依据交易所的监管规则，需要发布公告。公告需包含企业开展套期保值业务的原因和目的、交易金额的总规模、资金来源、交易场所、合作机构、公司内部的授权人和授权流程等核心要素。

根据国家外汇管理局的数据，2021年，我国银行代客远期和期权结售汇签约1.05万亿美元，比2020年增长了67%，企业外汇套保率21.7%，较2020年上升了4.6%。随着人民币国际化的推进，以及国际环境的日益复杂，未来人民币与外汇双边波动可能会更频繁、波动幅度更大，会有更多企业重视汇率风险的管理。

5.4.6 高风险特征的识别与应对

企业使用金融衍生品的初衷，本应该是管理和规避汇率风险，但实际上存在很多企业由于专业水平的限制、风险管理意识的淡薄、套保流程的不完整或者存在投机的心态等诸多原因，不但没有管理好、规避掉汇率风险，反而因为使用金融衍生品导致了更高的风险，出现亏损甚至破产。

大家学习了前面的内容以后，可能会感觉到焦虑和不安，这种感觉是正常的。对汇兑损益的成因和金融衍生品使用的认识和理解越深入，越是会对其中存在风险的复杂性和多样性心存敬畏。过往工作中，我经常会感觉到焦虑，觉得管理有外汇敞口风险的客户，像是抱着一个定时炸弹。对此，我总结出管理这类客户的心得，管理汇率风险是企业自身的课题，客户经理的工作是识别企业的风险，并非成为拆弹专家。

管理风险的第一步永远是识别风险，对风险点识别得越清晰准确，才能得出越行之有效的应对策略。想要对企业的汇率风险识别得更清晰，就要对财务报表中汇兑损益这个科目的数字与真实情况的差距做出更准确的判断，不仅需要有财务和金融衍生品的相关知识，还需要结合企业的商业模式、业务流程和汇率风险管理策略来识别风险。

实务中，高风险企业存在如下几类特征，在尽职调查中需要谨慎对待。

1. 无法正确识别自身汇率风险敞口

识别汇率风险敞口是管理汇率风险的前提，包括对外汇市场的认知和对汇率风险敞口的识别与计量。如果一家企业无法准确识别自身面临的汇率风险，那么这无疑是最大的风险。

无法正确识别汇率风险敞口的企业，在对待汇率的问题上，业务跟财务这两端是割裂的。业务端确定销售或者采购价格时，是不考虑汇率问题的，汇兑损益会被认为是财务部门的责任。这类企业只从报表的层面考虑怎么做能避免体现出汇兑损失，并没有真正在管理汇率风险。

2. 对金融衍生品的认知和经验欠缺

银行在做尽职调查时需要评估企业高管、财务及交易团队对金融衍生品的认知、使用衍生品的经验。如果他们对金融衍生品的认知和使用经验有限，则容易错误使用金融衍生品。后果便是不仅没有管理好汇率风险，还可能给企业带来更大的风险。

缺乏金融衍生品使用经验的企业，使用衍生品不当，比如外汇远期合约期限跟实际贸易的风险敞口期限不匹配，可能导致合约到期时，因汇率波动不利、差额交割给企业带来实际亏损。比如认购期权方向有误，错误使用组合式期权，这些都可能给企业带来更大的风险。

金融衍生品是存在杠杆效应的，银行给客户提供衍生品时可能包括信用敞口，另外衍生品产品本身也可能带有杠杆。在识别不清楚自身风险和专业能力有限的情况下，不当使用复杂组合衍生品的企业，风险更高。

3. 汇率风险管理策略和目标激进的企业

对使用金融衍生品管理汇率风险的企业，在尽职调查中要清晰地了解其策略和目标。如果企业的目标已经不是管理和规避风险，而是对汇率的趋势有强烈的主观判断，在多家银行获得的衍生品总额度远超过实际需求，甚至对财务人员或者交易团队提出目标汇率管理要求，且制定了以盈利为目的关键绩效指标（KPI），这类企业进行投机交易的可能性极高。

5.5 其他损益

5.5.1 其他经营收益

其他经营收益是指企业主营业务之外获得的收益。以下几种非经营收益，在财报分析中，每一项都需要高度关注和仔细剖析，因为这些科目相比主营业务而言，稳定性存在高度的不确定性，而且还可能造成对净利润极大的影响，另外其他经营收益也隐藏着企业的一些信息。

1. 投资收益

投资收益是企业通过对外投资所获得的利润、股利，或投资债券等金融资产获得的利息等收入减去投资损失后的净收益。投资存在着机会和收益，同时也意味着风险。投资收益这个科目是企业对外投资活动结果的展现。

以一家A股上市公司为例，以下是根据公开信息整理的财务数据，如表5-16所示。

表5-16 投资收益分析　　　　　　　　　　（单位：亿元）

项目	2017-12-31	2018-12-31	2019-12-31	2020-12-31	2021-12-31
营业收入	625.67	690.63	820.51	1 098.25	1 262.62
营业成本	574.68	630.33	721.5	981.75	1 242.36
销售增长率	9.0%	10.4%	18.8%	33.8%	15.0%
毛利率	8.1%	8.7%	12.1%	10.6%	1.6%
投资收益	22.14	21.82	23.79	15.25	13.78
净利润	29.32	27.22	61.81	58.48	-95.03

2017年和2018年，该企业的投资收益分别占到了净利润的76%和80%，远超主营业务创造的净利润。2021年，企业主营业务出现巨额亏损的时候，还有近14亿元的投资收益。这类企业可能并非依靠主营业务创造的利润维持经营。

实务中，如果发现一个企业的投资收益远远超过主营业务所创造的净利润，或者是投资收益对净利润的影响较大，则需要花更多的时间和精力来分析和判断企业投资收益的可持续性，而非刻板地按照惯有的思路和工作习惯，只关注企业的主营业务。（可对照第6章"长期股权投资"中的相关内容。）

2. 公允价值变动收益

公允价值变动收益是指企业持有的各种以公允价值计量的资产，在持有期间由于公允价值变动形成的收益。最常见的是交易性金融资产，比如企业购买上市公司的股票、基金、债券等金融资产，这些金融资产因市场价格波动而产生收益。公允价值变动收益还包括投资性房地产、衍生金融资产因公允价值变动形成的收益。如果公允价值变动导致损失，则以"-"号填列。

以公允价值计量的资产具有时点性，因此该科目体现的是财务报表时点的数值，而并非阅读财务报表时点的数值。信贷业务人员阅读财务报表的时点，距离财务报表的时点会有一段时间，以公允价值计量的资产在这段时间的数值可能已经发生了巨大的变化。

在分析该科目时，要找到项目注释信息，确认公允价值变动收益涉及的各类资产在本期和上期是否相同,发生了哪些变化。尤其是当公允价值变动收益金额占营业收入和净利润的比例较高时,要对该科目予以高度的警惕和重视。

3. 套期收益

套期收益在前文汇兑损益的部分已经提到了,如企业使用金融衍生品进行汇率风险管理时取得的收益,会记在本科目下,这是最常见的套期收益。套期收益科目不能单独进行分析,需要跟汇兑损益科目结合起来计算并分析。

5.5.2 资产减值损失、信用减值损失

这两个科目跟资产负债表中的部分资产科目是关联的,例如应收账款、存货、合同资产、固定资产、商誉以及企业对联营、合营企业的长期股权投资等,上述资产发生的减值损失会分别记录在这两个科目中,直接影响企业当期的净利润。

下面以一家 A+H 上市公司为例,以下是该公司 2021 年披露的利润表中资产减值损失和信用减值损失两个科目的信息,如表 5-17 所示。

表 5-17 资产减值损失、信用减值损失

A 资产减值损失　　（单位:千元,币种:人民币)

项目	本期发生额	上期发生额
一、坏账损失		
二、存货跌价损失及合同履约成本减值损失	3 150 569	450 368
三、长期股权投资减值损失	2 294	—
四、投资性房地产减值损失		
五、固定资产减值损失	20 159	3 143
六、工程物资减值损失		
七、在建工程减值损失		
八、生产性生物资产减值损失		
九、油气资产减值损失		
十、无形资产减值损失	14 029	44 810
十一、商誉减值损失	623 327	551 382
十二、其他		
十三、合同资产减值损失	698 170	68 004
十四、使用权资产减值损失	16 784	—
合计	4 525 332	1 117 707

B 信用减值损失　　　（单位：千元，币种：人民币）

项目	本期发生额	上期发生额
应收账款、其他应收款及应收款项融资坏账损失	9 754 456	1 428 284
应收票据坏账损失	1 033 552	11 563
长期应收款坏账损失	126 597	187 985
应收账款坏账损失		
其他应收款坏账损失		
债权投资减值损失		
合同资产减值损失		
担保/承诺损失准备计提	105 079	90 010
贷款减值损失/（转回）	21 153	-40 179
票据贴现减值（转回）/损失	-62 676	48 079
其他债权投资减值损失	8 801	8 141
合计	10 986 962	1 733 883

表 5-17 中罗列出的资产减值损失项目非常全面，涉及了实务中可能会计提减值损失的各种资产类别，对信贷业务人员来讲，这些科目要做到烂熟于心。

观察表 5-17 中信用减值损失的本期和上期合计金额，本期合计金额高达 110 亿元，同比上期增加了 93 亿元，主要是应收账款、其他应收款及应收款项融资和应收票据坏账损失导致的。给该企业当期的净利润造成了极大影响。

资产减值损失和信用减值损失这两个科目分析的难点，一是对企业资产质量的把握，二是计提损失存在人为主观的判断和估计，存在操纵利润的空间。可能存在少计提、隐瞒损失，虚增当期利润的情况；也可能存在把未来的损失提前计提，比如企业在某一年业绩较差时，可能会计提大额的减值损失，也就是市场上俗称的"洗大澡"，以确保未来的业绩表现得更好。

实务中，可以通过与行业中其他企业进行横向比较的方法，来分辨一个企业计提的减值损失是否合理。以 A 股中农业养殖行业里的 4 家企业为例，以下是根据 2021 年公开披露的年报信息整理的部分财务数据，如表 5-18 所示。

在农业养殖行业内，按照行业惯例，对存货及生产性生物资产需计提损失，各家企业根据对其自身资产质量的评估和判断确定计提金额。

对比表 5-18 中 A、B、C、D 这 4 家企业资产减值损失一栏数据，A 公司数值为零，在当年没有计提资产减值损失，而其余 3 家企业都有计提，计提比例不等。A 公司的营业收入在 4 家企业中位列第二，存货位列第一、生产性生物资产位列第二，虽然计提资产减值损失存在主观判断，各家企业对资产质量的把握不同，很可能计提的比例不同，但是完全没有计提，就显得不太合理，不太符合行业惯例。

表 5-18　4 家企业资产减值损失对比　　　　　　（单位：亿元）

项目	A 企业 2021-12-31	B 企业 2021-12-31	C 企业 2021-12-31	D 企业 2021-12-31
营业收入	788.90	649.65	476.70	1 262.62
存货	344.76	149.44	73.29	159.26
生产性生物资产	73.51	47.64	23.97	89.12
资产减值损失	—	−21.90	−3.80	−28.90
净利润	76.39	−135.30	−191.15	−95.03

实务中遇到这种情况，就应该清楚该企业的净利润是虚高的。衡量虚高的利润有多少，可以按照同行业计提减值损失的平均比例来估算，对净利润进行调整和修正。

5.5.3　资产处置收益/损失

资产处置是指把企业持有的长期资产处置出售。资产处置可能带来收益，也可能造成损失。这是一个偶发事件产生的收益，正常经营发展的企业通常不会频繁出售和处置资产。该科目下的收益，并不是企业在常态经营中能持续稳定获得的收益。做财报分析和财务预测时，记得要把这种一次性的收益或损失从净利润中剔除。

该科目中包含的内容，常见的是处置子公司股权。一些负债累累的企业，融资困难时就不得不通过变卖资产来取得收益。实务中，如果一家企业连续几年都在出售处置子公司股权，尤其是主营业务内的子公司，这就是一个预警信号，意味着企业的资金链可能出问题了。

5.5.4　营业外收入/支出

营业外收入或支出是跟企业主营业务无关的活动产生的收入或者支出。常见的营业外收入是政府补贴收入，比如新能源发电行业，政府对电站提供的电费补贴。

上市公司凯迪生态，曾经是生物质发电第一股，受到不少知名投资者的追捧，众多银行也向该企业提供了授信。在 2018 年凯迪生态因巨额债务腾挪不了，曝出财务造假等问题，现已退市并破产重组。

根据各家财经媒体报道⊖，该公司存在很多内控缺陷的问题，但除此之外核心问题其实是该企业净利润的来源主要是依靠政府补贴，而非主营业务。2015～2016年，当时凯迪生态的"故事"（清洁能源行业、政府补贴、电费是稳定的现金流）深得金融机构的欢心，很容易在市场上获得融资。在凯迪生态迅速扩张时，2017年全国范围去杠杆的浪潮，使凯迪生态再融资出现困难，爆出了内部种种问题，靠政府补贴的硬伤凸显，因此凯迪生态陷入了流动性危机，之后爆雷并退市。这个案例给金融机构上了一课，证明终究不能把营业外收入产生的现金流等同于主营业务产生的现金流，参与其中的金融机构都付出了高昂的学费。

5.6 净利润

如果你不是直接翻到此页，而是从本章的开始一直读到这里，相信你会发现本章的内容里多次强调了会计核算以权责发生制为记账基础。不仅如此，通过以上科目的逐一分析，你还可以发现，净利润其实是在这个记账基础下计算出来的数值，是利润总额减掉所得税费用后得到的数值。

为什么说这是一个计算的数值呢？因为净利润里不仅包括主营业务所赚取的利润，还包括投资活动获得的收益、处置资产的一次性收益、补贴等，而这些科目里存在着人为的主观估计，意味着净利润并不精确。

由于盈利能力强的企业会体现出净利润水平高，所以有一个常见的认知误区，认为净利润高的企业盈利能力就一定强。而真实的情况是，一个企业有净利润，甚至净利润处在一个增长的趋势，也并不能代表企业具备盈利能力。

对企业盈利能力的判断，一定要追溯净利润的来源分析企业的主营业务是否创造出了净利润，这部分净利润是否稳定，跟净利润相比是占主要贡献还是可以忽略不计甚至拉了后腿？

净利润不等同于现金流，利润表的核算以权责发生制为记账基础，因此净利润并不代表企业当年实际收到的现金流。营业收入中没有实际收到现金的部分形成了应收账款，这部分比例越高则企业收入回款质量越差（应收账款详见第6章）。对净利润质量的判断需要结合现金流量表的分析（净现比分析、净利润与现金流的关系详见第7章）。

利润表中有几种利润，毛利润、营业利润、利润总额和净利润，几种利润

⊖ 新浪财经、财新、证券市场红周刊等。

之间的关系如表 5-19 所示。

表 5-19　几种利润之间的关系

项目	行次	关系
营业收入（Revenue）		
主营业务收入		
其他业务收入		
总营业收入	A	
营业成本（Cost of Good Sold）		
主营业务成本		
其他业务成本		
总营业成本	B	
毛利润（Gross Profit）	C	C = A − B
其他费用合计（Operating Expense） （销售费用、管理费用、财务费用、研发费用）	D	
营业利润（Operating Profit）	E	E = C − D
营业外收入 + 支出	F	
利润总额（Profit Before Tax）	G	G = E + F
所得税（Income Tax）	H	
净利润（Net Income）	I	I = G − H
非经常性损益	J	
扣非后净利润	K	K = I − J

5.7　少数股东损益与其他综合收益

5.7.1　少数股东损益

合并利润表里，净利润并不是最后一个项目，后面还有"归属于母公司股东的净利润"和"少数股东损益"两项。合并利润表里合并了母公司和子公司合计的利润，当少数股东损益科目出现数值时，意味着这些并表的子公司里有非全资控股的子公司，对于这些非全资控股的子公司而言，除母公司以外的其他股东就称作少数股东。少数股东损益就是合并利润表里，归属这些少数股东的净利润。

可能是因为少数股东损益这个名称，"少数"总会令人产生一种误解，认为少数股东是持股比例较少的股东。新手在这个科目的理解上常犯的一个错是认为控股意味着持股超过半数。实际上母公司对并表子公司控股，并不代表持股比例一定超过50%，如果持股低于50%，但母公司对子公司拥有实际绝对的控制权，也可以并表。也就是说，并表的子公司里可能会存在母公司持股比例小于50%，而所谓的"少数股东"，持股超过50%的情况。

定义了解清楚以后，来讲一讲该如何理解这个科目，以及实务中的分析思路。

少数股东损益与归属于母公司股东的损益传递出的信息，用一幅简图来描述，如图5-10所示。

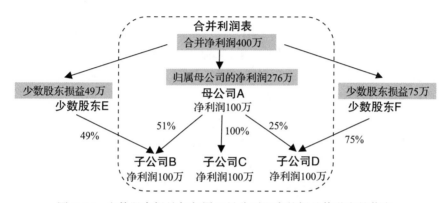

图5-10　少数股东损益与归属于母公司股东的损益传递出的信息

假设一家公司有三家子公司，分别持股100%、51%和25%（代表了三种持股比例的情况），虚线框里是母公司持股情况、虚线框外是少数股东（少数股东E和F）持股情况。

图5-10中描述的合并利润表是一个皆大欢喜的美好景象，即母公司和3家子公司都盈利，每家公司都有净利润100万。在这种情景下，少数股东损益为正数且小于合并净利润。

公司不总是盈利的，自然还会遇到亏损的情况，比如少数股东损益大于合并净利润，这是为什么呢？此处建议你停下来，看着上面的图思考一下原因。

相信聪明的读者就会推理出，这种情况下是母公司或者全资子公司亏损了，但非全资子公司是盈利的，所以并表以后掩盖了母公司或者全资子公司的亏损。

还存在一种情况，是少数股东的损益是负数，而合并净利润是正数，这意味着非全资子公司是亏损的，而母公司和全资子公司是盈利的。

央企、国企的信用普遍比较好，很多央企有着国内AAA的信用评级。但集团信用不等同于任何一家子公司的信用，对于子公司的授信，要进行独立的信用分析。管理央企、国企客户这些年，我总结出一条经验，看越复杂的集团企业时，少数股东损益的分析就越重要和不能忽视。有些企业归属于母公司的净利润亏损严重，而少数股东损益是盈利的，少数股东损益远大于合并净利润。可以根据少数股东损益去判断，集团的净利润到底是来自于哪些公司？这些公司的主营业务是什么？是不是这个集团的主营业务？那些亏损的全资子公司亏损有多少？

5.7.2 其他综合收益

在利润表里净利润下方还有一项，就是其他综合收益，虽然列在利润表里，但这一项内容的变化和净利润不相关，反而跟资产负债表的所有者权益相关，也就是说，其他综合收益不影响当期利润，但是影响所有者（股东）权益。

常见的是外币报表折算差额、现金流套期工具利得或损失，以及可供出售金融资产公允价值变动这三类。如设立海外分公司或子公司、开展了大宗商品或外汇套期保值业务，由此产生的外币报表折算差额、套期保值损益，或者出售以公允价值计量的金融资产而产生的损益，就会计入其他综合收益科目下。

这个科目列在利润表的最后，也不影响当期利润，往往容易被忽略。然而正如英语中的那句"the last but not least"，反而要对这一项给予重视，因为这里面涉及的每一类内容，都有可能对所有者（股东）权益造成极大的影响。有可能因为投资其他公司股票大赚，也有可能巨亏。涉及大宗商品和外汇套期保值业务的企业，也可能因为金融衍生品的杠杆效应带来巨额的亏损。

虽然在财报时点上，这些没有交易掉的金融资产都算浮盈或者浮亏，只对当期的所有者（股东）权益造成影响，但未来某个时刻交易完成后，就会计入当期损益了。所以，银行在对拟授信企业进行信贷评估时必须要重视这个科目，任何疏忽大意和视而不见都可能在未来某个时刻造成一笔坏账。

CHAPTER 6

第 6 章

资产负债表分析

资产负债表反映的是财务年度结束时点,企业账面上的资产、负债以及所有者权益的数额。

资产负债表的左边是资产,从上到下流动性依次变差。资产负债表的右边是负债和所有者权益。右边债权是有期限的,可以理解为企业举债的期限依次变长,从短期负债到长期负债;右边所有者权益是欠股东的钱,可以理解成没有具体期限的负债。

6.1 流动资产

6.1.1 货币资金

货币资金指的是企业库存现金与开立的所有银行账户中期末时点余额加总的金额,其中包括人民币基本账户、人民币结算账户、外币结算账户、保证金账户等。合并资产负债表中的货币资金里包含了母公司和所有并表子公司库存现金和开立的所有银行账户余额的总金额。

货币资金的分析主要关注两点内容。一是确认受限制的资金金额。企业账户上的资金并不都是可以自由支配的,在分析财报时不能只看货币资金的总额,而要通过货币资金的项目注释来确认企业可自由支配和受限制的资金分别是多少。二是验证企业真实的货币资金充裕度。第 5 章财务费用的介绍，已通过案例讲述了如何借助利息收入来验证企业真实的货币资金充裕度。

下文将着重讲解如何分析企业受限制资金，以 A 股中一家上市公司为例，该公司货币资金项目注释如表 6-1 所示。

表 6-1　货币资金项目注释（单位：元，币种：人民币）

项目	期末余额	期初余额
库存现金	30 717 041.97	6 419 244.46
银行存款	6 028 851 637.85	1 422 345 842.00
其他货币资金	3 709 915 975.32	905 492 542.46
合计	9 769 484 655.14	2 334 257 628.92
其中：存放在境外的款项总额	1 749 990 024.72	529 776 013.67

其他说明：期末其他货币资金包括银行承兑汇票保证金 2 703 403 483.57 元、信用证保证金 251 997 597.57 元、保函保证金 6 122 337.26 元、借款保证金 662 940 956.10 元、远期结售汇保证金 30 232 894.50 元、存出投资款 44 445 877.93 元、微信账户余额 4 378 838.00 元以及其他保证金 6 393 990.39 元。其中，受限资金为 3 661 091 259.39 元。

该企业的货币资金包括三类，分别是库存现金、银行存款和其他货币资金。货币资金期末余额合计 97.7 亿元。根据项目注释说明看出其中受限制资金为 36.6 亿元。

项目注释说明解释了资金受限原因是用于各类授信的保证金，如借款、银行承兑汇票、信用证、保函、远期结售汇等。从资金受限原因可推测该企业使用的授信种类较丰富。通常企业使用的结算方式越丰富，涉及的授信种类也就越丰富。

受限制资金作为保证金质押给银行，企业激活使用了相应的授信额度，还本付息后保证金才能释放出来，在还本付息之前，这部分受限制资金企业是不能自由支配的。

实务中，限制性资金还可以在财报分析时用于对有息负债的交叉验证。比如根据企业在银行获取授信的保证金比例，反过来推算其使用的授信额度，假设企业短期借款的保证金是 200 万元，保证金比例是 10%，以此推算出企业使用的授信额度大概是 2000 万元。依此类推，粗略推算企业各类授信额度使用总额，与财务报表中有息负债总额对比，判断企业是否有隐藏负债。

受限制资金造假的可能性较小，因为企业需要把货币资金质押给银行才能激活和使用对应的授信额度。如果企业虚增受限制货币资金则需要银行配合，且要同时虚增企业的负债，不符合常理。

但企业的确有可能虚增可支配部分的货币资金，比如第 5 章中提到的康美药业虚增货币资金的案例。本来货币资金充裕是一个企业流动性好、现金流好的象征，自此案起，"存贷双高"⊖一词在资本市场流行开来，现在已经变成一种常用的甄别财务舞弊的方法。

究竟是不是"存贷双高"都代表着货币资金造假？先别着急回答这个问题，让我来给你讲一个我过往工作中的故事：2013 ~ 2015 年，我经常去河北出差拜访一些钢铁制造企业客户。有句话说，"中国 70% 的钢铁产能在河北，而河北 70% 的钢铁产能出自唐山"。从北京开车去河北，当看到车窗外路边的山不再连绵起伏，出现了一些被炸秃了顶的山时，就知道快到目的地了。

那时候银行给这些铁矿石进口企业提供借款，主要是基于人民币存款质押的美元贷款。当时人民币 1 年期贷款基准利率是 5.7%，民营企业的贷款基准利率上浮后大概是 6%。进口铁矿石的企业使用美元结算，当时美元的贷款利率是 3% 以下，并且美元兑人民币汇率一直处在单边贬值的区间，因此存在套利空间。

具体的操作模式是企业用人民币认购 1 年期限或更长期限的理财产品，然后通过该笔理财产品的质押获得等额或者 90% 金额的美元贷款，理财产品获取的收益与美元贷款利息直接的差额比例大约为 2%，如果再考虑到美元兑人民币汇率的贬值，企业客户获得的收益就更高。在那段人民币单边升值的时期，很多进口企业的财务报表都呈现出"存贷双高"的特点。

通过这个故事想分享给大家我的感悟：工作中要时刻提醒自己不要发生思维定势，分析任何一个财报科目的时候，要遵从客观事实，要综合实际情况去思考、分析和判断其合理性，不能拿着锤子就看什么都像钉子。

6.1.2 交易性金融资产

交易性金融资产是以公允价值计量且其变动计入当期损益的金融资产。企业购买的股票、基金、债券和净值型的银行理财产品等这些都计入交易性金融资产。交易性金融资产大体上可以分为债务工具投资、权益工具投资以及衍生金融资产这三类。

交易性金融资产是企业短期内以获取交易差价为目的而持有的资产。以公

⊖ 存贷双高指的是资产负债表中货币资金和短期借款等有息负债总额表现出同样很高的数额。

允价值计量是交易性金融资产最大的特点，意味着不需要计提折旧和减值损失，公允价值变动计入当期损益。公允价值的变动作为该项资产的当期损益，计入利润表的"公允价值变动收益"科目，从而直接影响当期利润，所以就不需要再计提减值损失。

交易性金融资产这个科目数字金额越大意味着企业现金越充裕，比如有些企业的主营业务市场空间已经到了天花板，不再需要进行固定资产的投资和扩张，企业又没有开辟新的业务板块，就会用沉淀的资金做些投资。如果企业觉得银行理财收益低，就会投资一些风险较高的产品，如基金、股票等。

交易性金融资产这个科目造假的可能性极低，分析的时候不需要考虑该资产的水分，但要考虑该资产的安全性。分析该科目需要借助项目注释的详细信息，根据具体持有的金融资产类别来判断该科目是否会对未来的利润产生较大的影响。银行理财产品的风险相对较低，净值波动较小，其次是债券，股票的风险相对较高。

下面以 A 股中一家上市公司为例，来讲述交易性金融资产对净利润的影响。

该企业是一家老字号的医药企业，主营业务是化学原料药、化学药制剂和中成药的生产与销售。2019 年、2020 年和 2021 年的净利润分别是 42 亿元、55 亿元和 28 亿元，波动幅度较大，如表 6-2 所示。

表 6-2 利润表　　　　　　　　　　　（单位：亿元）

项目	2019-12-31	2020-12-31	2021-12-31
营业收入	296.60	327.40	363.70
营业成本	211.90	236.60	265.00
销售费用	41.60	38.00	39.00
管理费用	9.60	8.60	10.80
财务费用	−0.63	−2.30	−2.58
利息费用	1.30	1.69	0.52
利息收入	2.50	4.19	3.39
研发费用	1.74	1.81	3.31
投资收益	14.70	3.92	10.40
公允价值变动收益	2.30	22.40	−19.30
营业利润	47.40	68.10	34.90
利润总额	47.30	68.00	34.80
净利润	41.70	55.10	28.00

3 年中虽然净利润波动幅度较大，但营业收入是稳步增长的。通过计算毛利率、三项费用（销售费用、管理费用、财务费用）占营业收入的比值并分析其趋势变化，可以排除主营业务收入变化对净利润的影响。

仔细观察利润表，可以发现净利润波动主要是由于公允价值变动收益的波动。公允价值变动收益的波动正是交易性金融资产科目中金融资产价格变动的体现。

在年报中找到交易性金融资产项目注释，如表 6-3 所示。

表 6-3　交易性金融资产项目注释　　　　　　（单位：元）

项目	期末余额	期初余额
以公允价值计量且其变动计入当期损益的金融资产	4 720 155 883.28	11 228 743 395.18
其中：		
权益工具投资	3 952 283 281.15	10 610 226 827.26
其他	767 872 602.13	618 516 567.92
其中：		
合计	4 720 155 883.28	11 228 743 395.18

项目注释信息显示，期初余额（2020 年）和期末余额（2021 年）交易性金融资产分别为 112 亿元和 47 亿元，主要是持有的权益工具投资。从年报中查询到权益工具投资的相关信息，主要是持有的 5 只股票，如图 6-1 所示。

4、其他资产负债表日后事项说明

（1）持有股票的股价在资产负债表日后发生变动

公司持有股票的价格在资产负债表日后发生变动，可能会因交易性金融资产的公允价值变动，对本公司一季度末合并财务报表中归属于上市公司股东的净利润产生影响。目前公司正在逐步减仓，不再继续增持。

截至 2021 年 12 月 31 日，公司持有的以公允价值计量且其变动计入当期损益的股票的持仓及股价情况如下：持有小米集团 -W（1810.HK）110 207 200.00 股（18.9 港元 / 股），持有通威股份（沪 A600438）7 054 626.00 股（44.96 元 / 股），持有中国抗体 -B（3681.HK）51 599 400.00 股（2.86 港元 / 股），持有雅各臣科研制药（2633.HK）200 000 000.00 股（0.63 港元 / 股），持有健倍苗苗（2161.HK）25 000 000.00 股（1.03 港元 / 股）。截至 2021 年 3 月 24 日，股票的股价情况如下：小米集团 -W（1810.HK）（14.50 港元 / 股），通威股份（沪 A600438）（42.36 元 / 股），中国抗体 -B（3681.HK）（2.29 港元 / 股），雅各臣科研制药（2633.HK）（0.72 港元 / 股），健倍苗苗（2161.HK）（0.87 港元 / 股）。

图 6-1　交易性金融资产补充信息

在图 6-1、表 6-2 中，该企业因持有的股票价格变动影响公允价值变动收益，在 2020 年带来了 22.4 亿元收益，2021 年造成了 19.3 亿元的亏损。从案例

中可以看到企业持有的交易性金融资产,其价格变动会给净利润造成较大的影响。当交易性金融资产的价格大幅下跌时,也会导致公允价值变动收益科目金额的巨大波动,不仅对当年的净利润会造成影响,同时也会影响资产总额的数值,影响到计算公式里包括资产总额的财务指标的数值。

6.1.3 应收票据、应收账款、应收款项融资

企业向客户销售商品或者提供服务,采用了赊销的结算方式。当年没有收到现金的这部分营业收入会计入应收账款,使用票据支付结算的这部分营业收入计入应收票据,应收票据包括银行承兑汇票和商业承兑汇票。

应收账款代表着企业向客户收取款项的权利,企业可以通过转让这种权利来获得融资。银行承兑汇票和商业承兑汇票代表着企业向开票人申请兑付的权利,企业可以通过票据贴现的方式获得融资。通过以上两种方式获得融资并且融资机构保留了追索权,统一计入应收款项融资,如图6-2所示。

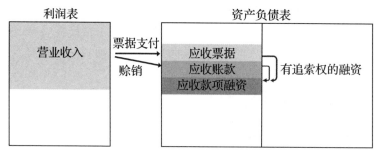

图 6-2 应收账款、应收票据和应收款项融资

1. 应收票据、应收账款和应收款项融资的风险对比

应收票据包括银行承兑汇票(简称银票)和商业承兑汇票(简称商票)。这两种票据都代表着企业的收款权,但这两种票据所蕴含的收款风险却有很大差别。

银票的承兑人是商业银行,即汇票到期时银行进行兑付。银行具有较高的信用,汇票到期时不能兑付的可能性极低,因此银票的风险极低,可以视为一笔远期现金。

商票的兑付则要取决于承兑人(开票人),即开票企业的商业信用,在票据持有到期前,承兑人如果出现了债务危机,商票兑付的不确定性就大大增加。2022年恒大地产出现债务危机,有40多家上市公司持有恒大集团及下属公司的

商票，遭遇其债务危机带来的连锁反应，其中有些企业持有的商票甚至高达60亿元，流动性面临前所未有的压力。

应收账款的确认基于赊销合同、发票、收货确认单等商业凭证，仅为商业信用，相比而言，应收票据在商业信用的基础上多了一层票据法的保护。这也是为什么金融市场中，通过票据贴现融资比转让应收账款收益权更灵活。此处需强调一下，请读者千万不要误解为，应收票据的风险绝对比应收账款低，别忘了商业承兑汇票的风险依然是基于企业的商业信用风险。因此商票和应收账款的风险孰高孰低，还取决于债务人（承兑人）的商业信用风险。

应收款项融资是企业已实现融资的应收账款或者应收票据，其中所蕴含的收款风险并未随着融资而转移，融资机构都是保留了追索权的，即应收账款到期或者应收票据到期时，对应的债务人如果出现违约，融资机构会向企业追索借款。

实务中，要根据项目注释中的明细信息来分析和判断每一项资产的质量与风险。比如应收票据的分析，需计算其中银行承兑汇票的占比，占比越高意味着风险越低，资产质量越高。

2. 应收票据、应收账款和应收款项融资的坏账计提

这三个科目都代表着企业未来的收款权，但除银行承兑汇票外，都存在着收款的不确定性，因此除银行承兑汇票以外的科目，均要计提坏账损失，计提比例的高低也会影响当年的利润。坏账损失的计提比例是企业根据自身情况评估而确定的结果，存在主观性。为降低对利润的影响，企业自然有少计提的动机。判断企业计提的坏账损失比例是否合理，通常采用同行业横向比较的方法。

以A股中软件行业3家上市公司为例，根据3家公司的公开信息，整理应收账款坏账计提数据，如表6-4所示。

表6-4　A股3家上市公司应收账款坏账计提数据对比分析

公司名称	1年以内	1～2年	2～3年	3～4年
A	6%	8%	10%	20%
B	5%	10%	30%	100%
C	5%	10%	50%	100%

对比3家公司坏账计提比例的数据，可以发现虽然同是软件行业的公司，但坏账计提比例存在较大的差异。其中，A公司1年以内的应收账款坏账计提比例略高于另外两家公司，而1年以上的应收账款坏账计提比例明显低于同业其他公司，且账龄越长比例差距越悬殊。

其实类似的现象不光存在于软件行业，各个行业的公司都存在这样的情况。分析应收账款时不要忽略了这一点。尤其是应收账款占总资产比例大的企业，坏账计提比例的分析尤为重要，计提比例不足就意味着应收账款的水分更大，利润虚高。

3. 应收账款周转天数

应收账款跟企业的商业模式相关联，比如直接面向个人消费者的商业模式，餐饮、旅游等服务业，客户消费以后直接付款，基本不存在赊销账期。再比如下游客户是个体工商户这类特别分散的小客户群体，这类商业模式通常也不存在赊销账期。比如生猪养殖行业前五大龙头企业的财报中，有一个显著的特点就是应收账款数额都很小。

To B、To G 等商业模式，赊销的结算方式就很常见。应收账款也体现了一个企业所处的行业在产业链中的地位，相对于下游客户越是弱势和没有话语权的行业，应收账款的周转期越长。

此外应收账款还跟企业的业务形态以及下游客户的特征有关。比如建筑、装饰、环保等承包施工类企业（也称 EPC 企业），由于 EPC 企业的投标、设计以及施工等流程使整个施工周期变得很长，有些施工周期可能长达几年，完工后还有质保期，就又延长了企业收款的时间。比如下游客户是政府部门，付款结算审批流程长，也会使企业应收账款周转慢。

信贷业务中分析应收账款常用的财务指标是应收账款周转天数（Account Receivable Days）。该指标体现的是企业从销售产品到收回现金所需要的天数。计算公式：

$$应收账款周转天数 = 应收账款平均值 / 营业收入 \times 360$$

应收账款周转天数越长，代表着企业销售变现效率越低（销售回款越慢）。企业销售变现效率是现金流的体现，评估企业的财务状况和经营能力，不仅要看利润率，还要看现金流。一个企业即使利润率很高，但销售回款慢（销售变现效率低），也可能被现金流拖死。财务舞弊案例中虚增应收账款是最常见的，最直接的一个信号就是应收账款周转天数增加。

计算连续几年的应收账款周转天数，要采用统一的选择标准，选取应收账款的数值。比如统一使用应收账款期初、期末余额或者期初期末的平均值，否则计算出的结果跟财报所体现的情况所偏离，会对分析判断造成干扰。

实务中，如果应收账款周转天数出现了大幅的增加，先不要急于断定是业务出现了问题或者存在虚增的可能性。首先应该与企业核实和确认企业的主营业务和商业模式是否发生改变，因为业务形态和商业模式的变化会直接影响应收账款的形成。

企业为了占领更多的市场份额，有可能采取更激进的赊销结算方式作为跟同业竞争的策略，这也是合理的。但如果企业通过延长赊销期限并同时降低产品价格的方式来换取营业收入的增长，那么营业收入增长的真实性便存疑。未来营业收入的增长性和可持续性存在高度不确定性。当一个企业跟下游客户采用赊销的结算方式，并且赊销的期限远远超过其他客户时，则要警惕企业对下游客户的利益输送，涉及关联交易。

当企业的下游客户信用水平很高时，应收账款融资就更容易，且延长赊销账期时承担的商业风险低，企业很可能通过延长赊销账期的方式来获取更多的商业机会。应收账款周转天数只是衡量企业运营效率的指标之一，还需结合应付账款周转天数和存货周转天数来综合分析。（第8章中现金循环周期的分析与讲解还会继续探讨。）

6.1.4 合同资产

合同资产是指企业尚未履约完毕的合同，拥有向客户收取相应对价的权利，但是一种附条件的收款权，当转换成无条件的收款权后，该科目下的金额将转入应收账款，如进行中的工程、未交付完毕的商品等。

合同资产科目在建筑施工、房地产、承包工程这类企业的财务报表中是特别常见的。A股上市公司中合同资产规模排名前10的企业，基本都属于以上这些行业。除了这些传统建筑施工行业，还有一些软件和信息技术企业，主营业务是软件开发和工程服务的，旨在帮助各行各业实现数字化建设，也被称为"新基建"行业，这些企业的财务报表也表现出合同资产占流动资产比例高的特征。

合同资产中包含的收款权是附条件的，企业是否能按照约定履约完毕，债务人是否能履约付款，都存在不确定性。合同资产的质量取决于企业的信用、资质等，企业和债务人履约能力越强，收款的确定性才越大，资产质量就越高。

合同资产科目需要计提减值准备。计提比例是受人为主观预测和判断影响的，存在调节利润的空间。分析时要通过与同行业横向比较的方法来判断企业计提减值的比例是否合理。下面以A股中的2家企业为例，讲述合同资产的实务分析。

企业1：所处行业为软件和信息技术服务业，主营业务是智慧交通、智慧城市和智慧医疗。根据2019～2021年公开披露的年报信息，整理部分财务数据，如表6-5所示。

表 6-5　2019～2021 年部分财务数据（企业 1）

A 资产负债表　　　　　　　　　　　　　　　（单位：千元）

项目	2019-12-31	2020-12-31	2021-12-31
货币资金	634 222	699 721	425 997
应收票据	560	19 111	28 458
应收账款	1 466 423	1 635 029	1 891 057
应收款项融资	—	2 640	2 816
存货	1 761 338	116 630	39 601
合同资产	**—**	**1 713 060**	**1 770 257**
流动资产合计	4 368 612	4 492 839	4 488 279

B 利润表　　　　　　　　　　　　　　　　　（单位：千元）

项目	2019-12-31	2020-12-31	2021-12-31
营业收入	2 079 504	2 138 182	1 999 686
营业成本	1 596 541	1 609 602	1 486 947
信用减值损失	10 667	−11 860	−31 761
应收票据坏账损失	—	−1 006	−492
应收账款坏账损失	−7 757	−1 896	−37 294
资产减值损失	−4 240	−5 284	−1 547
合同资产减值损失	**—**	**−1 921**	**−1 816**
净利润	144 902	151 368	95 646

2020 年，该企业执行新会计准则，按照新准则的分类标准，把存货科目中部分资产调整到了合同资产科目下。

2020 年，合同资产总额 17.39 亿元，计提减值准备 2600 万元，计提比例 1.5%，账面余额 17.13 亿元。2021 年，合同资产总额 17.97 亿元，计提减值准备 2700 万元，计提比例 1.5%，账面余额 17.7 亿元。

选取 A 股中其余两家同行业的公司 A 和 B，就合同资产计提比例数据与企业 1 进行横向对比分析，如表 6-6 所示。

表 6-6　2020～2021 年合同资产数据（上市公司 A 和上市公司 B）

（单位：千元）

项目	A 公司		B 公司	
	2020-12-31	2021-12-31	2020-12-31	2021-12-31
合同资产	1 548 682	1 721 090	1 265 105	2 068 919

（续）

项目	A 公司		B 公司	
	2020-12-31	2021-12-31	2020-12-31	2021-12-31
减值准备	54 361	43 310	88 084	161 360
账面余额	1 494 321	1 677 779	1 177 021	1 907 559
合同资产减值准备计提比例	3.51%	2.52%	6.96%	7.80%

A 公司主营业务是智慧交通，主要集中在轨道交通、城市交通和城市安全应急场景的数字化升级。2020 年、2021 年合同资产的减值准备计提比例分别是 3.51% 和 2.52%。

B 公司是向钢铁、有色、化工等行业的制造业企业，基于工业互联网的战略，提供流程和数字智能化的解决方案。2020 年、2021 年合同资产的减值准备计提比例分别是 6.96% 和 7.80%。

与 A、B 公司合同资产的减值准备计提比例对比来看，企业 1 的合同资产减值准备计提比例只有 1.5%，远低于同业的计提比例，合同资产很可能存在水分。

企业 1 的合同资产是从存货科目调整来的。根据该企业 2020 年之前披露的存货科目减值准备计提信息判断，存货科目中的未结算工程并未提取减值准备，是在 2020 年计入合同资产科目后才开始计提的。显然合同资产的减值准备计提是不足的。

表 6-5 中数据显示，企业 1 的流动资产中除合同资产外，占比最高的就是应收账款。这两个科目余额相近，2020 年和 2021 年，两个科目余额加总后占流动资产总额的比例分别是 75% 和 82%。显然应收账款和合同资产这两个科目的资产质量基本上就代表了该公司流动资产的质量。

根据表 6-5 的数据计算 2019～2021 年的应收账款周转天数，分别是 254 天、275 天和 340 天，周转天数表现出变长的趋势。2021 年应收账款周转天数变长，而同时营业收入却出现下滑趋势，这是一个风险预警的信号，意味着企业营业收入的增长遇到了问题，或者应收账款存在虚假的可能性。企业一旦出现问题，就会影响到后续对未完成项目的履约，也会增加对合同资产收款的不确定性。

企业 2：所处行业为装修装饰业，主营业务是建筑室内设计及装修。根据公开信息整理 2019～2021 年的部分财务数据，如表 6-7 所示。

表 6-7　2019～2021 年部分财务数据（企业 2）

A 资产负债表　　　　　　　　　　　　　　（单位：千元）

项目	2019-12-31	2020-12-31	2021-12-31
货币资金	806 994	776 567	514 585
应收票据	95 903	46 723	45 714
应收账款	1 730 602	303 370	338 990
应收款项融资	20 287	6 130	25 674
存货	91 381	66 436	70 651
合同资产	—	1 318 808	1 094 188
流动资产合计	2 889 882	2 588 379	2 356 246

B 利润表　　　　　　　　　　　　　　　　（单位：千元）

项目	2019-12-31	2020-12-31	2021-12-31
营业收入	2 511 416	1 892 152	1 904 898
营业成本	2 020 392	1 495 315	1 476 647
信用减值损失	−41 093	−1 977	−61 102
应收票据坏账损失	−226	−2 834	288
应收账款坏账损失	−35 479	−5 661	−59 613
资产减值损失	—	−98 490	−83 728
合同资产减值损失	—	−78 630	−83 728
净利润	132 241	26 280	17 376

企业 1 按照新会计准则的标准，将部分存货重分类调整至合同资产科目，而企业 2 是把部分应收账款重分类调整至合同资产科目，其中主要包括已完工未结算资产和质保金。

2020 年和 2021 年，企业 2 的合同资产与应收账款减值计提数据如表 6-8 所示。

表 6-8　合同资产与应收账款减值计提数据（企业 2）

（单位：亿元）

应收账款			合同资产		
项目	2020-12-31	2021-12-31	项目	2020-12-31	2021-12-31
应收账款	5.34	6.29	合同资产	16.45	15.08
坏账准备	2.30	2.90	减值准备	3.44	4.28
账面余额	3.03	3.39	账面余额	13.19	10.94
应收账款坏账准备计提比例	43.07%	46.10%	合同资产减值准备计提比例	20.91%	28.38%

2020～2021年合同资产的减值准备计提比例分别是20.91%和28.38%，而应收账款的坏账准备计提比例分别是43.07%和46.1%。把应收账款重分类至合同资产，减值准备计提比例降低了很多。同期，在利润表（见表6-7）里的合同资产减值损失分别是7863万元和8373万元，存在减值准备计提比例偏低，利润虚高的问题。这2年中，合同资产和应收账款的总额占流动资产总额比例均超过了60%，这两个科目的资产质量基本上代表了流动资产的质量。资产重分类后减值准备计提比例大幅降低，流动资产质量存在很大的水分。

6.1.5 其他应收款

其他应收款是一个敏感的科目，很多财务舞弊的操作都会涉及这个科目，企业试图把一些弄虚作假的内容塞进这个科目里蒙混过关。正是因为该科目中涉及的内容千变万化，所以对信贷业务新人来讲，在分析时会感觉无从下手。

分析其他应收款也需要借助项目注释明细信息里面包含的具体内容来进行分析。主要从两方面来判断其他应收款的质量，一是项目注释中列示的明细信息是否跟企业主营业务相关，二是判断收回款项的可能性。

比如出口的企业，其他应收款科目里会涉及出口退税的资金，这显然是跟主营业务相关的，只要出口业务是真实的，退税的资金收回来只是时间的问题，所以其他应收款科目发生坏账的可能性很小。

常见的跟主营业务相关的其他应收款，如建筑施工、工程类的企业会涉及押金、保证金等，施工结束后需要等客户验收完毕合格才能收回。跟主营业务相关的其他应收款的金额会跟主营业务收入同向增加或减少，如建筑施工企业的主营业务增长、投标的项目增加，计入其他应收款科目的投标保证金也会随之而增加；随着中标项目的实施，计入其他应收款科目的履约保证金也会随之增加，但随着项目的交付和客户的验收，保证金额也会被释放。

这类跟主营业务相关的其他应收款，是相对比较容易分析和判断的。当该科目数额与主营业务收入数额的变化趋势或者变化比例出现了不符合常理的情况时，就需要提出疑问并挖掘变化的真实原因。比如其他应收款数额增长幅度明显大于主营业务收入数额的增长幅度，当企业不能用合理的理由去解释时，这个科目很可能就出现了水分和舞弊。

另外，常见的其他应收款是跟企业融资相关的，如当企业通过融资租赁的方式获得融资时，融资租赁公司收取的保证金就会记录在该科目下，直到最后一个还款期，该笔保证金才可能会用于抵扣本金和利息。

其余跟主营业务、融资不相关的其他应收款，只能逐笔分析和判断。

6.1.6 预付款项

预付款项是指企业在采购商品时，预先支付给上游供应商的一部分货款。

分析预付款项，首先要判断是否符合行业结算惯例，比如供应商在产业链上处在强势的一方，就会存在预付款的结算方式。如果财务报表中预付款项金额巨大，但并不符合行业结算惯例，就可能存在关联交易和财务舞弊行为。

预付款项的账龄在正常的商业模式里，一般不超过 90 天。账龄超过了 1 年甚至更久的预付款项就算异常。现实中很少有这样的产品，需要通过预付款的结算方式提前几年订购。账龄超过 1 年的预付款项，大概率是资金被占用或者无法收回，影响整体流动资产的质量。

分析预付款项与营业收入的变化趋势是否一致，并计算和比较两者变化幅度。按照行业的支付结算惯例，预付款应该会随着营业收入的增长而增加，如果出现预付款增长率超出营业收入增长率时，可能企业跟供应商之间的结算方式出现了重大变更，或可能存在关联交易和财务舞弊行为。

企业有可能通过预付款的结算方式，向关联企业进行利益输送。可以查询预付款项明细中交易对手方公司的股权，来验证交易对手方跟企业之间是否存在关联关系。

预付款项的金额异常增加也有可能是通过预付款的结算方式把资金先支付出去，再通过虚构销售交易把资金回流，实现虚假的营业收入。还有可能把已经支付的成本藏在预付款项里，虚减当年的费用，虚增当年的利润。

通过预付款的结算方式虚增收入，曾发生在上市公司万福生科的财务造假案件中。该公司的主营业务是农副食品加工，以稻米深加工产品为主，曾在 2008～2012 年上半年，虚增收入高达 9 亿元。[一]这个案件中的虚假采购和销售是通过虚增预付款的形式进行现金的流转（见图 6-3）。

这个案例之所以隐蔽性强，是由于该企业向下游销售产品的结算方式是现金结算，没有赊销账期，因此没法虚增应收账款科目，所以企业选择了虚增预付款项科目。并且这个案例里，该企业还选择了同时虚增在建工程科目，使得整个造假更加隐蔽。而由于企业的下游销售是现金结算的，销售回款的现金流

[一] 资料来源：中国证券监督管理委员会网站，万福生科行政处罚决定书。

看起来还很优质，使得整个造假看起来显得很合理。不少财务造假大案都出现了预付款项科目的异常增加，在后续的章节里还会讲解其他案例。

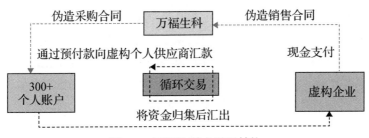

图 6-3　万福生科虚增预付款

6.1.7　存货

存货包括原材料、半成品（截至财务年度结束时点未生产完的产品）、在产品（截至财务年度结束时点正在生产过程中的产品）、产成品（截至财务年度结束时点已生产加工完成的产品）。

存货是一个跟利润有关的科目，体现在存货与生产成本之间的关系。存货里的半成品、在产品和未销售的产成品也是包含了生产成本的，但由于记录营业成本要采用配比原则，只把已销售产品的生产成本结转至营业成本，而半成品、在产品和未销售的产成品的生产成本保留在存货科目里。

存货结转营业成本的确认方法有先进先出法、后进先出法和加权平均法三种。先进先出法是将较早采购的原材料的成本先分配给营业成本，后进先出法与之相反。因此如果原材料处在价格大幅上涨时，采用这两种方法将对营业成本的确认产生很大的差异，显然先进先出法确认的营业成本会低于后进先出法。因此，存货结转营业成本的确认方法是存在毛利调节空间的，在财报分析时要充分考虑以上因素。

对存货的理解和分析是基于对企业和所在行业的理解，理解得越深入，分析得出的结论就越准确。比如大宗商品及相关行业和石油、天然气、有色金属冶炼等企业，要考虑到大宗商品周期变化、价格波动对存货的影响。大宗商品周期下行期，价格下跌会导致存货面临减值和跌价的风险。

生产所需原材料涉及大宗商品的企业，如电缆制造企业的原材料是铜，风电塔筒制造企业的原材料是钢材，生产运营中所需原材料涉及大宗商品的企业，比如典型的航空业需要燃料油。对这些企业的存货分析也需要关注减值和跌价风险，企业是否有完整的原材料跌价风险管理方法，这会直接影响到企业的利润。

农、林、牧、渔业的存货科目跟一般的生产制造企业、服务企业的存货科目有很大的差别，其特点是存货中的资产通常都是有生命的植物、动物，企业会计准则中叫作"消耗性生物资产"，指为出售而持有的，或为将来获得收益而持有的生物资产，比如生长中的作物以及存栏待售的牲畜等。有些医药行业企业涉及药材的种植，财务报表中也会有消耗性生物资产科目，比如爆雷的康美药业就有种植人参。这类企业的存货面临的不确定性更多，也意味着风险更高，如自然灾害、瘟疫等可能会带来植物、动物大面积的死亡。此外这类企业的存货难辨真假，不论是银行的尽职调查还是会计师的审计，对企业的存货数量都不可能做到逐一清点。再者比如人参种植，就更不可能挖地三尺一根根数。这类企业的存货计量本身就存在着造假的空间，分析时要给予足够的重视。

对于技术和生产工艺流程更新迭代快的行业，需关注产成品是否存在市场更新迭代快被淘汰的风险。比如3C产品或者其他更新迭代较快的电子产品，只要库存一积压，产成品可能价格就会大幅下跌。一些工业产业也有这样的风险特征，如光伏产业。

药品、消费品、食品、化工品企业的存货需要关注储存、运输以及安全等风险。服装行业则要关注季节周期风险，过季的存货的价值可能所剩无几，尤其是潮流特征明显的服装，过季则只有极少人会购买。

不熟悉商业银行公司信贷业务的人，总会认为客户经理每天重复着同样的工作。其实不然，相信从以上列举的这些关于存货可能会出现的各种风险点中，你已经能想象得到，这是一份充满了挑战，需要很强的想象力、联想能力和抽象思维的工作。

存货科目一直都是财务造假的"重灾区"，之所以能成为各行各业都能"利用"的造假科目，足以说明这个科目的复杂性。存货具有高度的隐蔽性，可谓是"无存货的企业都是一样的简单，而有存货的企业却各有各的复杂"。

虚增存货的造假案例不胜枚举，比如大家熟知的獐子岛，在过去的几年里"扇贝不止一次游走，又游回"。而公告中6亿巨额存货离奇失踪的广州浪奇，则没那么幸运，最终洗衣粉没能找回来，坐实了虚增收入、虚增存货的财务舞弊行为，面临的是监管的罚单。还有再早的辉山乳业，一家有着六十多年历史、东三省最大的乳制品企业。浑水公司花了好几个月的时间调查，发布了做空报告，报告中揭露了辉山乳业虚构存货的财务诡计。⊖一个个触目惊心的造假案例，让银行信贷业务人员对存货这个科目越来越心生敬畏。

⊖ 资料来源：新浪财经、财新、雪球。

存货不是孤立存在的，财报分析不能仅聚焦在存货科目这一个点上，还要结合企业的商业模式、所处行业的属性、宏观经济环境等因素，同时结合利润表和现金流量表的数据，把对存货这个科目的理解真正融入企业的生产经营中。综合来判断存货的增长和周转变慢是不是合理，是不是存在虚构和造假的可能。

常用的衡量存货周转效率的指标是存货周转天数，这个指标描述的是从企业取得存货开始至消耗、销售为止所经历的天数。计算公式为：

$$存货周转天数 = 存货平均值 / 产品销售成本 \times 360$$

虚增存货是常见的一种造假方式。当企业虚增存货时，会导致存货周转变慢，存货周转天数会呈现增加的趋势。当发现企业的存货周转天数增加了，不能片面地断定这等同于企业的营运能力减弱，或者存在舞弊，还需要根据与同行业企业的横向对比分析结果来判断。如果同行业平均的存货周转天数在变长，虽然企业的存货周转天数增加了，但表现好过同行业平均水平，依然不能轻易判断企业营运能力减弱。当然，也不要陷入一个误区，认为企业的存货周转天数越短越好，越短代表着企业的营运能力越强。当存货周转天数偏离同行业平均水平太多时，无论更长还是更短均意味着可能存在舞弊行为。

比如 2022 年退市的企业同济堂，已成立 20 余年，主要从事医药流通、药品批发业务，是全国排名前三的连锁药店。2016 年借壳啤酒花登陆上交所。2016~2018 年，同济堂完成了与啤酒花的业绩对赌协议。在整个案件爆雷后，证监会调查结果显示，原来这 3 年里同济堂是通过财务造假完成了对赌协议的，共累计虚增收入 207.35 亿元、虚增成本 178.51 亿元、虚增利润总额 24.3 亿元。一个家喻户晓的知名企业因为财务造假就这样轰然倒塌、退市。㊀

回看这个案例可以得到的启示是，当企业虚增收入和成本而忽略了存货周转天数这个指标时，会出现的情况是该企业的存货周转天数远远好于同行业平均水平。

表 6-9 是根据 2015~2019 年同济堂公开财务数据整理并计算出的存货周转天数。

表6-9 同济堂存货周转天数

项目	2015-12-31	2016-12-31	2017-12-31	2018-12-31	2019-12-31
存货周转天数（天）	18.59	22.00	20.95	23.62	87.37
存货周转次数（次）	19.36	16.36	17.18	15.24	4.12

㊀ 资料来源：上海证券交易所网站、搜狐网、新浪财经。

在 2016～2018 年这 3 年中，同济堂的存货周转天数约为 22 天左右，存货周转次数为 15～17 次。而医药流通企业的存货周转次数的中位数约为 7 次，能超过 10 次的企业就很少，同济堂是如何把存货周转次数做到了 17 次呢？显然不符合常理，暴露出了同济堂财务舞弊的内幕。

存货周转天数是企业运营效率中的一环，在后续第 8 章财务指标分析中会继续探究如何分析企业运营效率。

6.2 非流动资产

6.2.1 债权投资

债权投资是指企业持有的，期限超过 1 年的"债权资产"，如大额存单、企业债券等。

以 A 股中一家上市公司为例，这是一家以建筑防水材料研发、生产、销售及防水工程施工服务为主营业务的企业。地产企业是该企业的主要客户群，年报中显示融创地产是该企业的战略客户。

根据该企业 2021 年公开披露的年报信息，债权投资科目的项目注释明细（见表 6-10）显示，该企业持有融创地产发行的企业债账面余额合计 1.5 亿元，并对持有的企业债计提了减值准备 774 万元。

表 6-10 某上市公司债权投资项目注释（2021 年）

A 重要的债权投资（企业债）　　　　　　　　　　（单位：元）

项目	期末余额			期初余额		
	账面余额	减值准备	账面价值	账面余额	减值准备	账面价值
企业债	154 881 666.67	7 744 083.33	147 137 583.34			
合计	154 881 666.67	7 744 083.33	147 137 583.34			

B 持有的债权项目（融创）　　　　　　　　　　（单位：元）

债权项目	期末余额				期初余额			
	面值	票面利率	实际利率	到期日	面值	票面利率	实际利率	到期日
21 融创 04	100 000 000.00	7.00%		2025 年 06 月 29 日				
16 融创 07	50 000 000.00	6.80%		2023 年 08 月 17 日				
合计	150 000 000.00	—		—				

债权投资科目的分析要点是通过判断持有资产的风险来判断该科目的资产质量和对利润造成的影响。比如企业债的违约风险取决于债券发行企业的信用，可以通过查询发债主体的信用来判断企业持有债券的风险，进而判断债权投资科目的资产质量。

以上企业持有的企业债，发债主体是头部地产企业融创地产。2022年5月，在地产行业低迷的大环境下，融创地产的美元债发生了违约。[一]由此可见，融创地产面临较高的流动性风险，偿债能力下降。该企业持有的这两笔企业债，融创地产能否在债券到期时进行兑付存在高度的不确定性。如果债券到期时，融创地产违约，则会对该企业的利润造成重大影响。

债权投资科目的分析，还需要警惕的是"利益输送"。如以上企业跟融创地产是上下游关系，认购战略客户发行的债券是否存在桌面下的交易，是否存在利益输送？

再来看另外一家A股的上市公司，2021年该企业公开披露的年报信息中债权投资科目的项目注释明细（见表6-11），显示该企业持有的债权资产是银行发行的大额存单。

表6-11 某上市公司债权投资项目注释 （单位：元）

项目	期末余额			期初余额		
	账面余额	减值准备	账面价值	账面余额	减值准备	账面价值
大额存单本金	130 000 000.00		130 000 000.00	130 000 000.00		130 000 000.00
大额存单应计利息	9 003 369.86		9 003 369.86	4 048 369.86		4 048 369.86
合计	139 003 369.86		139 003 369.86	134 048 369.86		134 048 369.86

在年报的债权投资项目注释中查询到大额存单详细信息（见表6-12），显示是中国银行和中信银行两家银行的大额存单。大额存单是商业银行吸纳存款的凭证，而这两家银行在存单到期时破产倒闭的风险几乎为零，企业亏损的可能性也几乎为零。相比持有企业债这类资产，持有大额存单这类资产的风险更小，资产质量更高，因此也无须计提减值损失。

[一] 资料来源：腾讯网、新浪网、新浪财经。

表 6-12 某上市公司大额存单详细信息

1. 公司于 2020 年 2 月 21 日购买中国银行单位定期存款，产品名称：单位人民币三年 CD20-1，本金：50 000 000.00 元，利率：3.80%，存款期限：2020 年 2 月 21 日至 2023 年 2 月 21 日
2. 公司于 2020 年 3 月 12 日购买中国银行单位定期存款，产品名称：单位人民币三年 CD18：D4，本金：30 000 000.00 元，利率：3.85%，存款期限：2020 年 3 月 12 日至 2023 年 3 月 12 日
上述大额存单公司已与银行签订质押合同开具银行借款，详见本附注"七、合并财务报表项目注释 25、短期借款"
3. 公司于 2020 年 3 月 18 日购买中信银行单位定期存单，产品名称：A00620200156- 中信银行单位大额存单 200156 期，本金：30 000 000.00 元，利率：3.80%，存款期限：2020 年 3 月 18 日至 2023 年 3 月 18 日
4. 公司于 2020 年 3 月 24 日购买中信银行单位定期存单，产品名称：A00620200156- 中信银行单位大额存单 200156 期，本金：20 000 000.00 元，利率：3.80%，存款期限：2020 年 3 月 24 日至 2023 年 3 月 24 日
上述大额存单公司已与银行签订质押合同用于银行借款

该企业披露的信息（见表 6-12）显示，大额存单已被质押给银行用于获取融资。这等同于在本章货币资金科目中提到的受限制资金，意味着该笔资产属于受限制资产，企业不能自由支配。只有当贷款到期，企业正常归还本息后，该笔资产才能解除质押，否则将作为第二还款来源被处置用于偿还贷款。实务中，对受限制资产要始终保持关注，避免银行陷入从属风险（从属风险详见第 16 章）。

6.2.2 长期股权投资

长期股权投资是企业对子公司、合营企业和联营企业的投资，通过股权投资的方式组建合资企业或通过购买其他企业的股份获得股权。

由于交易性金融资产也是企业的投资，持有的资产也可能包括股票，这会令人对这两个科目的理解产生混淆。交易性金融资产持有的资产，除股票外，还有其他资产类别，如债券、基金和银行理财产品等，是以在短期内出售以获取交易差价收益为目的的。而长期股权投资持有的资产是股权，是以准备长期持有并获取持股企业成长带来的增值收益为目的的。

正是由于长期股权投资科目列在非流动资产里，且以长期持有为目的，这些特性容易给人造成一个认知误区，认为这个科目应该是相对稳定的，是不容易变化的。实际上该科目不仅不确定性很高，而且发生的损益还可能对利润造成重大影响。

以一家 A+H 股的上市公司为例，来讲述实务中长期股权投资科目的分析要点。

该企业的主营业务是药品制造与研发，业务覆盖医疗器械与医学诊断、医疗服务、医药分销与零售。2021 年公开披露的合并利润表部分信息如表 6-13 所示。

请观察该企业的合并利润表（见表 6-13），分析其中净利润来源的特点。

表 6-13　合并利润表

2021 年度　　　　　　　　　　　　　　　　　　　　　　　　　　　　（单位：元）

项目	附注五	2021 年	2020 年（经重述）（附注三、34）
营业收入	46	39 005 086 602.41	30 306 981 264.17
减：营业成本	46	20 228 269 452.62	13 733 528 779.79
税金及附加	47	234 459 822.60	217 338 579.36
销售费用	48	9 098 891 842.87	8 161 592 324.26
管理费用	49	3 215 831 901.78	2 962 491 697.78
研发费用	50	3 834 482 890.21	2 795 494 050.91
财务费用	51	464 062 113.55	724 273 093.15
其中：利息费用		822 534 029.13	880 952 446.37
利息收入		233 727 096.61	199 608 714.10
加：其他收益	52	327 830 729.80	393 627 134.40
投资收益	53	4 623 826 020.43	2 283 980 915.37
其中：对联营企业和合营企业的投资收益		1 789 136 938.26	1 580 334 829.89
公允价值变动收益	54	352 298 612.23	578 657 017.37
信用减值损失	55	（74 015 847.49）	（104 836 394.55）
资产减值损失	56	（829 873 344.00）	（148 253 541.78）
资产处置（损失）/收益	57	（15 418 719.15）	5 707 404.05
营业利润		6 313 736 030.60	4 721 145 273.78
加：营业外收入	58	28 661 323.81	23 084 174.39
减：营业外支出	59	288 558 944.57	66 385 096.76
利润总额		6 053 838 409.84	4 677 844 351.41
减：所得税费用	61	1 066 400 337.55	737 864 579.24
净利润		4 987 438 072.29	3 939 979 772.17

通过观察你会发现净利润主要来自投资收益，并非主营业务。

2020 年该公司的净利润是 39.4 亿元，其中投资收益 22.8 亿元，贡献了 58% 的净利润。2021 年净利润 49.9 亿元，其中投资收益占比 93%，共计 46.2 亿元。观察发现这两年中净利润主要来源于投资收益。

当遇到净利润的主要来源是投资收益的这种情况时，就需要花更多的精力对投资收益进行更深入的分析，从而判断投资收益是否具有持续性和稳定性，以及未来对净利润影响如何。

第一步要找到投资收益的来源，根据合并利润表（见表 6-13）中投资收益对应的附注编号 53，在年报中找到了相应的项目注释，如表 6-14 所示。

表 6-14　合并利润表投资收益项目注释　　　　　　　　（单位：元）

项目	2021 年	2020 年
权益法核算的长期股权投资产生的收益	1 789 136 938.26	1 580 334 829.89
处置长期股权投资产生的投资收益	687 245 029.77	220 274 910.04
交易性金融资产在持有期间取得的投资收益	7 103 120.97	2 482 487.00
其他非流动金融资产在持有期间取得的收益	40 791 345.23	23 099 680.32
其他权益工具投资的股利收入	8 440.99	1 554 442.36
处置交易性金融资产取得的投资收益	75 780 241.24	13 069 849.18
处置其他非流动金融资产取得的投资收益	10 651 455.49	435 018 297.68
处置子公司的投资收益（附注六、2）	2 013 109 448.48	8 146 418.90
	4 623 826 020.43	2 283 980 915.37

该项目注释信息涉及长期股权投资收益的有两部分内容，权益法核算的长期股权投资产生的收益和处置长期股权投资产生的投资收益。

这两部分投资收益正是来自持有这些企业（"长期股权投资"科目，附注信息列出的合营、联营企业）股份的增值、分红和股息等收益。

2021 年该企业公开披露的合并资产负债表信息，如表 6-15 所示。

表 6-15　合并资产负债表

2021 年 12 月 31 日　　　　　　　　　　　　　　　　　　　　　　　　　（单位：元）

资产	附注五	2021 年 12 月 31 日	2020 年 12 月 31 日
流动资产			
货币资金	1	10 308 157 065.27	9 961 801 644.89
交易性金融资产	2	4 241 069 085.61	1 970 095 893.78
应收票据	3	16 227 279.63	242 399 744.42
应收账款	4	6 029 232 584.33	4 564 659 595.11
应收款项融资	5	427 883 962.35	628 881 442.84
预付款项	6	1 738 129 227.24	1 495 176 120.32
其他应收款	7	842 558 024.99	325 631 483.44
存货	8	5 472 315 468.74	5 162 799 568.97
持有待售资产	9	463 704 813.34	—
一年内到期的非流动资产	10	188 839 750.00	—
其他流动资产	11	696 516 028.18	733 357 179.34
流动资产合计		30 424 633 289.68	25 084 802 673.11
非流动资产			
长期应收款	12	77 395 288.47	—
长期股权投资	13	22 683 713 418.51	22 309 469 408.38
其他权益工具投资	14	29 915 556.21	1 042 931.91

（续）

资产	附注五	2021 年 12 月 31 日	2020 年 12 月 31 日
其他非流动金融资产	15	1 206 488 930.44	1 460 768 948.41
固定资产	16	8 918 876 913.76	8 135 623 469.82
在建工程	17	3 617 704 520.01	4 121 543 044.64
使用权资产	18	747 347 175.47	745 537 852.75
无形资产	19	10 276 254 397.82	8 669 587 896.13
开发支出	20	3 156 906 315.18	2 829 018 107.46
商誉	21	9 399 987 036.57	8 677 248 971.77
长期待摊费用	22	475 236 970.94	322 706 250.28
递延所得税资产	23	265 589 462.47	244 936 830.08
其他非流动资产	24	2 013 741 682.43	1 083 723 316.84
非流动资产合计		62 869 157 668.28	58 601 207 028.47
资产总计		93 293 790 957.96	83 686 009 701.58

2021 年该公司长期股权投资账面价值为 227 亿元，比 2020 年的 223 亿元增长了 4 亿元。从资产的占比结构来看，长期股权投资是占比最多的资产，占总资产的 24%，长期股权投资的规模远远超过固定资产。

下面分别来讲解权益法核算的长期股权投资产生的收益和处置长期股权投资产生的投资收益。

（1）权益法核算的长期股权投资产生的收益

2020 年和 2021 年权益法核算的长期股权投资产生的收益分别为 15.8 亿元和 17.9 亿元，2021 年投资收益同比有所增长。

长期股权投资中包含两类核算方法——成本法和权益法。对子公司或者有绝对控制权的投资企业采用成本法，对联营和合营企业采用权益法。

用类比的方式来理解这两类核算方法，即成本法相当于收付实现制，而权益法相当于权责发生制。成本法可以理解成当被投资企业发放股利时才确认投资收益，调整长期股权投资的账面价值，而权益法则是只要被投资企业实现净利润，不管是否实际发放股利，都要按照享有的持股比例确认投资收益，来调整长期股权投资的账面价值。这意味着，按照权益法核算的长期股权投资的投资收益并不一定有实际的现金流流入。

接下来，通过长期股权投资的项目注释明细，来分析企业具体投资了哪些企业，投资收益是哪些企业所创造的。

表 6-16 和表 6-17 分别是该企业 2021 年和 2020 年的长期股权投资项目注释明细。

表 6-16 长期股权投资项目注释（2021 年）

（单位：元）

	年初余额	追加投资	减少投资	权益法下投资损益	本年变动 其他综合收益	本年变动 其他权益变动	本年变动 宣告现金股利	本年变动 其他	汇率变动	年末余额	年末减值准备
合营企业											
复星凯特生物科技有限公司	359 772 381.52	148 718 850.00	—	（240 984 335.28）	—	—	—	—	—	267 506 896.24	—
其他	21 843 960.57	500 000.00	—	（6 403 609.70）	（531 259.46）	—	—	—	（79 304.60）	15 329 786.81	—
联营企业											
国药产业投资有限公司	14 121 312 875.29	—	—	1 914 027 288.69	（214 971.39）	（18 108 636.72）	（534 100 000.00）	—	—	15 482 916 555.87	—
天津药业集团有限公司	1 133 085 992.47	—	—	31 221 453.59	66 119 969.86	28 306 022.40	—	（419 577 812.77）	—	839 155 625.55	—
Natures Sunshine Products Inc.	222 069 866.78	—	—	22 130 064.51	（266 326.40）	1 233 152.50	（177 368.84）	—	—	244 989 388.55	—
淮海医院管理（徐州）有限公司	549 049 479.49	—	—	1 873 583.36	—	—	—	—	—	550 923 062.85	—
颐复康药业集团有限公司	180 325 149.65	—	—	11 063 326.71	—	—	—	—	—	191 388 476.36	—
北京金象复星医药股份有限公司	111 120 565.75	—	—	6 713 293.72	—	—	（4 559 130.65）	—	—	113 274 728.82	—
国药控股医疗投资管理有限公司	455 908 136.62	—	—	1 188 679.92	—	—	—	—	—	457 096 816.54	—
New Frontier Health Corporation (NFH)	210 670 287.17	—	—	（62 766 421.60）	（666 105.03）	—	—	—	—	147 903 865.57	—
上海复星高科技集团财务有限公司	410 644 218.86	—	—	22 500 462.34	1 818 741.85	156 033 396.65	（30 000 000.00）	—	—	402 478 576.17	—
亚能生物	—	206 195 696.70	—	88 573 152.00	—	167 463 934.83	（41 707 727.98）	596 673 200.00	—	596 673 200.00	—
其他	4 856 851 400.64	355 414 546.70	（1 224 151 313.36）	1 789 136 938.26	66 260 049.43	—	（610 544 227.47）	177 095 387.23	（3 743 969.95）	4 039 869 376.55	665 792 937.37
	22 632 654 314.81	355 414 546.70	（1 224 151 313.36）						（3 823 274.55）	23 349 506 355.88	665 792 937.37

表 6-17 长期股权投资项目注释（2020 年）

（单位：元）

	年初余额	追加投资	减少投资	权益法下投资损益	其他综合收益	其他权益变动	宣告现金股利	其他	汇率变动	年末余额	年末减值准备
合营企业											
复星凯特生物科技有限公司	344 488 040.92	145 317 000.00	—	(130 299 029.77)	—	266 370.37	—	—	—	359 772 381.52	—
其他	36 843 999.19	—	(10 737 644.48)	(2 958 205.73)	585 033.24	(1 746 650.92)	—	—	(142 570.73)	21 843 960.57	—
联营企业											
国药产业投资有限公司	12 516 722 034.87	—	—	1 779 579 126.76	3 698 578.99	286 274 134.67	(464 961 000.00)	—	—	14 121 312 875.29	—
天津药业集团有限公司	1 001 457 418.89	—	—	24 182 760.33	107 445 813.25	—	—	—	—	1 133 085 992.47	—
Natures Sunshine Products Inc.	203 882 298.72	—	—	16 906 553.83	1 281 014.23	—	—	—	—	222 069 866.78	—
淮海医院管理（徐州）有限公司	548 037 778.25	—	—	1 011 701.24	—	—	—	—	—	549 049 479.49	—
颂复康药业集团有限公司	173 758 395.20	—	—	8 955 402.96	—	—	(2 388 648.51)	—	—	180 325 149.65	—
北京金象复星医药股份有限公司	112 842 634.35	—	—	4 176 420.79	—	—	(5 898 489.39)	—	—	111 120 565.75	—
国药控股医疗投资管理有限公司	464 020 704.12	—	—	(8 112 567.50)	—	—	—	—	—	455 908 136.62	—
New Frontier Health Corporation (NFH)	232 014 748.37	—	—	(21 344 461.20)	—	—	—	—	—	210 670 287.17	—
上海复星高科技集团财务有限公司	421 457 268.41	—	—	34 403 968.72	(1 217 018.27)	—	(44 000 000.00)	—	—	410 644 218.86	—
广州迪会信医疗器械有限公司	466 111 601.31	—	(483 844 312.08)	17 746 338.28	(13 627.51)	—	—	—	—	—	—
其他	4 647 468 838.36	291 974 651.24	(169 316 827.04)	(143 913 178.82)	(1 318 528.69)	320 208 372.67	(15 618 962.42)	—	(72 632 964.66)	4 856 851 400.64	323 184 906.43
其他	21 169 105 760.96	437 291 651.24	(663 898 783.60)	1 580 334 829.89	110 461 265.24	605 002 226.79	(532 867 100.32)	—	(72 775 535.39)	22 632 654 314.81	323 184 906.43

最左侧一列是该企业持股的合营和联营企业名录。该企业合营企业和联营企业数量并不多，信息量小，分析起来相对比较容易。实务中很有可能遇到一些企业有几十家甚至上百家合营和联营企业的情况，长期股权投资项目注释可能会有十几页内容，信息量大，密密麻麻的数字也会让信贷业务人员心生抵触。逐条看信息肯定是不可取的，但忽略这些信息也同样不可取。该如何应对这种情况呢？根据我过往的工作经验，总结出了一个有效并且高效的方法，那就是抓住关键信息，并不需要按照逐条明细从头看到尾。

首先要抓的关键信息是企业名录，观察名录中的企业名称，从名称上基本可以判断出合营和联营企业所属行业，以此判断其是否跟企业主营业务相关。观察表 6-16 和表 6-17 中合营企业和联营企业的名称，可以判断出这些企业的主营业务也属于医药相关行业，跟该企业的主营业务范围一致。如果企业名录中合营和联营企业所属行业五花八门，跟该企业主营业务不相关也不存在协同效应，则反映出该企业没有在专心做主业，这些投资在未来能对主营业务创造出的价值也就存疑。银行要谨慎对待没有专心发展主营业务，还在若干其他领域内有大额投资的企业。

其次要抓的关键信息是"投资损益""投资额（年末余额）"这两列中数额较大的，投资损益要关注创造收益最多和亏损最多的，投资额要关注占比高的。观察表 6-16 中"权益法下投资损益"这一列数据，19 亿元这个数字是最大的，对应的企业是联营企业国药产业投资有限公司，这也是所有合营和联营企业中创造收益最多的。负 2.4 亿元是所有合营和联营企业中亏损最多的，对应的企业是复星凯特生物科技有限公司。

2021 年长期股权投资总额（账面余额）是 233 亿元，其中国药产业投资有限公司（联营企业）的投资额为 155 亿元，占长期股权投资总额比例约为 67%，国药产业投资有限公司投资额是合营和联营企业中最大的，也是创造投资收益最多的。

继续采用这个方法来观察表 6-17，2020 年企业名录中的合营和联营企业基本上跟 2021 年的相近，只有一个联营企业发生了变化。联营企业国药产业投资有限公司仍然是投资额占比最大且创造投资收益最多的一家企业，2020 年贡献了 17.8 亿元的投资收益。复星凯特生物科技有限公司仍然是所有合营和联营企业中亏损最多的。

通过这两年数据的分析得知，国药产业投资有限公司给企业带来的投资收益是可观的，而且是比较稳定的，企业对该联营企业的投资额也有所增加。企业持有该联营企业的股权，在未来可以创造稳定投资收益的可能性较大。亏损的合营企业复星凯特生物科技有限公司，亏损金额也在逐年增加，投资额也在加大，未来的盈亏不确定，要保持关注。

在财务报表分析中，讨论某些科目对净利润的影响时，要同时考虑对现金流的影响。2020 年和 2021 年，采用权益法核算的长期股权投资所创造的投资收益分别为 15.8 亿元和 17.9 亿元，对两年中净利润的影响分别为 40% 和 36%。虽然从两年中的数据看，长期股权投资创造的投资收益较稳定，但这是权益法核算的结果，意味着并没有产生实际的现金流。

（2）处置长期股权投资产生的收益

投资收益项目注释明细表 6-14 显示，2020 年和 2021 年处置长期股权投资产生的收益分别为 2.2 亿元和 6.87 亿元。处置长期股权投资产生的收益显然是不稳定的。

通常被处置的资产都是经营发展差、亏损或者面临亏损的被投资企业。这类收益都是偶发性的且是一次性的，资产被处置了意味着企业将不再持有这部分股权。

企业在处置持有的股权时，一方面是企业真的投资失败，另一方面也有可能通过先投资再处置的方式把资金转移，这就绕回到了分析被投资企业名录这点上。如果企业名录中的合营和联营企业的主营业务跟企业的主营业务不太相关，有可能是企业"不务正业"，也有可能是在通过这种投资的方式转移资金。

6.2.3 固定资产

固定资产指企业用于生产经营的厂房、生产设备等，这些资产是企业会长期持有，并且能源源不断给企业创造价值的资产。

市场上有一个惯例，按照固定资产占总资产的比重来划分企业的资产结构类型，固定资产占比高的称作重资产，反之称作轻资产。

重资产意味着投入的资金量大、投资回收期较长、流动性较差。常见的重资产行业有电力、交通运输（港口、码头）、石油化工、煤炭、钢铁等，这些行业固定资产占总资产的比重超过 40%。常见的轻资产行业有互联网、传媒、计算机等，而这些行业固定资产占总资产比重不超过 10%。

以下是 A 股的一家上市公司，其主营业务是发电，2021 年营业收入中 86% 来自发电业务。2021 年公开披露的合并资产负债表部分数据如表 6-18 所示。

表 6-18 合并资产负债表部分数据　　　　（单位：元）

项目		2021-12-31	2020-12-31
其他非流动金融资产	t、19	47 500 000.00	47 500 000.00
投资性房地产	t、20	130 786 868.26	127 139 964.69
固定资产	t、22	81 922 327 867.24	65 531 015 506.64
在建工程		19 397 696 685.34	19 292 065 206.74
生产性生物资产			
油气资产			
使用权资产	t、25	2 401 639 206.79	—
无形资产	t、26	4 470 176 684.43	3 081 527 249.00
开发支出			
商誉	t、28	5 366 234.17	4 780 448.95
长期待摊费用	t、29	227 057 582.17	383 331 842.47
递延所得税资产	t、30	250 070 812.20	190 636 854.61
其他非流动资产	t、31	6 190 506 928.17	6 890 814 903.16
非流动资产合计		131 268 549 599.95	110 829 516 089.46
资产总计		156 708 750 449.48	129 082 267 020.30

资产负债表显示，该企业的固定资产在 2020 年和 2021 年分别为 655 亿元和 819 亿元，占总资产的比例分别为 51% 和 52%。计算该企业非流动资产占总资产的比例分别为 86% 和 84%。这是一个典型的重资产企业的财务报表会表现出的特征，该企业的财务特征表现为非流动资产占总资产的比例高，其中固定资产占比也高。

正是由于重资产企业拥有大量固定资产，在财报分析时要重点把握以下三个方面：固定资产的折旧、固定资产的减值和处置、受限制的固定资产。

1. 固定资产的折旧

固定资产的价值会在使用过程中发生减损，对固定资产减损的估计记录到财务报表中就叫作折旧。折旧可以理解为固定资产的投入不是一次性记录在利润表里的，而是按照固定资产预计使用年限估算出每年抵减成本的金额，逐年计入利润表，直至固定资产账面价值等于预计净残值（净残值可以为零）。

最常见的固定资产计提折旧的方法，是按照固定资产的使用年限平均分配折旧数额，叫作"平均年限法"，公式为：

每期折旧金额 =（固定资产原值 - 固定资产预计净残值）/ 预计折旧年限

企业的固定资产有很多类别，比如房屋及建筑物、机器设备、运输工具等，由于各个类别资产的价值减损程度不同，因此不同固定资产的折旧年限也不同。比如房屋及建筑物的折旧年限最长，一般是 15～30 年，而机器设备的折旧年限相对较短，一般是 4～20 年，各个企业应根据实际情况，采用不同的折旧年限。

企业需要在财务报告中披露固定资产的折旧方法，需列出每一类别的资产采用的折旧方法和折旧年限，如表 6-19 所示。

表 6-19　固定资产的折旧方法

类别	折旧方法	折旧年限（年）	残值率（%）	年折旧率（%）
房屋及建筑物	平均年限法	15～30	0～5	6.67～3.17
机器设备	平均年限法	4～20	0～5	25.00～4.75
航道资产	平均年限法	50	5	1.90
运输工具	平均年限法	6～25	0～5	16.67～3.80

注：表中数据摘自上市公司公开披露的年报。

折旧年限会直接影响到每期折旧金额，折旧年限越短，每期计入成本费用的折旧金额就越大。折旧金额又直接影响到当期利润，折旧金额越大，当期利润就会越少。反之，折旧年限越长，每期计入成本费用的折旧金额就越小，当期利润就会越高。

实务中，有些企业可能会通过改变固定资产折旧年限来调节利润。在尽职调查中，如果发现企业年报中固定资产预计使用年限有变更（会计估计变更），比如延长了折旧年限，就可能存在对利润的调节。尤其要关注企业处在经济周期低谷、业绩表现不佳时，会把折旧年限作为一个利器来使用，实现对利润的调节。

利润表按照权责发生制编制，而现金流量表按照收付实现制编制。固定资产折旧是一个非现金成本，影响当期的利润，但没有实际的现金流出。采用间接法编制的现金流量表能更清晰地表现出净利润、折旧以及经营活动产生的现金流量净额三者间的关系。

按照上市公司的披露信息规定，使用了直接法编制现金流量表的企业，都需要提供使用间接法编制的现金流量表补充资料，在年报中可以直接找到，如表 6-20 所示。实务中可以直接使用此表格，无须再自行调整。

表 6-20　现金流量表补充资料　　（单位：元，币种：人民币）

补充资料	本期金额	上期金额
1. 将净利润调节为经营活动现金流量：		
净利润	-1 681 362 082.77	1 912 518 433.54

（续）

补充资料	本期金额	上期金额
加：资产减值准备	597 767 027.76	524 258 890.47
信用减值损失	162 644 845.04	141 251 304.04
固定资产折旧、油气资产折耗、生产性生物资产折旧	4 639 738 428.24	4 067 515 552.36
使用权资产摊销	145 104 032.80	0.00
无形资产摊销	123 029 679.54	113 121 954.43
长期待摊费用摊销	45 227 376.84	51 844 137.48
处置固定资产、无形资产和其他长期资产的损失（收益以"-"号填列）	-1 443 497.15	-1 344 613.88
固定资产报废损失（收益以"-"号填列）	106 465 374.72	48 509 015.11
公允价值变动损失（收益以"-"号填列）	-1 174 298.14	1 047 198.53
财务费用（收益以"-"号填列）	3 085 159 232.29	2 434 198 413.43
投资损失（收益以"-"号填列）	-374 478 478.32	-659 639 295.48
递延所得税资产减少（增加以"-"号填列）	-59 433 957.59	-4 020 143.95
递延所得税负债增加（减少以"-"号填列）	15 153 047.48	-3 700 849.18
存货的减少（增加以"-"号填列）	-958 340 838.65	57 062 802.75
经营性应收项目的减少（增加以"-"号填列）	-4 265 540 603.05	-1 988 981 786.27
经营性应付项目的增加（减少以"-"号填列）	2 109 246.73	590 265 214.98
其他	-23 908 388.78	-5 449 027.70
经营活动产生的现金流量净额	1 556 716 146.99	7 278 457 200.66

现金流量表补充资料显示，该企业的固定资产折旧金额在 2020 年（上期金额）和 2021 年（本期金额）分别是 41 亿元和 46 亿元。固定资产折旧金额会随着固定资产规模的增加而增加。2020 年和 2021 年，净利润分别是 19 亿元和 -17 亿元，经营活动产生的现金流量净额分别是 73 亿元和 16 亿元。

这是一个典型的重资产企业的财务报表特征，固定资产折旧对净利润和经营活动产生的现金流量净额的影响非常大，实务中要给予足够的重视。

2.固定资产的减值和处置

分析固定资产时，除了考虑固定资产折旧对利润的影响，还要考虑另一个可能会对利润产生影响的点，即固定资产的减值和处置会直接计入利润表中影响当年的净利润。

表 6-21 是 2021 年某公司公开披露的合并利润表部分数据，表 6-22 是合并利润表中资产减值损失和资产处置收益的项目注释。

表 6-21　合并利润表部分数据　　　　　　　　（单位：元）

项目		2021-12-31	2020-12-31
财务费用	七、66	3 260 413 091.23	2 324 599 686.45
其中：利息费用	七、66	3 000 651 511.28	2 423 600 743.52
利息收入	七、66	49 811 684.14	47 399 778.84
加：其他收益	七、67	162 538 435.37	158 952 371.61
投资收益（损失以"-"号填列）	七、68	374 478 478.32	659 639 295.48
其中：对联营企业和合营企业的投资收益		470 003 107.27	712 709 126.69
以摊余成本计量的金融资产终止确认收益		-131 828 236.39	-60 038 612.44
汇兑收益（损失以"-"号填列）			
净敞口套期收益（损失以"-"号填列）			
公允价值变动收益（损失以"-"号填列）	七、70	1 174 298.14	-1 047 198.53
信用减值损失（损失以"-"号填列）	七、71	-162 644 845.04	-141 251 304.04
资产减值损失（损失以"-"号填列）	七、72	-597 767 027.76	-524 258 890.47
资产处置收益（损失以"-"号填列）	七、73	1 443 497.15	1 344 613.88
三、营业利润（亏损以"-"号填列）		-1 017 192 528.27	2 497 719 915.70
加：营业外收入	七、74	66 273 193.74	83 165 718.20
减：营业外支出	七、75	146 661 961.13	76 930 503.09
四、利润总额（亏损总额以"-"号填列）		-1 097 581 295.66	2 503 955 130.81
减：所得税费用	七、76	583 780 787.11	591 436 697.27
五、净利润（净亏损以"-"号填列）		-1 681 362 082.77	1 912 518 433.54

表 6-22　资产减值损失和资产处置收益项目注释

A 资产减值损失　　（单位：元，币种：人民币）

项目	本期发生额	上期发生额
五、固定资产减值损失	-582 227 170.58	-437 738 867.47
七、在建工程减值损失	-15 539 857.18	-15 521 016.50
十二、其他	0.00	-70 999 006.50
合计	-597 767 027.76	-524 258 890.47

B 资产处置收益　　（单位：元，币种：人民币）

项目	本期发生额	上期发生额
固定资产处置收益	1 443 497.15	738 787.88
无形资产处置收益	0.00	605 826.00
合计	1 443 497.15	1 344 613.88

表 6-21 显示，在 2020 年和 2021 年，该公司计提的资产减值损失分别是 5 亿元和 6 亿元，根据项目注释中的详细信息（见表 6-22）可知，主要是固定资产减值导致的，对当年的净利润影响比例达到了 30%，这算是一个较高的比例，对净利润产生了较大的影响。

固定资产规模大的企业，难免会处置一些固定资产，比如不能继续为企业创造价值或者未到预计折旧期就报废的固定资产，这些固定资产就需要计提减值损失。计提固定资产减值损失不是一个常态事件，因此在做财务报表分析和贷后管理中都不能按照常态化的数值进行预测。

需要警惕的是企业通常是不会在业绩好的时候计提固定资产减值损失的。越是在企业业绩不好的时候，越经常看到计提固定资产减值损失。这也就是大家平时所说的"洗大澡"，这么做的逻辑是反正当年的利润已经很差了，就干脆把历史的包袱都拿出来一次抛掉算了，来年再轻装上阵。

固定资产处置的分析逻辑跟固定资产减值是一样的，就不再重复讲解了。

3. 受限制的固定资产

上文中提到过重资产意味着投入的资金量大，这些投入的资金来源包括哪些呢？包括股东投资的资本金和企业经营盈余的沉淀资金，另外还有一种获得投资资金的来源是银行贷款。固定资产抵押是常用的一种获取贷款的方式，企业需要在年报中披露受限制的资产信息。

表 6-23 是一家企业公开披露的受限制的资产信息。

表 6-23　受限制的资产信息（单位：元，币种：人民币）

项目	期末账面价值	受限原因
货币资金	187 280 704.13	保函押金、保证金等
固定资产	16 534 808 471.29	借款抵押
无形资产	1 079 224 599.47	借款抵押
在建工程	12 424 492 345.91	借款抵押
应收账款	5 124 778 487.15	质押
使用权资产	221 148 337.09	融资租赁
合计	35 571 732 945.04	—

该企业受限制资产共计 356 亿元，其中受限制的固定资产期末账面价值为 165 亿元，受限制原因是抵押给银行用于融资。不论企业获得的是短期借款还是长期借款，作为抵押物的这部分固定资产，受限制时间跟贷款时间是相同的。如果贷款到期时，企业无法正常还款，银行会把抵押物进行处置作为还款来源。

对企业进行信贷风险评估时，需要关注企业受限制的资产，并确认相关的授信银行及贷款条款，包括抵押率、贷款总额、贷款期限及利率。

6.2.4 在建工程

在建工程指企业新投资建设、改造、扩建等尚未达到预定可使用状态的固定资产。与固定资产相同的点是在建工程也存在资产减值，而区别的点是在建工程不需要计提折旧。

在建工程涉及结转固定资产，是指当工程完工达到预计可使用的状态时，在报表上结转成为固定资产。转成固定资产以后开始计提折旧，就会对净利润产生影响。在财报分析中需要关注这一点，要清楚地知道未来预计有多少金额的在建工程结转成固定资产，以及具体的转固时点，以估算未来对净利润的影响。

下面以一家 A 股上市公司为例讲述在建工程科目的实务分析。该企业主营业务为医疗器械的生产与销售，2021 年公开披露的年报中在建工程科目部分信息如表 6-24 所示。

企业在年报中披露重大的在建工程信息时，需包含在建工程的工程进度（见表 6-24）。在分析企业财务报表时，可以根据工程进度信息来追踪在建工程的完工情况。在建工程并不是 100% 完工就会立即结转为固定资产，还会涉及机器设备的调试和试生产等环节，直到满足固定资产的确认标准才可以确认，比如可以稳定生产出合格的产品。

信贷业务评估中，对在建工程结转固定资产的标准无须了解得那么精细。对在建工程科目的分析，需要把握的核心其实就是两点：一是结转固定资产的时点，预计对净利润带来的影响；二是在建工程的真假。

在建工程的造假，可以算是所有财务造假中很难识别的那一等级，当然不是指凭空虚拟出的在建工程，这种作假手段太明显和低级了，即使银行没有现场尽职调查还会有会计师事务所的审计环节，况且虚拟的项目也总要有完工的一天，早晚会穿帮。

此处所说的很难识别的造假，是指在真实存在的在建工程科目里混入部分造假行为。由于在建工程科目资产价值的确认、工期、结转固定资产的时点，都存在着弹性和空间，并且还可以通过计提资产减值或者结转固定资产后计提折旧的方式来"消化"做假的部分，只要时间够长、资金链别断。在建工程科目里隐藏的这些水分，是需要我们在实务中识别和挤干的。

表 6-24 重要在建工程项目本期变动情况

(单位:元)

项目名称	预算数	期初余额	本期增加金额	本期转入固定资产金额	本期其他减少金额	期末余额	工程累计投入占预算比例	工程进度	利息资本化累计金额	其中:本期利息资本化金额	本期利息资本化率	资金来源
江西英科公司年产271.68亿只(2744万箱)高端医用手套项目	2 563 661 500.00	275 034 572.00	1 672 341 248.00	1 331 800 628.00		615 575 192.00	77.00%	76%	2 925 694.00	2 925 694.00	4.55%	借款/自有资金
安徽凯泽公司年产50万吨羧基丁腈胶乳项目	700 000 000.00	25 062 879.00	500 260 766.00			525 323 645.00	75.00%	75%				自有资金

先来做个假设：一个企业想要虚增营业收入，要实现这个目的，要么对应虚增应收账款、虚增存货或者合同资产等，要么就要虚增现金流入。如果虚增应收账款或存货，随着虚增的金额变大，应收账款和存货周转天数就会拉长，经营活动现金流入就会出现异常，虚增的这部分收入没有对应的现金流入，收现比会越来越低。企业很可能就会把这部分虚增的应收账款或存货计提坏账损失，来掩盖其作假的痕迹。但这样也很容易暴露。所以虚增应收账款和存货是比较低级的财务造假。

而通过构造现金流入虚增营业收入不容易被发现。那怎么实现呢？企业得先有一笔现金流出，不论结算方式是先收后付还是先付后收。这笔现金流出可以是预付款。通过预付工程款将资金转出，构造虚假的在建工程，再将资金转给虚假或者真实的客户来购买销售的商品，实现资金的回流。虚增的这部分在建工程就混在了真实的在建工程里。未来在建工程结转固定资产后计提折旧慢慢消化掉这部分水分，这样在报表上就实现了完整的闭环，如图6-4所示。

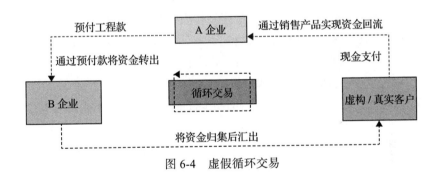

图6-4　虚假循环交易

以上描述的财务造假行为体现在报表里，实现了营业收入的增加，同时资产负债表上也对应增加了在建工程，在现金流量表里有真实的现金流入，预付的工程款最终计入投资活动现金流出。在建工程直接计提减值损失很容易暴露问题，所以只要时间来得及，企业不会选择轻易暴露。在未来把在建工程结转固定资产，计提折旧，通过时间来消化虚增的在建工程。

下面用三张报表的勾稽图来展示上述舞弊行为，见图6-5。

通过以上的推理，相信大家理解了为什么说这是一种挺难识别的舞弊，因为每一个环节看起来似乎都很正常，尤其是造假金额也就是虚增的收入比例比较低的时候，是很难通过财报分析识别的。

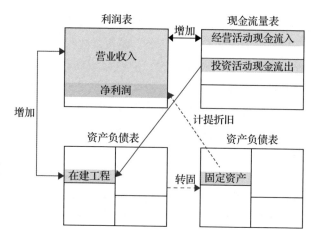

图 6-5　虚假循环交易下的三张财务报表勾稽关系

可能有的读者看到这里感觉比较悲观了，难道这种造假就可以瞒天过海么？大家不要悲观，请记得假的终究是假的，真相终究会浮出水面。

如果在建工程不断增加，完工进度和转固时间都迟迟拖延，这里面可能就隐藏着猫腻。其次在建工程结转成固定资产后，因为有一部分资产是假的，假的固定资产不可能创造出真正的价值。这会使得该企业的资产周转率比同行业水平低，固定资产的规模比同等营业收入规模的企业大。

第 8 章和第 9 章中，还会有更详细和丰富的内容继续这个话题的讲述。

6.2.5　生产性生物资产

生物资产从字面意思上可以理解，指的是有生命的动物和植物构成的资产，生产性生物资产是其中一类，是能持续创造价值的资产，比如种鸡、种鸭、种猪等，可以理解成一种"有生命的固定资产"。生产性生物资产也是需要计提折旧和减值损失的。

生产性生物资产分析，要把握以下两点。

（1）与其他固定资产相比，计提折旧的年限非常短，也采用直线法计提折旧，折旧年限通常是 2～3 年。正因为折旧年限短，所以对净利润的影响更明显，几个月的折旧差异也会对净利润产生较大的影响，尤其是在资产规模大的情况下。

（2）生产性生物资产具有生命性，存在死亡的风险，比如鸡瘟、猪瘟等自然灾害可能会导致生物资产的大面积死亡。当风险发生时会导致大规模的资产减值损失,给企业持续稳定的生产经营带来重创。这是农、林、渔、牧行业特有的风险。

我国是全球最大的猪肉消费市场,也是全球最大的猪肉生产市场。⊖以生猪养殖企业为例,讲述生产性生物资产的分析方法。

A、B、C、D这4家企业,为A股生猪养殖行业的上市公司,根据2017~2021年4家企业公开披露的信息,把生产性生物资产的数据整理如表6-25所示。

表6-25　生产性生物资产数据　　　　（单位：亿元）

企业名称	2017-12-31	2018-12-31	2019-12-31	2020-12-31	2021-12-31
A	32.10	36.00	43.00	92.20	47.60
B	9.80	11.10	51.00	91.10	24.00
C	14.02	14.60	38.40	74.40	73.50
D	4.80	5.20	25.00	118.00	89.10

把以上数据整理成折线图,如图6-6所示。

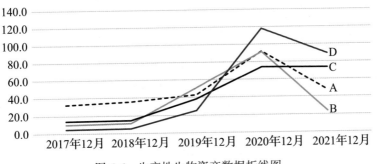

图6-6　生产性生物资产数据折线图

我国生猪养殖行业呈现出周期性特征,生猪价格周期性波动明显,一般3~4年为一个周期。2019年受"猪周期"、非洲猪瘟疫情等因素叠加影响,生猪出栏率下降,猪价全年均价同比涨幅较大。2020年行业产能呈现逐步恢复趋势,但是因为前期产能去化幅度较大,生猪仍处于供不应求的状态,生猪价格基本维持在较高的水平。2021年,行业产能基本恢复,市场供应明显回升,生猪价格呈现回落态势。

对应生猪养殖行业的周期性特征及近几年生猪价格的走势,图6-6显示4家企业在2019年生猪价格增长后,都扩大了产能。

⊖ 资料来源：中研网 https://www.chinairn.com。

D 公司的产能增长速度最快，2020 年的生产性生物资产极速扩张，达到 2019 年的 4.7 倍。2020～2021 年，4 家企业都有减产，其中 C 企业仅有极少量减产，而其他三家企业减产幅度则很大，尤其是 B 企业，缩水了约 70% 的产能。

4 家企业的生产性生物资产的变化曲线，也反映出生猪养殖行业的周期性特征。随着行业的周期性波动，企业生产性生物资产的规模波动幅度剧烈，且各家企业的变化差异很大。

表 6-26 为 2017～2021 年这 5 年里，4 家企业生产性生物资产计提资产减值损失的对比。

表 6-26　生产性生物资产计提资产减值损失对比　（单位：亿元）

企业名称	2017-12-31 生产性生物资产	减值损失	2018-12-31 生产性生物资产	减值损失	2019-12-31 生产性生物资产	减值损失	2020-12-31 生产性生物资产	减值损失	2021-12-31 生产性生物资产	减值损失
A	32.10	0.00	36.00	−0.40	43.00	0.00	92.20	−3.00	47.60	−19.00
B	9.80	0.00	11.10	0.00	51.00	0.00	91.10	0.00	24.00	0.00
C	14.00	0.00	14.60	0.00	38.40	0.00	74.40	0.00	73.50	0.00
D	4.80	0.00	5.20	0.00	25.00	0.00	118.00	0.00	89.10	−1.90

生产性生物资产跟固定资产一样，有计提资产减值损失的可能性。差异是生产性生物资产一旦计提资产减值损失是不可以转回的。

表 6-26 显示，A 企业 2018 年、2020 年和 2021 年分别计提了 0.4 亿元、3 亿元和 19 亿元资产减值损失。B 和 C 企业在 5 年中都未计提过资产减值损失。D 企业在 2021 年计提了 1.9 亿元资产减值损失。

通过以上数据对比可见，同行业中的生产性生物资产计提资产减值损失的比例，并没有严格的计提标准，存在着主观判断的空间，也意味着存在人为操纵的空间。

这种周期性行业中，生产性生物资产规模波动幅度剧烈，资产减值存在不确定性，这对于信贷风险业务的风险评估以及贷后管理都是一个很大的挑战。管理风险的前提是必须正确识别风险，了解风险的特点，才能在此基础上使用有效的方法应对。

6.2.6　使用权资产

财务报表中的使用权资产是指企业以承租人的角色持有的使用权资产的账

面价值。

中华人民共和国财政部于 2018 年修订发布了《企业会计准则第 21 号——租赁》（简称"新租赁准则"），要求在境内外同时上市的企业，以及在境外上市并采用《国际财务报告准则》或《企业会计准则》编制财务报表的企业，自 2019 年 1 月 1 日起施行新准则，其他执行《企业会计准则》的企业自 2021 年 1 月 1 日起施行。根据上述新租赁准则的规定，企业执行新租赁准则，并进行会计政策变更。

新租赁准则最大的变化是取消了对承租人经营租赁和融资租赁的划分，同时要求企业对所有租赁（短期租赁和低价值资产租赁除外）确认使用权资产和租赁负债。

新租赁准则对不涉及经营租赁的行业并无任何影响，但对存在经营租赁的行业影响较大。这些行业大多都存在大量的固定资产，房屋建筑物和生产设备是以经营租赁的形式获取的，比如航空运输、零售、物流、电信等行业。

在旧租赁准则下，承租人在资产负债表中不用确认其取得的资产使用权和租金支付义务，发生的初始直接费用计入当期损益。但在新租赁准则下，要确认使用权资产和租赁负债，并在后续计量时分别确认折旧和利息费用。

经营租赁其实可以认为是一种融资方式，企业选择通过经营租赁而非购置的方式获得资产，这使得企业自身的资产没有那么重，负债没有那么大，报表上的数据也好看一些。但新租赁准则的实施将这些表外的资产和负债全部都恢复到了表内。新租赁准则的实施对财务报表带来以下几点影响。

（1）对资产负债表的影响

在新租赁准则下，企业通过融资租赁获得资产时，资产负债表里资产和负债会同时增加（见表 6-27）。负债端通过将租赁付款额折现的方式确认租赁负债，然后资产端根据租赁负债和承租人预付的资金、可能要支付的还原资产到原状的还原成本和可能为了达成合同需要支付的成本等确认使用权资产。使用权资产需按照线性折旧法计提折旧，租赁负债则需按照实际利率计提利息。

表 6-27 新、旧租赁准则对资产负债表的影响

项目	旧准则	新准则	
资产总额	a	A	A=a+d
负债总额	b	B	B=b+e+C
使用权资产	0	d	
租赁负债	0	e	
一年内到期的非流动负债	c	C	C=c+1 年内到期的租赁负债

资产和负债相关的财务指标会发生变化，比如总资产周转率（=营业收入/总资产），总资产随着使用权资产的增加而增加，所以总资产周转率可能会降低。比如（杠杆率=有息负债/净资产）会因为负债的增加而上升。

（2）对利润表的影响

新租赁准则实施对利润表的影响是租赁负债产生的利息均计入财务费用，导致财务费用增加。又由于利息是先高后低，所以刚实施新租赁准则时，对企业的利润率影响较大，这种影响会慢慢减弱。

（3）对现金流量表的影响

由于租赁负债确认为有息负债，所以偿还租赁负债本金和利息所支付的现金，应当计入筹资活动现金流出。这对于现金流量表的影响是筹资活动现金流出会增加，而这些支出，原来是记录在经营活动现金流出中的，最终会导致经营活动产生的现金流量净额增加。

新租赁准则的实施改变了租赁计量方式，准则的变化本身对企业实际的偿债能力并无任何影响，但在新租赁准则下，财务报表反映出的实际债务更真实，展现出的偿债能力指标更接近事实。

此处仅总结了新租赁准则的实施对财务报表的影响，在本章后文非流动负债中的租赁负债科目的内容中，用一个实战案例讲解了对使用权资产和租赁负债的分析。

6.2.7 无形资产

无形资产是企业拥有的看不见、摸不着，却能给企业带来经济利益流入的资产，包括专利权、特许经营权、商标权、土地使用权等。

现在请你思考一下，你认为哪些行业的无形资产占比会较高？你会首先想到哪些行业呢？

我猜一定有读者会说是高科技企业，比如互联网、生物医药企业等，因为这些企业的研发投入很高，拥有很多专利、技术。

在我第一次思考这个问题的时候，我也是这么认为的。觉得无形资产最多的企业应该是研发投入最多的企业。但事实上，我猜错了。研发投入大部分都被费用化了，符合无形资产确认条件的才能计入无形资产，能满足资本化确认条件的只有其中很少一部分。于是我继续寻找答案，发现拥有无形资产最多的企业是环保类企业。

从A股的医药行业与环保行业中，随机各抽取了5家企业，根据2021年其公开披露的年报信息，分别计算了无形资产占总资产的比例，如表 6-28 所示。

表 6-28　医药行业与环保行业无形资产占比数据分析（2021 年）

A 医药行业　（单位：亿元）

项目	恒瑞医药	复星医药	药明康德	片仔癀	迈瑞医疗
无形资产	4.40	103.00	16.00	2.20	20.60
总资产	393.00	933.00	551.00	125.00	381.00
无形资产 / 总资产（%）	1.12	11.04	2.90	1.76	5.41

B 环保行业　（单位：亿元）

项目	中国天楹	圣元环保	瀚蓝环境	旺能环境	绿色动力
无形资产	109.00	54.00	94.00	57.00	95.00
总资产	245.00	80.00	293.00	127.00	202.00
无形资产 / 总资产（%）	44.49	67.50	32.08	44.88	47.03

以上数据显示医药行业的无形资产普遍占比非常低，市值达千亿的恒瑞医药、片仔癀的无形资产占总资产的比例仅有 1%～2%。而环保行业的无形资产占比较高，普遍在 40% 以上，有的企业高达近 70%。

这些环保行业的无形资产主要是以特许经营权和土地使用权为主。

环保行业面向的客户主要是政府部门，政府部门就具体的基础设施项目跟企业签署特许权协议，授权企业投资、建设、运营管理和维护，企业从而以获得特许经营权的形式（建设 – 经营 – 转让，Build Operate Transter，BOT）参与基础设施建设以获取利润。授权的期限根据项目而定，但基本都是 20～30 年的长期授权。特许期满以后，企业会将基础设施项目无偿移交给政府部门，比如固废处理、垃圾焚烧发电。因为这些项目建设用地面积大，所以除了涉及特许经营权以外还涉及土地使用权。

类似于固定资产计提折旧的方法，无形资产按照其价值和使用期限逐年进行摊销。分析无形资产摊销的底层逻辑跟分析固定资产的折旧是一样的，只是无形资产的摊销年限更长一些。比如土地使用权的摊销年限一般是 30～50 年，特许经营权的摊销年限取决于具体的项目情况，按照合同签署的期限进行摊销。

以一家环保企业为例，该企业披露的无形资产摊销说明（见图 6-7），包括土地使用权、特许经营权。

摊销的年限一样会影响利润率，采用更长的摊销年限，则每期摊销金额就更少，对当期利润的影响就更小。

如图 6-7 所示，该企业的土地使用权采用了 50 年的摊销年限，相比采用 30

年的摊销年限，每期摊销金额相对较少。

(1) 计价方法、使用寿命、减值测试

无形资产以成本减累计摊销（仅限于使用寿命有限的无形资产）及减值准备（参见附注五、25）后在资产负债表内列示。对于使用寿命有限的无形资产，本集团将无形资产的成本扣除预计净残值和累计减值准备后按直线法在预计使用寿命期内摊销。

各项主要无形资产的摊销年限为：

项目	预计使用寿命	依据
土地使用权	50 年	土地证上注明年限
特许经营权	10～35 年	根据资产预计使用寿命与该 BOT 项目特许经营权协议规定的经营期（扣除建设期）孰低确定
软件	5～10 年	
专利权及其他	4～15 年	

图 6-7　无形资产摊销说明

无形资产的价值确认受主观因素影响，存在人为操纵的空间。因此除了要考虑摊销年限对利润的影响外，还要考虑无形资产的资产质量。企业无形资产占总资产比例很高时，更要对其资产质量的评估下功夫。可通过与同业企业的资产回报率进行横向比较分析，判断是否存在无形资产"虚胖"的情况。如果企业同时拥有大量的固定资产和无形资产，那么就要重视固定资产折旧和无形资产摊销对现金流计算造成的影响。

6.2.8　商誉

本部分探讨的商誉只是指会计上的商誉，不涉及经济商誉。

商誉的产生是由于被收购企业的资产在进行评估后，其净资产小于收购价格，即收购方通常会给予被收购方一些溢价，收购价格超过净资产的这部分就是商誉，记录在资产负债表中。自 2002 年起商誉不再做摊销处理，而企业需要每年年末评估其商誉的价值，如有损失在利润表中记录减值。

商誉的英文是 Goodwill，我刚进银行工作的时候，每次在系统里录入企业财务报表时看到这个科目，都会想什么时候自己管理的企业客户能涉及这个科目呢，那样就有机会了解这个科目更多的内容。但那时候，我管理的企业客户规模较小，也没参与过并购的融资，所以一直也没有机会分析这个科目。随着管理的企业规模越来越大，终于有机会能在商誉这个子菜单里录入数字，才发现商誉虽然叫作 Goodwill，但其实一点都不友好，这个数字越大会令人越头痛。

判断是否存在大额商誉减值的风险是信贷风险评估中对商誉这个科目的分析重点。尤其是那些通过频繁并购快速扩张，并在并购的过程中使用了高财务杠杆和累积了巨额负债和高额商誉的企业。这样的财务特征对商业银行来讲意味着巨大的风险，累积的商誉就像吹起来的"肥皂泡"，随时会破掉。

下面以 A 股一家上市公司为例，讲解实务中商誉科目的分析。

这是一家互联网行业的上市公司，企业的主营业务是网络游戏的开发和运营。该企业 2014 年通过借壳登陆资本市场，采取了以并购的方式迅速扩张的发展战略。2015～2017 年短短的 3 年里，通过并购的方式购买了十几家企业。

根据 2014～2021 年该企业公开披露的年报信息，将部分财务数据整理如表 6-29 所示。

2015 年起，随着并购的发生，被并购的企业陆续纳入合并报表，合并利润表中营业收入和净利润不断增加。2017 年营业收入和净利润分别达到 31.00 亿元和 12.40 亿元，是 2014 年营业收入的 6.5 倍和净利润的 5.3 倍。总资产从 2014 年的 7.44 亿元膨胀了近 20 倍，2017 年为 146.08 亿元达到历史最高峰。该企业商誉占比很高，2015 年商誉就从零迅速增长到 36.64 亿元，2017 年达到顶峰，商誉增长至 65.41 亿元。2015～2017 年，商誉占总资产的比例分别是 50.15%、61.61% 和 44.78%。

这种激进的扩张战略自然少不了资金的助力。2014 年的总负债为 8100 万元，2018 年攀升至 62.26 亿元，其中有息负债在 2017 年和 2018 年达到了高点，分别是 17.26 亿元和 15.65 亿元。有息负债中有 10 亿元是债券，其余是银行借款。

净利润在 2018 年急转直下，出现了巨额的亏损，亏损金额高达 70 亿元。而其中资产减值损失占 64 亿元，包括商誉减值约 41 亿元。该企业昙花一现后迎来了债务违约、破产重整的危机。

这并不是一个特殊的案例，而是多少年来不断重复上演着同样剧本的企业中的一个而已。只是这家企业，除了跟所有因商誉减值造成重大亏损的企业一样有类似的过程和结局外，还带有历史性特征。

2015～2016 年，民营企业融资相比现在容易很多，那时候企业发债也特别容易。2017 年全国推行降杠杆后，企业融资变得越来越困难。2018 年颁布了对游戏行业的不利政策，游戏版号审批暂停。该企业收购的企业无法实现对赌业绩承诺，导致商誉大幅度减值，加速了资产泡沫的破裂。

表 6-29 部分财务数据（2014～2021 年） （单位：亿元）

项目	2014-12-31	2015-12-31	2016-12-31	2017-12-31	2018-12-31	2019-12-31	2020-12-31	2021-12-31
营业收入	4.76	9.41	16.70	31.00	26.00	13.30	9.96	17.60
净利润	2.34	3.62	5.46	12.40	−70.00	−11.30	1.72	0.57
投资收益	0.45	0.42	0.38	4.36	0.79	0.13	31.00	0.90
资产减值损失	−0.01	−0.25	−0.30	−0.95	−64.00	−5.37	−21.00	−0.91
商誉	—	36.64	45.53	65.41	26.18	18.56	6.20	6.19
商誉/总资产（%）	—	50.15	61.61	44.78	30.55	29.19	16.29	17.26
长期股权投资	0.16	13.95	0.68	23.20	19.39	22.10	15.19	13.49
总资产	7.44	73.06	73.90	146.08	85.70	63.58	38.05	35.86
有息负债	—	3.18	1.61	17.26	15.65	12.70	—	—
总负债	0.81	23.37	17.07	50.65	62.26	55.12	9.16	8.25
所有者权益	6.63	49.69	56.83	95.43	23.44	8.45	28.89	27.61

2016～2017年，依然有新进入的银行给该企业提供贷款，很显然这些新进入的银行更关注企业表面的收入和利润增长，而非关注企业是否真正具有持续稳定的盈利能力，也忽略了企业快速并购累积的资产泡沫，对2015～2017年激增的商誉丧失了敬畏。

6.2.9 长期待摊费用

长期待摊费用是企业已经支出但摊销期限在一年以上（含一年）的各项费用，包括固定资产的修理支出、租入固定资产的改良支出以及摊销期限在一年以上的其他待摊费用。如果把长期待摊费用看作一种特殊的固定资产，那么该科目下的摊销就可以视同为这类资产下的折旧。

从长期待摊费用的基本概念出发，请你思考一下，哪些行业的企业会有比较多的这类资产呢？

既然长期待摊费用包括固定资产修理支出和租入固定资产的改良支出，可以推测，长期待摊费用科目数额较大时，该企业具有一定规模的固定资产和租入固定资产。这类固定资产需要定期或频繁改造，否则便不能继续使用、不能再创造价值，或者创造的价值会大幅下降。

顺着这个逻辑思考，可以想到的一类行业是酒店、主题公园、影城，这些企业拥有一定规模的固定资产，而且经营中想要持续地给客户带来稳定的服务和体验，需要定期的装修、翻新和维护才能保证设施崭新、干净、整洁和安全。

在A股中筛选出两家酒店上市公司、一家主题公园和一家影城运营上市公司，下面通过几家公司的财务报表数据，一起来验证上述思考和猜测是否正确。

两家酒店上市公司分别是锦江酒店和首旅酒店，根据其2021年公开披露的年报截取了部分非流动资产信息，如表6-30和表6-31所示。

表6-30　锦江酒店2021年资产负债表部分数据　　（单位：元）

非流动资产		2021年12月31日	2020年12月31日
发放贷款和垫款			
债权投资			
其他债权投资			
长期应收款	（五）16	440 086 924.81	—
长期股权投资	（五）17	637 310 183.95	657 222 783.26
其他权益工具投资	（五）18	51 242 467.51	47 175 565.45
其他非流动金融资产	（五）19	452 300 000.00	452 100 000.00

（续）

非流动资产		2021年12月31日	2020年12月31日
投资性房地产			
固定资产	（五）21	5 125 157 451.93	5 862 697 408.46
在建工程	（五）22	482 953 532.83	459 165 097.25
生产性生物资产			
油气资产			
使用权资产	（五）25	8 210 262 446.42	
无形资产	（五）26	6 707 645 932.59	7 211 873 325.87
开发支出			
商誉	（五）28	11 000 199 835.42	11 503 365 924.11
长期待摊费用	（五）29	1 605 465 689.79	1 976 131 675.68
递延所得税资产	（五）30	751 498 741.05	926 602 110.52
其他非流动资产	（五）31	3 199 203 090.84	122 040 641.81
非流动资产合计		38 663 326 297.14	29 218 374 532.41
资产总计		48 263 130 694.72	38 636 562 063.46

表6-31 首旅酒店2021年资产负债表部分数据 （单位：元）

非流动资产		2021年12月31日	2020年12月31日
发放贷款和垫款			
债权投资			
其他债权投资			
长期应收款	七、16	334 627 897.50	153 784 276.57
长期股权投资	七、17	382 324 020.77	392 097 978.19
其他权益工具投资	七、18	9 680 126.31	3 018 398.99
其他非流动金融资产	七、19	—	9 647 777.78
投资性房地产	七、20	1 381 681.47	1 786 331.91
固定资产	七、21	2 185 518 301.36	2 230 353 114.59
在建工程	七、22	245 683 877.11	198 468 868.10
生产性生物资产			
油气资产			
使用权资产	七、25	8 680 672 061.10	—
无形资产	七、26	3 524 181 569.70	3 664 931 411.93
开发支出			

（续）

非流动资产		2021年12月31日	2020年12月31日
商誉	七、28	4 682 789 929.81	4 682 789 929.81
长期待摊费用	七、29	1 989 970 345.23	2 045 865 800.06
递延所得税资产	七、30	946 563 334.48	797 285 463.08
其他非流动资产	七、31	70 206 351.56	95 438 576.02
非流动资产合计		23 053 599 496.40	14 275 467 927.03
资产总计		27 005 858 241.02	16 632 574 591.32

两张表的数据显示，非流动资产中占比较高的资产类科目是使用权资产、无形资产、商誉、固定资产和长期待摊费用。分别计算两家企业2020年和2021年长期待摊费用与固定资产的比值，锦江酒店为34%和31%，首旅酒店为92%和91%。

主题公园上市公司宋城演艺，根据2021年公开披露的年报截取部分非流动资产信息，如表6-32所示。

表6-32 宋城演艺2021年资产负债表部分数据 （单位：元）

非流动资产	2021年12月31日	2020年12月31日
发放贷款和垫款		
债权投资		
其他债权投资		
长期应收款		
长期股权投资	1 677 553 347.68	1 534 539 625.11
其他权益工具投资	86 485 836.59	224 266 596.74
其他非流动金融资产		
投资性房地产		
固定资产	2 697 045 965.17	2 508 754 929.16
在建工程	404 739 821.09	771 871 563.73
生产性生物资产		
油气资产		
使用权资产	493 815 583.40	
无形资产	1 712 824 232.77	1 880 031 922.56
开发支出		
商誉	1 573 240.33	11 655 794.87
长期待摊费用	695 021 549.39	323 741 176.89

（续）

非流动资产	2021年12月31日	2020年12月31日
递延所得税资产	25 543 377.29	18 485 803.52
其他非流动资产	24 115 011.23	8 589 826.26
非流动资产合计	7 818 717 964.94	7 281 937 238.84
资产总计	9 826 508 029.84	9 195 342 831.06

宋城演艺的非流动资产中占比较高的资产类科目是固定资产、长期股权投资、无形资产和长期待摊费用。2020年和2021年，长期待摊费用与固定资产的比值分别为13%和26%。

影城运营上市公司文投控股，根据2021年公开披露的年报截取部分非流动资产信息，如表6-33所示。

表6-33　文投控股2021年资产负债表部分数据　　（单位：元）

非流动资产		2021年12月31日	2020年12月31日
发放贷款和垫款			
债权投资	七、14	96 957 136.31	222 434 840.00
其他债权投资			
长期应收款			
长期股权投资	七、10	15 100 570.10	7 988 228.61
其他权益工具投资	七、18	553 834 898.24	674 150 967.67
其他非流动金融资产			
投资性房地产			
固定资产	七、21	128 393 829.68	177 153 417.16
在建工程	七、22	997 960.99	2 650 245.08
生产性生物资产			
油气资产			
使用权资产	七、25	981 457 616.41	
无形资产	七、26	424 647 822.10	100 340 306.98
开发支出			
商誉	七、28	1 829 241 527.74	1 855 430 287.00
长期待摊费用	七、29	374 168 316.49	528 410 907.83
递延所得税资产	七、30	2 865 958.83	5 667 645.52
其他非流动资产	七、31	151 750 707.19	162 093 007.00
非流动资产合计		4 559 416 344.08	3 736 319 852.85
资产总计		7 218 958 535.00	7 243 344 394.45

文投控股的非流动资产中，占比较高的资产类科目是其他权益工具投资、使用权资产、商誉、无形资产、固定资产和长期待摊费用。在 2020 年和 2021 年，长期待摊费用与固定资产的比值分别为 300% 和 290%。

以上三类企业的经营需要租赁大面积的土地、大量的房屋，这个经营特点体现在财务报表中表现为占比较高的使用权资产、无形资产。从长期待摊费与固定资产的比例来看，这三类企业的确都具有一定规模的固定资产，并且改造固定资产的成本较高，首旅酒店和文投控股这两家企业表现得尤为明显。

不是所有列在资产负债表左侧资产端里的都是真正有价值的资产。长期待摊费用的本质实际上还是费用，是已经支出的成本，并不具备变现的价值。这个科目的资产占比高，并不会给企业的资产质量增色和加分，反而需要引起高度的警惕。

长期待摊费用占比较高时，还要考虑其摊销金额对利润产生的影响。以文投控股为例，2021 年年报中披露的现金流量表补充资料如表 6-34 所示。

表 6-34　文投控股现金流量表补充资料（单位：元，币种：人民币）

补充资料	本期金额	上期金额
1. 将净利润调节为经营活动现金流量：		
净利润	−706 003 527.01	−3 513 168 589.63
加：资产减值准备	33 997 931.90	168 493 527.25
信用减值损失	3 225 769.57	2 278 110 173.14
固定资产折旧、油气资产折耗、生产性生物资产折旧	49 268 630.84	67 365 863.95
使用权资产摊销	131 651 087.97	
无形资产摊销	13 843 039.51	10 598 339.54
长期待摊费用摊销	166 376 463.80	445 596 429.32
处置固定资产、无形资产和其他长期资产的损失（收益以"−"号填列）	−36 348 717.25	−23 960.38
固定资产报废损失（收益以"−"号填列）	1 651 531.96	3 604 109.34
公允价值变动损失（收益以"−"号填列）	192 958 323.69	374 895.74
财务费用（收益以"−"号填列）	228 519 610.08	168 408 356.85
投资损失（收益以"−"号填列）	−1 578 593.79	−19 417 947.06
递延所得税资产减少（增加以"−"号填列）	2 801 686.69	−548 244.77
递延所得税负债增加（减少以"−"号填列）		−4 103 684.60
存货的减少（增加以"−"号填列）	80 260 961.76	59 770 121.86
经营性应收项目的减少（增加以"−"号填列）	81 092 764.11	579 257 839.40

(续)

补充资料	本期金额	上期金额
经营性应付项目的增加（减少以"-"号填列）	-112 910 464.48	-63 578 168.99
其他		
经营活动产生的现金流量净额	128 806 499.35	180 739 060.96

该企业 2020 年、2021 年长期待摊费用摊销金额分别为 4.5 亿元和 1.7 亿元，对净利润的影响分别为 13% 和 24%，远远超过了这两年固定资产折旧金额和对净利润的影响。

6.2.10 其他非流动金融资产

其他非流动金融资产科目下记录着企业的部分投资，例如一家企业以 LP[⊖] 的身份参与风险投资基金或私募股权基金。

本章还讲过另外一个科目——长期股权投资，持有的资产也是企业的投资。两个科目的差别是：长期股权投资科目下是企业设立的子公司或者以参股、合资方式参与经营的公司，通常都是有成熟业务模式的企业。而其他非流动金融资产科目下的企业投资，基本上都是以 LP 身份参与到基金里的投资，以孵化初创期或者早期项目为主。

企业通过设立私募基金或者跟专业的私募基金管理人共同设立基金的方式，孵化和培育一些早期项目，用于寻找企业未来战略方向的发力点，或者孵化一些有成长潜力的企业，成长起来后再通过并购的方式纳入企业。这两种方式目前都很常见，很多企业都有在做。

风险投资基金（VC）的投资标的都是初创期企业，这些初创期企业未来有可能发展得很好，给投资者带来丰厚的回报，也很有可能在发展过程中"死掉"。企业的资金投向风险投资基金，承担的投资风险很高，投资期限通常都很长，少则 5~8 年，多则 10~15 年。

私募股权基金（PE）的投资标的多为中期、中后期的企业，比初创期企业的投资风险相对低一些，投资期限也更短，通常为 3~5 年。

其他非流动金融资产科目中包括的资产风险较高。如果该科目金额很大，占资产总额比例较高，或者增长较快时，需要引起高度关注。要根据企业投资的基金投向、所投标的企业的业务范围、基金管理人以及过往投资经验和业绩

⊖ LP 是指 Limited Partner，是私募基金的有限合伙人，即投资人，以出资额为限承担有限责任。

等信息,来判断风险。当然也可以通过这个科目传递出的一些信号,来了解企业未来的战略方向。

6.2.11 递延所得税资产

递延所得税资产指未来预计可以用来抵税的资产,是由于会计和税法的核算差异,导致企业的计税基础和账面价值出现了差异。

比如应收账款科目,会计上会预估无法收回的应收账款,计提坏账损失,而税法认为没有真实发生损失的应收账款也应该计税,这会导致应收账款账面价值小于计税基础,这种差异会形成递延所得税资产。

再比如预收款项科目,按照企业会计准则,预先收到的这部分款项还尚未向客户销售商品或者提供服务,不能将其确认为收入,而是计入负债类科目下的预收款项。而税法认为企业收到现金就是收入,不能算负债,这种核算认定的差异导致负债的账面价值大于计税基础,从而形成递延所得税资产。

由于会计和税法的核算差异,也可能产生递延所得税负债,在本章非流动负债的内容里将详细讲解。

总结一下资产和负债科目中何时会出现递延所得税资产和递延所得税负债。

- 资产类科目

    当账面价值>计税基础时,确认递延所得税负债;

    当账面价值<计税基础时,确认递延所得税资产。

- 负债类科目

    当账面价值>计税基础时,确认递延所得税资产;

    当账面价值<计税基础时,确认递延所得税负债。

当搞清楚递延所得税资产和递延所得税负债形成的原因后,对这两个科目分析的思路自然就会很清楚。不是所有的企业都会涉及递延所得税资产这个科目,行业的属性必然会通过财务报表展现出相应的特征,行业里的每一个企业,也必然会通过财务报表展现出符合这个行业的特点以及风险。

实务中如果递延所得税资产占总资产的比重非常小,在财报分析时也可以忽略。但如果占总资产比例较大时,需要确认清楚具体是哪个科目由会计和税法的核算认定差异而导致的,需要判断产生递延所得税资产的原因和金额,是否合理,是否符合行业惯例,以及未来对净利润会产生多大影响。

6.3 流动负债

6.3.1 短期借款

短期借款是指企业向银行或其他金融机构等借入的期限在一年以内（含一年）的各种借款。通常把这种需要偿付利息的借款，称作有息负债。

可以通过短期借款的项目注释，来了解短期借款的详细信息，分析短期借款中包括哪些种类的借款和各借款中分别有多少金额。

以 A 股中一家上市公司为例，以下是该企业 2021 年公开披露的年报信息中短期借款项目注释。

表 6-35　短期借款项目注释　　　　　　　　　　　（单位：元）

项目	期末余额	期初余额
质押借款	3 498 400 000.00	—
抵押借款	930 000 000.00	707 310 000.00
保证借款	16 006 956 443.76	15 109 743 585.52
信用借款	1 856 261 432.79	715 455 551.95
合计	22 291 617 876.55	16 532 509 137.47

短期借款项目注释信息显示，该企业短期借款期末余额合计 223 亿元，同比期初余额的 165 亿元，增长了 35%，增长的原因主要是新增了质押借款 35 亿元。除质押借款外，该企业获得的短期借款还有抵押借款、保证借款和信用借款三种。

其中信用借款即通过企业信用获得的借款，期末余额为 18.6 亿元，占短期借款总额的 8.3%，比期初余额占比增长约 4%。有息负债中信用借款的占比在增长，意味着该企业信用认可度在一家或者多家金融机构有所提高。

6.3.2 应付票据和应付账款

应付账款是企业以赊账的形式向供应商采购商品，赊账到期时需要支付的欠款。应付票据则是企业向供应商采购商品时采用票据作为结算方式，如银行承兑汇票或者商业承兑汇票等，票据到期承兑付款。

在第 4 章供应商分析的内容里，已讲述了企业跟供应商之间的结算方式体现了企业对供应商的议价能力和话语权。有能力欠供应商的钱，并且欠的时间越久越好，甚至销售完商品收到货款再支付供应商的欠款肯定是企业最期待的事情，但真实的商业世界里不存在这样的事情，每一个产业最终都会随着供求关系实现一种均衡。同一个行业里的企业在财报中展现出的应付账款周转天数也不会相差太悬殊。

实务中采用应付账款周转天数这个指标来衡量和评估企业的应付账款周转情况，指从收到采购商品到付清供应商欠款的天数。

计算公式：应付账款周转天数 = 应付账款平均值 / 营业成本 × 360

应付账款分析最常见的错误是对应付账款周转天数的理解存在着误解，认为应付账款周转天数越长越好。这种错误错在忽略了事实的合理性。

以 A 股中 4 家生猪养殖上市公司为例，讲述应付账款实务分析方法。根据 2017~2021 年 4 家企业公开披露的年报信息，计算应付账款周转天数，如表 6-36 所示。

表 6-36 4 家生猪养殖企业应付账款周转天数对比数据（单位：天）

企业名称	2017-12-31	2018-12-31	2019-12-31	2020-12-31	2021-12-31
A	82.18	104.66	238.34	273.26	203.78
B	19.94	21.52	18.34	25.09	35.13
C	37.99	55.47	57.85	42.85	31.18
D	21.12	24.91	27.89	37.55	28.16

对比 4 家企业的应付账款周转天数，A 企业的应付账款周转天数远远超过其他 3 家企业，而且波动幅度也最大。处在同一个行业中且都是排名靠前的企业，应付账款周转天数却有如此大的差距，是很不合理的。就整个行业的情况来看，生猪养殖企业的下游客户以个体商户为主，销售结算方式基本是现款现货。向上游供应商采购的原材料主要是饲料，通常是 1~2 个月的赊销账期。表 6-36 中显示 A 企业的应付账款周转天数最长达到 9 个月，显然跟行业实际情况偏差太大。

下面来分析 A 企业应付账款周转天数长的具体原因。第一步找到应付账款的项目注释信息，2021 年应付账款项目注释如表 6-37 所示。

表 6-37 应付账款项目注释 （单位：元）

项目	期末余额	期初余额
货款	17 210 550 042.52	6 965 699 846.04
工程设备款	14 586 371 745.98	7 528 953 046.65
其他	191 726 504.76	128 789 969.94
合计	31 988 648 293.26	14 623 442 862.63

应付账款期末余额合计 320 亿元，其中包含 146 亿元工程设备款和 172 亿元货款。当应付账款中包含非原材料货款以外的负债且金额占比高时，就会导

致应付账款周转天数偏离行业平均水平。非原材料货款外的负债金额占比的变化会导致应付账款周转天数的剧烈波动。A 企业的应付账款中工程设备款占期初余额、期末余额的比例分别为 51% 和 46%，是导致应付账款周转天数比同业其他企业都长很多的一个重要原因。

实务中遇到这类应付账款中存在占比较高的非原材料货款时，需要调整数据并重新计算应付账款周转天数。

具体操作方法是把企业 A 在 2017～2021 年应付账款中的非原材料货款金额剔除，重新计算应付账款周转天数，结果如表 6-38 所示。

表 6-38　应付账款周转天数调整　　　　　　　　　　（单位：天）

企业名称	2017-12-31	2018-12-31	2019-12-31	2020-12-31	2021-12-31
A	82.18	104.66	238.34	273.26	203.78
A 调整后	36.20	54.40	87.40	115.50	95.60

通过调整数据的方式重新计算应付账款周转天数，目的是剔除主营业务外的其他因素干扰，还原企业主营业务的应付账款周转天数，用于计算企业的现金循环周期和对企业进行综合的信贷评估。用表 6-38 中调整后的数据与表 6-36 中其他 3 家企业进行对比，调整后的应付账款周转天数明显就接近行业情况了。

由于资产负债表使用的记账原则是权责发生制，反映的是企业期末时点的数额。企业经常利用这一点，把需要支付给供应商的货款拖延到期末时点之后支付，通过应付账款科目隐藏部分有息负债，以此来美化报表，降低负债率，负债高的企业经常会这么做。我们可以借助行业平均应付账款周转天数来推测企业的应付账款中隐藏的有息负债。用行业平均应付账款周转天数作为估算基础，推算出企业应付账款金额，然后把计算金额与财报数值的差额调整到有息负债中，再来重新计算有息负债的规模及相关财务指标。

除上述原因外，融资结构也可能会导致企业应付账款周转天数变长，如供应链融资。银行做供应链融资的核心逻辑是先找到一个"核心企业"。核心企业的筛选条件是营业收入规模要够大、盈利能力强、信用良好。核心企业跟供应商之间的结算方式是赊销，存在几个月的账期。供应商比较分散，大部分供应商是小微企业，供应商通过自身的信用在银行融资比较难或者融资成本较高，有借"核心企业"信用实现融资并降低融资成本的诉求。

银行给"核心企业"审批授信额度。供应商向核心企业提供原材料以后，便获得一笔来自"核心企业"的应收账款，对应的就是"核心企业"的应付账款。供应商把应收账款收益权转让给银行进行融资也叫保理，这样供应商就可以无须等应收账款到期，而是及时获得回款。对于"核心企业"来讲，也无须第一时间付款，可以到期再归还银行垫付的资金。相当于借自己的"信用"帮助供应商获得更低成本的融资。基于银行供应链融资的模式，"核心企业"甚至还可以跟供应商协商，把原本的付款周期延长。这对供应商来讲只是合同上的付款周期延长，实际上可以通过供应链融资实现现金回流。

在供应链融资结构中，"核心企业"是第一还款来源。对银行来讲，供应链融资授信的基础是贸易的真实性和"核心企业"的付款能力。在应收账款到期前，并不会将这部分融资计入核心企业的中国人民银行征信记录中，这也意味着这部分"核心企业"应付的资金并不按照有息负债计算，依然记录在应付账款里。这就是融资结构导致企业出现应付账款金额大幅增加、应付账款周转天数大幅增加的原因。

6.3.3 其他应付款

其他应付款是企业主营业务生产经营以外的应付账款，包括企业应付利息、应付股利、应付押金、保证金、代收款和往来款等。

最常见的是应付利息和应付股利。应付利息中包括应付短期借款利息或长期借款利息、债券利息或其他利息。应付利息跟企业的借款规模相关，有息负债规模大，相对应的应付利息则高。

其他应付款占流动负债的比例较高时，需要给予较高的关注。通过分析项目注释的详细信息，判断应付项目是否跟主营业务有关联，是否隐藏了部分负债，是否符合行业惯例。需要查询交易对手方的股权结构，判断是否为同一实际控制人控制的其他企业，是否存在利益输送和关联交易。

以 A 股中的一个上市公司为例，讲述其他应付款的实务分析。该企业主营业务为生产与销售水泥和混凝土。根据该企业 2020 年和 2021 年公开披露的年报信息，整理资产负债表中流动负债部分数据如表 6-39 所示。

表 6-39 流动负债部分数据 （单位：亿元）

项目	2020-12-31	2021-12-31
短期借款	343.00	245.50
应付票据及应付账款	305.30	371.90
其他应付款	402.00	491.20
流动负债合计	1237.00	1401.20

2020 年、2021 年该企业流动负债中，其他应付款科目的金额比短期借款、应付票据及应付账款的金额都高，占流动负债合计金额的比例分别达到了 32% 和 35%。

根据项目注释信息，其中除应付股利外，主要的其他应付款的交易对手方是"中国建材股份"。2020 年和 2021 年的金额分别为 322 亿元和 314 亿元，如表 6-40 所示。

表 6-40　其他应付款项目注释　　　　　　　　　　（单位：元）

项目名称	关联方	期末账面余额	期初账面余额
其他应付款	中国建材股份	31 377 490 323.85	32 247 734 456.91
其他应付款	天瑞水泥集团有限公司	189 431 068.69	
其他应付款	中国中材国际工程股份有限公司及其附属公司	164 018 142.62	93 927 251.04
其他应付款	中国建材集团有限公司	131 537 206.49	6 551 931.49

继续分析其他应付款的款项性质与账龄，找到年报中的相关信息，如表 6-41、表 6-42 所示。

表 6-41　按款项性质列示其他应付款　　　　　　　（单位：元）

项目	期末余额	期初余额
资金拆借款	31 906 701 767.08	32 804 899 276.20
应付长期资产款	2 925 721 061.59	3 427 974 019.25
应付保证金	2 265 588 728.77	1 402 181 326.96
应付代垫款项	1 501 714 169.16	1 233 725 269.77
应付费用款	736 344 020.78	788 727 903.78
应付押金	136 760 251.13	157 533 413.41
其他	239 236 173.21	120 897 883.27
合计	39 712 066 171.72	39 935 939 092.54

表 6-42　账龄超过 1 年的重要其他应付款　　　　　（单位：元）

项目	期末余额	未偿还或结转的原因
单位一	31 377 490 323.85	未到约定期限
单位二	694 852 994.32	股权结算涉及诉讼
单位三	189 431 068.69	未到约定期限
合计	32 261 774 386.86	—

对比其他应付款款项性质（见表 6-41）与账龄（见表 6-42），表 6-41 中"资

金拆借款"的期末余额与表 6-42 中"单位一"的期末余额数值接近，并且这个数值与其他应付款表 6-40 中"中国建材股份"的款项数额接近。可以推测，"单位一"就是"中国建材股份"。

实务中其他应付账款科目中数额巨大的资金拆借款，要确认交易对手方与企业的关系。在本案例中，"中国建材股份"是该企业的第一大股东。其他应付款即为该企业与大股东拆借的资金，期限超过了 1 年。经过上述分析，可知该笔资金拆借款实际上是超过 1 年期的股东借款。因此，在信贷业务的财报分析中，处理方式可以是把其他应付款科目中的这部分金额调整到非流动负债中，2020 年和 2021 年流动负债总额均可以减掉 320 亿元，短期偿债能力将有所提升。

我在过往的工作中发现，上述这种与股东之间存在巨额资金拆借的情况，在央企、国企中是较为常见的，即央企、国企集团会通过资金拆借的方式给子公司提供流动性支持。通常这么做的原因有两种。一种情况是国务院国有资产监督管理委员会（简称"国资委"）对央企有资产负债率的限制。子公司跟股东拆借并非自身的融资能力差，跟银行借不到钱，而是出于集团对授信额度和杠杆率的统筹管理。还有一种情况是有些央企、国企的子公司注册资本金很少，股东增资需要的审批流程以及增资的流程较长，为方便起见，会先以债权的方式把资金拆借给子公司使用。

在过往工作中，遇到这类情况时我们会向股东去求证。如果核实了拆借资金款是股东长期的资金支持，或是有增资的计划，这类其他应付款就可看作长期借款或资本金，相应调整到非流动负债或者资本金中重新计算财务指标。

下面再通过一家 A 股中生猪养殖企业，讲解实务中如何分析其他应付款科目。根据该企业 2021 年公开披露的年报信息，按款项性质列示其他应付款如表 6-43 所示。

表 6-43 按款项性质列示其他应付款 （单位：元）

项目	期末余额	期初余额
借款及利息	5 056 205 694.46	
保证金	602 832 219.54	471 274 509.73
限制性股票回购业务	1 417 543 453.66	2 510 136 866.88
反向保理业务	2 137 094 038.39	998 850 694.99
其他	100 042 587.18	46 582 427.46
合计	9 313 717 993.23	4 026 844 499.06

项目注释信息显示其他应付款中包括的内容有：借款及利息、保证金、限

制性股票回购业务、反向保理业务和其他。期末余额合计为 93 亿元，比期初余额的 40 亿元增长了 53 亿元。对比两年的项目内容，期末余额增加的其他应付款是"借款及利息"，其金额为 50.6 亿元。这部分借款及利息实际上也算有息负债，在做财报分析时，需要调整到短期借款科目中，否则就高估了该企业的短期偿债能力。

其他应付款的项目内容中还包括一项"反向保理业务"，期初余额是 10 亿元，期末余额增长到 21.4 亿元。

反向保理业务是指该企业作为一家"核心企业"来获取金融机构的供应链融资授信额度，其供应商把来自该企业的应收账款收益权转让给保理公司进行了融资，反向保理业务期末余额即为期末时点融资总额。

这跟在上文中应付账款科目内容里讲到的作为"核心企业"的供应链融资结构是一样的。差别在于银行提供的供应链融资额度，大多是基于核心企业的信用，计入核心企业的应付账款科目中。而反向保理业务是供应商把应收账款收益权转让给了保理公司，供应商、核心企业与保理公司签署了三方应收账款转让协议，核心企业知晓该笔应收账款收益权的转让并且承诺到期付款。所以本质上讲，虽然供应商承担了融资的成本，但仍然是该企业的负债，做财报分析时应该调整到短期借款科目里，重新计算财务指标。

6.3.4 预收款项与合同负债

预收款项是企业预先收到的货币资金，其所形成的负债不是未来以货币资金偿付，而是向对应支付货款的企业或者个人提供货物或者服务。

合同负债是指企业已收到或者应收客户对价，而应向客户转让商品和提供服务的义务。合同负债跟合同资产是一组对应的科目，均为企业会计准则修订后新增的科目，从 2018 年 1 月 1 日起实施执行。同一合同下的合同资产和合同负债以净额列示，不同合同下的合同资产和合同负债不予抵消。

以预收款项为结算方式是行业的特性和惯例，代表着企业所处的行业在产业链中比下游更有话语权。最容易想到以预收款项结算的行业是教育行业。预收学费是一种行业惯例，教育机构需要预先收到学生支付的学费，之后再提供教学服务。还有一些提供定制服务的企业，比如全屋定制家具，也需要预付定金。还有些生产制造型企业，由于产品的生产、交付时间周期长，也需要先收取定金或者部分货款。

教育机构预收的学费、全屋定制家具企业预收的定金以及生产制造型企收到的预付货款，这类预收款项，收款企业都有向支付预付款的个人或企业提供产品和服务的义务。按照新会计准则的要求，以上计入预收款项科目的内容需调整到合同负债科目下。

合同负债和预收款项这两个科目比较容易混淆，让人觉得合同负债科目的出现，替代了预收款项科目，或者预收款项科目中包含合同负债科目。其实，预收款项与合同负债科目并不是替代关系，两者之间也没有包含与被包含的关系，记住以下三点就可以将两个科目进行区分。

- 预收款项的确认前提是收款，而合同负债的确认并不以是否收款为前提，而是以合同中履约义务的确立为前提。
- 如果预收款项与合同规定的履约义务无关，则不能作为合同负债进行核算。
- 合同负债体现为一种合同义务，合同负债的确认并非一定收到了款项，还包括取得法定收款权导致的合同义务。

下面以 A 股中一家以职业教育培训为主营业务的上市公司为例，讲述实务分析方法。该企业主要服务于 18～45 岁的人群，提供的培训主要是公职类招考培训。

如上文中所提到的，教育机构的行业惯例是预收学费，顺着这个思路，在企业 2019 年公开披露的年报信息中，找到预收款项的项目注释，所包含的主要项目是"预收培训费"，如表 6-44 所示。

表 6-44　预收款项项目注释（2019 年）　　　　（单位：元）

项目	期末余额	期初余额
预收培训费	2 633 629 875.89	1 919 977 223.75
其他	646 327.99	162 629.88
合计	2 634 276 203.88	1 920 139 853.63

该企业在 2020 年使用新会计准则，做出的调整如表 6-45 所示。

根据新会计准则规定，预收款项中企业都是有履约义务的，因此调整至合同负债中。

根据该企业公开披露的信息，整理 2019 年 12 月～2022 年 9 月期间的非流动负债部分数据，如表 6-46 所示。

按照新会计准则规定，该企业预收的培训费都要调整至合同负债科目中。

流动负债中占比最大的两个科目是短期借款和合同负债。2022 年企业归还了短期借款后，合同负债变成了流动负债中金额占比最大的科目。

表 6-45 预收款项项目注释（2020 年）

37、预收款项

（1）预收款项列示

（单位：元）

项目	期末余额	期初余额

（2）账龄超过 1 年的重要预收款项

（单位：元）

项目	期末余额	未偿还或结转的原因

38、合同负债

（单位：元）

项目	期末余额	期初余额
预收培训费	4 925 351 396.44	2 556 903 384.51
其他	76 912.89	646 327.99
合计	4 925 428 309.33	2 557 549 712.50

报告期内账面价值发生重大变动的金额和原因

表 6-46 资产负债表——非流动负债部分数据 （单位：亿元）

项目	2019-12-31	2020-12-31	2021-12-31	2022-09-30
短期借款	28.67	39.76	31.53	2.00
应付账款	2.36	2.12	2.82	2.13
预收款项	26.34	—	—	—
合同负债	—	49.25	30.64	47.36
应付职工薪酬	4.11	6.37	4.23	5.66
应交税费	1.84	1.31	0.13	0.31
应付利息	0.05	—	—	—
其他应付款	0.84	0.09	1.29	0.95
1 年内到期的非流动负债			5.32	5.47
其他流动负债	—	1.48	0.92	1.42
流动负债合计	**64.22**	**100.39**	**76.87**	**65.30**

常规的思维认为负债需要用现金偿付。比如短期或者长期借款，企业需要按期支付利息和归还本金；应付账款，企业需要支付供应商现金；应付职工薪酬、应付税费和利息，企业都需要支付现金。而预收款项和合同负债却是特殊的负债科目，企业并不需要用现金去支付。需要用现金支付的负债科目，数额越大未来需要支付出去的现金就越大，预收款项和合同负债科目则恰恰相反，企业

会随着履约（提供商品或者服务）而确认收入，因此，预收款项和合同负债的数额越大，意味着企业未来能确认收入的数额越大。因此，分析以预收款项作为主要结算方式的企业的财务报表时，反而要关注预收款项和合同负债这两个科目金额的减少，这可能意味着企业的订单减少，预收的资金减少或者产生了退款。

比如该公司 2021 年的合同负债为 30.64 亿元，比 2020 年下降了近 40%，同时，应付职工薪酬也大幅下降，从 2020 年的 6.37 亿元下降至 4.23 亿元，下降了 34%，降至 2019 年的水平。培训教育行业主要的成本就是老师的薪酬，应付职工薪酬的下降从侧面反映了企业业绩的下滑。

实务中遇到这样的情况，要分析合同负债下滑的具体原因，要搞清楚是短暂的问题导致业绩下滑，还是会持续地影响业绩。

此案例中的企业，根据表 6-46 中 2022 年第 3 季度的数据，合同负债和应付职工薪酬的金额并没有持续下降，已经恢复且超过了 2021 年，显然这是个阶段性的问题。

6.3.5 一年内到期的非流动负债

一年内到期的非流动负债是指企业各种非流动负债中将于一年内到期的金额。有长期负债的企业才会有这个科目，比如长期借款、中长期债券、租赁负债以及长期应付款等。

需要借助项目注释里的详细信息分析具体哪个长期负债科目中有即将到期的借款，如表 6-47 所示，一年内到期的非流动负债包括一年内到期的长期借款和租赁负债。

表 6-47　一年内到期的非流动负债　　　　　　　　（单位：元）

项目	期末余额	期初余额
一年内到期的长期借款	54 000 000.00	73 566 363.00
一年内到期的租赁负债	42 576 779.03	34 349 890.39
合计	96 576 779.03	107 916 253.39

项目注释信息把每一项即将在一年内到期的非流动负债科目列示出来，这就避免了逐一去拆分每一项非流动负债，能更准确地评估企业短期偿债能力。关于企业偿债能力的分析，在第 8 章中还会详细讲述。

6.4 非流动负债

6.4.1 长期借款

长期借款指企业向银行或其他金融机构借入的期限为一年以上（不含一年）的各项借款。长期借款同短期借款一样，都属于企业的有息负债。按照本金偿还的方式与付息的方式，一般分为分期付息到期还本和分期偿还本息两种方式。计息利率分为固定利率和浮动利率两种。

获取长期借款的方式，分为质押借款、抵押借款、保证借款和信用借款4种。表6-48是A股中一家企业的长期借款项目注释信息。

表6-48 长期借款项目注释 （单位：元，币种：人民币）

项目	期末余额	期初余额
质押借款	10 654 585 498.87	6 765 868 525.02
抵押借款	8 235 177 503.88	4 464 859 501.06
信用借款	29 059 901 775.08	27 757 358 283.49
合计	47 949 664 777.83	38 988 086 309.57

长期借款分类的说明：无

该企业通过三种方式获取长期借款，分别是质押借款、抵押借款和信用借款。其中信用借款占长期借款的比例越高，代表着银行及其他金融机构对企业的信用认可度越高。

由于货币存在时间价值，长期借款的融资成本高于短期借款。2019年10月开始，国内商业银行的人民币贷款利率改为用贷款市场报价利率（Loan Prime Rate，LPR）报价，在LPR的基础上根据企业的信用水平上浮或者下浮。LPR是基于公开市场操作利率中期借贷便利（MLF），加点形成的报价方式，目前由18家具有代表性的银行参与报价，银行间同业拆借中心每个月会根据这18家银行的报价取算术平均值得出结果，每月20日对外公布。目前LPR分为两档：最新发布的1年期LPR为3.65%，5年期以上LPR为4.3%（2023年4月20日报价）。

在确保企业资金流动性的基础上，出于对财务成本的考量，财务总监自然是更倾向于选择融资成本更低的融资方式。企业要根据实际的资金使用用途与现金流来匹配合适的融资方式。短期借款用于企业的日常经营，而长期借款则用于资本支出，如固定资产的投资（新建厂房、购买设备）等。

不是所有企业都需要借款，更不是所有企业都需要长期借款，通常重资产的企业长期借款占有息负债比例较高，而大部分轻资产企业或者资金特别充裕的企业并没有长期借款。

短期借款和长期借款支付的利息，都是在企业缴纳所得税前扣除的，对企业来讲，起到了税盾的效果。但激进的财务杠杆、融资期限和资金用途的错配也会造成流动性风险。在第 16 章后文还会继续探讨这个话题。

6.4.2 应付债券

应付债券科目是企业为筹集长期资金而发行债券的本金和利息，发行债券是企业筹集长期资金的一种重要融资方式。

从融资方式上区分，债券跟股票都属于直接融资方式，两者的差异是股票发行属于权益类融资，而债券发行的实质是债权融资。债券与银行借款同为债权融资，两者的差别是融资方式不同，银行借款属于间接融资方式。

直接融资和间接融资的差别是，直接融资（股票或债券）是企业直接向投资者进行融资的行为，并不涉及第三方中介机构。而作为间接融资的银行借款，银行充当了第三方中介机构的角色。中国的金融体系是以银行为主导，而美国的金融体系以金融市场为主导。2000～2018 年，这 19 年间，在中国，银行信贷占到社会融资总量的 80% 左右，而美国直接融资占到社会融资总量的 80%。⊖

在我国，企业发行债券的场所主要是两种，一种是银行间交易市场的交易商协会，发行的主要产品是短期融资券（CP）、超短期融资券（SCP）、中期票据（MTN）、定向工具（PPN）、资产支持票据（ABN）。另一种是证券交易所，发行的主要产品是公司债（公募债券和私募债券）、资产支持证券（ABS）、可转换公司债券。这两种发行场所分别由不同的机构监管，交易商协会的监管机构是中国人民银行，而证券交易所的监管机构是中国证券监督管理委员会。

企业在发行债券时需要做公开市场的信用评级，分主体评级和债项评级两种。主体评级是针对企业本身的信用进行评级，而债项评级是针对企业具体的单笔债务进行评级。

目前，国内知名的评级机构有中诚信国际信用评级有限公司、中债资信评估有限责任公司、联合资信评估股份有限公司、上海东方金诚国际信用评估有限公司等。企业发行境外债券则需要境外的评级机构出具评级报告，世界三大评级公司是标准普尔（S&P）、穆迪（Moody's）和惠誉（Fitch Ratings）。

⊖ 刘俏. 我们热爱的金融：重塑我们这个时代的中国金融 [M]. 北京：机械工业出版社，2020.

对于商业银行来讲，企业有公开市场的信用评级并且发行了债券，需要定期向投资者公开财务信息，这意味着财务数据的透明度更高，在信贷风险评估时，可以把公开市场的信用评级作为参考。同时，在贷后管理中，需追踪评级机构给出的阶段性评级结果。评级有提升意味着信用更好，是积极的信号，而被降级则是一个消极的信号。

发行了债券的企业，需要详细披露每一笔发行的债券信息，1年期及更短期限的债券，记在流动负债中的其他流动负债科目。应付债券科目下，记录的是期限超过1年的债券。

应付债券中还可能会涉及三类特殊的融资工具：可转换公司债券、优先股和永续债。为什么说这三类是特殊的融资工具呢，特殊性在于其兼具债和股的属性。如果在会计上认定属于债权属性，则披露在应付债券科目下，如图6-8所示。

（1）应付债券		（单位：元）
项目	期末余额	期初余额

（2）应付债券的增减变动（不包括划分为金融负债的优先股、永续债等其他金融工具）

（单位：元）

债券名称	面值	发行日期	债券期限	发行金额	期初余额	本期发行	按面值计提利息	溢折价摊销	本期偿还	期末余额
合计	—	—	—							

（3）可转换公司债券的转股条件、转股时间说明

（4）划分为金融负债的其他金融工具说明

期末发行在外的优先股、永续债等其他金融工具基本情况

期末发行在外的优先股、永续债等金融工具变动情况表

（单位：元）

发行在外的金融工具	期初		本期增加		本期减少		期末	
	数量	账面价值	数量	账面价值	数量	账面价值	数量	账面价值

其他金融工具划分为金融负债的依据说明

其他说明

图 6-8　应付债券

可转换公司债券，也称可转债，债券持有人可按照发行时约定的价格，将债券转换成企业的普通股股票。与其他债券一样，可转债的债权特征表现：有规定的利率和期限，投资者可以选择持有至到期，收取本金和利息。可转债的股权性特征表现：如果投资者选择转化成股票，债券的持有人就从债权人变成了企业的普通股股东，享有股东的权利和利益。可转债的票面利率一般比企业发行相同期限的公司债券利率低，企业发行可转债能优化融资成本。

在信贷业务中，评估企业信贷风险时，对发行了可转债的企业需要关注以下几点：转股导致企业股本的变动，会给财务指标带来哪些变化？是否会影响到信贷合同中设置的一些约束性条款？转股这个行为是否对企业造成偿债能力的影响？

优先股是指享有优先权的股票，其债权的属性体现在优先股的持有者拿到的是固定股利收入。优先股一般不享有普通股股东的投票权和选举权。优先股没有固定的到期日，只能由发行企业通过优先股赎回条款赎回。

永续债发行没有约定债券到期日，发行时一般使用"X+N"的发行方式，其中X为固定期限，发行人按期付息，债券不可赎回。N为可续期，在此期间，发行方有赎回选择权，如果发行方没有选择赎回，则债券可以一直续期，因此称为"永续债"。

优先股和永续债通常是记在所有者权益下的，尤其是优先股，很少在会计上被认定为债权。而永续债在会计上的处理，取决于发行的条款，如果发行人拥有永续债的存续期选择权，则可以保证永续债"永续"的这一特点，可以计入所有者权益，否则将只能计入债权融资。

除存续期选择权的设定，对永续债认定为债还是股可能会产生影响的是利率跳升机制的设置。如果没有设置利率跳升机制，或者利率跳升幅度较小，永续债续期的概率较大，这时可以理解成股权属性。而如果利率跳升幅度设置得较高，债券续期的融资成本远高于企业新发行债券的成本，则企业赎回的概率很大，则续期的概率小，债券便不再具有"永续"的特点，债权属性则更强。

永续债是信贷业务评估中比较关注的内容，对一些企业来讲，在会计上界定成股权类融资工具的意义重大，比如一些重资产的央企。2022年，国资委对央企发展目标的要求是"两增一控三提高"⊖，其中对资产负债率的控制又较以往有了更高的要求，从之前的75%降到了不能超过65%。企业发展又少不了资金的支持，选择通过发行永续债的方式融资，有助于杠杆率的管理。

⊖ 国资委秘书长、新闻发言人彭华岗在2022年1月19日出席国务院新闻办公室举行的新闻发布会时提出。

6.4.3 租赁负债

租赁负债是指企业以承租人角色尚未支付的租赁付款额的期末账面价值。租赁负债跟使用权资产是一组对应科目，是 2021 年起开始实施新租赁准则（2018 年财政部修订发布的《企业会计准则第 21 号——租赁》）才出现的一组科目。新租赁准则取消了经营租赁与融资租赁的划分，要求企业以承租人角色，在租入资产确认使用权资产的同时确认租赁负债，列示在资产负债表中。

在原租赁准则中，经营租赁只反映租金支付的情况，这种方式常被用于表外融资，而新租赁准则不再区分经营租赁和融资租赁，企业作为承租人，必须确认租入的资产和负债，并相应地确认折旧、减值和利息费用。

新租赁准则的实施，对采用了大量经营租赁的企业的财务指标会产生较大的影响，比如常见的以线下门店连锁经营为销售模式的休闲食品企业。以 A 股中一家上市公司为例，分析新旧租赁准则对财务报表的影响。

该企业是一家主营业务为休闲食品连锁经营的企业。2021 年末，全国门店总数超过 3000 家，其中直营店和加盟店的比例约为 6∶4。这些直营门店几乎全部都是租赁物业，这显然是一个经营租赁特点非常突出的企业。

新租赁准则的实施对企业有哪些影响呢？以下是该企业在 2021 年实施了新租赁准则后，披露的年报中的相关信息，如表 6-49 所示。

表 6-49 合并资产负债表项目调整 （单位：元，币种：人民币）

项目	上年年末余额	年初余额	重分类	调整数 重新计量	合计
使用权资产		623 501 672.25		623 501 672.25	623 501 672.25
租赁负债		251 920 768.34		251 920 768.34	251 920 768.34
一年到期的非流动负债	1 495 842.00	254 117 196.85		252 621 354.85	252 621 354.85
预付款项	140 911 085.44	21 951 536.38		−118 959 549.06	−118 959 549.06

财政部于 2018 年 12 月 7 日修订发布了《企业会计准则第 21 号——租赁》（以下简称"新租赁准则"），要求在境内外同时上市的企业以及在境外上市并采用国际财务报告准则或企业会计准则编制财务报表的企业，自 2019 年 1 月 1 日起施行；其他执行企业会计准则的企业，自 2021 年 1 月 1 日起施行。根据新租赁准则的相关规定，公司自 2021 年 1 月 1 日起执行新租赁准则。公司无须重述前期可比数，只调整首次执行本准则当年年初财务报表相关项目金额。

2021 年该企业在财报中对使用权资产和租赁负债进行了确认，其中使用权资产调整增加 6.24 亿元、租赁负债调整增加 2.52 亿元。项目调整情况说明，一年到期的非流动负债 2.53 亿元，也是由于新租赁准则实施而增加的，为租赁负债一年内到期的价值。

根据该企业租赁负债的项目注释信息，可以确认租赁负债是线下门店的租赁物业产生的，如表 6-50 所示。

表 6-50　租赁负债项目注释（单位：元，币种：人民币）

项目	期末余额	期初余额
房屋租赁款	227 008 329.79	251 920 768.34
合计	227 008 329.79	251 920 768.34

接下来分析并计算，新租赁准则的实施对财务报表产生的影响。

（1）资产负债表

根据 2020 年和 2021 年该企业公开披露的年报，整理资产负债表部分数据如表 6-51 所示。

表 6-51　资产负债表部分数据（2020～2021 年）（单位：亿元）

项目	2020-12-31	2021-12-31
流动资产合计	18.00	18.85
使用权资产	—	5.67
非流动资产合计	9.08	14.99
资产总计	27.08	33.84
一年内到期的非流动负债	0.01	2.57
流动负债合计	10.32	14.49
租赁负债	—	2.27
非流动负债合计	0.10	2.40
负债总计	10.42	16.89
所有者权益合计	16.65	16.96

资产总计的增加主要是由于使用权资产的增加，而非流动负债合计的增加主要是由于租赁负债的增加，企业的资产负债率有明显的上升。

（2）利润表

新租赁准则的实施使得租赁负债产生的利息均计入财务费用，因此会造成财务费用的增加。该企业 2021 年公开披露的年报信息中财务费用的项目注释信息如表 6-52 所示。

表 6-52 财务费用项目注释（单位：元，币种：人民币）

项目	本期发生额	上期发生额
利息费用	23 325 179.83	42 237.91
其中：租赁负债利息费用	23 194 196.89	—
减：利息收入	−16 320 125.99	−14 285 497.21
汇兑损益	−4 971.22	108 256.96
手续费支出	11 642 548.89	11 482 850.31
合计	18 642 631.51	−2 652 152.03

该企业在 2020 年的营业收入和净利润分别为 40 亿元、−6500 万元，2021 年的营业收入和净利润分别为 42 亿元、3100 万元。2021 年，因租赁负债产生的利息支出是 2319 万元，占净利润 74%，可见新租赁准则的实施，对该企业的利润率指标影响很大。

（3）现金流量表

该企业 2021 年公开披露的年报信息中现金流量表信息如表 6-53 所示。

表 6-53 现金流量表（2020～2021 年）

项目	2021 年	2020 年	同比增减
经营活动现金流入小计	4 918 972 018.78	4 644 408 060.87	5.91%
经营活动现金流出小计	4 344 309 314.60	4 548 498 579.90	−4.49%
经营活动产生的现金流量净额	574 662 704.18	95 909 480.97	499.17%
投资活动现金流入小计	1 239 136 773.97	1 943 519 423.78	−36.24%
投资活动现金流出小计	1 272 478 544.83	2 057 540 834.26	−38.16%
投资活动产生的现金流量净额	−33 341 770.86	−114 021 410.48	70.76%
筹资活动现金流入小计	—	—	
筹资活动现金流出小计	379 622 958.41	57 356 506.03	561.87%
筹资活动产生的现金流量净额	−379 622 958.41	−57 356 506.03	−561.87%
汇率变动对现金及现金等价物的影响	−12 108.58	−53 672.04	77.44%
现金及现金等价物净增加额	161 685 866.33	−75 522 107.58	314.09%

其他说明：

1. 经营活动产生的现金流量净额较去年同期增长 499.17%，主要系执行新租赁准则，租赁支出分类变化所致；
2. 投资活动产生的现金流量净额较去年同期增长 70.76%，主要系股权转让收益所致；
3. 筹资活动产生的现金流量净额较去年同期下降 561.87%，主要系执行新租赁准则，租赁支出分类变化所致。

旧租赁准则下，租赁物业的费用是计入经营活动现金流出的，在新租赁准则下，计入了筹资活动现金流出。因此，新租赁准则的实施，对企业经营活动和筹资活动的现金流影响较大。如表 6-53 中所示，经营活动产生的现金流量净额大大增加，而筹资活动产生的现金流量净额大大减少。

新租赁准则的实施，其实并不改变企业真实的盈利能力和偿债能力。对于涉及经营租赁比重大的企业，新租赁准则实施后，财务指标的变化并不是企业的杠杆率突然上升了，也不是经营活动产生的现金流更多，而是把原来表外的融资囊括入表，使得企业的财务报表更能反映实际的财务状况。

6.4.4 递延所得税负债

递延所得税负债是财报中某些科目由于账面价值和其计税基础不同产生的差异。递延所得税负债与递延所得税资产是一组概念，可参照本章递延所得税资产部分的讲解内容。

下面以一家 A 股中医疗器械行业上市公司为例，讲述递延所得税负债实务分析。

表 6-54 是该企业 2021 年公开披露的年报信息中部分合并资产负债表信息。

表 6-54　部分合并资产负债表信息（2020～2021 年）（单位：元）

项目	2021-12-31	2020-12-31
递延所得税负债	2 011 885 400.00	965 724 605.00
其他非流动负债	—	—
非流动负债合计	2 417 550 819.00	1 263 955 561.00
负债合计	4 501 196 482.00	3 492 052 605.00

该企业 2020 年递延所得税负债占总负债的比例是 28%，2021 年的占比是 45%。2021 年递延所得税负债占总负债的比例同比增长了 17%。可见递延所得税负债不仅占总负债比例较高，而且增速较快。

根据企业年报信息中披露的未经抵销的递延所得税负债项目注释信息（见表 6-55），进一步分析究竟是哪些科目因税法和会计上的核算差异造成了递延所得税负债。

表 6-55　未经抵销的递延所得税负债项目注释　（单位：元）

项目	期末余额		期初余额	
	应纳税暂时性差异	递延所得税负债	应纳税暂时性差异	递延所得税负债
境外子公司未分配利润	11 041 967 460.00	1 656 295 119.00	4 788 069 283.00	718 210 392.00

(续)

项目	期末余额		期初余额	
	应纳税暂时性差异	递延所得税负债	应纳税暂时性差异	递延所得税负债
固定资产折旧	3 145 129 575.00	544 136 771.00	1 070 280 142.00	247 037 880.00
以公允价值计量且其变动计入当期损益的金融资产的公允价值变动	40 014 346.00	6 052 386.00	3 175 554.00	476 333.00
合计	14 227 111 381.00	2 206 484 276.00	5 861 524 979.00	965 724 605.00

根据项目注释信息,形成了大额递延所得税负债的原因主要是三类,其中最主要的原因是境外子公司未分配利润。2020年(期初余额)发生了7.18亿元的递延所得税负债,2021年(期末余额)增长到16.6亿元。

该企业2020年和2021年的净利润分别为70亿元和74.6亿。合并利润表部分信息如表6-56所示。

表6-56　合并利润表部分信息(2020~2021年)　　(单位:元)

项目	2021年度	2020年度
三、营业利润(亏损以"-"号填列)	8 688 724 977.00	8 368 929 127.00
加:营业外收入	7 568 302.00	7 678 554.00
减:营业外支出	47 600 587.00	29 969 400.00
四、利润总额(亏损总额以"-"号填列)	8 648 692 692.00	8 346 638 281.00
减:所得税费用	1 185 221 492.00	1 342 126 853.00
五、净利润(净亏损以"-"号填列)	7 463 471 200.00	7 004 511 428.00

年报信息中披露主要子公司对公司净利润影响达10%以上的参股公司情况(见表6-57),各家子公司名称在此用字母代替,其中D公司即为该企业的境外子公司。

净利润一列的信息显示,境外子公司D在2021年创造的净利润是63亿元,贡献了该企业84.4%的净利润。

D公司是该企业注册在香港的一家子公司,作为该企业的对外贸易平台。该企业所有产品的生产均在境内,但都通过D公司出口到境外,因此该企业绝大部分净利润产生于D公司,而香港有对不在本地生产所得利润给予免税的优惠政策。

由于D公司是该企业百分之百持股的全资子公司,当D公司把产生的利润对境内的母公司进行分配时,母公司依据境内的税法需要缴税,因此该企业报表中就产生了递延所得税负债。由于D公司的净利润金额很大,因此递延所得税负债的金额也很大。

表 6-57　主要子公司对净利润影响达 10% 以上的参股公司情况（2021 年）

（单位：元）

公司名称	公司类型	主要业务	注册资本	总资产	净资产	营业收入	营业利润	净利润
A	子公司	医疗防护类产品的生产和销售	1 080 785 400.00	6 424 354 680.00	2 948 690 868.00	2 395 206 250.00	456 491 779.00	376 205 229.00
B	子公司	康复护理类与保健理疗类产品的生产和销售	419 807 961.00	722 622 086.00	591 986 499.00	492 072 901.00	4 873 990.00	3 303 260.00
C	子公司	医疗防护类产品的生产和销售	1 099 014 000.00	5 451 795 860.00	2 536 714 106.00	6 187 314 773.00	1 572 387 514.00	1 441 283 596.00
D	子公司	医疗防护类产品、康复护理类与保健理疗类产品的销售	25 616 210.00	11 779 119 205.00	599 292 369.00	13 492 235 644.00	6 307 313 646.00	6 307 343 574.00
E	子公司	医疗防护类产品的生产和销售	492 939 400.00	2 748 039 913.00	525 833 004.00	420 490 851.00	38 065 874.00	41 624 023.00

综上分析，2021 年该企业递延所得税负债占总负债比例达到了 45%，其中 75% 是由 D 公司未分配利润造成的，金额高达 16.6 亿元。未来，当 D 公司向境内的母公司分配利润时，企业就需要缴纳这部分税款，将会对合并报表的净利润产生直接的影响，而且带来的影响会很大。

6.5 所有者权益

资产负债表里的所有者权益是资产总额减掉负债总额的差。从 2007 年起，企业会计准则要求把所有者权益用一张单独的报表来表示，即所有者权益变动表。资产负债表里所有者权益是静态的，是期末时点的数值，而所有者权益变动表则表达了所有者权益里包含的所有科目期初和期末两个时点之间的增减和变化。

所有者权益包括以下科目：

- 实收资本（或股本）

    实收资本是指企业股东实际投入的资本（或股本）总额。实收资本意味着股东的实力和信心，实务中会遇到股东增资或撤资的情况。

    对商业银行来讲，增资当然是一个好的信号，意味着股东对企业的信心增强同时也注入了更多的资本。而撤资自然是一个需要关注的信息点，倒也不一定代表着有股东撤资就一定出现了问题，但肯定意味着股东结构发生了变化，需要具体情况具体分析。（结合本书第 2 章内容进行分析。）

- 资本公积

    资本公积是企业在经营过程中由于接受捐赠、资本溢价以及法定财产重估增值等原因形成的公积金，可以转增资本。通常在实务中不太会花很多精力分析资本公积的，除非企业的资本公积在某一个年度的金额变化非常大。

    资本公积的变化有一种原因是资本溢价和资产重估产生的，比如企业的生产设备、土地使用权等。还有一种常见的原因是通过激进的并购方式扩张的企业，所有者权益的构成中就会出现资本公积金远远高于实收资本的情况。

这个科目金额变化很大的话，会影响到跟净资产总额相关的财务指标的结果，比如杠杆率（有息负债/净资产）。

- 库存股

    库存股指企业持有尚未转让或注销的本公司股份金额。

- 其他权益工具

    其他权益工具指企业发行在外的除普通股以外分类为权益工具的金融工具。最常见的是优先股和永续债。（详见本章应付债券部分的内容。）

- 专项储备

    专项储备是指高危行业企业按国家规定提取的安全生产费。

- 盈余公积

    盈余公积是从净利润中提取的。根据规定上市公司需提取当年净利润的 10% 作为法定盈余公积，累计计提超过注册资本的 50% 时可以不再提取。任意盈余公积是企业可以自行决定是否计提的。

- 其他综合收益

    其他综合收益是指根据企业会计准则规定未在当期损益中确认的各项利得和损失。

- 未分配利润

    未分配利润是企业当年的净利润在提取了盈余公积并向股东进行了分配以后剩下的利润。

CHAPTER 7

| 第 7 章 |

现金流量表分析

现金流量表反映了在报告期内，企业的经营活动、投资活动和筹资活动中现金及现金等价物流入和流出的状况，展现了企业获取现金及现金等价物的能力。

现金流量表的编制是以收付实现制为基础的，简单来说，就是以实际现金的收到和支付来展示企业的三类活动，以是否收到现金或者支付现金为编制基础，可以更准确地展现现金收支的来龙去脉，描述货币资金里"现金及现金等价物"的变化过程。因此现金流量表的数据更加客观，由这些数据推导出来的结论也更加真实可靠。其他利润调节的方法不会对它产生影响，更容易评估企业利润的质量、衡量企业未来的成长机会。

7.1 三类活动现金流

1. 经营活动现金流

经营活动现金流（Cash Flow from Operations，CFO）是企业进行生产经营活动，即销售商品、提供劳务等与经营活动有关的现金流入与流出，两者之间的差额是经营活动产生的现金流量净额（以下简称经营活动现金流净额）。

《未来地图：技术、商业和我们的选择》的作者蒂姆·奥莱利讲过："企业手中的钱就像汽车油箱里的油，你要留意你的油量表，以免你的车在路边抛锚，因为旅途中不是随处都有加油站。"这段话道出了企业经营存续的核心。企业经营活动现金流净额就像汽车油箱里的油,如果油量表指针低过了警戒线,企业就会面临随时"抛锚"的危机。

当企业经营活动现金流净额为负数时,该企业很可能是处在初创期。初创期的企业支出大于收入是常态,处在这个阶段的企业,更多的是通过股权融资获得现金以支撑业务的发展。如果是处在成熟期的企业,经营活动现金流净额连续多年是负数,则代表着企业的主营业务没有创造正向现金流的盈利能力。企业自身的业务没有实际的造血能力、财务状况不佳,入不敷出,无法从主营业务中获得正向的现金流,往往预示着业务开始滑坡或者经营出现了问题。很多企业经营活动现金流净额一旦变为负数,业务滑坡的速度就像坐滑梯一样快。

当企业开始入不敷出的时候,就没有余力进行新的投资,甚至没有能力偿还之前融资的本息。如果一个企业经营活动现金流净额出现连续的负值,盈利能力没有起色和改善,要不断地通过融资来支撑经营,最终将被高筑的债台压垮。经营活动现金流净额连续为负数时,情况往往比利润表里的净利润为负数时更加糟糕,形势更加严峻。

2. 投资活动现金流

投资活动现金流(Cash Flow from Investment,CFI)的现金流入主要包括处置固定资产、公司股权等非流动资产获得的现金。投资活动现金流出主要包括购买固定资产、扩大和提高产能、购买机器设备、新建厂房、设立或收购新公司等投资活动的现金支出。投资活动产生的现金流量净额(以下简称投资活动现金流净额)是投资活动现金流入与流出的差额。

对投资活动现金流的理解,需要结合企业所处的业务发展阶段和经营战略进行分析。投资活动现金流出可以划分为两类,一类是公司扩张战略下的投资,另一类是维持现有业务进行的必要投资。当企业的经营发展战略是激进的,或是处在扩张期时,就会在某一年或几年中出现大量的投资活动现金流出。而当企业的经营发展战略是稳健的,或是处在成熟期时,投资活动现金流出会比较稳定,不会有突然的大幅增长。

3. 筹资活动现金流

企业想要发展和壮大,投资的现金从何而来,除了来自企业的自有资金和股东出资以外,就是来自企业的筹资活动。

企业筹资活动现金流(Cash Flow from Financing,CFF)的现金流入包括两类。一类是债权融资,比如通过商业银行、保理公司、融资租赁公司等金融机构获得资金。债权融资的本质是债,企业需要根据借款的周期,按照约定还本付息。另一类是股权融资，通过首次公开募股（IPO）、定向增发股份等方式获得资金。这类资金的本质是股，跟债权资金本质的区别是没有固定还款时间的约束。不论是股权还是债权，通过这两种筹资方式获得的资金，都体现为筹资活动现金流入。反之，分配股利、利润、偿还贷款、债券等的本金及利息等现金流支出，均属于筹资活动现金流出。

筹资活动现金流入和流出的差额是筹资活动产生的现金流量净额（以下简称筹资活动现金流净额）。如果净额是正数，代表当年筹资获得的资金流入多。如果净额是负数，意味着企业主动降低债务规模，或筹资出现了困难，或有提供资金的机构退出。

对筹资活动现金流的理解，也需要结合企业的经营发展战略和所处的业务发展阶段进行分析。当企业处在成熟期时，筹资活动现金流入和流出比较稳定。当企业经营大举扩张时，并购或固定资产投资等活动需要更多的资金，才会需要筹集更多的资金，表现为筹资活动现金流入的大幅增加。而当企业经营出现问题时，筹资活动现金流净额会表现为负数，筹资活动现金流出与流入的差额也会越来越大。

企业经营发展中的所有活动都可以归纳为这三类活动的流动。就像一块机械手表里的三个齿轮，互相驱动、循环往复地旋转着，驱动着指针一圈圈转动。三类活动的现金流驱动着企业的存续经营和发展，其中哪一个"齿轮"的转动出现问题，都可能导致企业停摆。

7.2　现金流分析

通过现金流量表的分析，可以比较直观地了解企业内部的现金流动情况与现金流的多少。很多重资产企业的开支较大，不仅购置和建设固定资产的投资需要大量的资金，维护固定资产也需要持续投入资金，现金流出和现金流入容易失衡。有些企业现金流入大且充裕，但投资能力偏弱，会表现出现金流出少的特点。现金流量表中还会展现出对现金流产生影响的一些项目，给我们的启示是要重点关注和分析这些项目。

在三张报表中，资产负债表和利润表的展现均有其局限性。资产负债表反映的是一个时点的数据，展现的是静态的财务状况，而利润表无法反映企业在经营、投资和筹资中现金的流动。因为企业的现金流和净利润之间存在着差别，所以在财报分析中，必须把三张表整合起来进行分析。如果时间非常有限，只够看企业的一张表，应该优先选择看现金流量表，而非利润表或资产负债表。

7.2.1 实务案例1

以A股中一家医药行业上市公司为例,讲述实务中现金流分析的思路与步骤。

第一步,整理数据。把近5年合并现金流量表中三类活动产生的现金流净额整理到Excel表格里,如表7-1所示。

表7-1 现金流分析(案例1) (单位:亿元)

项目	2017年	2018年	2019年	2020年	2021年
经营活动现金流净额	0.44	0.28	0.52	0.63	0.86
投资活动现金流净额	−0.42	0.22	−0.30	−0.39	−0.31
筹资活动现金流净额	−0.12	−0.01	−0.07	0.11	0.48

基于整理的数据,制作一张三类活动现金流净额的柱状图,柱状图比数据看起来更直观和一目了然,更清晰地展示出了5年来三类活动现金流净额的变化,如图7-1所示。

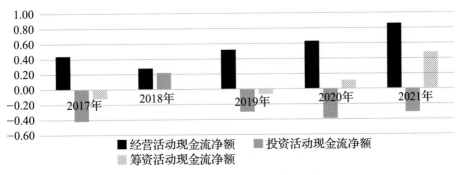

图7-1 现金流分析柱状图(案例1)

第二步,根据数据和图表展开分析。

如图7-1所示经营活动现金流净额5年中都是在横轴以上,为正值,2018~2021年,呈现稳定、连续增长的趋势。投资活动现金流净额除2018年以外,其他年份的数值比较稳定。筹资活动现金流净额,在2017~2019年均为负值,2020年开始变成正值,2021年有所增加,是5年里筹资活动现金流入最多的一年。

图7-1中经营活动现金流净额都是正值,代表该企业的主营业务有创造正向现金流的能力,有盈利能力。5年中投资活动现金流净额较为稳定,代表企业

经营战略较为稳定，没有重大固定资产投资。从图上看，企业经营活动现金流净额完全可以覆盖投资需求，因此企业没有筹资需求，2017～2019年筹资活动现金流净额表现为负数。2020～2021年企业增加筹资，未来可能有扩张的战略计划。从三类活动的现金流表现看，这是一家财务状况健康、发展趋势良好的企业。

下面来分析该企业的利润表和资产负债表反映出的经营情况，是否跟现金流量表相吻合。

根据2017～2021年该企业公开披露的年报信息，整理部分核心财务数据，并计算毛利率与净利率，如表7-2所示。

表7-2 利润表与资产负债表核心数据（案例1） （单位：亿元）

项目	2017-12-31	2018-12-31	2019-12-31	2020-12-31	2021-12-31
营业收入	2.86	2.95	3.25	3.19	3.80
营业成本	1.83	1.97	2.08	2.18	2.58
毛利率（%）	36.01	33.22	36.00	31.66	32.11
净利润	0.46	0.34	0.36	0.44	0.56
净利率（%）	16.08	11.53	11.08	13.79	14.74
总资产	7.39	7.80	8.32	9.20	10.54
总负债	0.00	0.00	0.00	0.20	0.80
净资产	6.66	6.97	7.26	7.60	8.10

5年中，该企业的营业收入呈现持续稳定增长的趋势，毛利率保持在30%以上。2020～2021年毛利率相比前三年有所下滑，但净利润不降反升并没有受到影响，净利润的变化趋势跟经营活动现金流净额（见图7-1）的表现一致。企业的净资产和总资产规模也在逐年稳定增长。2020年开始增加了有息负债，跟现金流分析柱状图（见图7-1）筹资活动现金流净额增加也是吻合的。

利润表和资产负债表表现出的信息跟现金流量表的信息是相吻合的，表现出该企业业务持续稳定发展，且有较强的盈利能力。

7.2.2 实务案例2

以A股中一家软件和信息技术服务业上市公司为例，讲述实务中现金流分析的思路与步骤。

第一步，整理三类活动现金流净额的数据，如表7-3所示。

表 7-3　现金流分析（案例 2）　　　　　　　（单位：亿元）

项目	2017 年	2018 年	2019 年	2020 年	2021 年
经营活动现金流净额	-2.50	0.13	0.13	-0.90	-2.60
投资活动现金流净额	0.64	-4.48	-4.27	1.59	1.36
筹资活动现金流净额	2.93	-0.90	3.70	0.56	-1.56

根据整理的数据，制作三类活动现金流净额的柱状图，如图 7-2 所示。

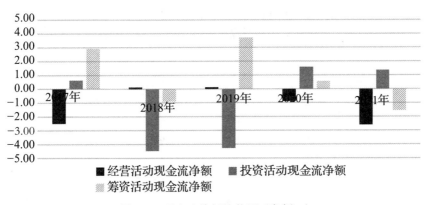

图 7-2　现金流分析柱状图（案例 2）

第二步，根据图表展开分析。

5 年中，只有 2018 年和 2019 年经营活动现金流净额实现了正向的数值，但金额很少，只有 1300 万元。而其余几年都是负值，并且 2017 年和 2021 年这 2 年里，出现了较大金额的负值，2017 年 -2.5 亿元、2021 年 -2.6 亿元。经营活动现金流净额表现出该企业的主营业务无法创造正向的现金流。这与案例 1 企业的经营活动现金流净额表现截然不同。

投资活动现金流净额的波动幅度很大，2018 年和 2019 年有较大金额的投资活动现金流出，其余 3 年里，企业获得了金额不等的投资收益。

筹资活动现金流净额的波动幅度也很大，2017 年和 2019 年中获得了正向的筹资活动现金流，2020 年大幅减少，2021 年变成负值。

根据三类活动现金流净额的变化，可以判断出该企业的财务状况并不健康。2018 年和 2019 年有正向的经营活动现金流，且出现了重大的投资活动，伴随着大额的投资活动现金流出，根据这些表现，在此可以推测这 2 年可能是该企业发展的顶峰时期。2020 年和 2021 年经营活动现金流净额逐渐"恶化"，这两年筹资明显出现了困难，是投资活动的现金流入支撑着企业的运营和发展，而投资活动获得的正向现金流并不像是真正的投资,更有可能是流动性风险困境下迫不得已变卖资产的所得。

下面通过利润表和资产负债表进一步分析,寻找经营活动现金流表现差的原因,并验证以上推测。

根据该企业 2017 ～ 2021 年公开披露的年报信息,整理核心财务数据,如表 7-4 所示。

表 7-4 利润表与资产负债表核心数据(案例 2)   (单位:亿元)

项目	2017-12-31	2018-12-31	2019-12-31	2020-12-31	2021-12-31
营业收入	19.40	24.10	20.80	21.28	20.00
营业成本	14.20	18.30	15.97	16.10	14.87
毛利率(%)	26.80	24.07	23.22	24.34	25.65
净利润	1.36	0.22	1.45	1.51	0.96
净利率(%)	7.01	0.91	6.97	7.10	4.80
投资收益	0.48	0.93	0.21	0.12	0.06
营业外收入	0.09	0.03	0.10	—	0.23
应收账款 + 票据	10.50	13.30	14.67	16.54	19.20
应付账款 + 票据	10.00	10.50	10.21	11.12	9.56
存货	15.60	17.00	17.61	1.17	0.40
合同资产	—	—	—	17.13	17.70
总资产	61.00	62.00	65.00	67.00	66.00
总负债	27.00	29.00	32.00	32.00	31.00
有息负债	8.50	11.50	16.35	17.38	16.54
净资产	34.00	33.00	33.00	35.00	35.00

5 年中,该企业的营业收入波动幅度较大。2018 年是该企业 5 年里营业收入最高的一年。图 7-2 中 2018 年经营活动现金流净额出现正值,验证了上文的预测,这一年的确是企业发展的顶峰时期。毛利率和净利率的波动幅度也较大。2018 年营业收入虽然达到了 5 年里的顶峰,但这一年的净利润却是最低的,只有 2000 万元。

应收账款、存货和合同资产占总资产的比例高,是导致经营活动现金流表现差的一个重要原因。2020 年按照新会计准则的要求,部分存货科目[⊖]调整至

⊖ 2020 年、2021 年按照新会计准则要求,存货重分类至合同资产科目下。

合同资产科目，所以可以将这两个科目视为一个整体进行分析。应收账款、存货和合同资产在 5 年中总体呈现增长趋势。2021 年应收账款和票据合计金额为 19.2 亿元，合同资产和存货合计金额为 18.1 亿元，总计 37.3 亿元，占总资产比例为 57%。该企业主营业务没有创造正向的现金流，而大部分转化成了应收账款、存货和合同资产，资产质量存在大量水分，存在虚增收入、虚增资产的舞弊可能。

投资收益在 5 年中总体呈下降趋势，证实了在现金流量表分析中投资活动现金流入并非真正的投资收益的判断。有息负债从 2017 年的 8.5 亿元增加到 2021 年的 16.54 亿元，接近翻倍，财务杠杆在不断上升，流动性风险在不断积聚。

综合上述分析，可以判断出该企业在产业链里处在弱势地位，5 年里累积了大量的应收账款和合同资产，收款风险高且资产质量差，存在虚增收入、虚增资产和计提大额减值的风险。财务杠杆高，违约风险也高。

通过这两个现金流量表分析的实务案例演示，证明现金流量表是可以反映出一个企业基本的财务状况健康与否的。在现金流量表分析中发现的问题，基本上可以从利润表、资产负债表中找到原因。因此，在财报分析时需要把三张报表整合起来分析。先分析在现金流量表发现的问题，再通过利润表和资产负债表寻找原因，按照这个分析顺序得出的结论相对比较客观。比如案例 2，先通过分析现金流量表发现问题，再通过利润表和资产负债表寻找原因。如果先分析利润表，首先看到的是一个每年有上亿元净利润的企业，可能会有一个先入为主的好印象，反而容易产生思维偏误。

7.3 现金流量表中的两个常用财务指标

下面介绍现金流量表里两个常用的财务指标。

7.3.1 净现比

净现比这个指标比净利率更能体现一个企业真实的盈利能力。净现比描述的是有多少比例的净利润在当期转化成了真正的现金流入。

公式：净现比 = 经营活动现金流净额 / 净利润 × 100%

用勾稽关系图来描述净利润和经营活动现金流净额的关系，如图 7-3 所示。

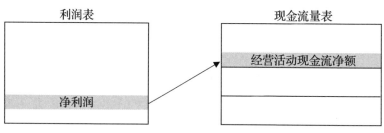

图 7-3 净现比

净现比这个指标越接近于1,甚至大于1就越好,意味着企业的净利润在当期转化为现金流入的比例越高,盈利能力越真实。净现比低的企业,净利润就存在水分。净利润再高如果不能转化成现金流,终将是"纸面富贵",企业的经营也很难维持下去。

通过计算企业连续几年的净现比,还可以判断企业净资产是否存在"水分"。净利润这个科目跟资产负债表中的未分配利润是相互勾稽的。净利润的"含金量"低,意味着当期转化成的未分配利润存在水分,因此净资产(所有者权益)就存在水分。对应到资产负债表的资产类科目,当年未能转化成现金流入的营业收入,可能会转变成应收账款、存货和合同资产等科目,这些资产也很有可能存在水分。

计算案例1和案例2企业的净现比,结果如表7-5所示,上半部分为案例1,下半部分为案例2。

表 7-5 净现比分析 (单位:亿元)

项目	2017-12-31	2018-12-31	2019-12-31	2020-12-31	2021-12-31
案例1					
经营活动现金流净额	0.44	0.28	0.52	0.63	0.86
净利润	0.46	0.34	0.36	0.44	0.56
净现比(%)	95.65	82.35	144.44	143.18	153.57
案例2					
经营活动现金流净额	-2.50	0.13	0.13	-0.90	-2.60
净利润	1.36	0.22	1.45	1.51	0.96
净现比(%)	-183.82	59.09	8.97	-59.60	-270.83

对比案例 1 和案例 2 的净现比计算结果：案例 1 企业的净现比较高，净利润在当期转化为真实的现金流入比例高，净利润的"含金量"高。案例 2 企业的净现比较低，则净利润在当期转化为真实的现金流入比例低，只有 2018 年净现比较高，而当年的净利润是五年中最低的。

7.3.2 收现比

收现比这个指标是从现金流的角度反映营业收入的实际情况，反映企业销售回款的现金流质量。该比例越高越好，比例越高意味着销售回款的现金流质量越高。

公式：收现比 = 销售商品和提供劳务收到的现金 / 营业收入 ×100%

用勾稽关系图来描述营业收入与经营活动现金流入、应收账款之间的关系，体现为图 7-4 所示。

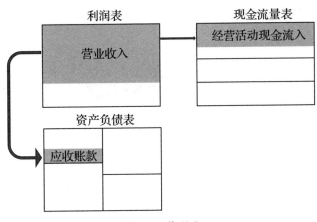

图 7-4　收现比

利润表的编制基础是权责发生制，收入的确认并不以收到现金为记账基础，没有现金流入的部分记在资产负债表的应收账款科目中。而现金流量表的编制以现金的实际收付为基础，经营活动现金流入就是实际销售货物或提供服务收到的现金。

计算收现比，首先要在现金流量表中找到"销售商品、提供劳务收到的现金"这一项目的数值。

2021 年案例 1 和案例 2 的合并现金流量表，分别如表 7-6 与表 7-7 所示。

表 7-6　合并现金流量表（案例 1）　　　　　　　　　（单位：元）

项目	2021 年度	2020 年度
一、经营活动产生的现金流量：		
销售商品、提供劳务收到的现金	337 843 835.65	231 857 310.50
客户存款和同业存放款项净增加额		
向中央银行借款净增加额		
向其他金融机构拆入资金净增加额		
收到原保险合同保费取得的现金		
收到再保业务现金净额		
保户储金及投资款净增加额		
收取利息、手续费及佣金的现金		
拆入资金净增加额		
回购业务资金净增加额		
代理买卖证券收到的现金净额		
收到的税费返还		
收到其他与经营活动有关的现金	17 957 549.04	16 342 911.37
经营活动现金流入小计	355 801 384.69	248 200 221.87

表 7-7　合并现金流量表（案例 2）　　　　　　　　　（单位：元）

项目	2021 年度	2020 年度
一、经营活动产生的现金流量：		
销售商品、提供劳务收到的现金	1 707 246 512.71	1 685 138 674.92
客户存款和同业存放款项净增加额		
向中央银行借款净增加额		
向其他金融机构拆入资金净增加额		
收到原保险合同保费取得的现金		
收到再保业务现金净额		
保户储金及投资款净增加额		
收取利息、手续费及佣金的现金		
拆入资金净增加额		
回购业务资金净增加额		
代理买卖证券收到的现金净额		
收到的税费返还	229 876.09	47 477.88
收到其他与经营活动有关的现金	156 172 638.74	114 248 617.99
经营活动现金流入小计	1 863 649 027.54	1 799 434 770.79

"经营活动产生的现金流量"项目列示里,第一项就是"销售商品、提供劳务收到的现金"。实务中计算收现比,也可能会用"经营活动现金流入小计"这一项数据作为替代。替代时要注意两个数据的接近程度,接近度高才能替代。选择数据时,要先判断"经营活动产生的现金流量"这一项目里,"销售商品、提供劳务收到的现金"是否为主要的现金流来源。如果大部分来自"收到其他与经营活动有关的现金",这个替代就会对计算结果和分析造成偏差。

以上两个案例的合并现金流量表(见表7-6和表7-7)中,2021年"销售商品、提供劳务收到的现金"和"经营活动现金流入小计"这两个项目的数值都是很接近的,前者对后者的比值,案例1是95%,案例2是92%。两个案例中该比例均超过了90%,这两个项目的数值接近度很高,证明两家企业的主营业务都很清晰。若实务中存在一些主营业务不明确的企业,这两个项目的数值差别就会很大,体现在经营活动产生的现金流量项目中"收到其他与经营活动有关的现金"占"经营活动现金流入小计"比例高。

计算案例1和案例2的收现比,如表7-8所示,上半部分为案例1,下半部分为案例2。

表7-8 收现比分析　　　　　　　　　　(单位:亿元)

项目	2017-12-31	2018-12-31	2019-12-31	2020-12-31	2021-12-31
案例1					
销售商品、提供劳务收到的现金	2.10	2.20	2.20	2.30	3.40
营业收入	2.86	2.95	3.25	3.19	3.80
收现比(%)	73.43	74.58	67.69	72.10	89.47
案例2					
销售商品、提供劳务收到的现金	20.00	23.00	21.00	17.00	17.00
营业收入	19.40	24.10	20.80	21.28	20.00
收现比(%)	103.09	95.44	100.96	79.89	85.00

案例1企业在5年中的平均收现比约为75%,2021年最高,增长到89.47%。

案例2企业在5年中的收现比都超过了79%,2017年和2019年超过了100%。

对比两组数据,案例2企业的净现比低,收现比反而比案例1企业都高。

下面把案例2的三张报表整合起来分析原因,部分财务报表数据如表7-9所示。

表 7-9　部分财务报表数据（案例 2）　　　　（单位：亿元）

项目	2017-12-31	2018-12-31	2019-12-31	2020-12-31	2021-12-31
营业收入	19.40	24.10	20.80	21.28	20.00
应收账款+票据	10.50	13.30	14.67	16.54	19.20
存货	15.60	17.00	17.61	1.17	0.40
合同资产	—	—	—	17.13	17.70
销售商品、提供劳务收到的现金	20.00	23.00	21.00	17.00	17.00
经营活动现金流净额	-2.50	0.13	0.13	-0.90	-2.60
净利润	1.36	0.22	1.45	1.51	0.96
净现比（%）	-183.82	59.09	8.97	-59.60	-270.83
收现比（%）	103.09	95.44	100.96	79.89	85.00

通过对案例 2 企业的现金流分析（见表 7-3），得知该企业在 2017～2021 年的 5 年中，经营活动几乎不能创造正向的现金流。计算净现比指标（见表 7-5），结果显示 5 年中能转化成真实现金流的净利润很少。通过利润表和资产负债表核心数据分析（见表 7-4），找到了原因，应收账款、存货和合同资产不断增加影响了现金流。而计算收现比指标（见表 7-8），结果却反映出销售回款质量很高。三张表整合起来分析（见表 7-9），可以发现该企业的报表之间存在着矛盾点。当收现比较高而净现比较低时，意味着问题可能出在经营活动现金流出上。找到 2021 年案例 2 企业合并现金流量表中经营活动现金流出的数据，如表 7-10 所示。

表 7-10　合并现金流量表部分数据（案例 2）　　　　（单位：元）

项目	2021 年度	2020 年度
购买商品、接受劳务支付的现金	1 569 850 696.40	1 496 640 179.61
客户贷款及垫款净增加额		
存放中央银行和同业款项净增加额		
支付原保险合同赔付款项的现金		
拆出资金净增加额		
支付利息、手续费及佣金的现金		
支付保单红利的现金		
支付给职工以及为职工支付的现金	94 687 585.11	99 945 419.98
支付的各项税费	72 776 063.07	46 280 060.48
支付其他与经营活动有关的现金	386 703 587.09	248 061 195.29
经营活动现金流出小计	2 124 017 931.67	1 890 926 855.36

案例 2 企业"购买商品、接受劳务支付的现金"是指主营业务的采购成本，问题出在"支付其他与经营性活动有关的现金"，该项现金流出在 2020 年、2021 年分别是 2.48 亿元、3.87 亿元，这是导致经营活动现金流净额变成负数的主要原因。

通过以上分析，可以推测出案例 2 企业表现出的一系列问题，很有可能存在财务舞弊行为。通过非主营业务名录将现金支出，然后构造销售活动，虚增收入和经营活动现金流，最终形成巨额的应收账款和合同资产。

实务中，企业通过经营活动或者投资活动现金流出把现金支出，然后构造营业收入，虚增的收入可以带来虚增的经营活动现金流入。如果只通过投资活动把现金支出，则不会影响到经营活动现金流净额，也不会影响到净现比这个指标，而选择通过经营活动现金流出把现金支出，则会出现收现比高而净现比低的现象。

7.4 自由现金流

自由现金流（Free Cash Flow，FCF）是指企业经营活动产生的现金流净额扣除掉资本支出后的差额。

所谓资本支出是指企业购买机器设备、建设厂房等长期资产，以及维护这些长期资产使其可以持续稳定地为企业创造价值的现金支出。

从本质上说，自由现金流衡量的是一个企业通过主营业务获取的现金流覆盖资本支出后是否还有盈余，即商业模式能否真正产生正向现金流。

对自由现金流的计算并没有严格的计算公式，使用"经营活动现金流净额－资本支出㊀"这个公式计算更贴近自由现金流的定义，其中资本支出的数值，可以使用合并现金流量表中"投资活动产生的现金流量"中的"构建固定资产、无形资产和其他长期资产支付的现金"这一数值。

自由现金流平时常见的计算方式还有用"净利润＋折旧摊销－资本支出㊁"，或者更为常见的一种粗略计算方法"经营活动现金流净额－投资活动现金流净额㊂"。

用这三种计算方式，分别计算案例 1 和案例 2 企业的自由现金流，比较三种计算方式的差异。

㊀ 指资本支出的绝对值。
㊁ 指资本支出的绝对值。
㊂ 投资活动现金流净额的绝对值。

案例 1 的自由现金流计算结果如表 7-11 所示。

表 7-11 自由现金流三种计算方式对比分析（案例 1）

方式 1　　　　　　　　　　　　　　　　　　　　（单位：亿元）

项目	2017-12-31	2018-12-31	2019-12-31	2020-12-31	2021-12-31
净利润	0.46	0.34	0.36	0.44	0.56
折旧＋摊销	0.23	0.25	0.28	0.29	0.33
资本支出	−0.27	−0.33	−0.25	−0.94	−0.76
自由现金流 1	0.42	0.26	0.39	−0.21	0.13

注：自由现金流 1=（净利润＋折旧摊销－资本支出）。

方式 2　　　　　　　　　　　　　　　　　　　　（单位：亿元）

项目	2017-12-31	2018-12-31	2019-12-31	2020-12-31	2021-12-31
经营活动现金流净额	0.44	0.28	0.52	0.63	0.86
投资活动现金流净额	−0.42	0.22	−0.30	−0.39	−0.31
筹资活动现金流净额	−0.12	−0.01	−0.07	0.11	0.48
自由现金流 2	0.02	0.50	0.22	0.24	0.55

注：自由现金流 2=经营活动现金流净额－投资活动现金流净额。

方式 3　　　　　　　　　　　　　　　　　　　　（单位：亿元）

项目	2017-12-31	2018-12-31	2019-12-31	2020-12-31	2021-12-31
经营活动现金流净额	0.44	0.28	0.52	0.63	0.86
资本支出	−0.27	−0.33	−0.25	−0.94	−0.76
自由现金流 3	0.17	−0.05	0.27	−0.31	0.10

注：自由现金流 3=经营活动现金流净额－资本支出。

把以上三种计算方式得到的自由现金流数值，制作成柱状图，如图 7-5 所示。

观察图 7-5 可以发现，使用三种方式计算出的自由现金流，在大方向上并没有太大的差异，都能体现出该企业现金流健康，有充裕的自由现金流。5 年中只有 2020 年出现了较大的偏差，第二种方式计算得到的自由现金流整体上表现相对更好。

实务中，做自由现金流的分析通常会采用连续 3～5 年的数据，而不会只采用某一年的数据，因此在分析中发现某年的自由现金流变化较大、不符合常理时，可以通过追溯数据的方式进行调整，因此不会出现大方向上判断的偏差。

所以采取哪种计算自由现金流的方式都可以，可以根据实际情况而定。

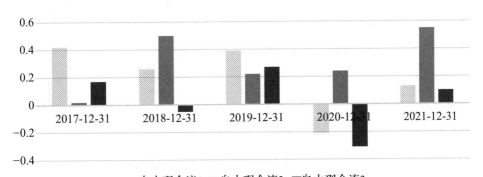

图 7-5　自由现金流对比分析柱状图（案例 1）

以上案例中，2020 年出现了三种计算方式的差异，是由于该企业把部分沉淀的现金认购了理财产品，认购和赎回的行为不在同一年发生，影响了投资活动现金流净额，使得投资活动现金流净额跟资本支出数值差异较大。

现金流量表的编制原则要求投资及筹资活动披露现金总流量，因此企业认购和赎回理财产品这两个行为需要在投资活动中分别列出，不可以相互抵消。而经营活动不采取总额法，比如应收账款的增加和收回可以直接净额列报，这很容易理解。而投资活动的现金流入和流出很可能不同，比如投资收益可能来自处置固定资产，而流出可能是设立子公司。同理，筹资活动的现金流入可能来自增资，现金流出可能是债权的还本付息。这两类活动的现金流入和流出并不一一对应，所以必须单独列报。而经营活动中，如应收账款的增加和收回都是针对企业的产品销售和回款的，可以相互抵消，因此可以直接列报净额。

案例 2 的自由现金流计算结果如表 7-12 所示。

表 7-12　自由现金流三种计算方式对比分析（案例 2）

方式 1　　　　　　　　　　　　（单位：亿元）

项目	2017-12-31	2018-12-31	2019-12-31	2020-12-31	2021-12-31
净利润	1.36	0.22	1.45	1.51	0.96
折旧+摊销	0.37	0.33	0.45	0.59	0.59
资本支出	−0.29	−4.03	−4.56	−0.75	−1.71
自由现金流 1	1.44	−3.48	−2.66	1.35	−0.16

注：自由现金流 1=（净利润+折旧摊销−资本支出）。

方式 2　　　　　　　　　　　　　　　　（单位：亿元）

项目	2017-12-31	2018-12-31	2019-12-31	2020-12-31	2021-12-31
经营活动现金流净额	−2.50	0.13	0.13	−0.90	−2.60
投资活动现金流净额	0.64	−4.48	−4.27	1.59	1.36
筹资活动现金流净额	2.93	−0.90	3.70	0.56	−1.56
自由现金流 2	−1.86	−4.35	−4.14	0.69	−1.24

注：自由现金流 2= 经营活动现金流净额 − 投资活动现金流净额。

方式 3　　　　　　　　　　　　　　　　（单位：亿元）

项目	2017-12-31	2018-12-31	2019-12-31	2020-12-31	2021-12-31
经营活动现金流净额	−2.50	0.13	0.13	−0.90	−2.60
资本支出	−0.29	−4.03	−4.56	−0.75	−1.71
自由现金流 3	−2.79	−3.90	−4.43	−1.65	−4.31

注：自由现金流 3= 经营活动现金流净额 − 资本支出。

将以上三种方式计算得到的自由现金流数值，制作成柱状图，如图 7-6 所示。

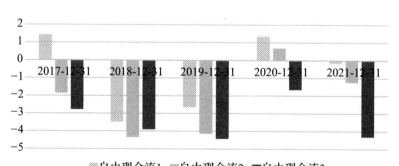

图 7-6　自由现金流对比分析柱状图（案例 2）

观察图 7-6 的自由现金流柱状图，可以发现，三种方式计算的自由现金流都显示出该企业的现金流不健康。第一种方式计算的结果，自由现金流相对较好一点，有两年是正向的，这是由于该企业净利润比经营活动现金流净额的数值高出很多，因此跟其他两种方式相比存在偏差。第二种和第三种方式计算的结果是非常相近的。第二种算法可以视同为把经营活动和投资活动现金流整合起来分析，从结果看，能有效地识别通过投资活动把现金支出，存在虚增收入、虚增经营活动现金流入的财务舞弊行为。

通过以上 2 个案例的展示，可以看出，使用这三种方式计算自由现金流都是可以的。即使案例 2 中使用第一种计算方式的结果跟其他两种方式相比存在偏差，但整体上还是能反映出该企业的财务状况存在严重的问题。

实务中可以选择任一种方式来计算自由现金流，根据实际案例情况进行选择。无论选择哪一种方式进行计算和分析，在分析中如果发现某一年的数据变化很大，都必须要思考发生这样的变化是否合理，是哪些原因造成的，并且要追溯原始数据，搞清楚原因。这样可以避免因某一年的特殊原因对分析结果造成影响。

自由现金流还传递了一个有效的信息，即企业每年需要从经营活动获取的现金中拿出多少比例用于资本投资和固定资产的维护，以保持正常的生产经营。资本支出会吞噬企业自由现金流，如果企业每年持续的资本支出超过了经营活动现金流净额，就不得不通过债权或者股权的方式来融资，弥补现金流的缺口。对于商业银行来讲，一个经营活动现金流净额常年无法覆盖资本支出的企业，只能通过融资来维持经营，其流动性风险和违约风险显然要高于一个有着正向自由现金流的企业。

自由现金流的分析可以有效地识别和判断出一个企业的资金缺口在哪儿，缺口有多大，这对于信贷业务的风险评估来说极其重要，可以帮助信贷人员识别企业真正的借款用途。

7.5 间接法编制的现金流量表

以上几节讲述的现金流量表都是采用直接法编制的现金流量表，也就是企业销售商品时不确认收入的实现，收取现金的时候才记录，成本转结时点是向供应商支付现金时，并非销售商品的时点，这就是所谓的收付实现制，就是在实际收到和支出现金的时点记录。

企业披露的年报信息里，有一个叫作"现金流量表补充资料"的表格，是采用间接法编制的，是以收付实现制为基础，对净利润进行调整得到现金流净额，如表 7-13 所示。

表 7-13　现金流量表补充资料　　　　　　　　　（单位：元）

补充资料	本期金额	上期金额
1. 将净利润调节为经营活动现金流量：	—	—
净利润	868 046 622.95	828 502 094.52
加：资产减值准备	32 123 288.89	83 181 484.33
固定资产折旧、油气资产折耗、生产性生物资产折旧	1 119 546 522.63	1 164 582 211.72
使用权资产折旧	243 515 029.91	
无形资产摊销	738 322 161.74	940 203 960.22
长期待摊费用摊销	11 638 556.38	28 115 186.68
处置固定资产、无形资产和其他长期资产的损失（收益以"-"号填列）	10 332 349.75	-16 536 058.60
固定资产报废损失（收益以"-"号填列）		
公允价值变动损失（收益以"-"号填列）	32 104 047.21	14 512 209.40
财务费用（收益以"-"号填列）	649 291 084.20	792 842 942.51
投资损失（收益以"-"号填列）	-460 591 414.46	-56 057 991.01
递延所得税资产减少（增加以"-"号填列）	7 064 003.10	56 339 721.91
递延所得税负债增加（减少以"-"号填列）	-40 843 768.05	-44 699 092.85
存货的减少（增加以"-"号填列）	-84 401 067.37	-126 695 649.89
经营性应收项目的减少（增加以"-"号填列）	-859 429 674.80	-1 446 656 515.42
经营性应付项目的增加（减少以"-"号填列）	-5 264 430.51	788 935 693.26
其他	263 287 400.09	
经营活动产生的现金流量净额	2 524 740 711.66	3 006 570 196.78
2. 不涉及现金收支的重大投资和筹资活动：	—	—
债务转为资本		
一年内到期的可转换公司债券		

表 7-13 就是采用间接法编制的现金流量表，描述了净利润和经营活动产生的现金流量净额之间产生差异的原因。

差异的产生主要包含三部分。第一部分是利润表中的非现金成本，例如折旧、摊销等，这点在重资产企业的报表里表现得尤为突出。表 7-13 中固定资产折旧本期金额为 11.2 亿元，该金额比当年的净利润还高。第二部分是生产经营活动中的项目变化带来的现金流量净额的变化，例如应收账款、应付账款和存货的变化等。第三部分是非流动资产变化带来的收益或损失。

不论是采用直接法还是间接法编制，目的都是把以权责发生制为记账基础的净利润转化为以收付实现制为记账基础，只是表现方式不同。根据财报披露的规则，采用直接法编制现金流量表的企业，必须提供一份使用间接法编制的现金流量表补充资料。银行信贷业务人员实务中必须熟练掌握采用间接法将净利润调整成经营活动现金流净额的方法。

第一步，把各种折旧和摊销费用加到净利润上，比如固定资产折旧、使用权资产折旧、无形资产摊销、长期待摊费用摊销。

因为这些资产，在投资时资金已经一次性支付过了，只是根据预估的折旧和摊销年限，逐年体现在利润表里，并没有真实的现金流出了，所以在这里要把这些项目都加回来。

第二步，分析影响净利润的资产负债表非现金项目的净变动额，比如应收账款、应付账款和存货等。

调整这些项目不要死记硬背，最好是通过理解的方式记忆，理解每一个项目如何影响现金流。

比如应收账款代表着企业销售了商品还未收到现金，但是生产商品的过程是消耗了资金的，因此应收账款余额增加就意味着占压了现金流，所以增加的部分要从净利润中扣除。

同理，应付账款意味着还没有支付供应商的现金，相当于占压了供应商的现金流，应付账款余额增加意味着现金流的增加，所以这部分要加回在净利润上。

依此类推，每一个科目都仔细思考，了解清楚其涉及的活动中现金流是如何流转和变化的，去理解实际的底层逻辑，而非背会了调整时使用的加减号。

第三步，调整利润表中的收益和损失。

这一步比较容易理解，出售非流动资产获得的现金应该计入投资活动，比如处置固定资产、出售子公司股权，都属于投资活动。现在要调整的目标是得到经营活动产生的现金流量净额，因此需要把投资收益从净利润中扣除掉。同理，如果有投资损失，要把投资损失加回来。

以上这三步做完，就得到了经营活动现金流净额。

实务中需要熟练掌握该方法，在财务预测分析和建模时需要使用到此项技能。(财务预测与建模，参照第 10 章相关内容。)

CHAPTER 8

第 8 章

财务指标分析

授信过程中对财务报表的分析,需要通过财务指标的计算,对财务数据进行定量分析。财务指标分析在贷前主要用于评估企业的盈利能力、资产营运能力以及偿债能力,在贷后还可以用于风险预警信号的识别。

8.1 盈利能力指标

8.1.1 毛利率

毛利率是衡量和评估企业盈利能力最基本的财务指标之一,计算公式为:

$$毛利率 = (营业收入 - 营业成本) / 营业收入 \times 100\%$$

下面以实务为例,分别介绍单一业务、单一产品和多业务板块、多产品的这两类企业的毛利率分析。

1. 单一业务、单一产品的企业毛利率分析

以 A 股中一家生产制造型企业为例,该企业的主营业务是轮胎的生产制造与销售。首先,把连续 3 个完整自然年度的营业收入、营业成本数据整理在一个 Excel 表格里,并计算营业收入增长率及毛利率(见表 8-1)。

2019～2021 年,营业收入持续增长,2021 年比 2020 年增长幅度更明显,实现了 10% 的同比增长。毛利率在 2019～2021 年,分别为 32.17%、33.79%

和 23.33%，2020 年小幅增长近 34%，2021 年下跌至 23%。

表 8-1　营业收入增长率和毛利率分析　　　（单位：亿元）

项目	2019 年	2020 年	2021 年
营业收入	45.79	47.05	51.77
收入增长率（%）	—	2.75	10.03
营业成本	31.06	31.15	39.69
毛利	14.73	15.90	12.08
毛利率（%）	32.17	33.79	23.33

第一步先分析营业收入，判断驱动营业收入增长的因素。

找到 2019～2021 年这 3 年的产销量数据，整理在 Excel 表格里，并计算生产量和销售量增长率，如表 8-2 所示。

表 8-2　产销量数据

项目	2019 年	2020 年	2021 年
销售量（万条）	1 920.62	2 010.56	2 124.08
生产量（万条）	1 873.41	2 016.26	2 224.05
产量增长率（%）	—	7.63	11.30
销售增长率（%）	—	4.68	5.65

3 年中，轮胎产量和销量均持续增长。2021 年营业收入增长率为 10.03%（见表 8-1），明显高于销量增长率 5.65%，由此可以判断出，营业收入的增长除了受到销量的驱动，还受到价格的驱动，企业并不是通过降价的方式来获得更大的市场份额和销量的增长。

第二步分析营业成本，把 3 年的营业成本构成整理在 Excel 表格里，如表 8-3 所示。

表 8-3　营业成本分析（2019～2021 年）

项目	2019 年		2020 年		2021 年	
	金额（亿元）	占营业成本比重（%）	金额（亿元）	占营业成本比重（%）	金额（亿元）	占营业成本比重（%）
原材料	21.33	68.69	20.45	65.66	27.29	68.75
直接人工	1.24	3.99	1.30	4.18	1.33	3.34
燃料及动力	1.98	6.37	1.99	6.40	2.23	5.61
制造费用及其他	6.50	20.94	6.18	19.84	5.90	14.86
运杂费、仓储成本	—	—	1.22	3.92	2.95	7.44
合计	31.05	100.00	31.14	100.00	39.70	100.00

自 2020 年 1 月 1 日起该企业执行新收入准则，将与合同履约直接相关的运杂费、仓储费，从之前的销售费用变更为在主营业务成本中核算。

观察该企业的营业成本构成，原材料是占比最大的生产要素，占比超过了 65%。2021 年原材料采购金额比 2020 年增长了 33%，该比例远高于同期营业收入的增长率 10.03%（见表 8-1），并且原材料采购金额占营业成本的比例，比 2020 年提高了 3.09%。由此可以判断，营业成本上涨受原材料的采购价格上涨影响较大。

此外受新冠疫情影响，2021 年海运费价格飙升至历史最高，有些航段的海运费涨幅高达 10 倍。该企业生产的轮胎以出口为主，分析营业成本构成项目 2021 年运杂费、仓储成本占营业成本比重比 2020 年增长 90%，将近翻了一倍。

通过以上分析可知，原材料采购价格和海运费的双重上涨是挤压毛利率的两个主要原因。如果未来原材料的价格和海运费价格回落，就都会释放毛利空间，毛利率就会回升；反之会继续挤压毛利，毛利率则会继续下降。

2021 年的营业成本（见表 8-3）构成显示，直接人工和制造费用的占比下降，意味着企业在生产的运营管理上取得了比上一年更好的效果和成绩，2021 年直接人工和制造费用的占比之和较 2020 年下降了 5.82%。但是当新的生产线投产后，人员增加，海外生产基地的管理半径大，管理难度增加，未来不确定因素较多，是否能在增产的同时保持成本控制，存在不确定性。

下面选取 A 股中同行业的 3 个企业进行横向的对比分析：

B、C、D 是选定的 3 家对标企业，主营业务也都是轮胎制造企业，在东南亚也都有设立生产基地，也都有出口业务。（如何选择对标企业，详见第 11 章。）

根据 4 家企业公开披露的年报信息，整理部分核心财务数据，如表 8-4 所示。

表 8-4 对标企业分析（营业收入、产销量） （单位：亿元）

项目	A 企业			B 企业		
	2019-12-31	2020-12-31	2021-12-31	2019-12-31	2020-12-31	2021-12-31
营业收入	45.79	47.05	51.77	171.64	183.83	185.79
收入增长率（%）	—	2.75	10.03	—	7.10	1.07
营业成本	31.06	31.15	39.69	126.14	136.72	153.72
毛利	14.73	15.90	12.08	45.50	47.11	32.07
毛利率（%）	32.17	33.79	23.33	26.51	25.63	17.26
销售量（万条）	1 920.62	2 010.56	2 124.08	5 899.48	6 332.54	6 470.71

（续）

项目	A 企业			B 企业		
	2019-12-31	2020-12-31	2021-12-31	2019-12-31	2020-12-31	2021-12-31
生产量（万条）	1 873.41	2 016.26	2 244.05	6 194.70	6 596.95	7 026.70
销售量增长率（%）	—	4.68	5.65	—	7.34	2.18

项目	C 企业			D 企业		
	2019-12-31	2020-12-31	2021-12-31	2019-12-31	2020-12-31	2021-12-31
营业收入	151.28	154.05	179.98	33.35	34.48	42.56
收入增长率（%）	—	1.83	16.83	—	3.39	23.43
营业成本	112.16	112.14	146.02	27.84	29.85	38.32
毛利	39.12	41.91	33.96	5.51	4.63	4.24
毛利率（%）	25.86	27.21	18.87	16.52	13.43	9.96
销售量（万条）	3 971.29	4 154.95	4 361.97	627.74	796.00	907.03
生产量（万条）	3 921.64	4 260.27	4 539.77	658.36	839.31	906.51
销售量增长率（%）	—	4.62	4.98	—	26.80	13.95

从 4 家企业的营业收入来看，其中 B 和 C 两家企业三年的平均营业收入比较接近，约为 A 企业三年平均营业收入的 3.5 倍，D 企业的营业收入跟 A 企业接近，略低于 A 企业。从产销量数据看，B 企业的产销量是最多的，三年的平均产销量约是 A 企业的 3 倍、C 企业的 1.5 倍和 D 企业的 8 倍。

图 8-1 是 4 家企业营业收入的柱状图，比数据表现得更加直观和清晰。

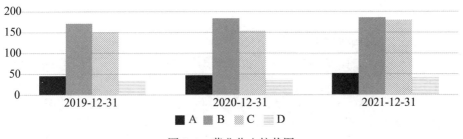

图 8-1 营业收入柱状图

2019～2021 年，4 家企业的营业收入都呈现出增长的趋势，没有受到新冠疫情的影响和冲击。对比 4 家企业在 3 年里的产品销售量增长率与营业收入增长率，2020 年产品销售量增长率都高于营业收入增长率。可以推测这 1 年中，4

家企业的产品销售价格都有所下降。2021年只有B企业依然延续着这样的趋势，而A、C和D3家企业均实现了量价齐升的复苏。

2020年虽然4家企业的产品价格都有所回落，但从毛利率表现来看（见图8-2），A企业和C企业毛利率不仅没降还均略有所上升，B企业微微下滑，D企业毛利率下滑了约3%。从毛利率的变化曲线上看，A和D两家的企业营业收入规模接近，A企业毛利率最高而D企业毛利率最低，B和C两家企业营业收入规模相近，毛利率也最为相近。A企业毛利率明显高于其他三家，但变化趋势基本符合同行业变化水平。

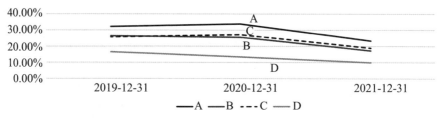

图8-2 对标企业分析（毛利率）

实务中，当行业中的一家企业毛利率水平明显偏高时，需要进一步分析其毛利率高的具体原因，可以通过拆分产品细分类别、拆分销售区域等方法，以便识别出毛利率高的真实原因，判断其利润是否存在水分。

下面分别把4家企业按照国内和出口两类业务拆分分析，整理数据如表8-5所示。

表8-5 对标企业分析（毛利率）

业务	A企业				B企业			
	2020年		2021年		2020年		2021年	
	营业收入（亿元）	毛利率（%）	营业收入（亿元）	毛利率（%）	营业收入（亿元）	毛利率（%）	营业收入（亿元）	毛利率（%）
出口及境外收入	43.89	34.64	45.21	24.21	82.71	35.97	84.51	21.69
国内收入	3.14	21.48	6.50	16.53	98.44	21.16	98.25	12.80
其他	0.03	91.37	0.06	99.49	2.67	26.76	3.03	38.35
合计	47.05	33.79	51.77	23.30	183.82	25.63	185.79	17.26

(续)

业务	C企业 2020年 营业收入（亿元）	C企业 2020年 毛利率（%）	C企业 2021年 营业收入（亿元）	C企业 2021年 毛利率（%）	D企业 2020年 营业收入（亿元）	D企业 2020年 毛利率（%）	D企业 2021年 营业收入（亿元）	D企业 2021年 毛利率（%）
出口及境外收入	109.61	31.16	130.45	21.45	8.90	18.28	17.98	12.77
国内收入	37.49	18.87	41.60	11.86	25.09	10.24	24.09	7.22
其他	6.95	9.83	8.34	13.59	0.48	69.56	0.48	42.34
合计	154.05	27.21	179.98	18.87	34.48	13.43	42.56	9.96

通过表8-5中的4家企业的出口业务和国内业务毛利率数据对比分析，可以发现，出口业务的毛利率明显高于国内业务。

2020年B企业的出口业务毛利率达到了35.97%，高于当年A企业出口业务毛利率34.64%，从这一年的数据可以得出的结论是，A企业的毛利率水平并不是一直高于同业，这是一个同业企业也曾达到过的水平。综合分析，A企业的毛利率能显著高于同业，是由于以出口为主，而出口业务的毛利率偏高，所以保持了较高的综合毛利率水平。B企业和C企业的国内业务收入规模远远高于A企业，国内业务毛利率低，因此也拉低了综合毛利率水平。因此可以判断，A企业与同业的毛利率水平差异的主要原因是由于产品销售的战略模式的差异，而非存在舞弊的行为。

2. 多业务板块、多产品的企业毛利率分析

实务中会遇到一些企业，涉及多个业务板块和多个产品，各个业务板块的毛利率不同。分析这类企业的盈利能力时，需要按照不同的产品、业务板块来分析，而不是混在一起分析。

比如大家熟知的上市公司比亚迪（股票代码002594），就是一个典型的多业务板块的企业，其主营业务不仅包括汽车的制造，还包括手机零部件、电池与光伏组件的生产。

根据比亚迪2019～2021年公开披露的年报信息，把营业收入、营业成本的数据整理在Excel表格中，并计算出营业收入增长率和毛利率如表8-6所示。

3年中营业收入每年都有大幅的增长，2021年增长率为37.99%，毛利率波动幅度较大，并在2021年有所下滑。想要分析营业收入增长的驱动因素以及毛利率波动的根本原因，需要把营业收入按照业务板块进行拆分，对每一个业务

板块按照单一产品生产企业的分析思路,展开具体分析。

表 8-6 比亚迪财务指标分析　　　　　　　　（单位：亿元）

项目	2019 年	2020 年	2021 年
营业收入	1 277	1 566	2 161
营业成本	1 069	1 263	1 880
营业收入增长率（%）	—	22.63	37.99
毛利率（%）	16.29	19.35	13.0

把比亚迪的营业收入按照业务板块拆分如表 8-7、图 8-3 所示。

表 8-7 比亚迪营业收入构成（按产品分类）

产品	2019 年		2020 年		2021 年	
	收入（亿元）	毛利率（%）	收入（亿元）	毛利率（%）	收入（亿元）	毛利率（%）
汽车、汽车相关产品	632.66	21.88	839.93	25.20	1 124.89	17.39
手机部件、组装及其他产品	533.80	9.35	600.43	11.20	864.54	7.57
二次充电电池及光伏	105.06	18.63	120.88	20.16	164.71	11.94
其他	5.87	3.09	4.74	4.63	7.27	9.31
总收入	1 277.39	16.29	1 565.98	19.38	2 161.41	13.02

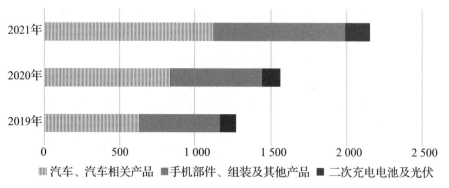

图 8-3 比亚迪营业收入构成（按产品分类）

拆分后的数据显示,比亚迪的主营业务是由三大业务板块组成的,包括汽车制造、手机部件和电池及光伏产品。其中汽车制造板块下的产品销售收入占营业收入的比例最大,近 3 年中都约占到营业收入的一半,也是毛利率水平最高的业务板块。手机部件产品收入占营业收入的比例排第二,但是毛利率水平在三大业务板块中却是最低的,该业务板块拉低了企业的综合毛利率水平。

在多产品、多业务板块的情况下,由于各产品、业务板块的毛利率不同,低毛利率的产品收入增长更多(高毛利率产品的收入下降更多)会导致综合毛利率水平下降。反之,高毛利率的产品收入增长更多(低毛利率产品的收入下降更多)会使综合毛利率水平上升。

多产品、多业务板块的企业,按照拆分后的业务板块逐一展开分析,每一个业务板块视同为一个单一产品生产企业。比如比亚迪可以分成三个业务板块逐一分析其收入的增长驱动因素、营业成本构成以及毛利率水平,并分别寻找对应行业的对标企业进行同比分析。由于篇幅有限,这里就不再详细展开分析了。

本节还要探讨一个毛利率的特殊性问题。毛利率是衡量企业盈利能力的一个财务指标,但在重资产行业的企业里,存在一个特殊性,即毛利率的变化不能直接代表盈利能力的变化。

当分析重资产行业的企业时,可能会遇到一些似乎不符合常理的现象,比如其中一种情况是企业在面临原材料价格上涨和产成品销量下降的困境时,毛利率不降反升。还有一种情况是企业的产成品库存下降和产成品销量上升时,毛利率反而下降。

导致以上两种看似不符合常理现象的原因,均是由于重资产行业的固定成本比较高,当产量提高但销量没有提高时,单位固定成本被摊薄,导致毛利率上升。这种情况下,并不能认为是企业盈利能力的提升。同样的逻辑,产成品销量提高、存货下降,毛利率反而下降,这是把过往生产成本体现在了当期的营业成本里,导致了毛利率的下降。这样的情况下,也不能认为是企业的盈利能力变弱。

分析重资产行业的企业的毛利率时,要充分考虑到这个特殊性。关于营业成本、生产成本以及存货的更多内容,请参考第 5 章和第 6 章。

8.1.2 净利率

净利率也是衡量企业盈利能力的财务指标之一,计算公式为:

$$净利率 = 净利润 / 营业收入 \times 100\%$$

通过计算一个企业过往连续几年的净利率,从变化趋势中分析并判断该企业盈利能力是否稳定和持续。净利率跟毛利率一样,也是一个可以用于横向对比分析的财务指标,用于衡量企业的净利率在行业中的水平。

在本书的第 5 章中讲过净利润的两个特性，一是净利润不仅包括主营业务所赚取的利润，还包括了主营业务以外的收支，二是净利润不等同于现金流。因此，净利率这个指标不能单独用于评估企业的盈利能力水平。分析净利率这个指标的同时，需要计算净现比这个财务指标，用来评估净利润的含金量。（净现比的计算与分析详见第 7 章。）

8.1.3 资产回报率和净资产收益率

资产回报率（Return on Assets，ROA），也叫资产收益率。计算公式为：

$$ROA = 净利润 / 总资产$$

ROA 用来衡量每单位资产创造多少净利润，即企业利用资产获取利润的能力，反映了企业总资产的利用效率。该指标越高，代表该企业资产使用效率越高。

分析 ROA 的方法，是把该指标分解成净利率与总资产周转率的乘积。

净资产收益率（Return on Equity，ROE），也称股东权益报酬率或者杜邦财务比率分析。计算公式为：

$$ROE = 净利润 / 所有者权益$$

ROE 是从股东的角度来衡量投资效率的指标，该指标越高，说明投资该企业能带来的收益越高；反之，说明投资该企业获利能力越弱。

分析 ROE 的方法，是把该指标分解成净利率、总资产周转率与财务杠杆三项指标的乘积，也可以理解为 ROA 与财务杠杆的乘积。

ROA 和 ROE 的指标分解如图 8-4 所示。

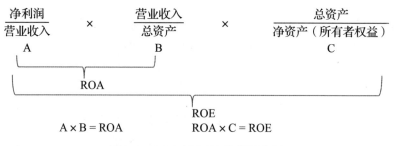

图 8-4 ROA 与 ROE 的指标分解

A：净利率，反映了企业的盈利能力。
B：总资产周转率，反映了企业的资产使用效率。
C：财务杠杆，反映了企业的财务杠杆和流动性风险。

单纯计算并比较 ROA 和 ROE 意义不大，无法判断 ROA 或者 ROE 的高与低具体是哪些因素导致的。用指标分解的方法来分析，则可以清晰地判断驱动该指标变化的具体因素是净利率、总资产周转率还是财务杠杆中的哪一个或者哪几个，从而预测指标未来的变化趋势。

ROE 是一个站在股东角度衡量企业盈利能力的指标，更适合投资者在筛选股票时使用。ROE 体现的是股东投资的收益率，投资人自然会追求更高的投资回报，ROE 高的企业更受青睐。投资大师巴菲特就很看重这个财务指标，只有 ROE 达到一定的水平才符合他的投资筛选标准。但不同的行业风险程度不同，表现出的 ROE 水平也不同。比如食品、公用事业行业的 ROE 较低，行业风险也较低；而高科技、生物医药等行业的 ROE 较高，行业风险也同样较高。不同行业之间的 ROE 是没有可比性的。

商业银行是企业的债权人而非企业的股东，不会单独使用 ROE 这个财务指标来评估企业的盈利能力，而会同时使用 ROA 和 ROE。分析企业 ROE 的高低是否由财务杠杆的驱动所致。如果企业的 ROA 低但 ROE 高，显然是财务杠杆驱动了 ROE 的提高，这类企业的流动性风险显然更高。当企业的 ROA 低于贷款利率时，商业银行应该拒绝向该企业提供融资。理论上讲，当企业不能创造出比融资成本更高的资产收益率时，是没有能力支付这笔融资成本的。

实务中使用 ROA 和 ROE，要明白这两个财务指标应用的局限性。首先，净利率本身其实是一个计算得到的数值，包括主营业务和主营业务以外的收支，其中存在很多人为的估计和假设，因此这个指标较容易被粉饰。其次，总资产周转率和财务杠杆数值都是时点的数值，即静态数字计算的结果，缺乏现金流的分析。因此该指标更适用于进行短期分析，对企业全面的信贷风险分析还应该结合现金流分析。最后，ROE 这个指标跟公司的收入规模无关，ROE 高的企业营业收入规模不一定大，未来的收入规模也不一定增长。

8.1.4　EBIT 与 EBITDA

税息前利润（Earnings Before Interest and Taxes，EBIT），其等同于营业利润，即企业在支付利息和缴纳税款之前的利润。

息税折旧及摊销前利润（Earnings Before Interest，Taxes，Depreciation and Amortization，EBITDA），即企业在支付利息、缴纳税款、计提折旧和摊销之前的利润。

这个指标虽然经常被使用，但其实并没有列在财务报表上。我在读《商界局外人》这本书的时候才知道这个指标的来历，书中提到该指标是由美国有线电视教父约翰·马龙创造出的一个概念，作为对每股收益指标的取代，来说明一个企业支付利息、税收、折旧和摊销之前的现金产生能力，之后这一概念被商界广泛应用。

这两个指标直接的关系可以描述为：EBITDA= 营业利润（EBIT）+ 折旧 + 摊销。当企业涉及的摊销和折旧金额较大时，使用 EBITDA 比 EBIT 更准确。

这两个指标中的"E"均代表净利润，我在书中一直在反复强调净利润是计算出的数值，净利润不等于现金流，因此 EBITDA 不能等同于企业的自由现金流。尤其是一个企业净现比指标的数值比较低的话，其 EBITDA 的数值就更为失真。

8.2 营运能力指标

8.2.1 现金循环周期

企业的生产经营过程是一个现金流转的过程，第 7 章详细讲述了现金流量表，该表将企业的活动总结为三类：经营活动、投资活动和筹资活动。

其中经营活动的现金循环周期是商业银行信贷分析时常用的指标，该指标描述的是企业在经营中从采购付出现金到销售收回现金所需要的平均时间，描述了企业的资金使用效率。计算公式为：

$$\text{现金循环周期（Cash Conversion Cycle）} = \text{应收账款周转天数} + \text{存货周转天数} - \text{应付账款周转天数}$$

现金循环周期这个指标，可以理解成把一个企业完整的现金循环切分成三个阶段：采购、生产和销售。给下游客户的赊销账期变长、存货积压周转变慢以及被上游供应商压缩付款账期，都会导致企业现金循环变慢，资金使用效率降低。一个企业的现金循环变慢、资金使用效率降低，无疑意味着企业的营运能力在下降；反之，则意味着企业的营运能力在提升。因此分析一个企业的现金循环周期，需要按照这三个阶段，分解成应收账款周转天数、存货周转天数和应付账款周转天数这三个指标。这样就可以根据每一个阶段的资金使用效率的变化，判断出具体是其中哪个阶段在驱动整体营运效率的提升或者导致整体营运效率的下降。

每个行业的特性不同，因此不同行业之间的现金循环周期是存在差异的，也是没有可比性的。比如设计采购施工总承包（Engineering Procurement Construction，EPC）、环保及工程施工类行业现金循环周期较长，快消行业的现金循环周期则较短，其中有些企业的现金循环周期甚至是负数。

同一个行业里的现金循环周期是具有可比性的，并且在一个成熟的行业里这个指标的表现通常是比较稳定的。当一个企业在连续几年里表现出现金循环周期波动幅度很大，跟同行业的波动水平差距很大时，这是一个需要警惕的财务信号，证明企业营运能力的不稳定并非行业原因导致，而是企业自身的经营效率不稳定，或者存在财务舞弊行为。企业虚增收入时也可能会带来应收账款和存货的增长，会导致应收账款周转天数增加、存货周转变慢，从而使得现金循环周期变长，资金使用效率降低。

8.2.2 实务案例

以 A 股的 4 家生猪养殖企业为例，演示现金循环周期的实务分析。

根据 2017～2021 年 4 家企业公开披露的财务数据，分别计算现金循环周期并制作折线图，如表 8-8、图 8-5 所示。

表 8-8　现金循环周期　　　　　　　　　　（单位：天）

企业名称	2017-12-31	2018-12-31	2019-12-31	2020-12-31	2021-12-31
A	134.78	71.07	-36.10	76.22	-11.56
B	73.90	78.52	69.45	57.25	44.71
C	35.67	30.76	36.08	87.85	16.65
D	14.60	9.68	23.46	23.59	21.97

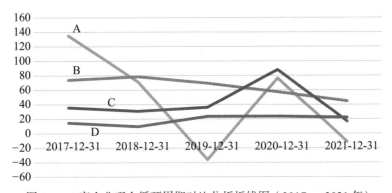

图 8-5　4 家企业现金循环周期对比分析折线图（2017～2021 年）

观察图 8-5。5 年中，企业 A 的现金循环周期是波动最明显且波幅最大的。2017 年，企业 A 的现金循环周期是 134.78 天，与同行业 3 家企业比较，明显比 4 家企业的平均水平多一倍以上。2018 年，该指标有明显的改善，缩短至 71.07 天，同比缩短了近一半。2019 年成为 4 家企业里现金循环周期最短的，甚至出现了负循环，为 −36.1 天。2020 年现金循环周期再一次拉长为 76.22 天，比较接近 4 家企业平均水平，而 2021 年又出现了负循环。生猪养殖虽然是一个周期性行业，但企业 A 的现金循环周期曲线波动跟行业并非同步，因此可以推测其波动并非行业周期所致。

接下来，把 4 家企业的现金循环周期都分解成应收账款周转天数、存货周转天数和应付账款周转天数三个指标，如表 8-9 所示。

表 8-9　4 家企业现金循环周期分析　　　　（单位：天）

企业	项目	2017-12-31	2018-12-31	2019-12-31	2020-12-31	2021-12-31
A	应收账款周转天数	0.00	0.00	0.29	0.13	0.63
A	存货周转天数	216.96	175.73	201.96	349.35	191.59
A	应付账款周转天数	82.18	104.66	238.34	273.26	203.78
A	现金循环周期	134.78	71.07	−36.10	76.22	−11.56
B	应收账款周转天数	1.13	1.10	1.53	1.67	2.31
B	存货周转天数	92.70	98.94	86.26	80.67	77.53
B	应付账款周转天数	19.94	21.52	18.34	25.09	35.13
B	现金循环周期	73.90	78.52	69.45	57.25	44.71
C	应收账款周转天数	6.96	8.39	3.14	2.13	3.00
C	存货周转天数	66.70	77.85	90.78	128.57	44.83
C	应付账款周转天数	37.99	55.47	57.85	42.85	31.18
C	现金循环周期	35.67	30.76	36.08	87.85	16.65

（续）

企业	项目	2017-12-31	2018-12-31	2019-12-31	2020-12-31	2021-12-31
D	应收账款周转天数	3.26	3.34	4.26	2.96	3.34
	存货周转天数	32.46	31.24	47.09	58.18	46.79
	应付账款周转天数	21.12	24.91	27.89	37.55	28.16
	现金循环周期	14.60	9.68	23.46	23.59	21.97

注：由于四舍五入，现金循环周期与实际计算有出入。

观察并比较4家企业应收账款周转天数、存货周转天数和应付账款周转天数三个指标的变化和特点。

生猪养殖行业的销售模式基本上是现款现货、不存在赊销账期，4家企业的应收账款周转天数都很短，表明都符合行业特征。企业A的应收账款周转天数跟其他三家企业对比，差距并不太大，因此排除掉应收账款周转天数对现金循环周期的影响。

比较4家企业的存货周转天数，企业A的存货周转天数明显比其他3家同行业企业长，为6~12个月不等，存货周转慢，而且5年中的波动幅度最大。企业D的存货周转天数最短，为1~2个月，5年中表现相对稳定。对比可知存货周转慢是导致企业A现金循环周期长的一个重要因素。

根据2017~2021年企业A公开披露的资料，整理存货科目数据如表8-10所示。

表8-10　企业A的存货项目注释　　　　　　　（单位：亿元）

项目	2017-12-31	2018-12-31	2019-12-31	2020-12-31	2021-12-31
原材料	11.57	14.14	20.52	71.33	70.65
库存商品	0.00	0.00	0.00	0.48	2.86
消耗性生物资产	30.33	43.99	51.14	139.98	271.25
合计	41.90	58.13	71.66	211.79	344.76

观察表8-10中的数据，5年中企业A的存货规模是逐年增加的，尤其是2020年和2021年这两年的存货增长速度尤其快。主要增长的存货是原材料和消耗性生物资产，生猪养殖企业的消耗性生物资产指的是存栏待售的猪。

比较4家企业应付账款周转天数（见表8-9），企业A的应付账款周转天数平均在6个月左右，而其他3家企业都是60天内，表现出很大的差异。应付账款周转天数也是影响企业 A 现金循环周期的一个重要因素。

以上 4 家企业的应付账款周转天数，在第 6 章应付账款的相关内容中已经作为实务案例分析讲解了。企业 A 的应付账款周转天数长，主要是由于应付账款中包含近一半的金额是工程款项，并非主营业务中原材料的应付账款。工程款的账期长影响了应付账款的周转天数。

综合以上三个指标的分析，得知存货周转天数和应付账款周转天数是导致企业 A 现金循环周期频繁波动并且偏离行业平均水平的主要原因。企业 A 在 2019～2021 年中体现出的现金循环周期领先于行业、出现了负数，并不是营运能力的提升，而是应付账款里存在大额的工程款项导致应付账款周转天数变长。

在第 6 章应付账款的相关内容中，计算了剔除应付工程款项后的应付账款周转天数（详见第 6 章 6.3.2），使用调整后的应付账款周转天数重新计算企业 A 的现金循环周期，如表 8-11 所示。

表 8-11　企业 A 调整后的现金循环周期　　（单位：天）

项目	2017-12-31	2018-12-31	2019-12-31	2020-12-31	2021-12-31
应收账款周转天数	0.00	0.00	0.29	0.13	0.63
存货周转天数	216.96	175.73	201.96	349.35	191.59
应付账款周转天数	36.20	54.40	87.40	115.50	95.60
现金循环周期	180.76	121.33	114.85	233.98	96.62

用企业 A 调整后的现金循环周期与其他 3 家企业再进行对比，如表 8-12、图 8-6 所示。

企业 A 调整后的现金循环周期曲线，比调整前的曲线变得平滑很多，波动幅度接近行业波动水平。调整后的数据跟其他 3 家企业进行对比，在 5 年中，再没有领先于行业的表现，一直都是 4 家企业里最差的。排除掉应付账款周转天数对现金循环周期的影响，企业 A 现金循环周期比同业差的原因就聚焦到了存货周转天数上，因此可以推测企业 A 很可能存在虚增存货的舞弊行为。

表 8-12　4 家企业现金循环周期对比分析（企业 A 调整后）（单位：天）

企业名称	2017-12-31	2018-12-31	2019-12-31	2020-12-31	2021-12-31
A	180.8	121.3	114.8	234.0	96.6
B	73.9	78.5	69.4	57.3	44.7
C	35.7	30.8	36.1	87.8	16.6
D	14.6	9.7	23.5	23.6	22.0

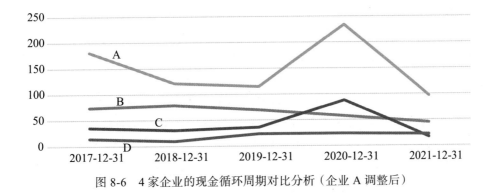

图 8-6　4 家企业的现金循环周期对比分析（企业 A 调整后）

8.3 偿债能力指标

8.3.1 杠杆率

衡量企业的偿债能力首先要计算其债务规模，资产负债表中短期借款、长期借款、租赁负债等这类有明确还款期限、约定了利息的债权负债统称为有息负债。

信贷业务中常用的评估偿债能力的指标是杠杆率（Gearing Ratio），杠杆率的计算公式为：

$$杠杆率 = 有息负债 / 净资产$$

或者

$$净杠杆率（Net\ Gearing\ Ratio）=（有息负债 - 现金）/ 净资产$$

该指标描述了企业有息负债与净资产的比值关系，或者净有息负债（扣除掉账面现金后的有息负债）与净资产的比值关系，反映了企业清算时，企业所有者权益（净资产）对债权人利益的保证程度。

常见的衡量企业杠杆率的指标还有资产负债率（= 总负债 / 总资产 × 100%），但这是一个评价企业负债水平的综合指标，较为宽泛，商业银行评估企业偿债能力时不会单独使用资产负债率，更多的还是采用杠杆率。

杠杆率这个指标也有局限性，它只能衡量一个企业财报时点总的负债率，而没有区分债务结构，即没有把短期和长期负债的偿还期加以区分。债务结构不同、偿还期限不同，企业还本付息压力是不同的，这点杠杆率无法加以衡量。

流动比率和速动比率这两个指标，用于衡量企业短期偿债能力，计算公式为：

$$流动比率 = 流动资产 / 流动负债$$

$$速动比率 =（流动资产 - 存货）/ 流动负债$$

这两个指标，都是在评估企业较容易变现的流动资产是否能支撑短期债务。通常认为流动比率在 2 左右是良好的。速动比率的计算剔除了变现能力相对较弱的存货，通常认为该指标不低于 1 是财务健康的表现。这两个指标一方面反映了企业的短期偿债能力，另一方面也反映了企业资本结构和资产结构的匹配度。

财务指标分析只是定量分析的工具，可以有助于更好地识别报表。实务中使用上述几个财务指标进行分析时，要注意指标分析的局限性，也不要一味地迷信指标计算结果。对财务报表科目逐一进行分析，了解真实的资产质量与负债规模是核心。假设挖掘不到隐藏的有息负债，或者没有发现净资产的虚高，那计算出来的财务杠杆就会比实际情况低，就会低估企业的流动性风险，高估企业的偿债能力。同理，如果没有分析资产负债表中的资产质量，没有发现现金、应收账款和存货等资产都是虚增的，那么计算出来的流动比率和速动比率再高也毫无意义，并不能表现企业真正的偿债能力。

8.3.2 利息保障倍数

评估企业的偿债能力其实包括了两层含义：支付利息的能力和偿还本金的能力。利息通常都是需要当年支付的，而 1 年期以上的借款本金并不需要当年偿还。

利息保障倍数这个指标，衡量企业当年赚取的利润，是否可以覆盖当期的利息支出。计算公式为：

$$\text{利息保障倍数（Interest Coverage Ratio）} = \text{EBIT 或 EBITDA} / \text{利息支出或财务费用}$$

实务中，计算时使用 EBIT 还是 EBITDA，其实没有严格的要求，采用哪个数值并没有绝对的对与错。如果企业涉及的折旧和摊销金额较大，需要使用 EBITDA，用 EBIT 计算出来的数值肯定比用 EBITDA 要低。

无论采用 EBIT 还是 EBITDA，都需要分析企业净利润的"含金量"。净利润其实是利润表中计算出来的一个数值，受到人为估计和假设的影响，还要扣除或加回营业外的收支和投资损益。实务中使用 EBIT 或者 EBITDA 时，需要先对净利润进行调整。把一次性的偶发收益或损失，从净利润中扣除或加回，排除这些因素影响，净利润的计算结果更接近事实。

还要综合净现比这个财务指标评估净利润的"含金量"。净利润并不等于现金流，如果净利润的现金流转换低（净现比低），计算出的利息保障倍数虚高，就高估了企业的偿债能力。

计算利息保障倍数时使用利息支出还是财务费用，也没有严格的要求。两者的差异在于某些企业会有比较大额的利息收入，如果利息收入比利息支出高，还会出现财务费用是负数的情况。计算中究竟采用哪个数值，主要还是看分析中是否有一以贯之的分析逻辑。如果利息收入每年都是非常稳定的数值，在这种情况下，要使结果更精确一点，就使用利息支出，粗略一些计算就使用财务费用，只要财务费用不是负数就可以计算。如果利息收入不稳定，时而多时而少，这时候就不要使用财务费用了，使用利息支出更合理。

8.3.3 偿债覆盖率

偿债覆盖率是衡量企业的现金流是否可以覆盖当期的本金和利息。计算公式为：

$$偿债覆盖率（\text{Debt Service Coverage Ratio}，\text{DSCR}）=可用于还本付息的资金 / 当期应还本付息的金额 \times 100\%= （\text{EBITDA}-企业所得税）/ 当期应还本付息的金额 \times 100\%$$

企业当期能用于还本付息的资金通常用 EBITDA 扣除企业所得税来计算。

这个指标比利息保障倍数对一家企业的偿债能力的评估更严格一些。利息保障倍数其实是假设了企业当年需要偿还的本金部分会进行再融资，只评估利息支付能力。而偿债覆盖率的假设更极端一些，假设企业当年需要偿还的本金部分不会进行再融资，评估企业是否有偿还本金和利息的能力。

实务中，除了计算当期的偿债覆盖率，还必须关注和考虑未来 2~3 年内企业即将到期的债务情况。尤其是当给企业提供 1 年期以上的借款时，必须要根据贷款期限，测算贷款存续期间是否会面临债务峰值，同时通过财务模型预测未来的现金流（财务模型预测详见第 10 章），判断企业的偿债能力。

财务指标的使用和分析，绝对不是停留在数字计算层面，绝对不是刻板地依据公式计算出的结果与某个恒定的标准进行对比分析后就能得出的一个结论。财务指标的应用是灵活的、具有弹性的，选择哪些财务指标进行分析、计算财务指标时要对哪些变量进行调整，才能得到更接近于事实的结果，都要基于对财务指标底层逻辑的深度了解，同时也要基于对企业商业模式、结算方式以及所处行业等全方面综合情况的理解。

CHAPTER 9
第 9 章

财报分析实战案例

本章将要展示的是公司信贷业务视角下的一个财务报表分析实战案例，是第 5 章至第 8 章中财报分析方法的实践与应用，选择了 A 股中一家医药制造企业作为本章的案例分析对象。

选择该企业作为本章案例分析对象，首先，因为其财务报表展现出了生产制造企业的特征，并且营业收入规模适中，易于展示和讲解。其次，该企业所处行业为生物医药行业，财务报表也展现出了一些行业特性，如销售费用高、应收账款周转天数较长、研发投入较高且涉及资本化操作。另外，该企业在发展过程中经历了数次并购，体现在财务报表上为累积的大额商誉。企业采用了高杠杆的融资策略配合其激进的并购式发展战略，背负了巨额的财务费用。最终走向了营业收入大幅下滑、商誉减值、利润巨亏、信用评级被下调、债务违约。可以说，这是一个涉及的风险点特别全面的案例，非常具有代表性，值得作为案例来学习。

案例展示分为两个部分，第一部分是案例背景资料展示，包括企业介绍、主营业务、股权结构、财务报表、前五大客户及前五大供应商数据、研发数据、产品构成分类等信息。这部分内容是给出本案例企业的相关信息和数据，用于读者进行财务报表分析，同时也是在展示实务中对任何一个拟授信企业做财务报表分析前，需要提炼出的信息以及整理信息的格式。第二部分是财务报表分析展示，包括盈利能力、营运能力、偿债能力和现金流的分析。使用的分析方法与工具都是第 5 章至第 8 章所讲述的内容。

第一部分：案例背景资料

- **公司介绍**

JF 是一家专注医药健康产业的企业，2013 年借壳上市，涉及化学药、生物药以及中成药药品研发、生产、销售等业务，并涉足医药投资领域。

借壳上市后短短的 3 年里，合计收购了 6 家公司。截至 2021 年末，JF 全资或控股的子公司包括四家药品生产制造企业、三家药品销售公司、一家美国研发公司、两家医疗机构、一家医院管理公司，持有两只产业并购基金。

JF 拥有通过国家 GMP 认证的生产线二十余条，产品管线包括 7 条产品线（心脑血管、抗肿瘤、骨伤科疾病、妇儿、消化系统、抗感染、医疗器械）。

- **主营业务**

药品的生产制造与销售，产品主要覆盖的领域为：心脑血管、抗肿瘤和骨科。

核心产品为 ptt 注射剂、blsn 注射剂和 xnn 胶囊。其中 ptt 注射剂为主要核心产品，2018 年，该单一产品销售额已超 10 亿元，成为全国范围内为数不多的单品种销售收入达 10 亿元的大品种之一。

2019 年国家药品招投标、带量采购等医药政策密集出台，主要品种 ptt 注射剂未能进入 2019 年 8 月新版国家医保目录。

- **股权结构**

该企业股权结构如图 9-1 所示。

图 9-1　股权结构图

- **财务报表**

2021 年审计报告为保留意见、2020 年审计报告为带强调事项无保留意见。其余审计报告均为无保留意见。摘取了案例企业的部分财报数据，如表 9-1 ～ 表 9-7 所示。

表 9-1 利润表　　　　　　　　　　　　　　　　　　　（单位：亿元）

项目	2015年	2016年	2017年	2018年	2019年	2020年	2021年
营业收入	24.59	26.41	25.84	25.86	13.44	8.78	8.11
营业成本	4.64	5.59	5.52	6.29	5.37	3.18	3.08
销售费用	12.21	12.43	13.50	11.98	9.07	5.96	4.55
管理费用	2.64	2.85	2.23	2.40	2.71	2.37	2.58
财务费用	0.48	0.65	0.92	0.82	0.99	1.06	0.86
研发费用	—	—	0.93	1.56	1.91	2.53	0.39
资产减值损失	—	—	—	−0.16	−3.06	−5.69	−0.65
信用减值损失	—	—	—	—	−0.16	−1.57	−0.38
投资收益	0.03	−0.03	−0.04	−0.01	0.66	2.23	2.49
营业利润	4.16	4.41	2.58	2.55	−9.08	−11.24	−1.36
营业外收支	0.18	0.30	−0.08	−0.11	−0.11	−0.28	−0.20
利润总额	4.34	4.71	2.50	2.44	−9.20	−11.52	−1.55
所得税	0.64	0.82	0.65	0.45	−0.02	−0.03	−0.46
净利润	3.70	3.88	1.85	1.99	−9.75	−11.55	−2.02

表 9-2 资产负债表　　　　　　　　　　　　　　　　　（单位：亿元）

项目	2015-12-31	2016-12-31	2017-12-31	2018-12-31	2019-12-31	2020-12-31	2021-12-31
货币资金	5.20	12.02	4.72	5.12	4.05	1.64	1.72
应收票据	4.16	7.27	8.68	7.77	0.62	0.18	0.10
应收账款	6.28	7.64	6.50	7.67	6.93	4.44	2.02
预付款项	1.65	1.85	2.92	1.18	0.53	0.37	0.08
存货	1.61	2.36	2.76	2.69	3.26	2.32	1.55
流动资产合计	19.34	31.98	25.82	25.90	17.84	10.22	6.78
长期股权投资	2.32	2.06	3.19	3.23	2.98	1.46	1.03
固定资产	3.25	4.41	7.03	7.83	9.63	9.47	6.42
在建工程	1.59	2.27	0.82	2.66	2.69	0.83	0.88
无形资产	0.63	0.89	0.88	1.11	1.30	0.95	1.00
开发支出	0.07	0.74	1.60	2.38	2.36	1.50	1.10
商誉	6.88	7.06	7.06	7.37	4.33	0.72	0.33
非流动资产合计	15.09	19.36	22.87	26.37	25.66	16.68	11.15
资产总计	34.43	51.34	48.69	52.27	43.50	26.90	17.92
短期借款	5.16	7.79	5.30	7.30	10.91	9.40	4.76
应付账款	1.34	1.11	1.14	1.95	1.87	1.86	1.23
预收款项	0.25	0.33	0.54	0.46	0.49	—	—
其他应付款	1.73	1.65	1.24	1.13	1.05	2.04	2.05

（续）

项目	2015-12-31	2016-12-31	2017-12-31	2018-12-31	2019-12-31	2020-12-31	2021-12-31
1年内到期的非流动负债	—	0.30	0.91	1.65	2.15	4.83	3.89
流动负债合计	9.76	12.93	10.47	13.83	16.72	18.59	13.61
长期借款	1.61	1.77	1.87	0.76	—	—	—
应付债券	—	9.93	9.96	7.98	3.88	—	—
非流动负债合计	2.25	12.29	12.21	9.82	7.40	1.93	1.03
负债总计	12.01	25.22	22.69	23.65	24.12	20.52	14.65
股本	3.37	4.17	4.17	4.17	4.17	4.17	4.17
资本公积	10.25	9.09	7.33	6.61	6.48	6.48	6.17
未分配利润	7.33	9.83	11.23	12.96	4.11	−6.57	−8.21
所有者权益合计	22.42	26.12	26.00	28.62	19.38	6.38	3.28

表 9-3　现金流量表　　　　　　　　　　（单位：亿元）

项目	2015年	2016年	2017年	2018年	2019年	2020年	2021年
经营活动现金流净额	0.92	0.12	1.52	3.51	0.36	−2.72	1.24
投资活动现金流净额	−7.36	−4.76	−6.05	−2.00	−0.50	4.43	2.73
筹资活动现金流净额	9.49	11.44	−2.75	−1.13	−0.94	−4.15	−3.87
销售商品、提供劳务收到的现金	23.10	24.68	27.15	27.92	20.69	9.15	10.11

- 前五大客户和前五大供应商

表 9-4　客户与供应商

前五大客户			前五大供应商		
年	合计销售额（亿元）	占年度销售总额比例（%）	年	合计采购额（亿元）	占年度采购总额比例（%）
2015	3.52	14.33	2015	1.46	35.06
2016	3.90	14.89	2016	1.38	24.39
2017	3.57	13.82	2017	1.22	22.19
2018	3.88	15.00	2018	1.24	27.58
2019	1.92	14.30	2019	1.38	32.95
2020	1.27	14.24	2020	0.68	35.30
2021	1.88	23.15	2021	0.18	22.25

- 研发数据

表 9-5　研发信息

年	研发人员（人）	研发投入金额（亿元）	占营业收入比率（%）	资本化金额（亿元）	研发投入资本化比率（%）
2015	202	0.88	3.56	0.07	8.48
2016	421	1.50	5.67	0.36	24.20
2017	490	1.84	7.11	0.90	48.98
2018	521	2.44	9.44	0.95	38.93
2019	552	2.15	15.99	0.65	30.39
2020	433	2.15	28.41	−0.32	−15.11
2021	220	0.62	7.64	0.27	43.00

- 产品构成

表 9-6　营业收入构成（按产品分类）　　（单位：亿元）

产品	2015年	2016年	2017年	2018年	2019年	2020年	2021年
注射剂	20.84	20.30	19.21	17.88	5.31	4.42	4.90
固体制剂	2.75	3.18	3.08	3.44	3.00	1.29	0.79
原料药	0.02	1.59	1.82	2.18	3.01	1.37	0.07
其他	0.99	1.33	1.73	2.35	2.12	1.70	2.36
总收入	24.59	26.41	25.84	25.86	13.44	8.78	8.11

第二部分：财务报表分析

- 财务指标计算

根据 JF 的财务报表（见表 9-1～表 9-3）计算财务指标，并整理如表 9-8 所示。

1. 盈利能力分析

（1）营业收入

把营业收入按照产品分类（见表 9-6）做成柱状图，如图 9-2、图 9-3 所示（实务中选择两种柱状图中的任一种即可）。

JF 的营业收入由注射剂、固体制剂、原料药和其他产品的销售所构成。

根据 JF 前五大客户统计数据（见表 9-4）分析，客户集中度风险较低。

表 9-7 营业收入与毛利率（按产品分类） （单位：亿元）

产品	2015年 收入	2015年 毛利率	2016年 收入	2016年 毛利率	2017年 收入	2017年 毛利率	2018年 收入	2018年 毛利率	2019年 收入	2019年 毛利率	2020年 收入	2020年 毛利率	2021年 收入	2021年 毛利率
注射剂	20.84	85.6%	20.30	86.4%	19.21	87.1%	17.88	86.0%	5.31	74.4%	4.42	77.8%	4.90	71.0%
固体制剂	2.75	61.3%	3.18	61.8%	3.08	61.7%	3.44	59.3%	3.00	61.1%	1.29	66.1%	0.79	59.7%
原料药	0.02	56.5%	1.59	98.6%	1.82	41.8%	2.18	46.5%	3.01	41.8%	1.37	47.9%	0.07	0.0%
其他	0.99	42.8%	1.33	54.9%	1.73	53.8%	2.35	48.0%	2.12	48.6%	1.70	37.2%	2.36	46.5%
总收入	24.59	81.1%	26.41	78.8%	25.84	78.6%	25.86	75.7%	13.44	60.0%	8.78	63.8%	8.11	62.0%

表 9-8 财务指标分析 （单位：亿元）

项目	2015-12-31	2016-12-31	2017-12-31	2018-12-31	2019-12-31	2020-12-31	2021-12-31
营业收入	24.59	26.41	25.84	25.86	13.44	8.78	8.11
营业成本	4.64	5.59	5.52	6.29	5.37	3.18	3.08
销售增长率（%）	—	7.40	−2.16	0.08	−48.03	−34.67	−7.63
JF毛利率（%）	81.13	78.83	78.64	75.68	60.04	63.78	62.02
三费合计	15.33	15.93	16.65	15.20	12.77	9.39	7.99
三费占营业收入比率（%）	62.34	60.32	64.43	58.78	95.01	106.95	98.52
销售费用	12.21	12.43	13.50	11.98	9.07	5.96	4.55
管理费用	2.64	2.85	2.23	2.40	2.71	2.37	2.58
财务费用	0.48	0.65	0.92	0.82	0.99	1.06	0.86
净利润	3.70	3.88	1.85	1.99	−9.75	−11.55	−2.02
收现比	0.94	0.93	1.06	1.08	1.54	1.04	1.25
净现比	0.25	0.03	0.82	1.76	—	—	—
资产回报率（ROA）（%）	5.34	3.56	1.99	1.76	−15.13	−29.15	−1.37

（续）

项目	2015-12-31	2016-12-31	2017-12-31	2018-12-31	2019-12-31	2020-12-31	2021-12-31
净资产收益率（ROE）(%)	8.19	6.99	3.72	3.22	-33.95	-122.89	-7.48
净利润/营业收入(%)	15.05	14.69	7.16	7.70	-72.54	-131.55	-24.91
营业收入/总资产	0.35	0.24	0.28	0.23	0.21	0.22	0.05
总资产/所有者权益	1.54	1.97	1.87	1.83	2.24	4.22	5.46
息税折旧及摊销前利润（EBITDA）	5.31	6.02	4.32	4.31	-7.79	-9.39	-0.47
利息覆盖倍数	11.06	9.26	4.70	5.26	—	—	—
偿债覆盖率	0.91	0.64	0.59	0.43	—	—	—
现金循环周期（天）	173.79	283.74	317.14	257.29	295.42	241.51	131.51
应收账款周转天数（天）	152.84	203.24	211.49	214.94	202.23	189.43	94.11
存货周转天数（天）	124.91	151.99	180.00	153.96	218.55	262.64	181.17
应付账款周转天数（天）	103.97	71.48	74.35	111.61	125.36	210.57	143.77
杠杆比率	0.30	0.76	0.69	0.62	0.87	2.23	2.64
杠杆比率（净）	0.07	0.30	0.51	0.44	0.67	1.97	2.11
有息负债	6.77	19.79	18.04	17.69	16.94	14.23	8.65
短期借款	5.16	7.79	5.30	7.30	10.91	9.40	4.76
长期借款	1.61	1.77	1.87	0.76	—	—	—
1年内到期的非流动负债	—	0.30	0.91	1.65	2.15	4.83	3.89
应付债券	—	9.93	9.96	7.98	3.88	—	—

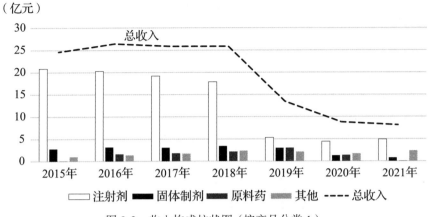

图 9-2 收入构成柱状图（按产品分类 1）

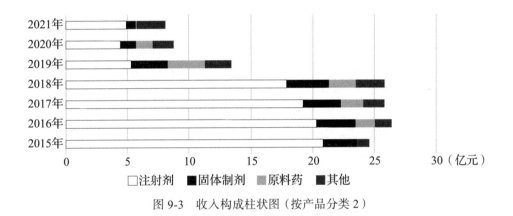

图 9-3 收入构成柱状图（按产品分类 2）

2015～2018 年，注射剂产品是营业收入的主要贡献者，注射剂产品的销售收入占总营业收入的比例分别约为 85%、77%、74% 和 69%。这 4 年里，注射剂产品的销售收入以及占营业收入的比例，都在逐年下滑。图 9-2 和图 9-3 中显示，2015～2018 年注射剂产品销售收入下滑的速度比较缓慢，2019 年注射剂产品销售收入出现了断崖式下滑，比 2018 年的销售收入下降了 70%，自 2015 年以来第一次低于非注射剂产品的合计销售收入，2019 年注射剂产品销售收入占总营业收入的比例下降至 39.51%。2020 年、2021 年，注射剂产品的销售收入保持在 4.5 亿元左右。随着 JF 把部分子公司股权转让，并表的子公司越来越少，非注射剂产品的合计销售收入也明显下降，回落至 2015 年的水平。

从 JF 营业收入的变化趋势上看，2019 年营业收入下降幅度最大，是 JF 走向衰落的一个重大转折点，但仔细分析就会发现，问题其实早在2016年就已经出现。

2016年和2017年，JF的营业收入增长率分别是7.4%和-2.2%。2017年JF在年报中披露的行业信息为："根据国家统计局数据，2017年医药制造业主营业务收入呈上升趋势，全年实现累计收入28,186亿元，同比增长12.5%；与2016年相比，行业收入增速上升2.8%。"与行业收入增长数据对比，2016年JF的收入增长速度已低于行业增速水平，2017年JF收入增长是负增长，更是远远低于行业水平。

JF上市后不断地通过收购实现快速增长，但实际的内驱力不足，单一产品的依赖度很高，抗风险能力弱。营业收入的持续性和稳定性存在高度的不确定性。2016年问题就已经出现，2019年核心产品ptt注射剂未能进入国家医保目录，问题彻底暴露了出来。

根据JF披露的信息，2020年JF的营业收入下降幅度比同行业大，以此判断JF业绩下降，并非由于行业受到宏观环境的影响，而是企业自身出现了严重的问题。截至2021年末，营业收入跌至8.11亿元，仅为顶峰时期2016年营业收入的31%。

（2）毛利率

把注射剂、固体制剂、原料药和其他这四类产品的毛利率拆分（见表9-7），并制作图（见图9-4）。

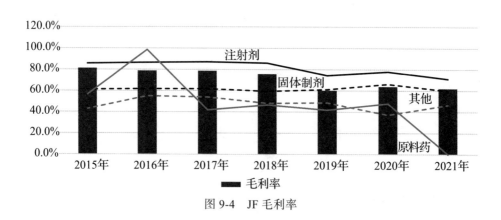

图9-4 JF毛利率

2015年，JF的毛利率为81.13%，是历史最高点，从2016年开始，随着营业收入增长率降低，毛利率逐年下滑，2019年毛利率跌幅最大，跌至60.04%，是五年中的最低点，之后两年里保持在这个水平。

从 JF 毛利率图（见图 9-4）中可以观察到，JF 的几类产品中，核心产品注射剂的毛利率最高，表现相对最稳定；固体制剂的毛利率表现也比较稳定，基本保持在 60% 的水平；而原料药的毛利率波动幅度最大，在 2016 年毛利率高于注射剂产品毛利率，而后一直大幅下滑；其他产品的毛利率较低、波动幅度也较大。

由于固体制剂、原料药和其他产品的毛利率低于注射剂的毛利率，因此也拉低了 JF 综合毛利率水平。

A 股中有些医药制造企业的注射剂单品毛利率超过 90%，如步长药业旗下的丹红注射液在 2015 年的毛利率达到了 94.5%。与之相比，JF 注射剂产品的毛利率水平并不算行业里盈利能力强的。

选择 A 股中与 JF 营业收入相近的 2 家医药制造企业进行毛利率的横向对比分析：

THDB 是一家生产和销售硬胶囊剂、片剂、颗粒剂、小容量注射剂和原料药的企业；

LMYY 是一家生产和销售粉针剂、片剂、大容量注射剂和小容量注射剂的企业。

对比 3 家企业 2015～2021 年的毛利率，如图 9-5 所示。

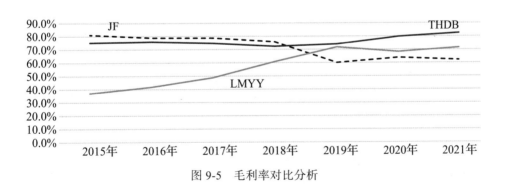

图 9-5　毛利率对比分析

2015～2018 年这 4 年中，JF 的毛利率是 3 家企业中最高的一家。THDB 的毛利率表现得最稳定，保持在 75% 左右。LMYY 的毛利率表现出持续的增长趋势，2015～2018 年毛利率从 40% 攀升至 60%。2019 年开始，JF 的毛利率下跌至 60%，而之后的两年，THDB 和 LMYY 的毛利率均保持增长。

（3）三项费用（销售费用、管理费用及财务费用）

JF 的三项费用中，销售费用占三项费用之和的比例是最大的，这符合医药制造企业的行业特性，医药制造行业的销售费用相比其他行业偏高。2018 年两票制⊖推行后，行业销售费率整体又有所提升，跟同业 2 家企业对比（见图 9-6）来看，JF 的销售费率（销售费用占营业收入的比例）在几年内都是一直明显高于另外 2 家。JF 的销售费率比 THDB 高出 20%～30%。

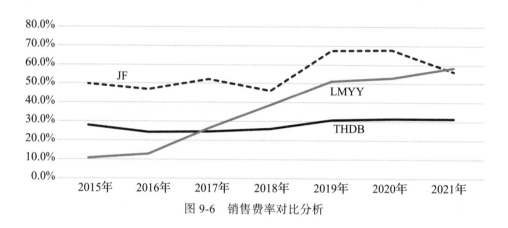

图 9-6　销售费率对比分析

JF 的三项费用中，不仅销售费率高，财务费用也偏高，导致三费占营业收入比例明显高于行业另外 2 家企业（见图 9-7）。THDB 的三费占比是 3 家企业中最稳定的，约为 40%，期间还有 2 年低至 30%。而 JF 的三费占比从 2018 年开始大幅增加，从 60% 攀升至 100%，与同业的三费占比差距越来越大。

（4）研发费用

对于一个医药制造企业来讲，研发投入是关系到企业发展前景的决定性投入，这也是该行业周期长、见效慢、风险高的原因。

根据 JF 的研发信息（见表 9-5）分析，JF 在研发方面一直都有持续的投入。与同业另外 2 家企业对比（见图 9-8），研发投入占营业收入的比率是 3 家企业中 5 年平均最高的，当然 2019～2021 年这 3 年比率偏高，主要是营业收入跌幅较大所致。

JF 研发人员数量在 2020 年大幅减少，员工流失率约为 22%。在 2019 年出现营业收入大幅下降后，研发团队人员数量也在 2020 年出现大幅缩减。2021 年

⊖ 两票制是指药品从药厂卖到一级经销商开一次发票，经销商卖到医院再开一次发票。其目的是减少药品流通环节，使中间加价透明化，规范市场行为。

研发投入大额减少，缩减到 6000 多万元，研发团队人员数量缩减到 220 人，基本上回到了 2015 年的水平。研发人员数量的骤减以及研发投入的缩减均是企业发展的负面信号。

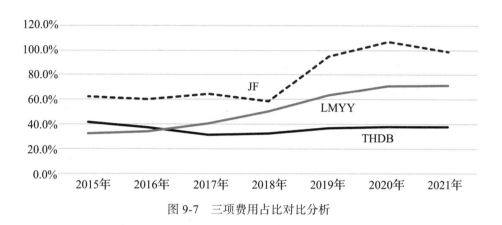

图 9-7　三项费用占比对比分析

研发投入资本化是医药制造企业的又一个财务特征。在第 5 章中曾讲过，研发投入的资本化操作可以减少企业当年的费用，使得当年的净利润增加、资产增加，经营活动产生的现金流量净额增加。

通过 JF 与行业另外 2 家企业研发投入资本化比率的对比（见图 9-8），不但可以发现研发投入资本化是医药制造行业的惯例，而且可以发现研发投入资本化比率是没有既定的标准的。

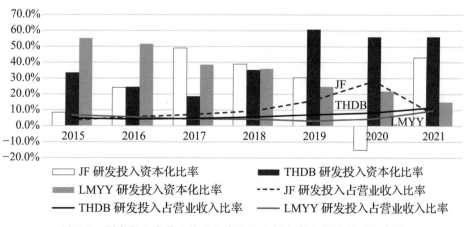

图 9-8　研发投入占营业收入比率和研发投入资本化比率对比分析

3 家企业里，THDB 的研发投入资本化比率是 5 年平均最高的，尤其是 2019～2021 年这 3 年，高达 55% 以上。JF 在 2017～2018 年的 2 年中研发投入资本化比率较高，2017 年接近 50%。

（5）净利率

JF 的三费占营业收入比率远高于同业另外 2 家企业，三费高吞噬了毛利，这大大影响了 JF 的净利率水平。

2015 年 JF 的净利率是历史最高点（见表 9-8），为 15.05%，2016 年小幅下滑，2017 年出现了明显的下滑，约跌至两年前净利率的一半，仅为 7.16%，2018 年回弹至 7.7%。2019 年并购累积的商誉开始减值，长期股权投资和应收账款也出现大幅减值损失。2019～2021 年的净利润分别亏损 9.75 亿元、11.55 亿元和 2.02 亿元，3 年累计亏损 23.32 亿元。

跟同业另外 2 家企业对比（见图 9-9），2015～2018 年，JF 的净利率是逐年下滑的，THDB 和 LMYY 的净利率均是持续稳定增长的。2019 年开始 JF 的净利率跟同业企业表现出的差距增大，LMYY 在 2019～2021 年也出现了亏损，而 THDB 的净利率表现出持续稳定且有小幅增长的趋势。

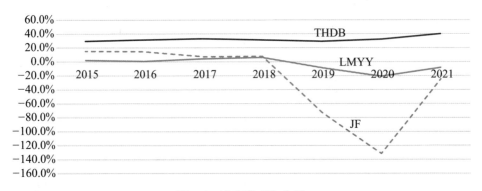

图 9-9　净利率对比分析

考虑到 JF 每年的研发投入都有一部分进行了资本化操作，这种操作实际上美化了净利润。如果把资本化的研发投入费用化并还原到利润表中，净利润和净利率将进行调整如表 9-9 所示。

2017～2018 年的研发投入资本化比率是历年最高的，资本化的金额分别为 9000 万元、9500 万元。如果把资本化的研发投入挪回到利润表，粗略计算，真实的净利率仅有 3.68% 和 4.02%。

表 9-9　净利润和净利率调整　　　　　（单位：亿元）

项目	2015 年	2016 年	2017 年	2018 年	2019 年	2020 年	2021 年
净利润	3.70	3.88	1.85	1.99	−9.75	−11.55	−2.02
净利率（%）	15.05	14.69	7.16	7.70	−72.54	−131.55	−24.91
调整净利润	3.63	3.52	0.95	1.04	−10.40	−11.23	−2.29
调整净利率（%）	14.76	13.33	3.68	4.02	−77.38	−127.90	−28.24

第 7 章中讲了收现比、净现比这 2 个财务指标，分别表示销售收入和净利润转化为现金流的比例。净现比这个指标比净利润更能反映出企业真实的盈利能力。

计算收现比和净现比（见表 9-8），分析结果可知，收现比较高，代表 JF 的销售收入转化成现金的能力较强。但净现比很低，在 2015～2016 年历史上净利润最高的这两年，净现比仅为 0.25 和 0.03，意味着这两年分别只有 25% 和 3% 的净利润转化为真实的现金流。可见这两年的净利润虽高，但并没有转化成真正的现金流。净利润存在水分，根据报表之间勾稽关系的逻辑分析，资产负债表中所有者权益和资产也同样会有水分。

整体上看，JF 存在收现比高而净现比低的问题，三项费用占营业收入比率高会有这样的表现，在后续现金流分析的部分还会继续探讨这个问题。

（6）资产回报率和净资产收益率

用第 8 章中讲述的方法，分别计算 ROA 和 ROE（见表 9-8）。

JF 的 ROA 较低，最主要的原因是营业收入/总资产的比值太低，这是由于并购累积的巨额商誉和长期股权投资增大了资产的数额，使得单位资产的营业收入产出很低，导致总资产效率较低。

在第 8 章讲过判断一个企业是否应该举债的逻辑，当 ROA 低于借债的财务成本时，企业是不应该举债的，换言之，金融机构不应该提供借款给这样的企业。

按照这个逻辑来判断 JF 的债务是否合理：2016 年，JF 成功发行 10 亿元债券，分别为 2 亿元（3 年期，利率 5.9%）和 8 亿元（5 年期，利率 3.78%）。2016 年新增短期借款 2.63 亿元。2016 年中国人民银行发布的短期贷款利率为 4.35%，中长期贷款利率为 4.75%。而 JF2016 年的 ROA 仅为 3.56%，低于借款的贷款利率。并且上文中已经分析出，研发投入资本化的操作美化了净利率，这意味着真实的 ROA 比 3.56% 还要低。JF 的资产回报率是远低于贷款利率的，显然主营业务盈利能力跟如此激进的融资策略是不匹配的。

正是由于采用了高杠杆的融资策略，JF 的 ROE 高于 ROA⊖（见表 9-8），根

⊖ 2019～2021 年，ROA 与 ROE 均为负值，无比较分析的意义。

据杜邦理论，ROE 高主要是由于财务杠杆所驱动。

医药行业的 ROE 普遍较高，平均在 10% 以上，有些企业的 ROE 高达 25% 以上。2015 年，JF 的 ROE 达到五年中最高点 8.19%，依然低于行业平均水平。

接下来我们使用第 6 章所讲述的内容，评估 JF 的资产质量。

（7）流动资产

首先，用第 5 章中讲述的利息收入验证货币资金的方法来评估 JF 货币资金的真实充裕度。

计算每年的利息收入与货币资金（期初与期末平均数）的比值，结果如表 9-10 所示，每一年的比值都远低于 7 天通知存款的利率（1.1%）。以此判断，JF 真实的货币资金充裕程度远远低于资产负债表时点的货币资金数字，现金流是非常紧张的。

表 9-10　利息收入与货币资金的比值　　　（单位：亿元）

项目	2015 年	2016 年	2017 年	2018 年	2019 年	2020 年	2021 年
利息收入	0.026	0.027	0.037	0.022	0.067	0.014	0.006
利息收入/货币资金（%）	—	0.078	0.111	0.112	0.365	0.123	0.089

注：货币资金=（期初余额+期末余额）/2。

然后评估应收票据、应收账款、存货以及预付款项等其他流动资产。

JF 的应收票据基本上是银行承兑汇票，收款的确定性可以保障。但应收账款存在坏账的可能，根据年报中披露的信息，主要为 1 年期应收账款，坏账计提比例为 5%，属于行业正常计提水平。

存货从 2016 年开始持续增长，根据年报中披露的信息，并未计提坏账损失，存在一定的水分。

2015～2017 年，预付款项呈现增长的趋势，2017 年大幅增长，比上一年增长了 58%。在表 9-4 中，前五大供应商的采购合计金额占年度采购总额的比例分析可知，JF 的前五大供应商集中度并不高。预付款项的增长是一个负面信号，代表着与上游供应商的议价能力减弱，或者是存在通过预付款项的形式把资金流转出去，然后构造虚假交易虚增营业收入的财务舞弊行为。

（8）非流动资产

在表 9-2 中，2015～2018 年，商誉和长期股权投资的合计金额占非流动资产合计金额的比例较高，而这两类资产都是多次并购积累所致，存在着泡沫，子公司业绩达不到对赌要求，商誉将面临大额减值。公司的营业收入是依靠收购的子公司产生的收入支撑的,可持续性和稳定性存在着很大的不确定性。(第5章通过案例展示了商誉存在大额资产减值风险。)

(9) EBITDA

计算 EBITDA(见表9-8),2015年和2016年,这两年里 EBITDA 合计就超过了10亿元。在第8章讲到这个指标的时候,已经强调过,该指标中包含的"E",也就是净利润,这个数值本身是一个计算出来的数值,其中包含了很多人为的假设和估计。净利润并不等同于现金流,JF 的净现比是极低的,因此 EBITDA 这个数值是失真的,失去了参考价值。即便在 2015~2018年,EBITDA 的数值都很高,但这并不能代表企业真正的盈利能力。

2. 营运能力分析

分别计算应收账款周转天数、存货周转天数和应付账款周转天数,并计算现金循环周期(见表9-8)。

从 2016 年开始,资产负债表中(见表9-2)应收账款和存货的增长率比利润表中(见表9-1)营业收入增长率高,导致应收账款和存货的周转天数大幅增加。虽然营业收入有所增长,但应收账款周转变慢,证明 JF 是以更激进的赊销策略为代价在换取营业收入的增长,这并不是一个健康的发展趋势。即便通过这样的方式,企业的营业收入增长率依然是低于行业平均水平的,这也充分体现出企业的产品缺乏真正的市场竞争力。同时存货周转变慢,这也同样代表着营运能力减弱和转化成销售的能力减弱。应收账款和存货的增长都意味着现金流变差,销售商品转化成现金的比例减少,当然这也意味着存在虚增营业收入、虚增应收账款和存货的可能性。

2016 年和 2017 年应付账款周转天数变短(见表9-8),可见 JF 不仅对下游客户议价能力减弱,对上游供应商的议价能力也同样下降。一个企业被上下游同时挤压,会导致现金流更加紧张。

2016 年,由于应收账款周转天数、存货周转天数和应付账款周转天数的同时恶化,导致当年现金循环周期大幅增加,从 2015 年的 173.79 天增加到 283.74 天,增加了约 110 天。2017 年现金循环周期继续恶化,增加至历史最高 317.14 天。2018~2020 年现金循环周期均在 240 天以上。

从营运能力的分析中,也可以发现,JF 从 2016 年就已经出现了严重的问题。

3. 偿债能力分析

计算 JF 的有息负债总额,包含短期借款、1 年内到期的非流动负债、长期借款以及应付债券,并以此为基础,计算杠杆率和净杠杆率(减货币资金),结果（见表9-8）。

JF在2016年的有息负债增至19.79亿元，包括短期借款新增的2.63亿元和发行的10亿元债券（见表9-8）。激进的融资策略带来的最直接的影响就是巨额的财务费用，2017年财务费用达到近亿元。2019年短期借款规模比2018年增加了3.61亿元，证明仍然有银行愿意向JF提供贷款。而2019年开始长期借款金额降为零，这个信号意味着金融机构对企业的信心减弱，不愿意再提供更长时间的借款了。截至2021年末，JF已有部分贷款逾期，已到期但未偿付的3.89亿元债券仍在不断展期。

首先分析杠杆率（见表9-8），由于2016年的货币资金里包含发债的资金，2016年的杠杆率和净杠杆率差距较大。上文中已经验证过JF真实的货币资金并不充裕，因此净杠杆率低失去参考意义。

2016年发行债券后，杠杆率数值攀升至0.76，其实对于生产制造型企业来讲，JF的杠杆率数值属于正常范围。但通过上文分析得知2015～2016年的净现比很低、净利润是存在水分的，这导致净资产也存在水分，净资产水分越大，计算得出的杠杆率比实际的就越低。因此可以确定的是，通过财务报表数据计算得出的杠杆率比实际偏低，真实的杠杆率跟计算数值有很大的差异，要远高于0.76。

本书中一再强调，实务中切忌刻板地通过财务指标的计算数值来判断风险，这也是为什么要把三张报表勾稽起来分析，要通过交叉验证的方式明确利润是否存水分、资产是否存在水分、是否隐藏了负债等。

上文中已经得出的结论是EBITDA这个指标是失真的，没有参考价值，因此用EBITDA计算出的利息覆盖倍数，也是失真的，偿债覆盖率（DSCR）也面临同样的问题。

这个案例里体现了EBITDA这个指标在实务应用中存在的问题和局限性，如果一个企业的净利润本身水分就非常大，使用EBITDA来衡量盈利能力和偿债能力会使得判断结果太过于乐观，偏离实际太多。同样，计算得出的利息覆盖倍数和偿债覆盖倍数结果也比实际情况乐观。比如本案例表9-8中呈现的结果。这两个衡量企业偿债能力的数值，在此失去了参考价值。

上文中已经分析并验证过JF真实的货币资金并不充裕，并且应收账款和存货等流动资产也存在水分，因此没有必要再计算流动比率和速动比率。

当以上几个财务指标失去了参考价值时，该如何评估企业的偿债能力。一方面可以采用前面提到的ROA是否高于融资成本的判断方法，另一方面还需要采用现金流分析。当然现金流分析适用于所有情况，并不是只在某些财务指标失真时才使用。

4. 现金流分析

计算自由现金流，并制作柱状图，如表 9-11、图 9-10 所示。

表 9-11 现金流量表（自由现金流） （单位：亿元）

项目	2015 年	2016 年	2017 年	2018 年	2019 年	2020 年	2021 年
经营活动现金流净额	0.92	0.12	1.52	3.51	0.36	−2.72	1.24
投资活动现金流净额	−7.36	−4.76	−6.05	−2.00	−0.50	4.43	2.73
筹资活动现金流净额	9.49	11.44	−2.75	−1.13	−0.94	−4.15	−3.87
自由现金流	−6.44	−4.64	−4.53	1.51	−0.14	1.71	3.97

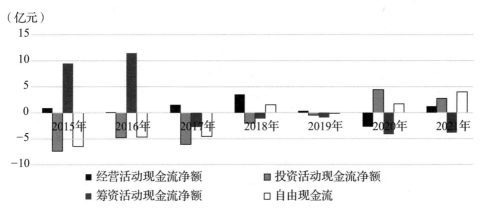

图 9-10 现金流量表分析柱状图

图 9-10 中，除了 2020 年，经营活动现金流净额都是正值，虽然波动幅度较大，并且跟净利润的差额也比较大（体现为净现比低），但可以表现出 JF 的主营业务本身是可以创造正向现金流的。

2015～2018 年，投资活动支出金额巨大，尤其是前 3 年，投资活动现金流净额表现为坐标轴向下的负值非常明显。这 4 年投资活动主要是并购以及新建固定资产，投资活动现金流净额合计约为负 20 亿元。2020 年和 2021 年投资活动现金流净额转为正值，并不是实现了真正的投资收益，而是出售部分子公司股权获得的收益。

筹资活动现金流净额，只有 2015 年和 2016 年获得了筹资的正向现金流，此后几年再没有通过筹资活动获得正向的现金流。

用经营活动现金流净额减去投资活动现金流净额⊖，粗略计算自由现金流。2015～2017 年，自由现金流都是负值，跟经营活动现金流净额差距很大，很显然，JF 经营活动现金流净额无法覆盖投资活动支出，而是通过筹资活动获得现金流，即通过借债来支撑着巨额的投资活动现金流出。2018 年的自由现金流表现为正值，主要是由于投资活动支出大大减少；2020～2021 年的自由现金流表现为正值，主要是由于停止了投资活动支出，并通过出售部分子公司股权获得现金流。

通过现金流分析，很容易看清楚，JF 的并购和扩张是依靠借债获得的现金流，并非通过主营业务创造的现金流，并且经营活动现金流入与投资活动现金流出相差巨大，显然自身的盈利能力和激进的发展战略是不匹配的。

5. 总结

以上就是一个完整的财务报表分析案例。

能否在一个企业暴露出问题前，通过财务报表分析有效地评估和判断企业存在的风险，避免违约风险发生？以上案例分析足以证明这一点。

2019 年 JF 的营业收入和净利润断崖式下跌，核心产品未进入医保目录这个事件，很容易被误认为是导致该公司亏损乃至发生债务违约的导火索，从而把注射剂产品未进入医保目录这个事件理解成 JF 的核心问题，把导致一个企业走向衰落和债务违约的原因，归咎于政策风险。尤其是对于信贷业务的新手来讲，找到一个问题表面上的原因，很可能就会驻足不前。往往这些表面的原因会掩盖真正的事实。

只有对财务报表完整的分析才能够找到企业真正的问题所在。该企业选择了激进的发展战略，通过并购式的发展策略快速实现营业收入的增长，内驱力不足，盈利能力的持续性和稳定性较弱，抗风险能力低；采用了与自身主营业务盈利能力不匹配的高杠杆融资策略和不合理的资本结构，财务成本高，现金流不足，使得该企业流动性风险越来越高，一步步走向巨额亏损和违约的结局。

熟练掌握三张报表的勾稽关系和底层逻辑，就能把三张报表整合起来分析，有效地评估企业盈利能力、营运能力和偿债能力，并且可以清晰地识别出每一个风险点。

⊖ 此处使用了投资活动产生的现金流量净额的绝对值。

CHAPTER 10

第 10 章

财务预测与模型搭建

财务模型的搭建是从事公司信贷业务工作的基本功之一,银行向企业提供1年期以上的贷款时,需要搭建财务模型,对企业未来的财务数据进行预测和分析。

一听到财务模型,很多人可能会有畏难情绪,觉得模型的搭建是一项很难的工作。其实信贷业务中需要搭建的财务模型是相对简单的,并不复杂。成熟的商业银行都有内部的评级系统,可以通过系统协助完成建模。如果没有内部的评级系统,还可以用 Excel 表格完成。建模的全过程只需要简单地加减运算,并不需要使用任何复杂的函数。

为什么本来并不复杂的财务模型搭建在很多从业者看来都觉得是个难题呢?问题包括三个方面:一是对三张报表的勾稽关系掌握得不够熟练,面对三张报表时不知道从哪儿下手,搞不清楚预测的前后顺序;二是分不清楚哪些科目是需要预测的,哪些科目是需要计算出来的;三是搞不清楚预测时该如何选择预测基准数值。

本章以一个生产制造企业作为实战案例,一步步讲解如何完成财务模型的搭建。模型搭建的过程演示也是对以上提到的三个方面难题的逐一解答。相信大家通过本章的学习,一定可以掌握模型搭建的要领和步骤,只要勤加练习,定会熟能生巧。

现在我们就开始吧。

第一步：整理数据。

搭建财务模型的第一步是整理企业的历史财务数据。历史数据整理的完整度越高，财务预测才能做得越精确。建模时通常采用过往至少3个完整且连续的会计年度数据，把利润表和资产负债表中的数据分别整理到Excel表格里（无须整理现金流量表）。

本章案例的历史数据整理自企业2019～2021年公开披露的年报信息，整理结果如表10-1～表10-3所示。

表10-1　历史数据——利润表　　　　　　　　（单位：亿元）

项目	历史数据			预测	
	2019年	2020年	2021年	2022年	2023年
营业收入	45.79	47.05	51.77		
营业成本	31.06	31.15	39.69		
税金及附加	0.16	0.18	0.15		
销售费用	2.12	1.34	1.46		
管理费用	1.62	1.66	1.33		
财务费用	1.48	1.02	0.85		
利息支出	1.23	0.72	0.34		
利息收入	0.06	0.06	0.05		
研发费用	0.65	0.89	1.09		
资产减值损失	−0.29	−0.09	−0.05		
信用减值损失	−0.70	−0.06	0.28		
投资收益	−0.03	−0.15	−0.21		
营业利润	7.84	10.49	7.28		
营业外收支	−0.22	−0.39	0.47		
利润总额	7.62	10.09	7.75		
所得税费用	0.21	0.29	0.22		
净利润	7.41	9.81	7.53		

表10-2　历史数据——资产负债表（资产）　　　（单位：亿元）

项目	历史数据			预测	
	2019-12-31	2020-12-31	2021-12-31	2022-12-31	2023-12-31
货币资金	9.05	16.20	15.44		
交易性金融资产	—	1.51	13.01		
应收票据	—	—	—		

（续）

项目	历史数据			预测	
	2019-12-31	2020-12-31	2021-12-31	2022-12-31	2023-12-31
应收账款	4.46	4.62	6.32		
应收款项融资	0.06	0.05	0.05		
预付款项	0.68	1.11	0.46		
存货	7.90	7.94	13.54		
其他应收账款	1.02	0.78	0.70		
其他流动资产	0.50	0.36	0.75		
流动资产合计	**23.67**	**32.57**	**50.24**		
其他权益投资工具	—	—	0.21		
其他非流动资产	3.02	7.45	1.86		
固定资产	34.67	32.85	30.40		
在建工程	0.57	2.78	19.22		
使用权资产	—	—	0.35		
无形资产	1.93	1.51	1.41		
递延所得税资产	0.20	0.21	0.25		
非流动资产合计	**40.39**	**44.80**	**53.71**		
资产总计	**64.06**	**77.37**	**103.95**		

表 10-3　历史数据——资产负债表（负债与所有者权益）（单位：亿元）

项目	历史数据			预测	
	2019-12-31	2020-12-31	2021-12-31	2022-12-31	2023-12-31
短期借款	1.06	1.66	0.62		
交易性金融负债	0.02	0.19	0.09		
应付票据	1.91	2.38	2.82		
应付账款	4.97	5.80	6.96		
预收款项	0.12	—	—		
合同负债	—	0.16	0.17		
应付职工薪酬	0.89	1.16	0.92		
应交税费	0.24	0.26	0.22		
其他应付款	0.71	2.86	2.12		
1年内到期的非流动负债	4.05	1.62	0.39		
流动负债合计	**13.97**	**16.10**	**14.32**		

（续）

项目	历史数据			预测	
	2019-12-31	2020-12-31	2021-12-31	2022-12-31	2023-12-31
长期借款	13.07	4.52	3.96		
应付债券	—	—	18.10		
租赁负债	—	—	0.24		
长期应付款	0.17	—	—		
长期应付职工薪酬	0.03	0.05	0.03		
预计负债	0.04	0.47	0.10		
递延收益	0.69	0.73	0.73		
非流动负债合计	**13.99**	**5.77**	**23.17**		
负债总计	**27.96**	**21.87**	**37.49**		
股本	5.81	6.50	6.50		
其他权益工具	—	—	3.96		
资本公积	11.66	23.06	23.11		
其他综合收益	1.13	−0.30	−0.86		
盈余公积	0.51	0.63	0.84		
未分配利润	17.00	25.59	32.92		
所有者权益合计	**36.10**	**55.50**	**66.46**		

以上3张表格即为整理好的利润表和资产负债表的历史数据。

实务中有一个默认的工作惯例，用颜色区分历史数据和预测数据，如以上表中，白色区域为历史数据，灰色区域为预测数据。

第二步：财务数据预测。

完成了历史数据的整理，进入到第二步，对未来财务年度的数据进行预测。

需要预测的两张表是利润表和资产负债表，现金流量表是不需要预测的，当完成了前两张表的预测，便可以推导出现金流量表。

本章案例企业是一家轮胎生产制造企业，以下对该企业财务数据的预测，是我基于案例演示和讲解进行的假设，并非来源于企业，仅供学习参考。

1. 利润表预测

首先需要预测的是利润表，下面来逐一完成利润表中各项目的预测。

（1）营业收入

预测营业收入的关键点是选取营业收入的增长率。

可以选取过往三年营业收入平均增长率作为预测的基准，也可以参考企业管理层给出的预期增长率。生产制造企业如有扩产中的在建工程项目，要根据完工和投产的进度预测未来的新增产能。无论采用哪个预测基准，都要基于对企业所处行业和市场的了解，都必须遵从事实的合理性。脱离事实盲目地预测得到的模型是毫无意义和分析价值的。

选定营业收入的增长率，把数值直接输入到 Excel 表格中，计算即可得到预测的营业收入。如果是粗略预测，用这个方法计算出营业收入就可以了。实务中如需对营业收入进行更精确的预测，需要对产品的产量、销量和价格分别进行预测，然后再计算出营业收入。

1）预测产量。假设本案例中的企业，现有在建工程项目将在未来两年中完工并投产，每年新增产量 400 万条。根据 2021 年的产量基数，计算出 2022 年和 2023 年的产量，分别为 2 644.05 万条与 3 044.05 万条，如表 10-4 所示。

表 10-4　预测产销量数据

收入要素	历史数据			预测	
	2019-12-31	2020-12-31	2021-12-31	2022-12-31	2023-12-31
产量（万条）	1 873.41	2 010.56	2 244.05	2 644.05	3 044.05
销量（万条）	1 920.62	2 016.26	2 124.08	2 511.85	2 891.85
价格（元）	238.00	233.00	244.00	238.33	238.44
产销率（%）	102.52	100.28	94.65	95	95

2）预测销量。销量的预测要基于产销率，所以首先计算出 2019～2021 年的产销率（=销量/产量）。可以采用最保守的产销率来预测，比如历史中最低的产销率，也可以采用三年平均的产销率来预测，还可以采用行业平均产销率水平进行预测。

本例中采用保守预测，以历史数据中最低的产销率数值约 95% 为预测基础，计算出 2022 年和 2023 年的销量，分别为 2 511.85 万条和 2 891.85 万条（见表 10-4）。

3）预测价格。产品销售价格的预测可以采用前三年的平均销售价格作为预测基准，也可以采用行业平均销售价格作为预测基准，或者根据市场实际行情和对未来价格走势的判断，选择合理的销售价格作为预测基准。

本例中采用前三年的平均销售价格作为预测基准（见表 10-4）。

产量、销量和价格预测完毕，计算出 2022 年和 2023 年的营业收入（=销量×价格），如表 10-5 所示。

表 10-5　预测利润表（营业收入）　　　　　（单位：亿元）

项目	历史数据			预测	
	2019 年	2020 年	2021 年	2022 年	2023 年
营业收入	45.79	47.05	51.77	59.87	68.95

注：表中数据都是根据公式计算得出，保留至小数点后两位，因此仅用表中数据进行计算，结果可能存在一些偏差。

实务中多业务板块、多产品种类的企业，可以按照上述方法，分别对每种产品的销售收入进行预测，最后加总即可得到总营业收入。

（2）营业成本

营业成本的确认遵循会计的配比原则，因此预测逻辑跟营业收入相同。营业成本的增长率可以取过往三年的平均增长率作为预测的基准，也可以参考企业管理层给出的营业成本预期增长率。同样也必须要遵从事实的合理性。

如果想要预测得更精确一些，可以根据该企业营业成本构成，分别对每一个构成要素进行预测，比如原材料、人工、制造费、运费等，然后加总得到总营业成本。

此外，还可以使用的方法是先预测毛利率，然后反向推导计算出营业成本。

此案例中使用反向推导法。保守预测，假设未来两年毛利率保持在历史最低水平，即 2021 年的毛利率 23%，然后反向推导计算出未来两年的营业成本，如表 10-6 所示。

表 10-6　预测利润表（营业成本）　　　　　（单位：亿元）

项目	历史数据			预测	
	2019 年	2020 年	2021 年	2022 年	2023 年
营业收入	45.79	47.05	51.77	59.87	68.95
营业成本	31.06	31.15	39.69	46.10	53.09

（3）销售费用、管理费用、财务费用

销售费用、管理费用和财务费用的预测，可以取过往三年各项费用占营业收入比例的平均值作为预测的基准，也可以参考企业管理层给出的预期增长率，还可以依据对企业实际情况的了解估计出一个比率，作为预测基准，只要遵从事实的合理性即可。

此案例中，假设未来在建工程完工并投产，销售费用比例增加，且随着新增产能用工的增加，管理成本也增加，未来两年没有重大投资计划，债务规模不再扩大。

基于以上假设，采用的预测数据，如表 10-7 所示。

表 10-7 预测三项费用

项目	历史数据			预测	
	2019-12-31	2020-12-31	2021-12-31	2022-12-31	2023-12-31
销售费用/营业收入（%）	4.63	2.85	2.82	3.00	3.00
管理费用/营业收入（%）	3.54	3.53	2.57	3.00	3.00
财务费用/营业收入（%）	3.23	2.17	1.64	1.50	1.50

把预测得到的数值填入利润表，如表 10-8 所示。

表 10-8 预测利润表（三项费用） （单位：亿元）

项目	历史数据			预测	
	2019 年	2020 年	2021 年	2022 年	2023 年
营业收入	45.79	47.05	51.77	59.87	68.95
营业成本	31.06	31.15	39.69	46.10	53.09
税金及附加	0.16	0.18	0.15	0.18	0.21
销售费用	2.12	1.34	1.46	1.80	2.07
管理费用	1.62	1.66	1.33	1.80	2.07
财务费用	1.48	1.02	0.85	0.90	1.03
利息支出	1.23	0.72	0.34		
利息收入	0.06	0.06	0.05		

要特别注意的一点是，财务费用是具有特殊性的，利息支出跟企业的有息负债规模高度相关。在此处，财务费用中利息支出和利息收入是先不进行预测的，暂时先空出来，待后续有息负债和货币资金科目的预测完成后，才能计算出这两项结果。

（4）研发费用

研发费用是研发投入中费用化的部分，预测时不仅要考虑费用化的研发投入，还要考虑到资本化的研发投入。

首先预测研发投入金额，可以参考过往三年研发投入占营业收入比例的平均水平，或者采用企业管理层提供的预期研发投入金额。研发投入的预测遵从企业自身的实际情况，同行业的研发投入数据参考意义不大。

假设此案例中，该企业未来会加大研发投入，预测 2022 年和 2023 年研发投入占营业收入的比例分别提高至 2.5% 和 3.0%，计算研发投入金额分别为 1.5 亿元和 2.07 亿元。

研发投入资本化比率并不体现在财务报表中，需要查询年报中披露的数据。如果每年的研发投入都有资本化，预测时可以继续保持资本化，资本化比率可以参考过往三年的历史平均水平。

此案例企业在过去三年中研发投入都未进行资本化，所以延续这个操作，资本化金额为 0，如表 10-9 所示。

表 10-9 预测研发投入

年	研发人员（人）	研发投入金额（亿元）	占营业收入比率（%）	资本化金额（亿元）	研发投入资本化比率（%）
2019	193	0.65	1.42	0.00	0.00
2020	206	0.89	1.89	0.00	0.00
2021	213	1.09	2.10	0.00	0.00
2022	—	1.50	2.50	0.00	0.00
2023	—	2.07	3.00	0.00	0.00

如涉及资本化操作，资本化部分金额需计入资产负债表无形资产或者研发支出科目里。

把预测得到的研发费用数值填入利润表，如表 10-10 所示。

表 10-10 预测研发费用 （单位：亿元）

项目	历史数据			预测	
	2019 年	2020 年	2021 年	2022 年	2023 年
营业收入	45.79	47.05	51.77	59.87	68.95
营业成本	31.06	31.15	39.69	46.10	53.09
税金及附加	0.16	0.18	0.15	0.18	0.21
销售费用	2.12	1.34	1.46	1.80	2.07
管理费用	1.62	1.66	1.33	1.80	2.07
财务费用	1.48	1.02	0.85	0.90	1.03
利息支出	1.23	0.72	0.34		
利息收入	0.06	0.06	0.05		
研发费用	0.65	0.89	1.09	1.50	2.07

（5）资产减值损失、信用减值损失、投资收益等

资产减值损失、信用减值损失及投资收益等科目，属于非经常性损益，所

以无须参照历史数据，粗略预测时可以直接预测为 0。如果想要预测得精确些，可以根据对企业情况的了解，自己判断和估计一个数值，或者根据企业提供的信息预测。

本案例假设资产减值损失、信用减值损失及投资收益为 0，如表 10-11 所示。

（6）计算营业利润

根据以上预测的数值，计算营业利润，如表 10-11 所示。

表 10-11　预测营业利润　　　　　　　　　　（单位：亿元）

项目	历史数据			预测	
	2019 年	2020 年	2021 年	2022 年	2023 年
营业收入	45.79	47.05	51.77	59.87	68.95
营业成本	31.06	31.15	39.69	46.10	53.09
税金及附加	0.16	0.18	0.15	0.18	0.21
销售费用	2.12	1.34	1.46	1.80	2.07
管理费用	1.62	1.66	1.33	1.80	2.07
财务费用	1.48	1.02	0.85	0.90	1.03
利息支出	1.23	0.72	0.34		
利息收入	0.06	0.06	0.05		
研发费用	0.65	0.89	1.09	1.50	2.07
资产减值损失	−0.29	−0.09	−0.05	0.00	0.00
信用减值损失	−0.70	−0.06	0.28	0.00	0.00
投资收益	−0.03	−0.15	−0.21	0.00	0.00
营业利润	7.84	10.49	7.28	7.60	8.41

（7）营业外收支

根据企业实际情况分析并进行预测。如果企业营业外收支金额非常固定，并且营业外收支占营业收入比例较大，比如政府补贴，则需要根据历史营业外收支占营业收入的比例进行预测。如果营业外收支金额小，不是稳定且连续的行为，则不重要，可以预测为 0。

此案例中企业没有固定的营业外收支，而且金额占营业收入的比例极小，所以直接预测为 0。

（8）计算利润总额

根据以上预测的数值，计算利润总额，如表 10-12 所示。

表 10-12 预测利润总额　　　　　　　　（单位：亿元）

项目	历史数据			预测	
	2019 年	2020 年	2021 年	2022 年	2023 年
营业收入	45.79	47.05	51.77	59.87	68.95
营业成本	31.06	31.15	39.69	46.10	53.09
税金及附加	0.16	0.18	0.15	0.18	0.21
销售费用	2.12	1.34	1.46	1.80	2.07
管理费用	1.62	1.66	1.33	1.80	2.07
财务费用	1.48	1.02	0.85	0.90	1.03
利息支出	1.23	0.72	0.34		
利息收入	0.06	0.06	0.05		
研发费用	0.65	0.89	1.09	1.50	2.07
资产减值损失	−0.29	−0.09	−0.05	0.00	0.00
信用减值损失	−0.70	−0.06	0.28	0.00	0.00
投资收益	−0.03	−0.15	−0.21	0.00	0.00
营业利润	7.84	10.49	7.28	7.60	8.41
营业外收支	−0.22	−0.39	0.47	0.00	0.00
利润总额	7.62	10.09	7.75	7.60	8.41

（9）所得税

所得税是不需要预测数值的，按照企业在年报中披露的所得税税率计算。

实际情况中企业有多家子公司，各家子公司所得税税率很可能不同，而且有些子公司可能会有税收优惠的特殊待遇。需要参照企业披露的享受税收优惠政策的起止日期等信息，如果未来两年所得税税率没有重大变化，预测时可以参考历史所得税税率，如果有子公司所得税税率将会发生重大变化，则需要按照实际的所得税税率来计算所得税。

（10）净利润

根据以上预测的数值，计算出净利润。

到此，除了利息支出与利息收入两项数据，利润表的预测数据就完成了，如表 10-13 所示。

2. 资产负债表预测

接下来逐一讲解资产负债表科目的预测。

（1）流动资产和流动负债

货币资金不是预测的，所以先空着，等到现金流量表完成以后，把计算出的货币资金数值带入到资产负债表中。

表 10-13 预测净利润 （单位：亿元）

项目	历史数据			预测	
	2019 年	2020 年	2021 年	2022 年	2023 年
营业收入	45.79	47.05	51.77	59.87	68.95
营业成本	31.06	31.15	39.69	46.10	53.09
税金及附加	0.16	0.18	0.15	0.18	0.21
销售费用	2.12	1.34	1.46	1.80	2.07
管理费用	1.62	1.66	1.33	1.80	2.07
财务费用	1.48	1.02	0.85	0.90	1.03
利息支出	1.23	0.72	0.34		
利息收入	0.06	0.06	0.05		
研发费用	0.65	0.89	1.09	1.50	2.07
资产减值损失	−0.29	−0.09	−0.05	0.00	0.00
信用减值损失	−0.70	−0.06	0.28	0.00	0.00
投资收益	−0.03	−0.15	−0.21	0.00	0.00
营业利润	7.84	10.49	7.28	7.60	8.41
营业外收支	−0.22	−0.39	0.47	0.00	0.00
利润总额	7.62	10.09	7.75	7.60	8.41
所得税费用	0.21	0.29	0.22	0.21	0.24
净利润	7.41	9.81	7.53	7.39	8.18

流动资产中的应收票据、应收账款及应收款项融资可以视为一体，简略预测时可以计算总值。

应收账款、预收款项和存货的预测，需要先计算历史数据中每个科目的周转率。

同理，流动负债中的应付票据、应付账款、预付款项、预收款项、应付职工薪酬和应交税费，也需要根据历史数据计算各项目的周转率，然后来倒推。具体做法如表 10-14 所示。

表 10-14 预测流动资产和流动负债部分科目 （单位：天）

项目	历史数据			预测	
	2019-12-31	2020-12-31	2021-12-31	2022-12-31	2023-12-31
应收账款周转天数	35.06	35.35	43.95	44.00	44.00
存货周转天数	91.56	91.76	122.81	123.00	123.00
应付账款周转天数	79.74	94.54	88.71	89.00	89.00
预付款项周转天数	5.35	8.49	3.20	5.68	5.79
应付职工薪酬	10.32	13.41	8.34	10.69	10.81
应交税费	2.78	3.00	2.00	2.59	2.53

此案例中，应收账款、存货和应付账款三者周转期的预测沿用了2021年的数据，即历史数据中表现最差的情况。信贷业务中做财务预测时，会设定悲观和乐观两种情景。可以采用最差的数据预测，计算悲观情景，采用历史平均值预测，计算乐观情景。

本案例中其他应收账款、其他流动资产、其他非流动资产等这些科目，占比不大，在预测时均可以假设不变。如实务中遇到这些科目占比很大的情况，要与企业对每一个科目进行确认再预测。

根据以上逻辑和方法，完成流动资产和流动负债的预测（有息负债除外），如表10-15所示。

表10-15 预测流动资产和流动负债　　　　　　　　（单位：亿元）

项目	历史数据			预测	
	2019-12-31	2020-12-31	2021-12-31	2022-12-31	2023-12-31
货币资金	9.05	16.20	15.44		
交易性金融资产	—	1.51	13.01	13.00	13.00
应收票据	—	—	—	—	—
应收账款	4.46	4.62	6.32	0.00	0.00
应收款项融资	0.06	0.05	0.05	0.05	0.05
预付款项	0.68	1.11	0.46	0.00	0.00
存货	7.90	7.94	13.54	0.00	0.00
其他应收账款	1.02	0.78	0.70	0.70	0.70
其他流动资产	0.50	0.36	0.75	0.75	0.75
流动资产合计	23.67	32.57	50.24	14.50	14.50
短期借款	1.06	1.66	0.62		
交易性金融负债	0.02	0.19	0.09	0.10	0.10
应付票据	1.91	2.38	2.82	3.31	2.70
应付账款	4.97	5.80	6.96	8.09	9.32
预收款项	0.12	—	—	—	—
合同负债	—	0.16	0.17	0.17	0.17
应付职工薪酬	0.89	1.16	0.92	1.37	1.59
应交税费	0.24	0.26	0.22	0.33	0.37
其他应付款	0.71	2.86	2.12	2.12	2.12
1年内到期的非流动负债	4.05	1.62	0.39		
流动负债合计	13.97	16.10	14.32		

（2）非流动资产

非流动资产的科目中，固定资产的预测是建模中相对复杂和难理解的。资产负债表里固定资产科目显示的数值是固定资产的净值。而预测未来的固定资产净值，涉及固定资产的原值、折旧以及在建工程转固定资产等内容。需要从过往的年报中找到固定资产的原值以及折旧率。并且，需要根据企业未来新增固定资产投资计划和在建工程转入固定资产的规模，来预测未来新增固定资产总额。

本案例企业，在预测营业收入时，已经假设在建工程在未来两年中完工并投产。因此，在此处需要保持跟以上一致的预测逻辑，即在建工程在未来两年转入固定资产（每年分别转入50%）。

实务中，一个很有效并且不容易出错的方法，是把固定资产划分为现有固定资产和新增固定资产两部分，分别预测。

假设现有固定资产按照过往的折旧率继续折旧，计算出现有固定资产在未来每年的累计折旧金额。根据在建工程转入的固定资产（新增），按照原有固定资产的折旧率预测未来折旧金额。然后把两部分固定资产金额加总得出固定资产原值，再减去两部分累计折旧的总额，得到2022年和2023年的固定资产净值，并计算出折旧金额。这样思路就很清晰，不容易出错。具体预测方法，如表10-16、表10-17所示。

表10-16 预测固定资产 （单位：亿元）

项目	历史数据			预测	
	2019-12-31	2020-12-31	2021-12-31	2022-12-31	2023-12-31
固定资产原值（现有）	50.50	51.68	52.33	52.33	52.33
累计折旧	15.64	18.65	21.76	24.76	27.76
固定资产原值（新增）				9.61	19.22
累计折旧				0.58	1.15
固定资产原值（现有+新增）	50.50	51.68	52.33	61.94	71.55
累计折旧（现有+新增）	15.64	18.65	21.76	25.34	28.91

注：表中数据都是根据公式计算得出，读者如根据给出数据计算，得出的结果可能会存在偏差。财务模型的搭建是对未来财务数据的预测和估算，过程中需要保持一套自洽的逻辑，并符合事实的合理性。

表 10-17　预测固定资产折旧　　　　　　　　　（单位：亿元）

项目	历史数据			预测	
	2019-12-31	2020-12-31	2021-12-31	2022-12-31	2023-12-31
固定资产折旧	3.00	3.01	3.11	3.58	4.15

看到这里可能会有读者有疑问，固定资产的折旧金额不需要根据折旧年限去计算么？像教科书给出的案例那样？事实上，企业的每一种固定资产的确都是有明确的折旧年限，每一种固定资产每年的折旧金额也是根据折旧年限计算出来的。但企业通常会有多种固定资产，每一种固定资产的折旧年限也不一样。公司信贷业务的财务模型测算中，无须精确估算每一种固定资产的具体折旧。粗略地按照历史数据中固定资产的综合折旧比率计算就可以。

同理，无形资产、使用权资产等，可以参考历史摊销比率进行预测（见表 10-18）。

表 10-18　预测折旧与摊销　　　　　　　　　　（单位：亿元）

项目	历史数据			预测	
	2019-12-31	2020-12-31	2021-12-31	2022-12-31	2023-12-31
固定资产折旧	3.00	3.01	3.11	3.58	4.15
使用权资产折旧	—	—	0.11	0.11	0.11
无形资产摊销	0.43	0.43	0.14	0.10	0.10

到此，资产这部分除了货币资金科目，就都已经完成了，如表 10-19 所示。

表 10-19　预测资产负债表（无货币资金）　　　（单位：亿元）

项目	历史数据			预测	
	2019-12-31	2020-12-31	2021-12-31	2022-12-31	2023-12-31
货币资金	9.05	16.20	15.44		
交易性金融资产	—	1.51	13.01	13.00	13.00
应收票据	—	—	—	—	—
应收账款	4.46	4.62	6.32	7.32	8.43
应收款项融资	0.06	0.05	0.05	0.05	0.05
预付款项	0.68	1.11	0.46	0.94	1.11
存货	7.90	7.94	13.54	15.75	18.14
其他应收账款	1.02	0.78	0.70	0.70	0.70
其他流动资产	0.50	0.36	0.75	0.75	0.75
流动资产合计	23.67	32.57	50.24	38.51	42.18
其他权益投资工具	—	—	0.21	0.21	0.21

（续）

项目	历史数据			预测	
	2019-12-31	2020-12-31	2021-12-31	2022-12-31	2023-12-31
其他非流动资产	3.02	7.45	1.86	1.86	1.86
固定资产	34.67	32.85	30.40	36.60	42.64
在建工程	0.57	2.78	19.22	9.61	0.00
使用权资产	—	—	0.35	0.24	0.13
无形资产	1.93	1.51	1.41	1.31	1.21
递延所得税资产	0.20	0.21	0.25	0.25	0.25
非流动资产合计	40.39	44.80	53.71	50.08	46.30
资产总计	64.06	77.37	103.95	88.59	88.47

（3）有息负债的预测

资产负债表的预测，还剩下最后的一部分内容是有息负债的预测。

企业的融资计划跟固定资产投资是息息相关的，因此预测有息负债的时候，需要跟企业管理层充分交流和沟通，获取未来投资和融资计划等相关信息。

此案例企业在 2021 年发行债券 18 亿元，资金用于现有在建工程的建设。假设未来两年无新增固定资产投资，短期贷款循环使用，每年新增 1 亿元长期贷款，同时原有长期贷款在未来两年里，每年到期 5 000 万元。

先把原有的有息负债罗列下来，计算出余额，然后根据 1 年内到期的流动负债、新增借款、新增还款等，测算出每年的借款总额，同时根据借款规模测算利息支出。此案例债券在 2022 年和 2023 年需要偿付的利率是 0.3% 和 0.5%，借款利率按照 5% 计算。

根据以上假设信息，测算有息负债和利息支出，如表 10-20 所示。

表 10-20 预测有息负债和利息支出 （单位：亿元）

项目	历史数据			预测	
	2019-12-31	2020-12-31	2021-12-31	2022-12-31	2023-12-31
短期借款	1.06	1.66	0.62	0.62	0.62
1 年内到期的流动负债	4.05	1.62	0.39	0.50	0.50
长期借款	13.07	4.52	3.96	4.46	4.96
应付债券	—	—	18.10	18.10	18.10
借款期初余额				23.07	23.68
借款还款				−0.39	−0.50

（续）

项目	历史数据			预测	
	2019-12-31	2020-12-31	2021-12-31	2022-12-31	2023-12-31
新增借款				1.00	1.00
借款期末余额			23.07	23.68	24.18
债券利息				0.05	0.09
借款利息				0.28	0.30
利息支出				0.33	0.39

到此，负债部分的预测就全部完成了，如表 10-21 所示。同时，请不要忘记把利息支出的数据填入利润表中。

表 10-21 预测资产负债表（负债） （单位：亿元）

项目	历史数据			预测	
	2019-12-31	2020-12-31	2021-12-31	2022-12-31	2023-12-31
短期借款	1.06	1.66	0.62	0.62	0.62
交易性金融负债	0.02	0.19	0.09	0.10	0.10
应付票据	1.91	2.38	2.82	3.31	2.70
应付账款	4.97	5.80	6.96	8.09	9.32
预收款项	0.12	—	—	—	—
合同负债	—	0.16	0.17	0.17	0.17
应付职工薪酬	0.89	1.16	0.92	1.37	1.59
应交税费	0.24	0.26	0.22	0.33	0.37
其他应付款	0.71	2.86	2.12	2.12	2.12
1年内到期的非流动负债	4.05	1.62	0.39	0.50	0.50
流动负债合计	13.97	16.10	14.32	16.61	17.50
长期借款	13.07	4.52	3.96	4.46	4.96
应付债券	—	—	18.10	18.10	18.10
租赁负债	—	—	0.24	0.20	0.20
长期应付款	0.17	—	—	—	—
长期应付职工薪酬	0.03	0.05	0.03	0.03	0.03
预计负债	0.04	0.47	0.10	0.10	0.10
递延收益	0.69	0.73	0.73	0.73	0.73
非流动负债合计	13.99	5.77	23.17	23.62	24.12
负债总计	27.96	21.87	37.49	40.23	41.62

（4）所有者权益

假设企业股本等不变，净利润未提取其他公积，也没有分配股利，则将利润表中的净利润加到未分配利润中，完成所有者权益的预测（见表 10-22）。

表 10-22　预测资产负债表（所有者权益）　　（单位：亿元）

项目	历史数据			预测	
	2019-12-31	2020-12-31	2021-12-31	2022-12-31	2023-12-31
股本	5.81	6.50	6.50	6.50	6.50
其他权益工具	—	—	3.96	3.96	3.96
资本公积	11.66	23.06	23.11	23.11	23.11
其他综合收益	1.13	-0.30	-0.86	-0.86	-0.86
盈余公积	0.51	0.63	0.84	0.84	0.84
未分配利润	17.00	25.59	32.92	40.31	48.49
所有者权益合计	36.10	55.50	66.46	73.86	82.04

到此，利润表和资产负债表（除了货币资金）都预测完毕了。

3. 现金流量表计算

接下来根据预测的利润表和资产负债表，计算现金流量表。

（1）经营活动现金流计算

首先以净利润为计算基础，使用间接法调整经营活动的现金流。

第 7 章中介绍了三步法则，下面就在这个案例中进行一次实战演练。

第一步，以净利润为基础，把折旧（固定资产折旧+使用权资产折旧）和摊销这两项非现金费用加到净利润上。

第二步，调整影响净利润的资产负债表非现金科目。

应收账款、存货、预付款项在本年均有增加，资产增加占压现金流，从净利润中减掉。

应付票据、应付账款、应付职工薪酬和应交税费，在本年均有增加，负债增加释放现金流，加回到净利润上。

第三步，调整投资损益。

本案例中不涉及这部分，所以直接计算出经营活动现金流净额，如表 10-23 所示。

表 10-23　三步法则调整经营活动现金流　　（单位：亿元）

项目	历史数据			预测	
	2019-12-31	2020-12-31	2021-12-31	2022-12-31	2023-12-31
净利润				7.39	8.18
折旧				3.69	4.26
摊销				0.10	0.10
应收账款				−1.00	−1.11
存货				−2.21	−2.39
预付款项				−0.48	−0.16
应付票据				0.49	−0.60
应付账款				1.13	1.23
应付职工薪酬				0.45	0.23
应交税费				0.11	0.04
经营活动现金流净额				9.67	9.76

（2）投资活动现金流计算

投资活动现金流计算中最容易出错的地方，是会忘记考虑折旧。实务中，一定要记住，资产负债表中固定资产净值因计提折旧而降低相应的价值额。折旧是非现金费用，不影响现金流，现在计算的是现金变动情况，要把折旧加回来。

2021 年固定资产净值为 30.4 亿元，2022 年预测的固定资产净值为 36.6 亿元，折旧金额为 3.58 亿元，计算 2022 年投资活动固定资产科目现金流流出为 9.78 亿元⊖。同理，计算 2023 年投资活动固定资产科目现金流流出为 10.18 亿元。

按照固定资产预测时的假设，现有在建工程在 2022 年和 2023 年分两次平均转入固定资产，每年的金额为 9.61 亿元。

其他长期资产为该企业的所有权资产和无形资产。

根据 2022 年和 2023 年的预测金额计算投资活动现金流净额，如表 10-24 所示。

（3）筹资活动现金流计算

此案例中仅涉及长短期借款的变化，没有涉及股利分配，如果涉及股利分配，应付股利需要计入筹资活动现金流出。

在预测有息负债时，假设未来两年无新增固定资产投资，短期贷款循环使用，每年新增 1 亿长期贷款，同时原有长期贷款在未来两年里，每年到期 5 000 万元。

⊖　此处计算的逻辑关系是 36.6+3.58−30.4=9.78。

表 10-24　计算投资活动现金流　　　　　（单位：亿元）

项目	历史数据			预测	
	2019-12-31	2020-12-31	2021-12-31	2022-12-31	2023-12-31
固定资产				−9.78	−10.18
在建工程				9.61	9.61
其他长期资产				0.20	0.20
投资活动现金流净额				0.03	−0.37

按照以上假设，计算筹资活动现金流，如表 10-25 所示。

表 10-25　计算筹资活动现金流　　　　　（单位：亿元）

项目	历史数据			预测	
	2019-12-31	2020-12-31	2021-12-31	2022-12-31	2023-12-31
短期借款				0.00	0.00
长期借款				0.50	0.50
筹资活动现金流净额				0.50	0.50

现金变动额是三部分现金流量净额的加总数值，加总后得到完整的现金流量表，⊖ 如表 10-26 所示。

表 10-26　预测现金流量表　　　　　（单位：亿元）

项目	历史数据			预测	
	2019-12-31	2020-12-31	2021-12-31	2022-12-31	2023-12-31
净利润				7.39	8.18
折旧				3.69	4.26
摊销				0.10	0.10
应收账款				−1.00	−1.11
存货				−2.21	−2.39
预付款项				−0.48	−0.16
应付票据				0.49	−0.60
应付账款				1.13	1.23
应付职工薪酬				0.45	0.23
应交税费				0.11	0.04
经营活动现金流净额				9.67	9.76
固定资产				−9.78	−10.18
在建工程				9.61	9.61

⊖ 2022 年期初货币资金数值为 2021 年资产负债表中货币资金数值。

（续）

项目	历史数据			预测	
	2019-12-31	2020-12-31	2021-12-31	2022-12-31	2023-12-31
其他长期资产				0.20	0.20
投资活动现金流净额				0.03	−0.37
短期借款				0.00	0.00
长期借款				0.50	0.50
筹资活动现金流净额				0.50	0.50
现金变动额				10.19	9.89
期初现金				15.44	25.63
期末现金				25.63	35.52

把2022年和2023年的期末现金数值，输入到资产负债表货币资金科目中，就完成了资产负债表的预测，如表10-27所示。

表10-27 预测资产负债表（资产） （单位：亿元）

项目	历史数据			预测	
	2019-12-31	2020-12-31	2021-12-31	2022-12-31	2023-12-31
货币资金	9.05	16.20	15.44	25.63	35.52
交易性金融资产	—	1.51	13.01	13.00	13.00
应收票据	—	—	—	—	—
应收账款	4.46	4.62	6.32	7.32	8.43
应收款项融资	0.06	0.05	0.05	0.05	0.05
预付款项	0.68	1.11	0.46	0.94	1.11
存货	7.90	7.94	13.54	15.75	18.14
其他应收账款	1.02	0.78	0.70	0.70	0.70
其他流动资产	0.50	0.36	0.75	0.75	0.75
流动资产合计	23.67	32.57	50.24	64.14	77.70
其他权益投资工具	—	—	0.21	0.21	0.21
其他非流动资产	3.02	7.45	1.86	1.86	1.86
固定资产	34.67	32.85	30.40	36.60	42.64
在建工程	0.57	2.78	19.22	9.61	0.00
使用权资产	—	—	0.35	0.24	0.13
无形资产	1.93	1.51	1.41	1.31	1.21
递延所得税资产	0.20	0.21	0.25	0.25	0.25
非流动资产合计	40.39	44.80	53.71	50.08	46.30
资产总计	64.06	77.37	103.95	114.23	123.99

根据历史的利息收入占货币资金的比率趋势，对未来进行预测。此案例中利息收入占货币资金的比率呈现出下滑的趋势，因此假设 2022 年继续下降，如表 10-28 所示。

表 10-28　利息收入占货币资金的比率测算

项目	历史数据			预测	
	2019-12-31	2020-12-31	2021-12-31	2022-12-31	2023-12-31
利息收入/货币资金（%）	0.66	0.37	0.32	0.20	0.20

根据货币资金科目的数值与利息收入的预测比例，计算出 2022 年和 2023 年的利息收入，并填入利润表中，利润表的预测就完成了，如表 10-29 所示。

表 10-29　预测利润表　　　　　　　　（单位：亿元）

项目	历史数据			预测	
	2019 年	2020 年	2021 年	2022 年	2023 年
营业收入	45.79	47.05	51.77	59.87	68.95
营业成本	31.06	31.15	39.69	46.10	53.09
税金及附加	0.16	0.18	0.15	0.18	0.21
销售费用	2.12	1.34	1.46	1.80	2.07
管理费用	1.62	1.66	1.33	1.80	2.07
财务费用	1.48	1.02	0.85	0.90	1.03
利息支出	1.23	0.72	0.34	0.33	0.39
利息收入	0.06	0.06	0.05	0.05	0.07
研发费用	0.65	0.89	1.09	1.50	2.07
资产减值损失	−0.29	−0.09	−0.05	0.00	0.00
信用减值损失	−0.70	−0.06	0.28	0.00	0.00
投资收益	−0.03	−0.15	−0.21	0.00	0.00
营业利润	7.84	10.49	7.28	7.60	8.41
营业外收支	−0.22	−0.39	0.47	0.00	0.00
利润总额	7.62	10.09	7.75	7.60	8.41
所得税费用	0.21	0.29	0.22	0.21	0.24
净利润	7.41	9.81	7.53	7.39	8.18

第三步：检查。

在完成建模以后，先别忙着欣喜，一定记得要检查。

可以用 ABS 函数（=ABS（负债合计 + 所有者权益合计 − 资产合计）<1）检查资产是否等于负债和所有者权益的和。如果返回是"TURE"就证明模型搭

建完成了，否则，需要再按照顺序一步步回去检查，检查出哪一步出现了错误，直到确保模型的正确完成，如表 10-30 所示。

表 10-30 资产负债表检查　　　　　　　　　　　　（单位：亿元）

项目	历史数据			预测	
	2019-12-31	2020-12-31	2021-12-31	2022-12-31	2023-12-31
短期借款	1.06	1.66	0.62	0.62	0.62
交易性金融负债	0.02	0.19	0.09	0.10	0.10
应付票据	1.91	2.38	2.82	3.31	2.70
应付账款	4.97	5.80	6.96	8.09	9.32
预收款项	0.12	—	—	—	—
合同负债	—	0.16	0.17	0.17	0.17
应付职工薪酬	0.89	1.16	0.92	1.37	1.59
应交税费	0.24	0.26	0.22	0.33	0.37
其他应付款	0.71	2.86	2.12	2.12	2.12
1年内到期的非流动负债	4.05	1.62	0.39	0.50	0.50
流动负债合计	13.97	16.10	14.32	16.61	17.50
长期借款	13.07	4.52	3.96	4.46	4.96
应付债券	—	—	18.10	18.10	18.10
租赁负债	—	—	0.24	0.20	0.20
长期应付款	0.17	—	—	—	—
长期应付职工薪酬	0.03	0.05	0.03	0.03	0.03
预计负债	0.04	0.47	0.10	0.10	0.10
递延收益	0.69	0.73	0.73	0.73	0.73
非流动负债合计	13.99	5.77	23.17	23.62	24.12
负债总计	27.96	21.87	37.49	40.23	41.62
股本	5.81	6.50	6.50	6.50	6.50
其他权益工具	—	—	3.96	3.96	3.96
资本公积	11.66	23.06	23.11	23.11	23.11
其他综合收益	1.13	-0.30	-0.86	-0.86	-0.86
盈余公积	0.51	0.63	0.84	0.84	0.84
未分配利润	17.00	25.59	32.92	40.31	48.49
所有者权益合计	36.10	55.50	66.46	73.86	82.04
检验	TRUE	TRUE	TRUE	TRUE	TRUE

用图表总结一下财务模型搭建的逻辑和勾稽关系，方便读者的学习和记忆，如图 10-1 所示。

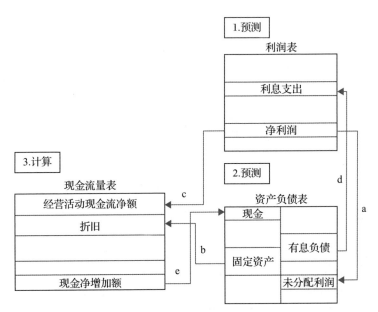

图 10-1　财务模型搭建的逻辑和勾稽关系

三张财务报表的勾稽关系：

期末资产负债表所有者权益 = 期初资产负债表中的所有者权益 + 当期净利润

期末资产负债表现金 = 期初资产负债表现金 + 现金流量表中现金净增加额

资产 = 负债 + 所有者权益

如需获取本章的配套建模底稿，请关注公众号"OZ 财报分析"，并回复"财务建模"，自动领取。

CHAPTER 11

第 11 章

行业及同业竞争对手分析

11.1 如何快速了解一个行业

企业不是孤立存在的个体，而是处在产业生态链条的一环上，每一个环上又有多个企业。企业之间相互促进、制约、竞争、博弈，共同生长。因此企业的信贷风险也变得复杂和具有多样性。仅以企业自身的财务数据和经营情况进行信贷风险评估，是不够全面和充分的。而需要以一个拟授信企业作为分析的出发点，延伸到行业的线和面中，才能得出更立体也更客观的分析结论。

商业银行向企业提供授信，从尽职调查到审批的过程，如果没有特殊的原因，通常需要 1 个月左右完成。这对前线信贷人员的工作效率提出了很高的要求。快速了解拟授信企业所处的行业，无疑是信贷工作中非常重要的一环。如果不了解拟授信企业所处的行业，不仅很难在短时间内展开工作，比如在尽职调查中准确把握重点，跟财务总监及其他管理层同频、有效沟通，还会影响对财务报表的深入理解，影响对企业信贷风险的判断。

这几年的经济形势变化很大，即使是传统的行业也总会出现层出不穷的新模式、新发展和新变化。信贷人员需要快速地切换自己的视角和思路，跟上行业的发展变化。信贷工作中对一个行业的了解程度无须做到精通，只需要掌握行业的基本常识和核心信息，就可以展开相关工作。

了解拟授信企业所处的行业，从行业的分类开始，包括明确所处的大类行业和细分行业。对企业大类行业的划分相对简单，比如金融行业、地产行业、餐饮行业等。实务中容易犯的错误是混淆企业所处的细分行业。举个例子，比如我们熟悉的"四通一达"⊖和顺丰、德邦、货拉拉、满帮这几家公司，都属于物流这个大类行业。但这几家公司所处的细分行业，其实是不同的。四通一达和顺丰是以快递业务为主营业务，德邦物流是以快运为主营业务，货拉拉、满帮则是以专线和整车运输为主营业务。

再比如化工行业这个大类行业里，细分行业也非常多。上市公司宝丰能源是一家煤化工企业，以煤炭作为基础原材料，而上市公司万华化学是石化企业，以石油作为基础原材料。虽然两家企业都属于化工类企业，都是以化石能源作为基础原材料，但所处的细分行业不同，使用的原材料不同，生产的产成品也不同。

即使同属于一种大类行业，所处的细分行业不同，企业的主营业务、产品和商业模式也会有很大的差异。所以首先要正确区分拟授信企业所处的细分行业，这才是至关重要的，否则在出发时就搞错了方向，走得越远，离本来的目的地偏差也越大，会给拟授信企业的综合信贷风险分析带来偏差，影响分析的结果。

其次在明确拟授信企业所处细分行业的基础上，要进一步了解该行业与宏观经济之间的关系。经济发展存在周期性，有些行业的表现受经济周期波动的影响较强，表现出产品价格、市场需求、产能、固定资产投资随经济周期同频波动的特征。经济增长时，市场对周期性行业的产品需求旺盛，价格上涨、产能提升、固定资产投资增加，而经济低迷时则相反。比如钢铁、有色金属、石油化工等大宗原材料行业属于强周期性行业，行业的表现受经济周期波动的影响很明显。食品、酒、饮料等消费品和医药行业则不会受到经济周期波动的直接冲击，属于弱周期行业。

再次要明确拟授信企业所处细分行业在产业链中的位置，即判断行业处在产业链的上游、中游还是下游。以太阳能光伏产业链为例，上游包括从硅矿中提取硅料（单晶硅和多晶硅），中游包括硅料加工、太阳能电池和光伏组件的生产制造，下游是光伏组件产品在电力、通信、交通运输等领域的应用。而医美行业产业链则可以拆分为：上游包括原材料、设备和针剂厂商，中游包括医疗机构和产品经销商，下游包括医美平台以及消费者。

产业链可以理解成从资源或者原材料开始，再到生产制造，直至形成最终

⊖ 申通快递、圆通速递、中通快递、百世汇通、韵达快递五家民营快递公司的合称。

产品或服务的一个价值传递过程。处在产业链中不同位置的行业，其发展过程中所需要的各种资源及所具备的技术能力是不同的，最终在产业链中体现出的附加值和话语权也不同。只有明确行业在产业链中所处的位置，才能清晰知道该行业所具备的竞争力是什么。

最后了解一个行业还需要了解相关的产业政策，这直接关系到行业的存亡和发展。比如高能耗、高污染的行业在发展中会受到现行政策的制约，低耗能又环保的行业受到政策的鼓励。受产业政策限制和存在过剩产能的行业里，竞争格局就会出现以大吞小的局面，在行业内会通过市场竞争淘汰效能低、盈利能力差的公司，实现行业内的不断优化。

上市公司的年报、信用评级报告和投研报告是获取行业相关信息和数据很好的渠道。这几类报告包括对企业所处行业情况的描述与分析，同时会提供一些可直接参考的行业数据，如市场容量、行业内的龙头企业有哪些、市场占有率、市场集中度、行业的平均毛利率等。最好优先选择市场排名靠前的评级公司和证券公司出具的评级报告和投研报告，信息准确度和专业水准相对更高。

使用搜索引擎查找信息，要留意信息和数据的时效性，并甄别信息和数据的来源。最好采用权威机构和官方发布的内容，非专业机构和人士发布的文章可能会出现错误的信息和数据，对行业的分析产生误导。如在信贷报告中引用相关的信息和数据，需要标注出信息的来源，同时要把引用相关的信息和数据的原始文章做好备份和留档，以备日后贷后管理或应对内外部审计时使用。

11.2 同业竞争对手分析

11.2.1 如何选择对标竞争对手

前几年市场上有一种很流行的说法："你永远不知道会被哪个企业打败，甚至不知道打败你的企业来自什么领域。"随着科技的飞速发展，一些传统行业被颠覆，比如 ATM 机被电子化支付手段所取代，传统的胶片相机被数码相机所淘汰。

这种说法实际上是在传递一种"居安思危"的经营理念，强调企业在发展中不要只把注意力放在自己所处的行业中，而要保持一定的应变能力，否则就可能被跨界的竞争对手击败。商业银行做信贷风险评估时，并不需要按照这种说法，在不同的行业和领域里选择拟授信企业的对标竞争对手，只需要在拟授信企业所处的细分行业内筛选合适的对标竞争对手。

在细分行业里筛选合适的对标竞争对手，需要把握以下几个原则。

1. 生产的产品相同或者相近

选择对标竞争对手生产的产品要尽量与拟授信企业的产品相同，如果没有完全相同的，就尽可能选择相似的，并且相似度越高越好。

假设拟授信企业是九阳股份（股票代码002242），该企业主要从事厨房小家电系列产品的研发、生产与销售。厨房小家电产品是其所处的细分行业，基于这个细分行业来选择对标企业，思路就会清晰。不能选择格力电器，格力电器生产的主要产品是空调；也不能选择科沃斯，科沃斯生产的主要产品是家庭服务机器人、清洁类小家电。应该选择苏泊尔和小熊电器这两家企业，均是以烹饪的厨电小家电为主要产品，跟九阳股份所处的细分行业一致。虽然这两家企业所生产的厨房小家电产品跟九阳股份的不完全一致，但就生产工艺、制造成本以及产品单价来讲，相似度很高，因此可以作为对标竞争对手。

2. 商业模式尽可能相近

商业模式是选择对标竞争对手时要考虑的一个要素。举个例子，在天然气销售的细分行业里，存在很多种不同的商业模式。同是销售天然气产品，有的企业是进口天然气，销售给企业用户，而有的企业经营城市天然气管网、销售天然气给个人消费者。把不同商业模式的企业进行对比分析，如同把完全不相同的行业里的企业进行比较，一样是不可取的。

3. 营业收入规模体量相近

处在同一个细分行业里的企业，营业收入的规模在一定程度上代表着企业发展的阶段、市场地位和议价能力。不同规模的企业，其盈利能力、运营效率、偿债能力及抗风险能力等各方面都会有所不同。

选择对标竞争对手时，尽量要选取与拟授信企业营业收入规模体量相近的，最好是比拟授信企业规模偏大和偏小的都包括。如果选择2家对标竞争对手，最好是有一家偏大另外一家偏小。营业收入规模越小的企业，选择的对标竞争对手规模越是要相近，差距不能太过于悬殊。

比如一个营业收入2亿元的企业，选择的对标竞争对手规模最好在1.5亿～2.5亿元，如果选择2家对标竞争对手的话，最好有一家收入小于2亿元，另外一家收入大于2亿元。同样一个营业收入200亿元的企业，选择的对标竞争对手的收入规模可以是150亿～250亿元之间，最好包括小于200亿元和大于200亿元的。

把一个营业收入 2 亿元和 20 亿元的企业进行对比，如同把一个营业收入 20 亿元和 200 亿元的企业进行对比分析，一样是不可取的。

11.2.2 对标分析中选择的财务指标

筛选出适合的对标竞争对手后，将通过计算其财务指标，并与拟授信企业展开定量的对比分析，包括盈利能力、营运能力以及偿债能力三个维度，如图 11-1 所示。

·盈利能力	·营运能力	·偿债能力
营业收入增长率	现金循环周期	杠杆率
毛利率	应收账款周转天数	流动比率、速动比率
净利率	存货周转天数	利息覆盖倍数
ROA和ROE	应付账款周转天数	偿债覆盖率
收现比、净现比		

图 11-1 对标分析的三个维度及财务指标

财务指标的计算方式，以及在同业对比分析中的应用及局限，参考第 8 章内容，此处就不再重复论述了。

在对比分析时，除了使用到以上罗列的这些财务指标外，还可以加入产能、产能利用率、公司成立时间、市值、研发团队人数等，或是具有行业特点的一些指标作为补充。

11.2.3 对标分析实务中常见的几种错误

实务中，做对标分析时会出现以下几种常见的错误。

（1）未标注数据选取时间或选取数据的时间段不相同

这是在实务中最常见的错误，在做对比分析时，要标注出数据的选取时间，选择的对比分析时间段必须是相同的，不能使用不同时间段的数据进行对比。

（2）机械地对比计算结果

对比分析的过程，不能机械、僵硬地将计算出的财务指标的结果进行数据对比，就认为得出了结论。对比分析不是为了对比而对比，而是要遵从事实，回归到报表中，对具体的科目进行分析和判断，不要迷信指标的计算结果而一味地对比数据。

（3）先入为主预设结果

财务指标分析存在一定的局限性和主观性（第 8 章中有详细讲述）。进行对比分析的目的是通过与对标竞争对手的对比分析，更客观地衡量和判断企业可能面临的风险。要避免先入为主地认定了企业的某些优势，为了证实自己的推断而去有意选择一些能体现出自己结论的对标竞争对手和某些指标，这样的话，对标分析就失去了意义。

CHAPTER 12

| 第12章 |

隐性负债和或有负债分析

12.1 隐性负债

隐性负债是指没有体现在财务报表中的负债,这些负债就像企业的品牌、声誉等有价值的无形资产,都没有办法通过企业会计准则来衡量,因此都无法体现在财务报表中。

有些读者可能会有疑问,既然无法体现在财务报表中,是不是就证明这部分负债不重要?信贷评估中是否还有必要去挖掘表外的负债?虽然隐性负债没有体现在报表上,但其重要性不容忽视,并且往往这些隐藏在报表外的负债,可能会给企业带来巨大的风险,导致企业发生巨额的亏损。

1. 经营中的隐性负债

经营中的隐性负债跟企业的经营特征有关,如企业生产过程中涉及的污水、废气和废物的排放会造成环境的污染;矿山的开采活动会造成植被和土壤的破坏;生产有毒、易燃易爆危险品会涉及泄漏、爆炸等安全事故;食品生产企业会涉及食品安全问题。凡是这些跟企业的生产经营活动相关可能产生的问题和事故,企业都必须承担相应的责任,并且因此而背负债务,这统统算是企业经营中的隐性负债。

2018年,江苏省人民政府因生态环境损害起诉安徽海德公司。安徽海德公司将生产过程中产生的废碱液,交给没有处置危废物资质的个人等进行处置,先后多次将废碱液排入长江和新通扬运河,导致了环境和水源的污染。这个案件曾备受社会关注。最终依据审判，安徽海德公司需赔偿环境修复费等费用共计5 482.85万元。这是全国首例省级人民政府作为诉讼主体起诉企业生态环境损害的案件。

随着环境治理保护法越来越健全，企业违规造成的环境污染不容忽视。评估企业信贷风险时，除了计算和分析其财务报表中的负债，还必须充分考虑企业的经营特征及所涉及的隐性负债。尽职调查中一个重要的环节就是查看企业相关的资质、执照以及证书等，确认企业通过了相关部门的检查和审核，符合安全生产、环保等要求。同时还要查询企业是否曾因违规等相关问题受到过处罚，如果有被多次处罚的记录，则需要标注出企业存在的风险，而企业被再次处罚的可能性也更高。

2. 实际控制人、高管层的负面信息

企业的实际控制人和高管层可能因个人贪污、行贿受贿、赌博、高利贷以及其他违法行为，给企业带来直接或者间接的损失。

规模越小的企业，组织架构、管理机制的完善度越差，抗风险能力越弱，企业的发展与实际控制人的紧密关联程度就越高，往往实际控制人的个人问题和债务会导致企业破产。民营企业的尽职调查中要尤其重视这类隐性负债的风险，营业收入规模越小的民营企业，受这类隐性负债的影响表现得越明显。

评估企业的信贷风险时，需要查询实际控制人的个人背景信息及征信记录，查询其过往是否受到过处分、处罚以及是否有犯罪记录，征信记录中是否存在不良、违约等信息。

3. 刻意隐藏的负债

以上两类隐性负债属于伴随着企业经营而存在，并非人为操纵而导致的，另外还存在一类隐性负债是企业通过人为操纵的方式刻意隐藏的负债。实务中，识别这类负债的难度较大。

企业惯用的一种操纵方式是把控股子公司的部分股权转让给第三方，而实际上第三方是企业的关联公司，通过这种操作使得对控股子公司的持股比例减少，企业不再合并报表，从而达到把负债挪到表外的目的。

企业惯用的另一种操纵方式是成立产业基金，以引入战略投资方为幌子，把持有的子公司部分股权转让出去。战略股东表面上看是以股东身份出资，实则以"明股实债"⊖的结构向企业提供贷款，帮助企业以这种掩人耳目的方式进行表外融资。

⊖ 明股实债是指资金以增资或者转让等股权投资方式进入标的企业，表面看是股权投资，但附带有回购条款，约定了还款的期限与利息，实际上是一笔债权借款。

12.2 或有负债

除隐性负债外,还涉及的一类负债是企业的或有负债,即因过去的交易或事项可能导致未来所发生的事件而产生的潜在负债。虽然或有负债并不是百分百确定会发生,只是存在发生的概率,但在信贷业务的信贷风险评估中,必须要将其纳入评估范围。

下面讲述两类常见的或有负债——担保和诉讼。

12.2.1 担保

企业作为担保方,为其他企业在银行申请的贷款提供了担保,担保存续有效期内,如果债务人发生违约,则担保方有代替债务人偿还债务的义务。

1. 关联企业之间担保

实务中最常见的担保形式就是关联企业之间的担保,如母公司给子公司提供担保。当母公司给子公司提供担保时,提供担保的额度上限取决于其对子公司的持股比例和投资资本金,担保额度上限通常不超过对子公司投资的资本金。

比如以下企业,该企业为其子公司的借款提供了担保,公开披露的关联担保情况说明如图 12-1 所示。

关联担保情况说明 √适用 □不适用 （i）本集团向关联方提供的借款担保 单位：千元 币种：人民币				
	2021 年 12 月 31 日		2020 年 12 月 31 日	
	最高额	实际担保额	最高额	实际担保额
纳博特斯克（中国）精密机器有限公司	51 150	21 944	51 150	31 302
重庆神华薄膜太阳能科技有限公司（注）	300 000	241 165	300 000	267 479
天津市青沅水处理技术有限公司	253 000	201 325	253 000	252 993
注：本公司以对重庆神华薄膜太阳能科技有限公司（以下简称"重庆神华"）的持股比例 20% 同比例为限,为重庆神华提供不超过人民币 3 亿元的本金最高额担保额度,担保有效期自 2018 年 8 月 30 日至 2027 年 8 月 8 日。截至 2021 年 12 月 31 日,本公司对重庆神华的商业银行贷款提供的担保余额约为人民币 1.79 亿元,预计重庆神华无法按时偿还相关债务,该债券担保已处于第三阶段,本集团已全额计提预期信用损失人民币 1.79 亿元。另外,于 2021 年 12 月 31 日,本公司对重庆神华的商业银行进口开证提供的担保余额约为人民币 0.62 亿元,已于 2022 年 1 月到期后解除。				

图 12-1 关联担保情况说明（本集团向关联方提供的借款担保）

如图 12-1 中所示，该企业披露了向关联方提供的担保情况说明，共有三家公司。其中"重庆神华"是该企业持股比例为 20% 的一家子公司，情况说明中提到担保金额以持股比例为限，担保额度的上限是 3 亿元。

报告期内存续的担保余额为 1.79 亿元，预计子公司无法偿还该笔债务。该企业作为担保方，将面临债务到期时代偿的义务，彼时将会给企业带来损失，因此该企业全额计提预期信用损失。

2. 非关联企业之间担保

实务中除了关联企业之间的担保，还存在非关联企业之间的担保。非关联企业间互保的情况现在已经越来越少发生。

非关联企业之间互相担保，很可能会因为一家企业发生的债务风险而导致连锁违约事件的发生，就像多米诺骨牌一样，引发区域性的债务违约。非关联企业之间错综复杂的互保，对信贷业务的信贷风险评估有很大的影响。

下面以 A 股上市公司菲达环保（股票代码 600526）与非关联企业之间互保的案例，讲述实务中如何看懂上市公司披露的担保情况，以及如何分析和判断风险。

2014～2016 年，上市公司菲达环保曾与名义上的非关联企业浙江神鹰集团有限公司（简称"神鹰集团"）发生互保。2014 年菲达环保公开披露的年报信息中关于担保情况的信息如表 12-1 所示。

表 12-1　菲达环保担保情况　（单位：万元，币种：人民币）

担保方	担保方与上市公司的关系	被担保方	担保金额	担保起始日	担保到期日	担保类型	担保是否已经履行完毕	担保是否逾期	是否为关联方担保
公司对外担保情况（不包括对子公司的担保）									
本公司	公司本部	浙江神鹰集团有限公司	2 000	2014/09/03	2015/09/03	连带责任担保	否	否	否
本公司	公司本部	浙江神鹰集团有限公司	3 000	2014/09/25	2015/09/18	连带责任担保	否	否	否
本公司	公司本部	浙江神鹰集团有限公司	3 000	2014/08/19	2015/08/18	连带责任担保	否	否	否

（续）

公司对外担保情况（不包括对子公司的担保）									
担保方	担保方与上市公司的关系	被担保方	担保金额	担保起始日	担保到期日	担保类型	担保是否已经履行完毕	担保是否逾期	是否为关联方担保
本公司	公司本部	浙江神鹰集团有限公司	2 000	2014/10/11	2015/07/11	连带责任担保	否	否	否
本公司	公司本部	浙江神鹰集团有限公司	3 000	2014/12/18	2015/06/18	连带责任担保	否	否	否
诸暨华阳环保机械有限公司	全资子公司	浙江神鹰集团有限公司	2 700	2014/12/02	2015/06/01	连带责任担保	否	否	否
报告期内担保发生额合计（不包括对子公司的担保） 1									15 700.00
报告期末担保余额合计（A）（不包括对子公司的担保）									15 700.00
公司对子公司的担保情况									
报告期内对子公司担保发生额合计 2									8 476.65
报告期末对子公司担保余额合计（B）									8 476.65
公司担保总额情况（包括对子公司的担保）									
担保总额（A+B） 3									24 176.65
担保总额占公司净资产的比例（%）									17.97
其中：									
为股东、实际控制人及其关联方提供担保的金额（C）									0.00
直接或间接为资产负债率超过70%的被担保对象提供的债务担保金额（D）									0.00
担保总额超过净资产50%部分的金额（E）									0.00
上述三项担保金额合计（C+D+E）									0.00

如表12-1所示，这是上交所的上市公司披露对外担保情况的统一格式，披露的是报告期内企业履行的及尚未履行完毕的对外担保信息。其中包括两类担保信息，一类是"公司对外担保情况（不包括对子公司的担保）"，即对非关联企业的担保；另外一类是"公司对子公司的担保情况"，即对关联企业的担保。

公司对外担保情况包括公司以及并表子公司对非关联的其他企业担保，具体是由上市公司还是子公司出具的担保,在"担保方"和"担保方与上市公司的关系"两栏中可以区分出来。如表 12-1 中,菲达环保分别通过上市公司与全资子公司向神鹰集团提供了担保。公司对子公司的担保情况指的是上市公司对子公司提供的担保。

担保情况信息表格中包含的内容多、信息量大,实务中被表格中"发生额""余额""总额"等概念绕晕是常有的事。

表 12-1 中,标注序号 1 和序号 2 的两部分内容,分别是"公司对外担保情况"和"公司对子公司的担保情况"这两类担保情况,其中均涉及"报告期内担保发生额合计"和"报告期末担保余额合计"这两个概念。

担保发生额合计指的是担保方提供的担保总额度,是以签署担保协议为计算口径统计的;而担保余额合计指的是截至报告期末,被担保方已使用的额度,即担保方实际承担担保义务的金额。换言之,截至报告期期末,如果被担保方违约,担保方需要承担偿付义务的金额是担保余额合计,而非担保发生额合计。而未来在担保协议有效期内,被担保方可以增加使用担保额度,但上限就是担保方提供的总额度,即担保方最大的偿付义务金额。在本案例中,两类担保情况中担保发生额合计和担保余额合计这两个数字均是相同的。

表 12-1 中,标注序号 3 的部分是报告期内"公司担保总额情况",这部分统计口径是余额的概念,是以上两类担保情况余额的加总,即截至报告期末上市公司需承担担保义务的总额。在此要提示大家注意的一点是,此处担保总额并不包括子公司对上市公司担保的情况。

其余表格中的信息"为股东、实际控制人及关联方提供担保的金额""直接或间接为资产负债率超过 70% 的被担保对象提供的债务担保金额""担保总额超过净资产 50% 部分的金额""上述三项担保金额合计",这些统计口径都是余额的概念。

此案例中,菲达环保与神鹰集团发生互保后不久,神鹰集团就出现债务风险,申请了破产清算。截至 2018 年,菲达环保为神鹰集团代偿银行贷款本金 1.57 亿元,利息 127.41 万元。这是一个非关联企业之间担保的具有代表性的案例,菲达环保因向非关联企业提供对外担保,导致自身的巨额亏损。

实务中除了通过企业披露的年报信息获取对外担保情况外,还可以通过查询中国人民银行征信记录,交叉验证企业作为担保方对外提供的担保总额,以防范企业在年报中少披露或者误披露的情况。企业因担保产生的或有负债即担保总额,需要加总到有息负债里,重新计算企业的负债率、杠杆率等财务指标,对企业进行综合信贷风险评估。

12.2.2 诉讼

在授信过程中，需要查询企业未决诉讼案件，其中主要关注企业作为被告方的案件。企业可能涉及的诉讼包括劳动合同纠纷、产品质量、环境污染、债务纠纷等。如果一个企业涉及的诉讼信息特别多，那么意味着企业的管理、生产经营等方面存在着诸多纰漏和问题。

如一家企业因产品质量发生的纠纷和诉讼非常多，这些诉讼是在传递一个信息，即企业的产品质量可能存在问题，继而可以推测应收账款存在因质量问题无法收回款项的可能性。

实务中需要把企业作为被告方的案件逐一进行查询，并计算具体的涉案总金额。这些预计负债都有可能变成实际负债，给企业带来实际的亏损。

CHAPTER 13
第 13 章

现有授信结构分析

13.1 现有授信金融机构分析

在尽职调查过程中,需要收集企业现有授信合作机构的相关信息,包括银行、保理公司、融资租赁公司等所有金融机构。收集的信息包含合作机构的名称、合作期限⊖、授信总额度、授信种类、授信额度期限、担保措施、利率、额度使用情况。

给企业提供授信额度的金融机构多、与企业合作的期限久、贷款利率低、需要的担保措施少,这些信息都代表着企业信用状况良好,意味着企业有较强的再融资能力。

信用状况良好的企业会首选银行作为主要的合作金融机构,其他金融机构作为补充。反之,如果企业主要的合作金融机构是保理公司、融资租赁公司或者小贷公司等,那么传递出一个信息,该企业的信贷资质未达到银行授信准入门槛。

企业会优先选择所在地区的银行合作,所在地区提供授信额度的银行数量越多,从某种程度上代表了企业在当地的影响力越大,企业信用被所在地金融机构认可的程度越高。反之,如果一个企业所在区域的银行都没有给其提供授信额度,则要谨慎对待。

⊖ 指企业与机构的合作期限。

13.2 集中度和贷款余额分析

1. 集中度分析

企业需要建立起强大的融资渠道,来满足发展过程中资金的需求。虽然企业会获得很多家银行的授信额度,但绝对不会平均使用这些授信额度,而是选择其中几家银行作为主要的合作机构,满足自身 80% 左右的资金需求,再把剩余的资金需求分散到其他授信银行。

中等规模营业收入㊀的企业,如果有十几家授信银行,主要的合作银行大概只有 2~3 家;而大型的集团企业㊁会有几十家或更多授信银行,主要的合作银行也会相应地多一些,几家到十几家不等。

从企业的角度考虑,平均使用每家银行的授信额度,需要开立多家银行账户,管理成本很高。而把资金需求集中在主要的几家银行,则可以优化管理成本,同时也集中了与银行谈判的话语权,能获得更有利的贷款条件和更优惠的贷款利率。

企业会根据自身的业务需求,选择有差异化服务的银行,比如企业有进出口国际贸易业务,就会优先选择国际贸易结算(开立信用证、审核单据)服务能力强、外汇结算有优势的银行合作。如企业在境外设立分子公司,就会优先选择分支网络更强大的银行合作,以满足日常跨境结算的需求。这也是过去 20 年外资银行进入大部分央企、国企集团银行合作名录的原因。外资银行拥有更强的境外分支网络优势和国际贸易结算服务能力,能给这些企业"走出去"的战略以更大的支持。

2. 贷款余额分析

贷款余额是指授信额度中已使用的部分。一个现金流健康的企业,贷款余额占授信总额度的比例为 50%~70%。大型的央企、国企集团授信额度较大,因此贷款余额占比更低一些为 30%~40%,甚至更低。

合作的银行多和授信额度大是企业再融资能力强的表现,是企业良好的信用受到市场认可的表现。如果企业合作的银行越来越少,总的贷款额度越来越少,就会出现授信额度的使用率越来越高,流动性风险越来越高,违约风险上升。

企业跟主要合作银行的关系是非常牢固且轻易不会变更的。如果跟主要合

㊀ 年营业收入 10 亿~20 亿元。

㊁ 年营业收入 200 亿元以上。

作银行的关系发生了变化，那么对于银行来讲这是一个非常敏感的信号，主要银行的退出的原因很有可能是企业存在重大的风险。

13.3 成本分析

企业债权融资成本反映的是融资机构对其所承担风险的定价，因此分析拟授信企业现存债务融资成本的目的也是在评估企业信贷风险。

企业有息负债的综合融资成本，可以通过计算利息支出除以有息负债的总规模得出。融资租赁或者商业保理的融资模式，名义利率和实际利率是有较大差异的，计算实际利率要考虑综合融资方案，其中可能涉及保证金。不同的还款方式的利息也有差异，一般有两种还款方式，分别为等额本息或者等额本金。

不同金融机构的风险偏好、融资条件存在差异，融资成本也不同。比如提供相同期限的应收账款融资，银行就比商业保理公司融资成本低。但银行对拟授信企业的信贷资质要求更高，抵押、质押等担保措施要求也更高。商业保理公司融资成本比银行高，对拟授信企业的信贷资质要求较低，能提供的应收账款质押率比银行高，能接受的应收账款债务人的范围也比银行广。

重资产的企业除了通过银行借款，还会把部分固定资产通过售后回租的模式向融资租赁公司进行融资，用于调整贷款结构。融资租赁的期限至少是3年，一般是5～8年。即使融资成本偏高，企业也会选择配置部分期限较长的贷款，来保证企业的流动性。

站在企业的角度，最终选择合作的金融机构集合是综合了企业自身的资质和所能提供的增信措施的，在可接受的财务成本范围内能获得最多授信额度的组合。

评估企业综合融资成本不仅在贷前管理中有重要的意义，在贷后管理中也一样重要。如果企业明显高于银行贷款成本的借款不断增加，那么这是一个预警的信号。当企业不在乎融资成本时，很可能是资金链非常紧张，已经处在了一个随时被债务大山压垮的危险境地。

13.4 企业信用报告分析

企业的征信报告也叫信用报告，是中国人民银行征信中心通过各家商业银行定期报送的信息归集整合成的报告。

报告中涵盖了企业所有与贷款相关的信息，包括该企业首次有信贷交易和有还款责任的年份、发生信贷交易的机构数量、当前未结清信贷机构的数量、查询日期的贷款余额、担保交易余额、贷款种类和存续贷款的状态（贷款的五级分类）⊖，还包括企业已结清的贷款信息。

商业银行查询拟授信企业的征信报告，需得到企业的书面授权。境内注册的企业都有一个唯一的代码，现在叫"统一社会信用代码"。从 2015 年 10 月起，进行"三证合一"的改革，将工商营业执照、组织机构代码和税务登记证三证合为一证，实现由一个部门核发载有统一社会信用代码的营业执照。从此，商业银行给企业开立银行账户、开展授信业务，只提供统一社会信用代码即可。尽职调查中的 KYC（Know Your Customer）的流程也相应简化到只查询统一社会信用代码。

有的读者可能会有疑问，既然可以在信用报告中查到企业贷款的相关信息，为什么还要向企业收集其授信银行的清单和明细信息呢？主要的原因是征信报告中的信息是各家商业银行定期向中国人民银行报送的，为防止某些银行报送不够及时，企业新增贷款或违约信息没能显示在报告中，所以做一个信息的双重复核。

银行通常不会轻易取消企业的信贷额度，也不会轻易和企业终止合作，如果终止合作，其中一定是有原因的。尽职调查中，如果发现信用报告中显示有多家银行停止向企业授信、终止业务合作，那么要引起高度关注，搞清楚多家银行停止授信真实的原因，否则提供授信会面临风险。

有些企业会在半年报、年报等关键时点美化报表（降低负债率），比如拖延供应商的付款，过了财报的申报时点再向银行提款完成付款。通过信用报告中未结清贷款余额与财务报表中有息负债数额进行同期的比对，可以挖掘企业是否隐藏了负债。

13.5 授信条件分析

授信条件是指企业通过哪些方式获得授信。比如通过土地、厂房、机器设备等固定资产的抵押，通过应收账款收益权质押或者转让，通过全额、部分现金作为保证金质押，或者通过自身的信用、股东及担保公司的担保等方式获得

⊖ 贷款五级分类是指商业银行依据借款人的实际还款能力进行贷款质量的五级分类，即按风险程度将贷款划分为五类：正常、关注、次级、可疑、损失，后三种为不良贷款。

授信。

分析现有授信条件是综合评估企业信贷风险的一环。通过分析现有授信条件，确认企业受限制资产，以便在银行向企业提供授信时计算还能用于新增融资的剩余资产，在设计信贷条款时确保银行与其他债权人有同等的权益。

根据观察一个企业过往授信条件的变化，可以判断出银行对企业的信用认可度的变化。比如银行通过固定资产抵押的方式给企业提供授信，在企业使用授信额度1年或者更长时间后，提高了授信额度或者降低了抵押率。同理，降低存款保证金比例，降低或取消了抵质押条件而增加授信额度，这些变化都意味着授信条件变得更宽松，这代表了银行对企业持续经营能力、盈利能力、偿债能力的信心增强。企业通过其自身信用获得的授信额度增加，意味着有更多的银行认可企业的信用。

CHAPTER 14

第 14 章

现 场 检 查

14.1 现场检查前的准备工作

在授信流程的推进中会涉及若干次的现场拜访,每次现场拜访都非常重要。信贷人员要重视每次到企业拜访的机会,因为每次在企业观察到的方方面面,都关系到对企业信贷风险的评估和判断。要确保在每次拜访前都做了充分的准备工作,以避免浪费自己和企业的时间。

14.1.1 预约的技巧

邮件、电话、微信和短信是工作中经常用的几种预约方式。向企业发出拜访邀约时,最好是拟一份正式的商务邮件,写清楚来访的目的是什么,有哪些工作需要企业配合,拜访后授信工作将会取得哪些实际的进展。邮件中,要明确来访时银行方的参会人员及职位,希望企业哪些职位的人员出席会议。要明确会议交流的主题和会议形式,比如参会者是共同交流还是跟管理者一对一交流。如果需要跟企业方的高管层进行一对一交流,那么最好给出时间表。如果需要实地考察,要明确计划参观的区域,比如生产车间、仓库、员工办公区等。要明确给出拜访所需时间,最好直接给企业提供2～3个拜访的时间段供其选择,而不是等待企业确定时间。

将邀约邮件发送后，最好再通过微信、短信等方式告知对方查收邮件。通过邮件的形式发送邀约，虽说显得专业和正式，但如果只通过邮件的形式进行交流，可能会比较低效，还显得有些生硬和有距离感。最好是几种方式配合使用，发送邮件以后，给对方留一个处理邮件的时间，1~2小时后，再主动打电话给对方。通过电话交流，一是可以再传达一遍邀约拜访中的要点信息，二是可以更直接地了解对方是否还有疑问，拜访安排是否合理以及其中有哪些环节还需要调整，这样就能实现更高效的沟通，尽快达成共识。

还可以先通过电话的方式发起邀约，但是在双方达成共识后，需要再发送一封正式的邀约邮件，把确定的拜访时间、参会人员及职位、会议交流主题和拜访涉及的主要环节等都写在邮件里，并抄送给参会的相关人员。通过邮件的方式确认，不但可以避免口头形式的邀约被遗忘，不被对方重视，而且也确保双方电话里沟通的信息没有误差，同时还把信息同步给参会的相关人员，使其做好充分的准备，以保证拜访的目的和成效。

14.1.2 拜访前的准备工作

在授信推进的不同阶段，拜访企业的目的和所要沟通的内容也不同。授信初期的拜访主要以了解企业的基础信息为主，完成前期的信贷风险评估。随着授信流程的推进，了解和掌握的企业信息会越来越丰富，拜访的企业层级也会越来越高，涉及现场检查、授信方案的谈判等事宜。整个授信流程会涉及2~5次的拜访，具体拜访次数取决于企业实际情况和复杂程度。每次拜访都要做充分的准备，否则不仅在拜访中无法达成目标，还可能让企业感觉银行员工缺乏专业性，留下不好的印象。

1. 小微企业和中小型企业

大部分小微企业和中小型企业为非上市企业，没有自己的网站，营业收入规模体量较小、信用较差，很难通过公开市场进行融资，因此较少有公开的财务数据和评级报告。

银行初次拜访企业前，很可能只知道企业的名称和业务范围。但是中小型企业的组织结构扁平，很可能在初次拜访时就能约见财务总监和总经理等高管层。高管层的访谈经常是前置的，先听企业的高管层讲述企业的背景和发展历程、现状，再收集财务报表等授信所需要的材料。资料评估后若企业满足商业银行授信基本准入门槛，授信流程会继续推进，后续还需要1~2次的拜访，进行现场检查以及沟通授信方案。基本上经过 2~3 次拜访，就可以进入到正式的审批环节。

如果企业公开信息很少，在拜访前最好多掌握一些信息，避免毫无准备地拜访。首先要尽可能查询到公司的股权结构信息，最好能清晰到最终受益人。搜索查询该企业及高管层的相关信息，包括负面信息，越具体越好。其次要根据企业的主营业务范围，快速了解其所处行业的现状信息。这些信息能使得在拜访中与企业方的沟通更加高效、更有的放矢。

2. 中大型和大型企业

中大型和大型企业的公开信息较多，尤其是已上市或者在公开市场发过债的企业，会有更多元的信息。对于这些公开信息非常充分的企业，初次拜访前需要对公开信息进行详细的梳理和分析，包括对财务数据的分析。

中大型和大型企业的整个授信过程，涉及的拜访次数也更多，比如工厂、仓库等实地检查、高管层的会面、信贷条款的谈判等，每项都需要单独的拜访来完成。中大型和大型企业比小企业更重视拜访中的商务礼节，更在意银行来访者的职级对等。

拜访中大型和大型企业，准备工作包括：

- 梳理信贷风险评估中存疑的问题，比如关于财务数据、生产经营、公司治理等方面的，分门别类罗列下来。
- 梳理初步的意向贷款方案和条件。
- 细化拜访流程，包括现场检查的地点（生产车间、仓库等）。
- 拟定访谈的人员名单、抽调文件清单等。
- 给银行参加拜访相关人员发送邀请通知，包括拜访流程安排。

建议拜访前一周，把现场需要交流的问题和需要企业配合的事项，提前跟企业做好交流和沟通，给企业留一个充分准备的时间，以确保拜访现场时的流程能有序地进行，最终能达成目的。

在我过往工作中总结出一条经验，不要只把外部客户当作客户，而要把同事当成内部的客户来对待，每个部门都可以理解成一个内部客户群。银行内部部门繁多，各部门工作职责划分非常细，一笔信贷业务都要涉及非常多的部门，协调内部客户的难度经常会大于外部客户。

工作中不要理所当然地认为同事应该配合我们的工作，而要怀着尊重且感恩的心态跟每一个同事合作。想要提高跟同事配合的默契度，更顺畅地完成每次合作，在一次次的合作中建立起更多的信任，就要有换位思考的思维方式。按照银行内部的授信政策和规定，在某些环节是需要某些部门的同事共同参与的。要学会换位思考，假设现在自己就是对方，是信贷审批负责人、是产品部负责人、是银行的行长、是业务部负责人，收到邀请同去拜访一家企业，希望得到怎样的邀请？希望同事怎么做？

在过往的工作中，我以换位思考的合作心态，采用了以下这些工作方法，收获了非常好的工作成果。

- 向同事发送拜访邀约邮件的同时，写清楚授信的进度（进展到了哪一个授信阶段）、拜访目的、拜访的人员及职位、银行内部参与拜访的同行人员、拜访流程中会涉及的环节、需要同事在哪些环节配合哪些工作等。
- 总结拟拜访企业的简要信息（一页纸），包括企业基本信息，如主营业务、股权结构、核心财务数据及简要分析。核心信息以及需要提示对方特别注意的内容，使用加粗字体或下划线标注，尤其是要标注风险点。
- 如果以邮件的方式发送资料，要把相关文件打包作为附件（附件文件的命名，要准确且清晰），方便同事点击相关资料进行查看。
- 发送邮件时最好直接选择会议邀请，这样对方点击接受邀约，会自动在office软件的日程里标注出这次的会议，便于对方的时间和日程管理。

这些准备工作看似工作量很大，需要花费一些精力和时间，但通过我这些年的反复实践，证明这是一种极为高效的工作方式，能非常高效地实现银行内部各个部门的协同与配合，顺利地完成每一笔授信业务。

银行的日常工作非常忙碌且琐碎，每个人每天都要处理大量的邮件。给同事发送邮件后，如果没有在合理的时间收到回复，那么最好是通过电话、微信或者工作聊天软件等方式提示一下对方，及时询问是否有哪些问题需要交流，以免邮件被遗漏。要确保对方收到了邮件，并确认知晓了邮件里的内容，有哪些疑问尽快处理，要做到事事有回应、件件有着落，而不要默认自己发送完就算作对方收到邮件了。还可以预约同事的时间，通过一个简短的会议交流，或者约同事一起午餐、晚餐进行沟通，工作之余也能拉近同事之间的关系，进而把自己想要传递给同事的信息准确无误、有效地传达，确保对方可以按时参加拜访以及配合好相应的工作。

换位思考的工作方式绝非是讨好同事、讨好上级，而是一种有效的"同向管理"和"向上管理"。因为作为一线客户经理来讲，平时跟客户直接交流的频率最高，花在客户信贷风险评估和分析上的时间最多，整理这些信息最容易也最省时。看似花了更多的时间和精力去帮同事准备资料、梳理信息，看似在"帮"同事完成一部分工作，但其实总体上衡量却是最优化的。把各部门的合作协同统一考虑到一个整体中，大大节省了时间，这是一种最高效的合作方式。这种"同向管理"工作方式，以高效、专业的工作模式，把各部门有效地、按部就班地协调起来，共同完成以客户经理为主导的授信业务。

"向上管理"是指配合高层领导（CEO、CRO、行长等）的工作方法，比如银行的高层领导出席某战略客户的拜访，进行高层的会谈时，除了准备一份企业的简要介绍之外，最好是把银行给该企业集团名下子公司提供的所有授信明细、额度使用情况以及给银行创造的利润等信息都及时更新给领导，以供拜访会谈时作为参考。确保该领导在出席会谈之前，准确地知道去拜访的是哪家企业、拜访企业的哪几位高管、拜访的目的是什么、交流哪些话题、目前银行已经跟企业展开了哪些合作，该企业每年给银行带来的利润是多少、未来银行计划和期待跟企业之间展开哪些新的业务合作。

这就是有效的"向上管理"，凭借一次跟客户拜访的机会，把计划跟企业开展的业务汇报给领导，银行高管展开与企业的谈判与沟通，传递出合作的意向，让企业感受到银行对企业的重视从而更愿意展开合作，获得双赢。

14.2 现场检查中的工作方法与技巧

14.2.1 现场访谈

现场访谈的目标是做到高效、有的放矢，在尽可能短的时间里获取更多有效的信息。所以访谈时要根据访谈的对象设定话题和内容：

- 董事长、CEO、总裁。主要针对宏观层面的内容展开交谈，如企业所在行业的发展趋势展望、企业未来（中期、长期）发展战略规划、预期的发展目标、市场占有率等话题。
- 财务总监。主要针对企业风险管理治理、投融资的计划、财报分析中的具体问题、财务部门管理制度、其过往从业经验等话题展开交流。
- 业务部门负责人，如总经理、副总经理等。针对企业或者某板块业务的发展背景及现状、跟上下游之间的合作关系、预期的业务发展规划和目标等话题展开交流。

想要在现场访谈中做到游刃有余、对答如流、不断地提出精彩和连贯的问题，需要在一次次的实践中练习，在反复的练习和总结中不断提升现场随机应变的能力。

对于职场新人来讲，去做现场访谈是一个难度系数挺高的任务和工作，尤其是在工作几年之后自己开始独当一面的时候，就会发现事情做起来远比看起来和感觉起来难得多。

当自己要开始当现场检查工作的"总指挥"时，要在拜访前就列好提纲，哪些问题是必须问的，哪些问题是备选的，根据访谈的具体情况随机应变。总的时间规划一定要做好，在访谈中要学会控场，以免遇到有些表达欲特别旺盛的人拖延了时间，导致整个现场检查的其他环节都受到影响。最好把必须要问到的一些问题，在家里反复对着镜子练习，让自己在提问时变得松弛和自然。否则现场面对一些气场强大的高管层时，又要问又要答，还要衔接好现场各方之间的交流，还要控制好时间，内心就会变得慌乱。

能不能在访谈中高效地获得有效的信息，在很大程度上取决于提问的能力和技巧以及控场的能力。在过往工作中，我总结出一个屡试不爽的控场技巧，不论是客户来访还是客户拜访，主场、客场均可以礼貌且专业控场，即使是职场新人也可以通过短时间练习就可以熟练使用。

在会议开场时做一个1分钟左右简短的开场，分三部分：

- 首先感谢（客户）在百忙之中安排这次会谈，感谢出席领导的宝贵时间。
- 其次把本次会议的议题和目的用一句话说清楚，比如"这是我们银行的第（×）次来访，希望通过本次的交流（对企业有更深入的了解，以及探讨后续合作的机会）""这是在进入正式信贷审批前的一次尽职调查访谈，此次拜访希望（对存疑的问题展开充分的讨论，双方之间能对贷款的结构和条件）达成共识"等。
- 最后把访谈、会议和流程的预计时间强调一下，简要介绍其中的环节，如"这次访谈预计会占用大家（×小时）时间，共有（×）部分内容需要讨论，分别是……希望能得到大家的配合与支持"

在开场时用1分钟的时间做了一个陈述，就相当于定了整个会议的基调和框架。参会的所有人便会知道会议的主旨是什么，坐在这里的任务是什么，也知道会议中会有哪些环节、讨论哪些问题。然后就可以做好准备，同时也会清楚该如何配合，知道讲话讲多久合适。会议中再根据具体的议题和进度控场时，每一位参会人员也都会有心理准备，不会觉得很突兀也不会觉得被冒犯。

通过这个技巧就可以顺利地实现控场，使得一场会议或者访谈能够按时达成目标。

我们心里要清楚和明白，人的天性是证实，在尽职调查中要提醒自己别陷入这样的思维误区。访谈时在准备的问题清单中穿插一些开放性的问题，避免自己和被访谈的人都进入某个证实的误区。

还要谨记一点是减少思维偏误中的"光环效应"，这是人类认知模式中的一种思维偏误，是指我们更有可能把对某个人某个特质的偏好，迁移到对他的整体判断上，从而产生对他人的错误判断。

比如看到一家企业的财务总监表现得优雅、热情而且真诚，可能就会高估她的所有能力，也会觉得她更加可信，还可能对这个企业发展前景的预测更加乐观。再比如某个企业是行业内的龙头企业，很可能就先入为主地觉得这个企业各方面的情况都不错，即使看到一些问题，也容易找出一些合理的理由解释。工作中，我们要警惕陷入这些思维偏误中。

14.2.2　办公区检查

办公区检查环节是通过观察办公区域的规划、环境、陈列、设施、员工的精神面貌等，感受一家企业的文化，从而判断管理层的管理文化和风格。一家企业办公区的布置和陈设，基本可以体现出一个企业老板的风格和特点。

特别务实的老板，办公区的布置和陈设首先考虑的是满足员工办公需求和展示企业业务。企业办公区的大部分面积都是业务相关的，以工位为主的办公区、会议室、会谈区域、办公设备（打印机、复印件、文件柜）等。重视员工成长的企业，还会有员工休息区、图书区以及零食区等。

我之前管理过一个客户，是一家出口蜡染花布的贸易公司。公司面积200m² 左右，共十几个工位，除了单独的花布样品陈列室以外，基本上进门所见的区域也随处可见摆放着花布样品，一沓一沓的。老板的办公室布置得也很普通，屋里也到处都是花布样品。我第一次去拜访这家企业时，一进门就有一种生意兴隆的感觉。每次去拜访这家企业，都可以看到员工们忙碌的样子，比如持续地在接打电话，同事之间也会有交流，确认一些产品的设计图稿等。

虽然因为我工作的变动，该企业已不再是我的客户，但我跟老板已经成为朋友。时隔15年后，再次拜访这家企业，一进门的感觉一如曾经，办公区仍然到处都摆放着花布样品，员工们依旧在忙碌地工作着。

该企业的老板是一位工作严谨、务实、雷厉风行的女士，她和妹妹一起创业并经营这家企业20多年，虽然也经历了很多波折，但公司发展得非常好，现在已成为国内蜡染花布出口排名前几位的贸易公司。

相比之下，我以往工作中拜访过的一些不务实的企业，一进门的感觉犹如进了博物馆，所见区域陈列着古董、名画、字画、瓷器等。通常这些企业的老板大多喜欢搞收藏，会有豪华专属办公室，里面也陈列着各种古董、装饰、名贵的实木家具、精致的茶桌、茶具等。而员工办公的工位都被挤在一些边角区域，一台功能简陋的小型复印机，办公区也看不到文件柜，会议室里摆放的白板几乎没有用过的痕迹，甚至看不到有白板笔。

刚工作的那些年里，这类企业我也没少拜访，有几家企业很快就出现问题了。其余的也没有再来往，不知道这些企业的现状如何，但我一直坚信这些企业是商业银行应该谨慎合作的。

在写字楼里办公的企业，可以通过拜访时观察前台的接待流程，来感知和判断企业的行政管理能力。一家企业前台的布置、整洁程度、前台工作人员的精神面貌和待人接物的表现，都会影响来访者对企业的第一印象。

可以尝试一下到达企业时先不通知预约的相关人员，看前台如何处理。是否会电话通知，熟练地把你引领到预约的会议室还是随便某个会议室，或者是任凭你站在前台一直等着。从前台的接待流程也可以判断一个企业的行政管理能力，进而推测出该企业整体的管理能力和水平。

办公区是企业在银行来拜访时不会刻意伪装的区域，因此参观办公区时可以调动起自己最强的观察能力，去发现，去感知。

记得有一次我拜访一家企业，参观时经过销售人员办公区域，看到墙上挂着一个巨幅的大白板，画着密密麻麻的表格，里面写着很多数字，能看到白板上有些名字后面还贴着鲜艳的小红旗标识。当时企业方陪同一起参观的恰好有分管销售的副总，便跟我们介绍贴小红旗的是销售业绩前三名，这个表格是每个月的业绩排行榜，包括全国所有区域和销售业绩。出于好奇我走近仔细看了看，销售副总还详细介绍了一下企业的销售激励方法。当时我默默在心里记下了白板上记录的销售区域、销售人员数量，还有前三名的销售业绩数字。拜访完企业回去后，我就拿出之前的访谈记录和收集的资料，核对之前企业介绍的产品销售区域是否跟白板上的一致，销售人员数量是否跟收集的资料上一致。根据白板上销售的业绩数字，计算是否跟企业提供的财报中的营业收入吻合。

现场检查时，只要认真观察，总能发现更多的信息，会有意外的收获。

14.2.3　工厂生产车间及仓库检查

生产车间、仓库的现场检查环节可以确认企业真实的生产经营状态。

坦白讲，银行对生产制造型企业的现场检查，更多的是通过观察表面信息，来判断企业生产经营和管理的稳定性。实际上，对企业设备的先进程度、技术、工艺等方面的调查，花费的时间精力比较有限，也并不精通。表面事实往往是比较容易伪造的，当一个企业铁了心要造假，会把表面事实做到天衣无缝。至于企业会不会选择造假，是所付出的代价和获取的收益之间的博弈。作为一名银行信贷人员，面对这样的事实时常感到无力，但不要因此而对现场检查环节产生懈怠。

在我刚刚工作不久时，经手过一个生产清洁用品的小微企业的授信。对该企业提交的基础资料和财务数据进行评估，符合商业银行授信基本准入条件。去现场检查时，发现仓库里存放了一箱箱库存湿巾，外包装箱上印的生产日期已经过去 2 个月了。虽然当时我工作经验少，但是发现的这个信息引起了我的警觉。现场检查工作结束后，我就暂缓了这笔授信业务。进行了一番调查后，发现该企业已经出现经营问题，资金链非常紧张，企业急需贷款。现场检查时看到的是企业临时组织的生产场景，想蒙混过关，但我发现了库存商品包装箱上的生产日期。

小微企业和中小型企业的现场检查，除了参观生产车间和仓库外，还需要查看水电费单据、税控机、所得税凭证、银行的对账单、部分销售和采购合同等信息，通过查看更全面的信息尽可能确认企业的经营状态。但对中大型和大型企业来讲，生产基地和仓库在全国可能多达十几个甚至几十个，银行是不可能为了一笔授信业务把全部场所都检查一遍的。

有一些化工类企业，生产过程中涉及生产安全问题，比如有一些原材料或生产过程中化学反应生成的气体、液体有毒，这类企业有些是不允许现场参观的。遇到这样的情况，可以跟企业沟通交流，通过观看监控室的现场画面，来完成现场检查工作。

生产车间、仓库等地的现场检查工作，谨记在现场要听从企业相关人员的安排和指挥，以确保现场检查的安全，同时也不要给企业的生产带来任何影响。在走访的过程中，认真听相关人员的介绍，要真诚和礼貌地请教自己不懂的问题，根据现场观察的情况进行思考和判断，分析是否有哪些地方存在不合理的情况。

14.2.4 现场检查的"独门秘籍"

刚工作的时候,我认为企业核心管理层的访谈是现场检查过程中一个很重要的环节。后来慢慢体会到,高管层应付银行访谈这种事情的经验特别丰富,你想问的所有问题他们都会回答得游刃有余,再刁难的问题对他们来讲都见怪不怪。对管理层的访谈其实发现不了企业真正的问题。你想知道的关键问题,他们很会用打太极的方式推回来,高明到让你听完觉得好像什么都说了,但回去仔细一想其实什么也没说。

如何才能看到一个企业更真实的一面,获得更丰富的信息呢?有以下2个独门秘籍。

1. 创造跟企业基层员工"闲谈"的机会

要创造一些跟企业基层员工交流的机会,除了基础岗位的员工外,还包括看门的大爷、保安、门卫、前台、接送你的司机、带你参观工厂的技术人员等,抓住每一个细小的机会尽可能全面地了解企业。

之前我拜访客户,经常会早到半小时左右,跟门卫交流一下。一般在到达工厂进大门登记时,就开始观察情况和寻找聊天机会。在登记信息时,会观察一下登记册里面是否包含有效信息,比如有哪些机构来访,是银行、券商还是供应商和客户?都有哪些人员?拜访了企业的哪些部门?千万别低估了这些信息的价值。如果一个企业是正常经营的状况,来访者应该是上下游的供应商和客户、银行机构等,而如果不是正常业务往来的人员拜访,而是有多个律师拜访,是否传递着一个信号,企业的业务有所停滞而且涉及诉讼呢?

一般我在登记完信息归还登记册时,会找机会跟门卫聊上几句,可以问问每天有多少车辆出入?都是来送货的还是运货的?大部分生产型企业的物资运送都是夜间进行的,因为白天重型卡车的通行会受到限制。如果恰好是早上来拜访,登记册应该有前一天晚上来往车辆的登记记录,不妨快速地数一数数量。还可以问问每辆卡车的承重,估算一下总重量。

基本上我每次早到的半小时都会收获满满,体会到门卫处的信息其实是非常丰富的。而门卫处是个容易被忽略的地方,可能很少有银行的人员会专门来到门卫处跟门卫聊天。而恰好我创造这么一个"来早了"的场景,在等待中闲聊几句,其实这是尽职调查中设计的一个特殊流程。一般礼貌地告诉门卫自己是银行的工作人员,来拜访财务总监,门卫得知是银行工作人员来拜访,基本都会很健谈,会非常乐意回答你问到的他"掌控"区域的所有问题。尤其门卫如果是个大爷，没准还能多讲一些企业的故事呢，就会有意外的收获。

在现场检查的环节中，只要一直保持打开自己获取信息的天线，你总能找到机会获得各种各样的信息。

了解一个企业的信息，不限于在该企业的内部和通过该企业内部人员获得，而在其同行业里的企业、上下游企业甚至合作的银行中，都可以获取有关该企业的信息。

我曾经负责管理一些山东省、河北省等地的企业，在一个地区会慢慢发展出多家企业客户。有时候会请客户安排车辆接送我们往返工厂与高铁站，偶尔会跟司机聊上几句，问问是否了解当地其他企业的情况、当地的经济状况、近期发生了哪些大事件等。企业的老板一般不会对银行的工作人员评价当地的其他企业，觉得比较敏感，但是老板的司机很可能知道其他企业的情况。对于异地授信的银行来讲，在当地获取信息不是很畅通的情况下，必须要想尽办法获取更多渠道的信息。

友情提示，虽然银行想要尽可能多地获取企业多维度的信息，但切忌打探企业老板的私人信息，也不要交流任何八卦，保持好界限和分寸感，不要谈论跟工作无关的内容和话题。

2. 制造"临时"安排

现场检查中，有时我会根据现场的情况，刻意制造一些临时的安排，通过这些临时提出的要求和突发的状况，来观察企业应对和处理变化的能力。这是第二个"独门秘籍"。企业应对和解决突发状况的能力，反映出企业真实的管理能力。

为什么会选择这么做呢？因为尽职调查的过程中，企业会尽量多地去展现好的一面，这就类似于参加面试的候选人，会尽量多地展现自己优秀的一面，而银行更希望能看到企业真实的一面。

在之前的工作中，有一个现有客户给我推荐了当地的另外一家企业，说这个企业在境外设立了一个贸易平台，想申请贸易融资的额度。于是我给被推荐企业的财务总监打了电话，经过沟通，我告诉他先准备一些资料，看完资料我才能做出判断。挂断电话，我给企业财务部的对接人员发了资料清单，发送完毕后正好是午饭时间，微信告知对方邮件已发送，然后我就去吃午饭了。

过了1小时左右，待我午休后回来打开邮件，竟然收到了企业的回复。我迅速点开附件一个个看完，发现回复的文件不但很详细、很完整，并且还是按照资料清单的顺序整理好再压缩的。

看完邮件的那一刻我是有点吃惊的，没想到客户整理文件的速度如此之快。银行要的资料并不少，而且其中有些信息可能需要企业花些时间整理的，通常回复快的企业至少也要半天。该企业的工作效率令人肃然起敬。后续跟该企业的财务总监和融资经理又通过几次电话，从沟通中感觉到财务总监讲话逻辑性很强、语言很精练。

其实我当时内心是存在一种顾虑的，比如文件准备得这么快，到底是财务总监的管理细致还是跟推荐人交流过，知道银行需要哪些文件而特意准备好的。带着这些顾虑，我去了企业所在地拜访。

在拜访中，我临时提出了要求：之前邮件发送过的文件原件需要加盖公章，另外还要准备几份境外采购的合同和在其他银行开立信用证的复印件。

该企业的融资经理用了大概半小时就把全部资料送来了，跟我交接的时候还拿出一个文件签收单，说这是他们的管理流程，希望我可以理解。签收单上内容简洁而清晰，某机构因为什么事项抽调了哪些文件。签收单上还有记录显示抽调的这几份文件是已获得了批复的。在我看到签收单的那一刻，对企业的顾虑就彻底消除了。

一个作假的企业，心思都花在作假上，不会考虑到把盖章版的公司文件提供给银行时还要做一套签收的流程和手续。现场检查的过程中，我不仅发现财务部门有一套完善的管理流程，还发现生产经营、行政管理各部门也都有一套完善的管理制度和流程。

后来跟客户一起吃饭时，我对财务部的几位经理表达了对他们提供资料效率高的赞扬。他们说："财务总监平时就是这么要求的，要求定期对各类文件进行整理、数据也会定期更新。刚加入公司的时候很不开心，觉得总要整理文件、数据和表格，工作量很大，但时间长了就会发现这种管理方式其实反而是更高效的。"企业内部的管理层会经常要数据，外部合作机构也会经常要数据、资料，他们都可以很快地从整理好的文件和数据里提取然后提供出去，非常高效，说他们财务部一直都是公司的标杆。

该企业是我十几年从业中接触的民营企业中财务管理制度比较完善的。我工作中很大的乐趣是能从银行的视角观察企业，从优秀的企业中学到很多做事的方法。

银行是非常看重企业治理水平的，尤其是财务管理水平。企业财务的内控水平、风险管理水平决定着企业的发展高度。产品做得再好，业务发展做得再好，财务管理水平跟不上，现金流的运转就会拖后腿。财务管理的漏洞犹如钱袋子上的窟窿，蕴含着风险。

现场检查中，临时要求企业补充提前沟通好的资料清单之外的资料和文件，可以考验企业财务部的管理制度，以及财务部和业务部之间的数据和信息的畅通程度。通过企业应对临时安排的表现，观察企业的内部管理流程。

有些企业在应对临时安排时，展现出了完善的管理制度，员工在特殊情况下知道第一时间向谁汇报及如何解决问题。而有些企业的员工则会出现混乱的局面，展现出公司管理制度的缺失，甚至临时提供的文件错误百出，同一个文件提供两次且两次的数据还不一样。

对于新手客户经理来讲，在尽职调查现场能做到少出错，没有忘东忘西就已经是最好的了，在短时间里还无法做到游刃有余地制造临时安排。但对于新手客户经理来讲，由于现场检查经验的不足，很多本应该准备好的事情却没有准备充分，这反而都变成了现场临时的安排。所以即便是新手，也别胆怯，客户对每一个认真努力的客户经理都是宽容和接纳的，谁不是新手成长起来的呢。

14.3 文件的抽调与核实

在整个尽职调查流程中，进入到现场检查环节之前，已经通过各种渠道收集的资料和信息对企业的情况有了一定的了解。现场检查过程中的文件抽调，就是要对前期了解的信息进行核实和验证，并针对一些疑问寻找答案。

通常抽调的文件包括采购和销售合同、银行对账单。下面以这两类文件为例，讲述文件抽调的逻辑及审核要点。

1. 采购合同、销售合同

抽取前五大客户、前五大供应商至少各一份合同。

假设企业采购的原料和销售的产品均没有淡旺季，产销量在一年当中比较平均和稳定，就可以随机抽调任何月份的合同。当然最好别抽取春节、"十一"这种有较长法定假期的月份。尽量避开含有春节的月份，工作日较少而且员工在春节休假的情况可能比较常见，很多企业的业绩在春节都会受到影响。当然也要考虑具体行业和产品的情况，春节也可能给企业带来产品销量的增加。样本时间抽取的原则是避免特殊性的时段，无论对业绩的影响是增加还是减少。

如果企业营业收入规模大，抽调一个月的合同因量太大看不完，可以随机抽取某一周的、某两天的，依此类推，根据企业实际情况和对双方都合理可行的工作量来制定抽调文件的规划。

采购和销售合同通常都属于机密文件，只能在现场查看，属于时间紧任务重的工作，因此要安排好整体的时间。如果企业无法提供采购和销售合同，采用信用证结算的进出口企业，也可以抽调过往收到的信用证或者开出的信用证作为替代，将信用证里的条款作为佐证。

审核要点：

- 产品名称：采购原材料或销售的产品，是否跟提供的前五大供应商或前五大客户的信息一致，是否跟企业主要的原材料或产品一致。
- 合作期限：是一份长期供应销售合同，还是一份短期供应销售合同。
- 价格的确认方式：是固定价格还是浮动价格或者其他报价方式，如大宗商品涉及交易的"点价"。
- 支付结算方式：是使用电汇、票据还是信用证结算，有无预付或预收款，是否有账期。合同中的支付结算方式以及账期信息，是否跟提供的前五大供应商或前五大客户信息一致，是否跟财务报表的数据相符。
- 结算币种：人民币或外币。

2. 银行对账单（俗称"银行流水"）

抽取主要银行账户 1～2 家，抽取样本也是要避开特殊月份时段，其次是在对双方都合理可行的工作量范围之内。

审核要点：

- 计算平均每笔付款或收款金额，跟企业说的采购的产品、销售的产品是否可以对应。
- 分析付款或收款企业的名称、出现的频率、合计的金额跟前五大供应商或前五大客户信息是否对应。
- 出现的付款或收款对象是否有高频的个人名称、关联企业、律所或法院等信息。

实务中因企业的主营业务和商业模式存在差异，因此不能生搬硬套以上文件的抽调方法和审核点，但是万变不离其宗，底层逻辑是相通的，都是用概率和统计的思维，通过对文件的抽调和审核，来检验是否跟财务报表中的数据以及从企业获知的其他信息相符，即采购或销售合同的金额、支付或收到的现金跟营业成本或营业收入的匹配（还要考虑到增值税）。选择哪些样本，如何让选择的方法更科学、合理且高效是需要在实践中不断地摸索的。

14.4 现场检查结束后的工作

1. 复盘

现场检查的确是比较辛苦的事情，需要保持几个小时或者全天的精力高度集中，还要随时应对现场的突发状况，工作结束会感觉到很疲惫。根据我过往的经验来看，还是要坚持完成资料的梳理和当天的复盘。现场观察和感受到的信息、当天发生的事情，这些记忆在脑子里都是散落的点，是短暂储存的，人脑记忆的特点就是如此。我们需要把现场检查过程中重要的事情进行回顾和提炼，写下自己认为合理或者不合理的点、自己的直观印象等，找一张 A4 纸或者更大的白纸，边梳理边记录，记录关键词即可，快速梳理一遍。访谈中一些关键的问题，对方怎么回答的，对照访谈中做的记录再梳理一遍，看是否有遗漏。只要花费半小时到一小时，复盘的工作就能做好。

这个过程相当于把脑子里散落的记忆点提取了一遍，并且做了梳理让其变得有序，以方便再次使用时提取。如果没有趁着当天精力高度集中的时候做完复盘就休息了，第二天打开所有资料，再去思考当时的感受、观察到的事情、确认自己访谈笔记里潦草的一些内容，将是一件很痛苦的事情；再去提取这些散落的记忆点，要花的时间将远远不止半小时到一小时。

曾经我有数次因为感觉当天太累了就没做复盘，通过对比后续的工作效率，发现后续要花的时间更多而且效果不好。有几次还需要再次跟企业确认一些问题和数据，自己都会觉得沮丧和缺乏专业性，于是后来我就坚持当天必须完成一遍梳理和复盘。

2. 文件梳理

把现场检查过程中收集到的资料分门别类地做整理，比如访谈记录、抽调文件复印件等。区分哪些是需要作为附件放在信贷报告中提交的，哪些是需要存档的，哪些是需要销毁的。

现场检查之后，可以充分发挥自己的想象力对掌握的信息进行分析，可以把身边的资源充分调动起来，来核实在现场看到的、听到的所有情况的真实性，充分发挥想象力去想办法验证。比如打电话给现有同行业的其他企业客户了解行业现状、近期产品的价格行情；通过上游供应商和下游客户来了解它们对企业的评价；甚至需要去了解监管仓库货物储存与提取的流程、进出口退税的流程等。

但凡有不懂的知识盲区，不了解的情况，都要想办法尽快去学习。对超出自己认知的事情，无法判断是否合理的，也不要敷衍了事，时刻保持谦虚谨慎的态度，去向别人请教，不要不懂装懂。隔行如隔山，有不懂的知识是再正常不过的，在有效的时间里，争取每笔业务都尽自己最大的努力，把获取的信息整理和分析，交叉验证做到最好、做到极致。

3. 撰写拜访记录

现场拜访结束后，要写一份完整的尽职调查记录或者叫作拜访记录，作为信贷报告中的一份重要附件，记录现场检查的全流程与待完成事项，包含的内容要点如下：

- 时间、地点。
- 参会人员（姓名+职位，包含企业与银行两方人员）。
- 拜访目的。
- 拜访交流内容与事项。
- 已完成事项或达成共识的事项。
- 需要跟进的事项。
- 每个事项的具体负责人。
- 目标完成时间。

拜访记录是拟授信企业信贷评估流程中阶段性的工作记录，需要存档，并用于正式的审批以及后续监管或者内外部审计的抽调。

参与完成现场检查工作的人员不止一人，作为客户经理既是参与者也是记录者，记录的内容和话术要力求客观、完整和准确。不要遗漏掉任何部门及同事的工作，表述时避免使用含有主观色彩和判断的语句。

完成拜访记录之后需要将其发送给相关部门，以备相关部门使用和留档，以及后续工作的衔接与推进。如果涉及的部门众多、人员众多，要考虑到信息的保密级别和传播范围等合规的要求，传递信息要严格按照合规要求对邮件进行加密处理。

CHAPTER 15
第 15 章

公司治理的风险评估

15.1 公司治理风险点的识别

公司治理指的是一家公司经营管理中运行的内部控制体系。公司所有权与管理权的分离,导致可能会发生利益冲突,良好的公司治理可以降低和化解利益冲突。

良好的公司治理包括清晰明确的组织管理架构、治理机制,健全和完善的风险管理制度、内控制度、内外部审计制度,公开透明的财务数据及信息披露。

公司治理水平的评估是信贷业务信用风险评估的一个重要环节。评估公司治理的目的是判断公司是否存在治理制度的缺失、财务舞弊、侵占部分股东的利益或者关联交易等行为与风险。可以拆解成以下 8 个层面,通过具体的问题,逐一分析风险点。针对以下每一个层面中的问题,如果答案是否定的,选择了 N,则说明这一层面存在风险点,选择 N 的问题越多,证明公司治理中存在的风险点也越多。

1. 控制权是否明确
- 公司有明确的实际控制人。Y/N
- 股权结构中的实际控制人拥有真实控制权。Y/N
- 不存在代持的情况。Y/N

2. 是否有清晰的公司治理结构
- 公司有清晰、完整的组织管理架构。Y/N
- 大股东参与公司经营和管理。Y/N
- 不存在一人担任多职位的情况。Y/N
- 同一人担任的多个职位之间不存在互相制衡与监督的关系。Y/N
- 高管之间不存在亲属或者夫妻等关系。Y/N。如果存在，职位之间不存在利益冲突。Y/N

3. 企业经营是否有清晰明确的战略
- 公司有清晰的使命和愿景。Y/N
- 有符合该使命和愿景的短、中和长期战略。Y/N
- 战略清晰且可行。Y/N
- 战略方向跟所有股东的利益一致。Y/N

4. 管理层的行业经验是否丰富
- 管理层的工作背景来自该行业。Y/N
- 总经理、副总经理等业务层面的核心管理人员具有丰富的行业经验。Y/N

5. 管理层的管理经验是否丰富
- 管理层是有丰富的管理经验。Y/N
- 管理层的核心岗位真实参与公司的管理与经营不是挂职。Y/N
- 管理层核心岗位人员没有在其他机构任职。Y/N

6. 管理层是否稳定
- 过往3～5年管理层核心岗位人员变化不频繁。Y/N
- 管理层之间的配合度很高。Y/N
- 管理层是原创始团队成员。Y/N
- 不存在不同股东指派高管的情况及股东间的利益斗争。Y/N

7. 管理层是否有不良记录
- 管理层中没有人存在不良记录，比如受到监管的处罚、禁业等。Y/N
- 高管层中不存在贷款违约、信用卡多次频繁违约、失信等记录。Y/N
- 高管层中没有过刑事处罚等记录。Y/N

8. 管理层是否诚信、信息是否透明
- 管理层没有在访谈中提供虚假信息。Y/N
- 公司提供的信息及资料配合度很高。Y/N

- 公司提供的信息和资料完整性高。Y/N
- 不存在虚假信息。Y/N

15.2　识别公司治理风险点的工作方法与技巧

上一节内容里，把对公司治理的风险评估拆解成了 8 个层面，其中大部分风险点可以通过调查识别出来，而有些风险点则需要通过经验判断，或者间接通过一些事情去验证和判断。本节讲述在实务中识别公司治理风险点的工作方法与技巧。

对管理层的行业经验、管理经验、稳定性和配合度的判断，可以从年报中管理层的任职时间与简历中找到有效的信息，进行分析。比如从每个高管过往的从业经历、任职公司、工作岗位等信息中，可以判断出该高管的行业与管理经验是否丰富。除了通过公司披露的信息判断外，还需要在互联网搜索或者通过第三方咨询公司调查高管是否有在多家机构任职，判断这些机构与拟授信企业之间是否存在关联关系、利益输送或利益冲突。

对比高管的简历，查看是否有曾就读于同一所大学、曾经共同在某家机构任职的经历，分析任职同期两家企业是否存在利益关系。比如财务总监来自企业受聘的会计师事务所，则很可能是在曾经的审计工作中跟目前就职企业的高管彼此认可，才有了工作的转变。如果该会计师事务所现在仍然为企业受聘机构，而财务总监跟会计师事务所曾经有过雇佣关系，是否会影响企业现在审计报告的真实性？同样的逻辑，如果独立董事跟企业的控制人或者高管曾经是同学或者同事，其对公司重大决策的投票权是否具有独立性。根据这些信息判断管理层之间的关系，判断其现在所处职位的合作关系与配合度，以及是否存在利益关系。

高管的简历蕴含着非常丰富的信息，是管理层风险识别中很有效的信息来源。这些信息非常关键，如果是非上市企业，没有公开披露高管的简历，收集这些资料时也不要马虎。不要认为收集这些资料就是按照授信流程走一个形式，那样可能漏掉重要的信息。分析信息时，要尊重事实，不要妄加猜测，比如高管层中有同姓或者名字很相近的，可以礼貌询问是否存在亲属关系，而不要想当然地认定是或不是。

对高管层的判断，我一直遵循两个准则。第一个是孟子看人的准则，讲的是看人要看一个人的眸子，通过一个人的眼神判断一个人的内心。如果交谈中高管层的眼神飘忽不定，神态不自然，大概率是在撒谎编故事。有些人在交谈中一紧张就会不自觉地眨眼、摸鼻子、抖腿、挠头，这些无意识的微表情和习惯性动作都会暴露出一个人的大脑正在高速运转地构思谎言，像极了一个犯了错的小孩在面对家长或者老师批评时撒谎的样子。

第二个看人的准则是孔子教学生的方法论，在《论语·为政篇》中讲，子曰："视其所以、观其所由、察其所安。人焉廋哉？"说的是认识一个人应当听其言而观其行，还要看他做事的心境，从言论、行动到内心，全面了解观察一个人。

第1点"视其所以"，是观察一个人究竟用什么样的方法在做事，也就是行为准则，是遵循市场规则还是信奉拉关系、钻空子、搞恶性竞争；是踏实保守还是喜欢冒险；是坚持做一件事情做到极致还是喜欢跟风追市场热度。行为准则代表着一个人的思维方式，思维方式是具有惯性的，如果一个人过往在投机中获益过，很有可能沿用投机的行为方式做事，这必然也会体现在企业的经营管理中。同理，一个人靠拉关系的方式谈生意，必然不会把精力放在打磨产品和经营管理中。不妨在访谈中问问企业老板的创业史，听听他过往做过哪些事情，通过哪些方式取得了成功。如果说不清楚自己过往究竟是通过什么方式取得的成绩，那这些事情八成是上不了台面的事。我在过往工作中，曾经遇到一个老板，授信初期尽职调查访谈时，他描述自己的发家史时很含糊，后面大家熟悉起来，在一次饭局上他讲述了自己曾经通过炒黄金等贵金属暴富的事迹，认为这是一件引以为傲的事情。饭局之后我就向领导汇报，并申请终止了银行跟该企业的合作，该企业后来也破产了。

第1点里包含的意思，除了观察一个人用什么方法做事以外，还有另一个层面，就是观察一个人有没有一套做事的方法论。比如一些重复创业并且每次都成功的企业家，并不是每次成功都因为恰好运气都不错，而是因为他有一套成熟的方法论。这体现了一个人的认知水平和做事能力，不论做什么事情，这套方法都能带领他走向成功，而不是依靠运气。这样的企业抗风险的能力也更强，遇到任何问题，都有一套方法应对。比如日本企业家稻盛和夫，创办了京瓷，并带领京瓷成为世界五百强企业，而后拯救了濒临破产的日航。他有一套经营企业行之有效的方法论，我相信即使再有一家濒临破产的企业，他也一样能管理好，也一样能转亏为盈。反之，企业家如果没有一套做事的方法论，成功与否就真的只能取决于运气了。

第2点"观其所由"，是看一个人做事的出发点和动机是什么？是为了累积财富还是自我实现或者是为了创造社会价值。这其实代表着一个企业家的信念，一个企业真正的愿景，决定了企业发展能否长远。如果一个企业家创办公司就是为了累积自己的财富，这显然比为了创造社会价值而创办企业的企业家的造假概率更大、风险更高。智商和能力决定了一个企业家的下限，信念决定了他的高度和上限。如果没有坚定的信念和远大的目标，很难在遇到困难时坚定本心并且坚持下去，也很难在低谷时展现出潜力，带领企业走得更高更远。

第3点"察其所安"，是讲了解能让一个人内心安住的生活方式和乐趣是什么？是修身养性，比如读书、练字、旅行、音乐；是运动，比如马拉松、高尔夫；还是打牌、喝酒和KTV。一个人的生活方式会从平时结交的朋友圈表现出来，这也反映出一个人的性格和价值观。通过了解一个人闲暇时间做的事情，便知道一个人跟什么样的人在一起会感觉到舒适，做哪些事情会令他感到愉悦，以此可以推测他会招聘什么样的员工，从而可以判断出公司的文化和员工的水平。

以上三点孔夫子的识人准则行之有效、价值千金。这些判断在实务中并不难做到，就是在人与人之间的交流中进行认真细致的观察和感受。

有些企业家的名片上印有好多头衔，有些甚至使用金名片，而有的名片简单而朴素。有些企业家说话精练而谨慎，能用一句话说清楚自己公司的业务和愿景，而有些企业家说话让你有一种云里雾里的感觉。

有些企业家日常工作穿公司的工作服，甚至能看得出工作服都已经洗得发白，略显破旧。而如果一个管理者在应对银行现场检查时，刻意穿上一套工作服，相信你也一样可以看出这套崭新的工作服是刻意装扮的，而不是恰好今天行政部门给他发了一套新衣服。光亮的皮鞋也会暴露这个管理者肯定不是每天在工厂里巡视的。

在曾经的工作中，我有一次拜访企业，该企业的实际控制人邀请我们到办公室喝茶。在我们入座后，他问了一句："这壶的水是什么时候的？"秘书说："今天新换的。"根据对方不熟练的泡茶操作、整洁到没有一份文件的办公桌等细节，可以推测这个老板并不经常在公司。

有时候一次午餐就能让你感受到企业管理层之间的配合度和企业的文化。我有一次拜访一家企业，恰好午饭时间到了，财务总监就带我们去食堂一起吃午餐。到了食堂后，又来了大概七八位同事。经介绍后得知是该企业的几位高管，他们平时都是一起在食堂吃午餐的。

午餐期间通过他们之间沟通的氛围，我立刻能感受到高管之间的相处很和谐。通过他们聊天的内容得知他们住得还很近，而且周末会约在一起烧烤，从这些表现可以推测出该企业高管层之间的配合度较高。而且财务总监能邀请银行的工作人员直接跟高管吃午餐，也代表着其非常坦诚，期间大家的聊天也完全没有因为有银行的工作人员加入而变得收敛和不自然，非常自如。

我读过一些巴菲特的书，书里写了很多他和芒格在选择投资一家企业时，对高管层评估的逻辑。如《巴菲特致股东的信（原书第 4 版）》中提到，他们不喜欢那种依靠超级明星的企业，认为"当领导者可以决定一家企业的生死时，这家企业往往会非常脆弱，因为一旦领导者离开岗位，企业所建立起来的优势与壁垒就会瞬间坍塌，企业的竞争力和市场扩张优势就会快速消失。而一家真正优秀的企业往往拥有自己完善的管理体系和企业文化，建立了自己的护城河，拥有一个合理的战略规划，也有非常优秀的团队，这样一家武装到牙齿的优秀企业，基本上没有什么太大的弱点，没有谁会是不可或缺的"。

我个人非常认同这个观点，一家企业有着完善的管理系统和流程比有一个"精神领袖"或者叫"超级明星领导"的抗风险能力更强。对于民企来讲，大部分企业都是老板一手创办的，有些人管理企业十几年甚至几十年。对这类企业的公司治理评估，要了解其是否有一套完善的管理制度；要了解老板的替代性强不强，是不是绝对的一言堂管理风格；最好要了解在公司的发展历程中，老板做过哪些对企业发展特别有建树的事情以及做过哪些糟糕的策略，对企业的发展有哪些正向和负面的影响。相比之下，虽然那些老板曾经有过重大的决策失误，但这些糟糕的决策并没有给企业带来什么巨大影响，依然屹立不倒、产品依然继续稳定生产销售的企业，则拥有更强的抗风险能力。

CHAPTER 16

第16章

识别和明确信贷中常见的 7 种风险

16.1 杠杆率过高的风险

企业的发展和扩张是离不开融资的，财务总监会根据企业自身的情况做出最合理的融资决策，通过债权或股权的方式融资以满足企业的资金需求。这两种融资方式的构成及比例关系也叫作资本结构。公司金融中有一个关于融资决策的理论——MM 定理，其中提到增加负债（债权融资）可以增加税盾，从而增加企业的价值。然而负债的增加，也代表着流动性风险的积聚。

巴菲特曾指出，20 世纪 90 年代早期，经济衰退中倒下的大量企业，都是由于债务负担过重。打开 A 股上市公司的财报，你就会发现有太多企业的有息负债规模过大，支付着巨额的利息费用。有些规模较大的民营企业集团设立了专门的融资部门，把市场上所有债务类融资工具都用上了，使得企业的财务杠杆达到最高。这些企业是商业银行特别忌惮的授信对象。

2017 年全国范围降杠杆，财务杠杆高的企业发生债务违约。多个省市展开挽救上市公司的行动，成立纾困基金。多家上市公司的实际控制人都努力争取纾困基金的救助。降杠杆对市场的影响余波至今犹存。

本节探讨信贷业务中常见的风险——杠杆率过高的风险。这里的杠杆指企业的财务杠杆⊖。最常见的描述企业财务杠杆的指标是资产负债率，即企业的总负债

⊖ 企业的杠杆分为经营杠杆和财务杠杆两类，经营杠杆描述固定成本占生产成本的比例。

占总资产的比值（资产负债率＝负债总额/资产总额）。在评级报告、投研报告中会经常看到使用资产负债率指标来描述企业的财务杠杆，该指标也是国资委管理央企的财务指标之一，旨在约束企业的有息负债规模，从而控制流动性风险。

不同行业在支付结算方式上存在差异。有些行业采用预付款的结算方式，资产科目里可能包含占比较大的预付款项。有些行业采用预收款的结算方式，负债科目里可能包含占比较大的预收款项、合同负债。所以处在不同行业的企业，即使资产负债率一样，真实的财务杠杆也不同。不能把任意两个企业的资产负债率进行比较，认为资产负债率高的企业风险一定就高，所处行业不同的企业之间，资产负债率没有可比性。

信贷业务中，评估企业财务杠杆并不会单独使用资产负债率这个指标，因为该指标对财务杠杆的描述太过于宽泛。常用的财务指标有以下几个：

杠杆率＝有息负债/净资产 或者 净杠杆率＝（有息负债－现金）⊖/净资产

利息覆盖倍数＝EBIT 或 EBITDA/利息费用

偿债覆盖率＝（EBITDA－企业所得税）/当期应还本付息的金额 × 100%

以上 3 个财务指标，分别描述了企业在资产负债表的财务时点，净资产对有息负债的保障程度，企业现金流覆盖当期需支付利息的倍数以及归还当期本金与利息的能力。指标的计算与应用也有局限性，详情可阅读第 8 章。

各商业银行对不同行业的财务杠杆及偿债能力的衡量标准略有不同。通常情况下，企业的杠杆率一般不超过 1，重资产行业的杠杆率略高于轻资产行业，贸易企业的杠杆率普遍会更高，会超过 1.2 或者 1.5。通常认为利息覆盖倍数一般在 3 左右，偿债覆盖率在 1.5～2 较为合理。

实务中，评估企业的杠杆率和偿债能力，并不能死板地以计算数值为依据，指标的计算结果跟真实情况之间是存在一定差距的。要具体分析企业真实的负债水平、资产质量，并根据企业自身及所处的行业情况进行综合评估。这就是实务和理论之间的差异，也正是实务中工作经验积累的价值所在。

16.2 短债长用的风险

"短债长用"指的是企业把短期借款（期限≤1 年）、中期借款（2～3 年期）用于长期资金的用途中，如资本开支、购买机器设备等固定资产、新建或改造厂房以及开展新的项目等长期投资活动。这类长期资金投资活动无法在短期内

⊖ 指自由现金，货币资金－受限制资金。

创造出正向的经营活动现金流，无法在短期内实现资金的回流。这种融资期限比资金实际使用期限短，期限错配的财务决策，会导致企业面临流动性风险的风险，叫作短债长用的风险。

比如一个光伏电站项目，投资回收期是 3～5 年，需要根据项目建设周期、预期并网发电以及现金流（电费）回收情况，测算融资金额与周期。股本金以外的资金缺口通过债权融资补充。

如果这种长期投资项目使用了短期借款，借款到期时项目还没有并网甚至可能还没有建成，没有现金流收入来支撑本金和利息的偿还。企业就必须再进行一笔融资或者使用自有资金来偿还到期的借款。这样的操作隐含了流动性和违约风险。

企业再融资时如果市场资金面紧张、融资变得困难，很可能就融不到新的资金。而如果原有的银行不再提供续贷，企业自有资金不足，又融不到新的资金，就会面临违约风险。

这种资金错配的风险是公司信贷业务中常见的一种风险。商业银行也把这种风险称为"债务结构不合理"，代表着一个企业资产结构和资本结构不匹配的结果。体现在资产负债表中是流动负债和非流动资产的占比高，如图 16-1 所示。

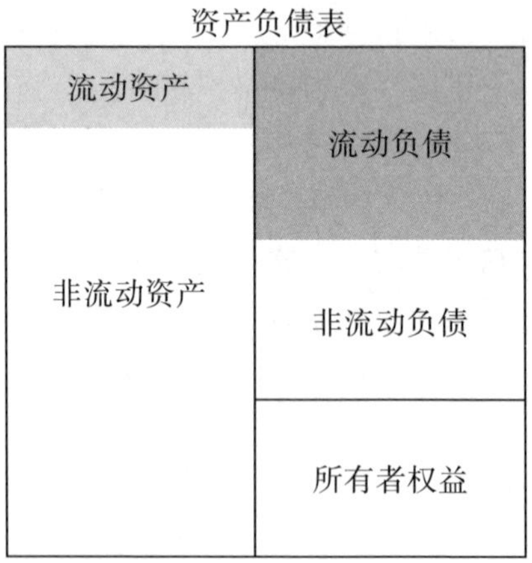

图 16-1 资产负债表（资产结构与资本结构不匹配）

这种风险在生产制造型企业、重资产企业中较为常见，因为轻资产企业的非流动资产较少，长期借款也较少。有些企业存在以上风险，是因为信用资质较差，借不到长期借款，但发展过程中又不得不进行投资、建设新项目，因此不得已进行资金的错配。但有些企业是意识不到这种风险的，或者对于这种风险的评估欠妥，对自身的流动性和再融资能力的估计偏乐观；或者只从财务成本的角度考虑，倾向于选择短期借款，因为短期借款的成本会低于长期借款。

银行评估企业的债务结构时，会分别计算长、短期有息负债的比例。重资产的行业里，合理的短期和长期债务比约为3∶7。对于重资产企业来讲，保持一个稳定、合理的债务结构比例就意味着拥有管理流动性风险的意识和能力。

我拜访过一家传统的汽车零部件制造企业。这几年，新能源车发展势头迅猛，传统汽车零部件制造企业的日子都过得很艰难。不仅在资本市场里不受青睐，面对国内外的汽车厂商根本没有话语权，钢材、镍等原材料的价格上涨只能自己消化，毛利空间被挤压得越来越窄，而且仅有的利润还被人民币升值带来的汇率波动吞噬掉了。

交流中财务总监谈到了企业面临的这些困难，计划通过调整债务结构来优化融资成本。他认为企业财务成本偏高是由于债务结构中长期债务占比过高，计划用1年期的流动资金贷款把5年期的融资租赁贷款全部替换掉。该企业的债务结构，短期和长期借款比例是6∶4，这在银行看来已经不合理了，如果再用短期借款替换长期借款，债务都变成短期借款了。这样的融资决策会增加公司短期偿债的压力，而企业的现金流并不充裕，显然并不是一个真正能优化融资成本的好策略。

16.3　控股公司风险

控股公司风险是指商业银行发放贷款的授信主体是一个控股公司。该主体内没有实际的业务运营，仅有管理职能，或者是一个单纯的壳公司（也称SPV），为了特定的交易而设立，比如并购等。该控股公司只有少部分收入或者没有收入，利润主要来自子公司的分红，或者转让子公司股权等投资活动取得的收益。商业银行向不直接创造利润的控股公司或SPV发放了贷款，还款来源是间接的，具有不确定性，这种风险就叫作控股公司风险。

举个例子，比如以下这家上市公司，表16-1展示了其2021年公开披露的合并利润表和母公司利润表。

表 16-1　合并利润表与母公司利润表　　　（单位：亿元）

项目	母公司 2021 年	合并 2021 年
营业收入	7.93	162.40
营业成本	6.99	62.52
销售费用	0.28	3.84
管理费用	0.77	5.55
财务费用	−0.14	−0.02
研发费用	0.35	3.65
资产减值损失	—	−0.06
信用减值损失	−0.17	−0.58
投资收益	5.27	0.28
营业利润	5.02	86.89
营业外收支	−0.30	−0.40
利润总额	4.99	86.49
所得税	−0.05	11.85
净利润	5.04	74.63

表 16-1 显示，上市公司母公司在 2021 年的营业收入为 7.93 亿元，净利润 5.04 亿元，当年的投资收益是 5.27 亿元。当年合并利润表中营业收入 162.40 亿元，净利润 74.63 亿元。

对比母公司和合并利润表的收入，可以判断出母公司并非实际的业务运营主体且净利润主要来自投资收益，具有控股公司的特征。

该公司的合并营业收入和合并净利润主要来自并表的 5 个主要子公司及对公司净利润影响达 10% 以上的参股公司情况如表 16-2 所示。

5 家子公司的营业收入总和超过了合并报表中营业收入的数额，由于合并报表时有子公司的往来款被抵消掉了，其中子公司 D 是对合并利润表中的营业收入和净利润贡献最大的一家子公司。

子公司 D 是一家设立在境外的子公司，为该公司的出口业务平台公司。其他子公司出口的商品需要先销售给 D 公司，再由 D 公司向境外出口。该公司 2021 年合并利润表中净利润 74.63 亿元，其中 D 公司贡献 63 亿元，占比 85%。

境外子公司 D 创造的这部分净利润，未来有可能通过分红的方式流向境内母公司。境外子公司向境内母公司分红，涉及多国的政策、跨境的结算、汇率的波动等风险。银行如果给该案例中的母公司提供贷款，则面临控股公司风险。

表 16-2　主要子公司及对公司净利润影响达 10% 以上的参股公司情况

（单位：元）

公司名称	公司类型	主要业务	注册资本	总资产	净资产	营业收入	营业利润	净利润
A	子公司	医疗防护类产品的生产和销售	1 080 785 400.00	6 424 354 680.00	2 948 690 868.00	2 395 206 250.00	456 491 779.00	376 205 229.00
B	子公司	康复护理类与保健护理类产品的生产和销售	419 807 961.00	722 622 086.00	591 986 499.00	492 072 901.00	4 873 990.00	3 303 260.00
C	子公司	医疗防护类产品的生产和销售	1 099 014 000.00	5 451 795 860.00	2 536 714 106.00	6 187 314 773.00	1 572 387 514.00	1 441 283 596.00
D	子公司	医疗防护类产品、康复护理类与保健护理类产品的销售	25 616 210.00	11 779 119 205.00	599 292 369.00	13 492 235 644.00	6 307 313 646.00	6 307 343 574.00
E	子公司	医疗防护类产品的生产和销售	492 939 400.00	2 748 039 913.00	525 833 004.00	420 490 851.00	38 065 874.00	41 624 023.00

16.4 从属风险

从属风险指的是商业银行向企业提供跟其他债权人相同种类和期限的借款，但清偿权益劣于其他债权人的风险。当贷款结构中抵质押物的比例比其他银行低，或者是结构条款劣于其他机构时，借款企业一旦发生违约、破产清算，商业银行没有用于处置的任何抵质押物作为还款来源，或者抵质押物的比例比其他债权人低、贷款的清偿顺序在其他债权人之后。

比如 A 商业银行向企业提供纯信用的借款，而 B 银行向企业提供与 A 商业银行相同种类和期限的借款，却拥有抵质押物或者保证金等担保措施，企业一旦发生违约，B 银行可以处置抵质押物和保证金用于第二还款来源，显然 A 商业银行的清偿权益劣于 B 银行。商业银行不拥有跟其他债权人同等的偿还权（Pari Passu），清偿的权益还劣于其他债权人，这类风险就叫作从属风险。

通过计算企业已经抵押、质押的受限制资产比例，可以评估银行是否会暴露在从属风险中。企业在年报中会披露受限制的资产以及受限制原因，以 A 股一家上市公司为例，该企业在 2021 年披露的所有权或使用权受到限制的资产项目注释信息如表 16-3 所示。

表 16-3 所有权或使用权受到限制的资产项目注释 （单位：元）

项目	期末账面价值	受限原因
货币资金	3 790 376 169.60	银行承兑汇票保证金、贷款保证金、期货保证金、信用证保证金等
存货	17 292 694.72	与政府协定的储备肉
固定资产	2 847 606 055.01	为取得借款而抵押、开展融资性售后租回导致资产受限
无形资产	123 076 695.55	为取得借款而抵押
生产性生物资产	107 872 501.01	为取得借款而抵押
合计	6 886 224 115.89	—

上述企业披露的受限制资产种类是实务中常见的几种，包括货币资金、存货、固定资产、无形资产和生产性生物资产。受限制资产期末账面价值合计近 69 亿元，其中货币资金和固定资产占比最高。以上资产受限原因都是用于获取银行的授信额度，包括银行承兑汇票、贷款和信用证以及用于期货业务及售后回购融资。

假设上述企业现在是银行的拟授信对象，企业受限资产金额占资产总额的比例已经超过 25%（实务中，各家银行判断是否处于从属风险的比例会有差异），如果银行向该企业提供纯信用的贷款，则会处于从属风险中。再或者银行向企业提供的贷款种类、期限与其他银行相同，比如基于保证金质押的银行承兑汇票额度或者信用证额度，如果要求的保证金比例低于其他银行，则银行也处于从属风险中。同理，提供以其他资产作为抵质押物的贷款，如果抵质押物比例低于其他银行，银行也处于从属风险中。

16.5 固定资产投资、并购扩张的风险

企业固定资产投资和并购扩张的行为均属于非流动资产的投资。这两种投资活动，通常涉及的金额都较大，在现金流量表中会使投资活动现金流出增加，从而对企业自由现金流产生较大的影响。企业如果选择以债权融资的方式来满足这两种投资活动的资金需求，会使财务杠杆增加，从而使流动性风险增大。

固定资产投资一般会有较长的建设期，项目建成之后还需要进行调试，短则半年，长达1年以上，短期之内无法给企业带来正向现金流。企业往往在市场需求旺盛时增加投资扩大产能，但建设完工后会面临诸多不确定的情况。比如市场需求是否还存在？产品的销售价格是否如预期？生产技术是否已经发生了迭代？如果投入了巨额资金但无法按照预期转换成现金流，企业自身的盈利能力和现金流是否能支撑负债，按期还本付息？企业是否有足够强的再融资能力来应对流动性风险？会不会因此而引发债务违约，从而导致连锁风险？这些都是企业在固定资产投资中将要面临的风险。

如果用指标来量化固定资产投资，一般投资新建的项目超过现有产能的30%，投资额大于3倍的EBITDA或超过净资产的30%，都可以算作重大固定资产投资，当然各家银行界定重大投资的标准会有不同。

并购扩张中，企业会面临诸多风险，如标的企业业绩的真实性。惠普公司曾在2011年并购软件生产商自治公司（Autonomy），耗资111亿美元，而因为自治公司通过财务造假虚增收入，1年后惠普公司不得不计提88亿美元的减值损失。⊖

并购的过程中还可能会不断地累积商誉，如果标的企业无法按照对赌协议实现约定的业绩，企业还会面临商誉减值损失。如第6章商誉部分提到的案例，一个几亿收入的公司，在短时间通过频繁的并购进行扩张，导致商誉减值损失高达64亿元，最终破产重整，多家商业银行深陷企业债务违约的困境中。

并购扩张还可能面临的风险是技术的迭代和市场的变化。知名的企业TCL，

⊖ 施利特，佩勒，恩格尔哈特. 财务诡计：如何识别财务报告中的会计诡计和舞弊（原书第4版）[M]. 续芹，陈柄翰，石美华，等译. 北京：机械工业出版社，2019.

2004 年在深圳证券交易所挂牌交易，是国内资本市场第一家集团整体上市的公司。在上市后，曾有过两起重大的并购。

一起是并购阿尔卡特的手机业务。在 2004 年交易时，TCL 很乐观地预测当年达到盈亏平衡，2005 年实现盈利。但交易的当年就遭遇竞争对手诺基亚在全球市场大幅降价，导致阿尔卡特的手机销量远低于预期。而同时由于中国加入全球信息产品贸易协议，将手机进口关税降到零，外资品牌长驱直入，国内手机业务跳水，业绩大幅下滑。不仅业务遭遇寒冬，财务负担日益加重，中外的管理团队文化冲突也随处可见，重重困难使得 TCL 在 2005 年第 1 季度亏损达到 3 亿多港元。

另一起是境外收购汤姆逊彩电业务。汤姆逊是显像管技术的鼻祖和主要生产商，曾拥有模拟彩电技术 80% 的专利。但 TCL 收购彩电业务以后，一场重大的技术变革使得整个电视产业发生了改变。随着技术的成熟，LCD 显示器以体积小、重量轻、画面稳定等优质的性能迅速地替代了曾经的 CRT 显示器，给 TCL 带来了剧烈冲击。

当然我们知道 TCL 最终没有在至暗时刻倒下，但李东生先生在回忆这两起重大并购时，提到了对两大风险估计不足：经营管理风险及资源能力风险。并不是每一个企业都有实力、能力和运气在风险中存活下来的。作为商业银行必须要足够重视企业并购中面临的风险。⊖

16.6　客户集中度风险

客户集中度风险是指企业绝大部分或者大部分营业收入，集中来自单一客户或者几个客户。在这样的情况下，一旦客户出现问题或者跟客户之间的合作出现问题，会对该企业的营业收入造成极大的影响，可能导致亏损、违约甚至倒闭。

实务中约定俗成的惯例是使用前五大客户的合计销售收入占全年总营业收入的比例，作为客户集中度风险的衡量标准，超过 40% 就认定为客户集中度风险较高，超过 50% 则认定为客户集中度风险很高。

下面以 A 股的一家上市公司为例，讲述实务中如何计算和判断企业的客户集中度风险。这是一家电子元器件制造企业。根据该企业 2018～2020 年公开披露的年报信息，截取其中前五大客户的信息，如表 16-4～表 16-6 所示。

⊖ 秦朔，戚德志. 万物生生：TCL 敢为 40 年 1981—2021[M]. 北京：中信出版集团股份有限公司，2021.

表16-4 2018年前五大客户资料（电子元器件制造企业）

序号	客户名称	销售额（元）	占年度销售总额比例
1	客户一	312 023 270.46	23.54%
2	客户二	190 199 077.87	14.35%
3	客户三	129 271 937.39	9.75%
4	客户四	82 505 453.36	6.22%
5	客户五	79 143 897.09	5.97%
合计	—	793 143 636.17	59.83%

表16-5 2019年前五大客户资料（电子元器件制造企业）

序号	客户名称	销售额（元）	占年度销售总额比例
1	客户一	711 932 552.38	27.22%
2	客户二	259 156 599.40	9.91%
3	客户三	172 600 937.99	6.60%
4	客户四	122 593 913.67	4.69%
5	客户五	109 118 745.48	4.17%
合计	—	1 375 402 748.92	52.59%

表16-6 2020年前五大客户资料（电子元器件制造企业）

序号	客户名称	销售额（元）	占年度销售总额比例
1	客户一	651 221 049.82	22.23%
2	客户二	281 678 934.32	9.62%
3	客户三	208 110 725.64	7.10%
4	客户四	144 657 786.46	4.94%
5	客户五	136 294 546.88	4.65%
合计	—	1 421 963 043.12	48.54%

2018～2020年，前五大客户合计销售额占年度销售总额的比例分别是59.83%、52.59%、48.54%。连续3年里，前五大客户的合计销售额占当年销售总额的比例都超过了40%。以此判断，该企业的客户集中度风险较高。

前五大客户合计销售额占比在3年中有下降趋势，这个数据的变化传递出一个信息，企业在管理和控制客户集中度风险。

3年中，"客户一"的销售额占年度销售总额的比例都较高，3年都超过了20%。该企业公开披露的年报中没有公开客户名称，因此无法判断3年里的"客户一"是否为同一家企业。假设3年里"客户一"是同一家企业，则该企业不仅客户集中度风险较高，并且对单一客户的依存度也较高。而如果"客户一"不是同一家企业，则该企业不仅客户集中度风险较高，且客户稳定性弱，营业收入的持续性存在不确定性。在信贷业务实务中不需要根据假设情景进行判断，拟授信企业需要向银行披露具体客户名称。

下面再来分析 A 股中一家触控玻璃面板制造企业的客户集中度风险，根据 2018～2020 年公开披露信息，分别截取前五大客户信息，如表 16-7～表 16-9 所示。

表 16-7 2018 年前五大客户资料（触控玻璃面板制造企业）

序号	客户名称	销售额（元）	占年度销售总额比例
1	第一名	13 019 190 581.61	46.97%
2	第二名	3 330 550 540.31	12.02%
3	第三名	1 952 194 191.92	7.04%
4	第四名	1 521 651 519.96	5.49%
5	第五名	974 528 706.42	3.52%
合计	—	20 798 115 540.22	75.04%

表 16-8 2019 年前五大客户资料（触控玻璃面板制造企业）

序号	客户名称	销售额（元）	占年度销售总额比例
1	第一名	13 033 335 880.62	43.07%
2	第二名	3 432 704 000.20	11.34%
3	第三名	2 888 439 326.12	9.55%
4	第四名	1 721 724 339.22	5.69%
5	第五名	1 518 317 151.50	5.02%
合计	—	22 594 520 697.66	74.67%

表 16-9 2020 年前五大客户资料（触控玻璃面板制造企业）

序号	客户名称	销售额（元）	占年度销售总额比例
1	第一名	20 306 203 499.95	54.9%
2	第二名	2 980 084 453.68	8.07%
3	第三名	2 443 089 379.34	6.61%
4	第四名	2 136 588 064.74	5.78%
5	第五名	1 423 779 762.50	3.85%
合计	—	29 289 745 160.21	79.29%

2018～2020年，前五大客户销售额占年度销售总额的比例分别是75.04%、74.67%和79.29%。连续3年里，前五大客户的合计销售额占比都超过了70%，以此判断，该企业的客户集中度风险很高。观察3年中前五大客户销售额占比的变化趋势，可以发现客户集中度风险在3年里丝毫没有得到缓释，反而在2020年还有所增加。

观察3张表中的数据，会发现第一大客户的销售额占比在3年中都相当高，2020年第一大客户的销售额占比突破了50%，可以说一家客户的销售撑起了该企业的半壁江山。

A股上市公司中客户集中度风险高的企业并不少，有一些企业的客户集中度风险比上述企业还高，前五大客户合计销售额占总营业收入的比例甚至高达95%，而单一客户的销售额占总营业收入的比例超过90%。

如果企业的产品以销售给企业端客户为主（To B的商业模式），营业收入规模越小，面临的客户集中度风险可能越高。产品线越单一，而且面向的客户群体所在市场寡头特性越强，客户集中度风险越高。

很多创业公司初期的业务就是依托一两家企业客户的需求而展开的，当规模慢慢做大，客户越来越多时，集中度风险可能就会被分散、被缓释。为什么说是可能被分散呢？因为在实际情况中，很多企业生产的产品很单一，所在的细分领域越窄，对于单一客户的依赖度可能越高，销售额也会随着客户的规模共同增长，集中度风险不仅不会被分散，反而很可能越来越高。

比如市场上俗称"果链"的企业集群，是指苹果公司手机业务产业链中的企业，给苹果手机提供零部件。这些企业就是依托苹果公司手机业务发展起来的，甚至很多零部件就是为苹果手机研发和定制生产的，因此绝大部分营业收入都来自苹果公司。一旦苹果公司取消订单，会对这些"果链"企业的营业收入造成重大的影响。

在日常生活中存在帕累托法则（二八定律），客户集中度风险并不是罕见的，而是太过于常见而被忽视的。有时候忽视这种风险是由于存在一种心理，认为"背靠大树好乘凉"，即使客户集中度风险高，但如果客户是一家大企业，就可以"高枕无忧"。2019年底开始，地产行业的龙头企业接连不断地发生债务违约，恒大集团的爆雷事件，让各家金融机构重新认识了客户集中度风险。

2022年初上市公司兆驰股份公告，净利润预计下降81%～87%。净利润大幅下滑的原因是公司持有恒大集团及其成员企业开具的商业承兑汇票，在恒大集团发生信用危机后无法按期兑付。上市公司金螳螂持有恒大集团及其成员企业开具的商业承兑汇票和应收账款，高达77亿元。上市公司广田集团发布公告称其 3.92 亿元银行债务逾期，原因也是受到了恒大集团债务危机的牵连，恒大是广田集团的第一大客户，2021 年对恒大的销售收入占总营业收入比例达到了近 40%。由于应收账款回款的不确定，广田集团的流动性出现了危机，面临被债权人重组和退市的风险。这是一个典型的客户集中度风险带来的连锁反应。

"恒大事件"证明当企业存在客户集中度很高的这种风险时，即使下游客户是一个大企业，业务存续和销售回款也一样存在不确定性，对客户集中度的风险也不能视而不见。毕竟从这一件件现实的案例中看到，当这种风险发生的时候，其他的信贷风险分析都显得那么苍白无力。

16.7 大宗商品价格波动、汇率波动和金融衍生品风险

大宗商品指的是可交易的、被广泛用作工业基础原材料的商品，如原油、有色金属（铜、铝、镍）、钢铁、农产品（大豆、棉花）、铁矿石、煤炭等，这类商品的金融属性强、单价高且价格波动大。

2022 年 4 月世界银行发布的大宗商品市场报告显示，原油价格升至 2013 年以来的最高水平。如图 16-2 所示，从 2010 年到 2022 年初，这 11 年里，原油价格高的时候超过 120 美元/桶，低的时候跌到近 20 美元/桶，并且有多次短时间内价格剧烈波动的情况发生。

大宗商品价格的波动受国际市场供需关系的影响，同时也受国际宏观经济因素、货币政策、地缘政治、美元及汇率、航运价格及自然气候等多重因素的共同影响。由于大宗商品单价高，价格波动剧烈，使得大宗商品贸易企业和以大宗商品作为原料的生产企业面临着直接冲击，然后将风险传导至整个产业链。

我国是全球最大的基础原材料进口国，大宗商品主要以美元计价，进口商不仅面临大宗商品价格波动的风险，同时也面临着汇率波动的风险。

在 2009～2014 年初，美元兑人民币汇率一直处在单边贬值的区间，这段时间里汇率行情对国内的进口商来讲非常有利，充分享受了美元贬值带来的收益。随着 2015 年的汇率改革，人民币逐步迈向国际化，美元兑人民币汇率的波动不再呈现出持续的单边走势，而是呈现出双边震荡的走势。美元的升值会使中国进口商的采购成本增加。2022 年美元强势升值，几乎出现了直线拉升的走势，这样的极端汇率走势对国内进口商来讲非常不利。但美元升值的行情对出口商的影响却相反。

2009～2022 年美元兑人民币汇率走势，如图 16-3 所示。

原油价格升至 2013 年以来最高水平

2022 年 3 月布伦特原油平均价格为每桶 116 美元，为 2013 年以来最高。俄乌冲突已开始扰乱俄罗斯的石油出口。包括加拿大、英国和美国在内的若干国家宣布了立即禁止或逐步停止从俄罗斯进口石油的计划，很多贸易商已在避免购买俄罗斯石油。预计 2022 年油价平均为每桶 100 美元，然后在 2023 年小幅下降至每桶 92 美元。

布伦特原油价格
美元/桶

图 16-2　世界银行发布的大宗商品市场报告（原油价格）

注：名义价格，最后一次观察为 2022 年 3 月。
资料来源：世界银行。

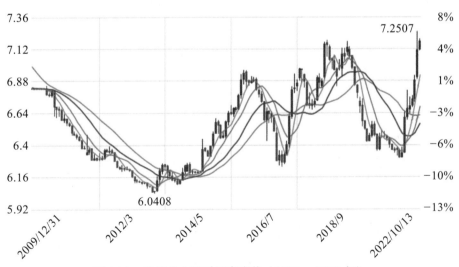

图 16-3　美元兑人民币汇率走势（2009～2022 年）

资料来源：新浪财经。

企业会选择使用金融衍生品来管理大宗商品的价格波动风险和汇率波动风险，比如使用期货、远期、期权、掉期以及组合式的结构化产品，用于对冲风险、减少亏损。但由于团队的专业性有限，没有建立起完善、系统的风险管理制度，不能清晰、准确地识别风险，采用了不合理的风险管理策略，选择了不合适的衍生品工具或者交易时出现了疏漏，都会使企业面临更大的风险，可能会比没有使用衍生品的结果更加糟糕。

2020年美元兑人民币汇率大幅下跌，下半年下跌超过8%，出口企业的利润受到严重的影响，很多企业因汇率波动而亏损。2020年后一些企业尝试使用金融衍生品来管理风险。商业银行是外汇市场交易中最主要的场外交易市场参与者，大部分企业都会优先选择在商业银行进行衍生品交易，常用的是外汇远期。2022年美元直线拉升上涨的行情，对收美元的出口企业原本是一件好事，但很多购买了外汇远期合约的企业却苦不堪言。美元的上涨一次次打破了企业跟银行约定的交割汇率，选择差额交割的企业不得不面对因认购外汇远期合约而带来的损失。

大宗商品价格波动风险、汇率波动风险和金融衍生品风险，这三种风险的出现经常是相伴相生的。管理这三种风险，不仅对企业是巨大的挑战，对商业银行也同样是。本书附录中的案例，是关于2022年市场轰动一时的民营企业青山控股伦镍事件，讲解了商业银行管理大宗商品企业风险的方法与技巧。

CHAPTER 17
第 17 章

信贷产品种类与结构

17.1 流动资金贷款、固定资产贷款、并购贷款

商业银行的业务范围，除吸收存款和发放贷款外，还包括办理国内外的结算、票据的承兑与贴现。商业银行根据企业实际的融资需求和用途，把贷款设计成不同种类，融入企业的结算中，这样也有助于银行更好地监控贷款的用途。

回顾一下第 6 章讲到的资产负债表，把这张表格分为左右两端。如果把右端"负债与所有者权益"理解成企业的资金来源，即通过债权或股权方式融到的资金，那么左边"资产"端，就可以理解成企业把资金用在了何处，即营运流动资金或固定资产投资。

按照资产结构来划分信贷资金使用的用途，贷款分为流动资金贷款、固定资产贷款和并购贷款三类。

1. 流动资金贷款

流动资金贷款（Working Capital Loan）是为满足企业日常生产经营过程中短期资金需求而提供的贷款。常见的是流动资金循环贷款，一般是期限为 1 年的短期贷款或者 1～3 年的中期贷款。在贷款合同有效期内，企业可以分次提款、逐笔还款、循环使用。是否需要通过抵质押等方式作为增信担保措施，需根据拟授信企业的信用而定。可能是纯信用不需要担保措施，也可能是比例不等的现金作为保证金质押，或者是以应收账款、固定资产等资产作为抵质押等方式。

还款来源主要是企业生产经营获得的收入或者是通过再融资等方式获得的资金。

2. 固定资产贷款

固定资产贷款（Fixed Assets Loan）是指为解决企业固定资产投资活动的资金需求而发放的贷款。包括基本建设、技术改造、开发并生产新产品等活动及相关的房屋购置、工程建设、技术设备购买与安装等。相比流动资金贷款，固定资产贷款的期限一般较长，为 3～5 年的中期贷款或者 5 年以上的长期贷款，企业根据具体的资金需求逐笔申请、银行逐笔审批，但只能用于固定资产的购置和建设。银行是否需要担保措施根据拟授信企业的信用而定。还款来源主要是企业生产经营获得的收入、固定资产竣工后投产产生的现金流或者是通过再融资等方式获得的资金。

3. 并购贷款

并购贷款（M&A Loan）是指银行向并购方企业或并购方控股的子公司发放的用于支付并购股权对价款项的本外币贷款。企业根据具体并购项目的资金需求逐笔申请、银行逐笔审批，但只能用于支付既定并购项目的股权对价款，期限通常是 2～3 年，具体期限由银行和企业协商而定。担保措施根据拟授信企业的信用而定，被收购企业的股权可能会需要质押给银行作为增信担保措施。还款来源主要是企业及被收购企业生产经营获得的收入或者是通过再融资等方式获得的资金。

17.2 国内贸易融资

按照企业的经营区域，可以把业务类型划分为国内贸易和国际贸易，信贷种类也对应分为国内贸易融资和国际贸易融资两类。本节讲述国内贸易融资。

企业在生产经营中，都同时扮演着购货方和销货方这两种角色（见图 17-1）。按照企业的这两种角色，可以把企业的行为划分成采购与销售两端。采购端即企业向供应商付款进行采购；销售端即企业向客户提供产品或者服务，收取款项。

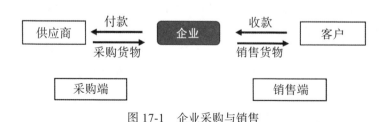

图 17-1 企业采购与销售

17.2.1 采购端（供应商）融资

企业作为购货方采购货物，向上游供应商支付货款，涉及的采购端融资种类有以下两种：

1. 银行承兑汇票和国内信用证

银行承兑汇票（也称银票），是付款人（购货方）向银行申请，委托银行开具的一种延期支付票据。票据到期时银行具有见票即付的义务，无条件向收款人或持票人付款。

国内信用证。是开证银行依照申请人（购货方）的申请，向受益人（销货方）开出的有确定金额、在一定期限内凭信用证规定的单据支付款项的书面承诺，也是适用于国内贸易融资的一种支付结算方式。

这两类授信均属于商业银行的低风险授信业务。企业向银行申请开立银行承兑汇票或者国内信用证时，银行并没有涉及实际的资金转出，直到票据、信用证到期时才涉及实际的付款。这类低风险的授信，银行通常向借款人（企业）提供纯信用额度，或者需要借款人提供一定比例的保证金，依据借款人的信用情况而定，而较少通过其他资产抵质押的方式作为增信担保措施。纸质的银行承兑汇票期限最长不超过 6 个月，电子银行承兑汇票和国内信用证期限最长不超过 1 年。

当购货方向销货方支付银行承兑汇票或国内信用证时，双方因购销贸易关系建立的商业信用就转换成了银行信用。采用银行承兑汇票和国内信用证的支付结算方式，对于购货方来讲，大大减少了资金占用，对于销货方来讲，收款的确定性大大提高。

银行承兑汇票和商业承兑汇票，两者均属于商业汇票，其中的差异是票据的最终付款人不同。银行承兑汇票的付款人是银行，而商业承兑汇票的付款人是购货方。因此，商业承兑汇票的付款承诺信用远低于银行承兑汇票，销货方收到两种不同的商业汇票，收款的确定性也不同。

2. 应付账款融资

应付账款融资是贸易融资的一种，是银行向借款人提供的专门用于采购货物的借款。借款期限根据借款人与供应商之间实际的账期而定。贷款发放通常采用"受托支付"的方式，在借款人发起提款申请后，由银行把资金直接划转至供应商的账户。

17.2.2 销售端（客户）融资

企业作为销货方角色时，以赊销的方式，向下游客户销售产品或者提供服务，涉及的销售端融资有以下两种。

1. 应收账款收益权转让，也叫保理业务或者发票融资

这是指卖方（销货方）与客户（购货方）签订的货物销售、服务或工程合同，以赊销的付款方式且付款期限一般不超过 6 个月，销货方把该合同项下产生的应收账款收益权转让给银行，银行为其提供融资。

有些行业因产品交付周期长，下游客户支付结算流程烦琐，导致企业的应收账款周期很长，例如工程、EPC、环保等行业。应收账款周期长对企业的现金流周转造成了压力，因此有转让应收账款收益权获得融资的需求。

应收账款收益权的转让分为有追索权和无追索权两种。通常银行提供的融资，都是具有追索权的，即应收账款到期时，如果无法从应收账款债务人处收回资金时，银行有权向企业（销货方）追偿。

应收账款质押融资和应收账款收益权转让融资，这两种融资结构在实务中，很容易被混淆或者等同为一种融资，而实际上这是两种完全不同的融资结构，存在质的差异。

应收账款质押融资，是指企业把应收账款收益权作为质押物，质押给银行获得对应的融资，比如流动资金贷款。第一还款来源是企业的经营所得，当第一还款来源无法足额偿还借款时，银行就会将质押物即应收账款进行处置作为第二还款来源。

应收账款收益权转让，是指企业把应收账款收益权转让给银行或其他金融机构获得融资。第一还款来源是该笔应收账款的债务人到期付款，在有追索权的保理下，如债务人没有按时付款，企业会被追索还款，企业的经营所得作为第二还款来源。

企业把通过应收账款质押获得的融资计入筹资活动现金流入，这在实务中基本上是没有争议的。但有些企业会把应收账款转让获得的融资计入经营活动产生的现金流量中，而并非计入筹资活动中，这显然是不对的。

通常这些企业，会把这种行为解释成，应收账款是企业销售产品或提供服务取得的未来的收款权，因此通过转让这笔收益权获得的现金流入视同为企业经营活动现金流入。但如果应收账款收益权的转让是具有追索权的，其中包含的风险和收益其实并没有被真正转让，企业在未来依然承担着还款责任，而不应该计入经营活动现金流入。这也是实务中企业会利用的一种虚增经营活动产生的现金流的手段。

2. 订单融资

订单融资是指为支持企业的销售和备货，基于企业与下游客户签订的销售合同或订单，银行向其提供的用于该销售合同或订单项下原材料或货物采购的专项贸易融资。

订单融资的贷款期限，依据企业实际的现金循环周期而设定。企业在申请提款时，银行通常会采用"受托支付"的方式，将款项直接划转至供应商账户，同时会要求企业把收款账户开立在该银行，确保企业销售产品或者提供服务后收到的款项回到银行开立的收款账户中，从而有效地监控和管理还款来源。

17.3 国际贸易融资

本节讲述国际贸易融资，即企业进口或出口贸易中涉及的融资。以国际信用证的支付与结算为例，讲述银行向进口商和出口商提供的融资种类。

信用证是国际贸易中采用的主要结算方式之一，图17-2展示了进出口商使用信用证进行结算的全过程。

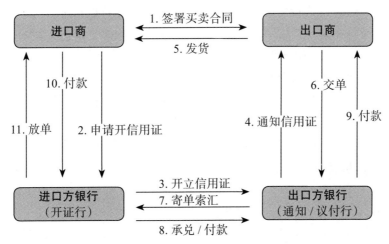

图 17-2　国际贸易信用证结算流程图

本节围绕国际贸易信用证结算流程图讲述国际贸易融资的种类。

17.3.1 进口商融资

1. 开立信用证

信用证（Letter of Credit）分为即期信用证（Sight L/C）和远期信用证（Usance L/C），是银行应进口商的申请，向国外出口商出具的一种付款承诺（见图17-2中的第2、3步）。银行承诺当收到的单据符合信用证所规定的各项条款时（单单相符、单证相符），向出口商履行付款责任（见图17-2中的第8步）。

开立信用证（Issue L/C）为出口商提供了商业信用以外的有条件付款承诺，增加了进口商的信用，将商业信用转化为银行信用，银行的介入使贸易融资更有保证。

对于使用银行综合授信额度开立信用证（简称"开证"）的进口商来讲，在开证后、付款前，可以减少自有资金的占用。如果开立的是远期信用证，信用证到期时进口商才需要支付货款，减少资金占压的优势就更加凸显。只有当进口商相对出口商来讲，拥有更强的话语权时，双方才更有可能达成采用远期信用证进行结算的支付条件。

2. 进口押汇

进口押汇（Import Bill）是进口商使用信用证结算的一种融资方式。进口方银行完成了承兑，并向出口方银行付款后（见图17-2中的第8步），把进口商需要支付给银行的货款转化为等额的贷款，而后将单据释放给进口商，进口商向银行定期支付利息，贷款到期归还本金。贷款期限根据进口商实际的现金循环周期而设定，一般信用证期限加押汇期限合计不超过6个月。

对进口商来讲，进口押汇的效果等同于远期信用证，都能实现延期支付，减少自有资金的占用，从而有效缓解进口商的资金压力。与进口押汇相比较，远期信用证结算对进口商更有利，进口商无须向银行支付利息，也不会占用到银行的授信额度，不会记入征信记录，综合成本低于进口押汇。

3. 假远期信用证

假远期信用证（Usance Letter of Credit Payable at Sight）是一种融资信用证，并不是按照远期信用证的方式结算，在信用证到期时向出口方付款，而是开立信用证时包括了附加条件，说明进口方银行承诺在完成了承兑后，就会向出口方银行付款。对进口商而言，融资体现在信用证到期时进口商才需向进口方银行付款，期间的利息由进口方承担。

对于进口商来讲，假远期信用证的结算方式，一样可以实现延期支付、减少自有资金占用。进口方银行向出口方银行支付货款时，如果其境外的分支机构网络优势强、资金成本低，便可以选择通过境外分行支付。有些银行把这样的融资方式叫作"海外代付"。这种融资方式能有效地帮助进口商节约融资成本，同时进口方银行也可以获得更高的收益。

17.3.2 出口商融资

1. 打包贷款

打包贷款（Packing Loan）指的是，出口商在收到信用证后（见图 17-2 中的第 4 步）向出口方银行申请贷款。银行向其提供的用于该笔信用证对应的销售合同项下原材料或货物采购的专项贸易融资。类似于国内贸易融资中的订单融资。

贷款期限依据出口商实际的现金循环周期而设立，通常不超过 1 年。在出口商申请提款后，银行会采用"受托支付"的方式发放贷款，直接划转至出口商的供应商账户。同时，银行会要求作为该笔信用证的交单银行和议付银行，并将该笔信用证的收款作为还款来源。

2. 出口押汇

出口押汇（Outward Bill）指的是，出口商向出口方银行提交信用证项下的单据，申请议付（见图 17-2 中的第 6 步），出口方银行审核全套单据（单单相符、单证相符）在进口方银行承兑后（见图 17-2 中第 8 步）、付款前，向出口商先行垫付款项的一种短期融资。

出口押汇的融资方式帮助出口商尽早地实现了销售收入的资金回流、缓解资金占压，增加现金流入。押汇利息由出口商承担，银行在提供此种融资时保留了对出口商的追索权。

3. 远期信用证贴现

远期信用证贴现（L/C Discounting）指的是，国际贸易中的出口商收到远期信用证，提交单据后进口方银行已承兑（见图 17-2 中的第 8 步），出口商基于该笔信用证向出口方银行申请融资，并承担利息，以该笔信用证项下的收款作为还款来源。

4. 福费廷

福费廷（Forfeiting）指的是，国际贸易中的出口商向出口方银行提交单据后，在收到进口方银行的承兑后（见图 17-2 中的第 8 步），出口方银行将该笔信用证项下的应收账款收益权买断，为出口方提供融资。

福费廷的融资方式用于远期信用证的结算中。对于出口商来讲，福费廷跟远期信用证贴现类似，两种融资方式都能实现把应收账款快速转化成现金流入，缓解资金占压，出口商都要承担利息。福费廷和远期信用证贴现融资的区别：福费廷是无追索权的融资，银行买断了出口商应收账款收益权，意味着出口商把未来的收款风险转嫁给了出口方银行。福费廷融资不会占用到出口商在出口方银行的综合授信额度，并且可以优化财务报表。而远期信用证贴现融资，出口方银行保留了追索权，出口商的收款风险并没有转嫁出去，因此应收账款不可以出表。

17.4 跨境融资

上一节以国际信用证的支付与结算为例，讲述了国际贸易中进出口双方的融资方式。实务中不涉及国际贸易的企业，也可能会有跨境融资的需求，比如企业进行境外并购，有外币贷款需求，或者外币融资成本更低，企业想要通过跨境融资来优化综合财务成本。本节主要讲述跨境融资中常见的几种融资结构。

17.4.1 跨境融资——境外企业融资

图 17-3 是一种常见的境内、境外企业和银行联动的跨境融资结构：

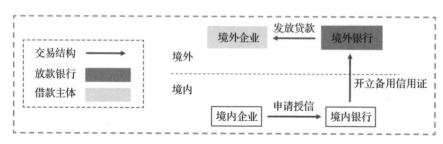

图 17-3 跨境融资结构图

这种境内外联动的跨境融资结构，可以解决以下几类融资需求。

案例 1：

境内某 A 股上市公司，信用资质良好，在境内银行有充裕的授信额度。现该公司战略布局海外市场，并在美国成立了一家子公司，计划通过美国的子公司完成一桩境外收购。

该公司希望以债权融资的方式解决并购资金需求，如果在境内向银行申请内保外贷融资，由子公司作为授信主体、母公司提供担保，境外子公司的成立时间、营业收入规模和利润等财务指标，还无法满足内保外贷融资的基本要求。另外，美国子公司成立时间短，短时间内很难在境外的银行独立取得授信额度。

该公司就可以使用境内、境外联动的跨境融资解决方案（见图17-3），操作步骤如下：

（1）境内企业（上市公司）直接利用现有境内银行授信额度或向境内银行申请新的授信额度。

（2）境内银行设立授信额度之后，向境外银行开立备用信用证（SBLC）。

（3）境外银行收到备用信用证后，给境外企业（美国子公司）设立授信额度，额度设立后向境外企业发放贷款。

使用跨境融资的解决方案，有效地帮助企业解决了目前的融资困境。境内银行向境外银行开立SBLC，使用的是开证行的外债额度，避免了企业向商务部和外汇管理局等机构申请外债额度，节省了备案、审批的时间成本，也节省了人力成本，更加灵活和便捷。

案例2：

一家欧洲公司在中国境内注册成立了一家全资子公司，现已在中国境内发展业务多年。最近该子公司出售了其在中国境内投资的若干股权项目而获利，有大量资金闲置。该公司看好中国市场的发展，所以希望在境内继续持有人民币为长期战略布局做储备。此时欧洲母公司在境外有短期资金需求。如果现在把子公司沉淀的人民币换成欧元向母公司分红，通过分红的方式解决母公司短期资金需求，后续母公司资金周转正常，还需要再向子公司注资，以实施未来的投资计划。通过先分红再注资的方式解决母公司短期资金需求，会面临两次外汇管理局、商务部等的审批备案流程，手续烦琐且耗时，并且涉及双重的汇率风险。

该公司选择使用境内、境外联动的跨境融资的解决方案（见图17-3），操作步骤如下：

（1）境内子公司向境内某银行存入人民币并申请授信额度。

（2）通过境内银行向其母公司的开户银行开立备用信用证（SBLC）。

(3)境外银行收到备用信用证后向欧洲母公司发放贷款。

使用跨境融资的解决方案,有效帮助该公司解决了境外母公司短期融资需求,且避免了子公司分红、母公司再注资过程中面临的汇率风险,同时无须办理相关的备案审批等手续,节省了时间和人力成本。

17.4.2 跨境融资——境内企业融资

图17-4展示的是一种常见的境内、境外银行联动的融资结构,即"海外直贷"的跨境融资结构,用于解决企业外币融资需求。

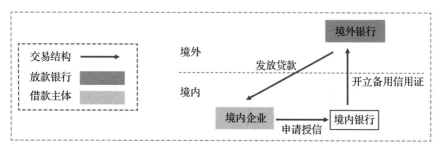

图17-4 "海外直贷"的跨境融资结构图

具体的操作步骤如下:

(1)境内企业向境内银行申请授信额度,或直接利用现有境内银行授信额度。

(2)境内银行设立授信额度以后,向境外银行开立备用信用证(SBLC),境内企业在国家外汇管理局备案,申请开立外债专户。

(3)境外银行收到备用信用证(SBLC)后,给境内企业设立授信额度,并发放外币贷款至境内企业的外债专户中。

(4)境内企业提交相关的提款手续,完成提款,将外币结汇成人民币使用。

以上这种跨境融资的方式,可以帮助企业实现外币融资。境内和境外银行可以是同一家银行的境内外分行联动,也可以是两家不同银行的联动。

当外币的贷款利率更低时,企业拆借利率更低的资金,可以优化财务成本。如果外币兑本币的汇率下跌,还能享受到外币贬值带来的收益。但在这种融资结构中,如果企业的收入主要是人民币或者其他币种,跟借债的币种不同,就会面临汇率风险。想要彻底地规避外币升值的汇率风险,可以采用交叉货币掉期(Cross Currency Swap),在提款时就锁定汇率风险。

17.5 其他常见融资种类

本节主要讲述其他三种常见的融资种类：保函、项目贷款和银团贷款。

1. 保函

保函是基础设施建设、工程承包等大型企业常用的一种融资方式。在这类企业中，项目是通过招投标的方式展开，在投标阶段需要开立投标保函，中标后需要开立预付款保函，而项目的实施和建设中会开立履约保函。

（1）投标保函（Bid Bond）

投标保函是在以招标方式成交的工程建造和物资采购等项目中，银行应招标方的申请，出具的、保证投标人在招标有效期内不撤标、不改标、中标后在规定时间内签订合同或提交履约保函的书面文件。

（2）预付款保函（Advance Payment Guarantee）

预付款保函是银行应企业申请，向工程承包项目中的业主或商品买卖中的买方出具的、保证申请人在业主或买方支付预付款后履行合同义务的书面文件。

（3）履约保函（Performance Guarantee）

履约保函是银行应企业申请，向工程承包项目中的业主或商品买卖中的买方出具的、保证申请人严格履行承包合同或供货合同的书面文件。

在国际项目承包工程中，业主方、买方通常对开立保函的银行有一定的要求，只接受信用等级高的国际性银行开立的保函。因此信用等级高的银行在保函业务中，有更强的竞争力。

在商业银行信贷业务中，保函的授信额度属于低风险业务。银行应企业的申请开立保函时，没有涉及实际的资金转出，当企业无法履约时才涉及实际的资金支付。

银行向企业提供保函的授信额度时，很少会通过资产抵质押的方式作为授信条件，而是会要求企业提供一定比例的保证金，具体额度根据企业信用状况而定，信用越好的企业保证金比例越低，甚至可以获得纯信用额度。银行受理企业保函开立申请，会收取一定比例的费用，通常为 0.5%～1.5%，保函期限需根据实际的项目情况而定。

2. 项目贷款

项目贷款一般应用于发电设施、公路、桥梁、隧道、铁路、机场、城市供水以及污水处理厂等大型基础建设项目，以及其他投资规模大、具有长期稳定预期收入（现金流）的建设项目。

通常的操作是企业针对具体的项目成立一家项目公司，以该项目公司作为借款人主体进行融资。股东出资比例是项目总投资额的20%～30%，作为项目的初始营运资金。其余70%～80%资金通过债权融资方式获得，以项目公司本身的收入（现金流）和利润作为第一还款来源，并以项目公司的资产或者股权的抵质押作为担保措施。项目贷款的融资期限，根据项目本身的建设周期及预期营运现金流测算而定，通常时间较长，长达8～10年，甚至有些项目长达15年以上。

3. 银团贷款

由于基础设施建设项目资金需求规模大、建设周期长，单独一家或两家银行很难满足企业的资金需求，所以会涉及银团贷款的融资方式。银团贷款是指由两家或两家以上数量的银行作为贷款人，按相同的贷款条件，以不同的分工，共同向一个企业提供贷款，并签署同一贷款协议的贷款业务。

在银团贷款中，会有一家银行作为牵头行或者安排行，还有代理行和参加行。借款人与安排行商定贷款条件后，由安排行负责银团的组建。在贷款的执行阶段，借款人无须面对所有的银团成员，相关的提款、还本付息等贷款管理工作由代理行完成。

银团贷款的特点是金额大、期限长，优势是可以满足借款人长期、大额的资金需求。一般用于交通、石化、电信、电力等行业新建项目贷款、大型设备租赁贷款、企业并购融资等。

17.6 融资性贸易违约案例分析

借款用途和还款来源，是信贷风险评估整个环节里，始终要考虑的两个核心要素。实务中有一个认知误区，认为只要信贷结构设计得足够严密，借款用途清晰、还款来源明确，这样就可以管理好风险。这种迷信"信贷结构"的认知误区，实际上是忽视了信贷主体的风险，忘记了盈利能力、偿债能力才是还本付息的基石。

比如应收账款收益权转让融资（又称"保理"）。这种融资结构里应收账款债务人的信用是比较优质的，通常会优于债权人（应收账款收益权出让方）。一些中小企业作为供应商向国企、央企等大型企业销售货物时，由于其议价能力较弱，结算采用赊销的方式，收款账期约3个月或者更长时间不等。大部分央企、国企的信用资质都比较好，因此来自央企、国企的应收账款被金融机构认为是稳定的现金流来源，企业通过转让应收账款收益权可以获得融资。

这种融资结构中，风险评估的聚焦点很容易从借款主体转移至应收账款的债务人，尤其当应收账款的债务人是一个信用良好的企业时，会认为该笔应收账款违约风险低、还款来源有保障。

这个逻辑表面上听起来很合理，只要在应收账款存续期间，债务人没有破产，具有付款能力，还款就有保障。但实际上，这是把"一次性交易"的风险混淆等同于信贷主体风险了，信贷风险评估被本末倒置了。这种轻视对信贷主体信贷风险评估和交易真实性的做法显然是错误的。

下面通过一个实务中融资性贸易案例，展开详细的论述。

上海电气是一家 A+H 股的上市公司（股票代码 601727），是大型综合性高端装备制造企业。2021 年 5 月 31 日，上海电气发布了两条公告，一条是"关于公司重大风险的提示公告"，另外一条是"关于子公司重大诉讼的公告"，公告发出后一度震惊市场。

重大风险的提示公告，称其持股 40% 的子公司——上海电气通讯技术有限公司（以下称"通讯公司"）应收账款普遍逾期，存在大额应收账款无法收回的风险。重大诉讼的公告是通讯公司作为原告，以追讨逾期的应收账款向法院提起诉讼，涉及 4 家欠款方，包括北京首都创业集团有限公司、哈尔滨工业投资集团有限公司、富申实业公司、南京长江电子信息产业集团有限公司，4 家公司都是国有企业，涉案的应收账款金额高达 40 多亿元人民币。

通讯公司成立于 2015 年，注册资本金 3 亿元。截取上海电气发布的公告中关于通讯公司的信息如图 17-5 所示。

> 截至 2020 年 12 月 31 日，通讯公司总资产 1 010 437.68 万元，净资产 131 528.91 万元，应收账款 38 903.34 万元，应收款项融资 552 490.63 万元，应收账款表外融资 277 525 万元，存货 221 255.51 万元，短期借款 270 500 万元，应付票据 38 071.27 万元，应付账款 79 857.70 万元，其他应付款 433 829.39 万元，长期应付款 49 000 万元。2020 年度通讯公司营业收入 298 414.22 万元，营业成本 245 104.84 万元，净利润 9 024.70 万元。
>
> 通讯公司已于 2021 年 5 月对上述表外应收账款融资 277 525 万元进行收购，截至本公告日，通讯公司应收账款合计为 867 174 万元。

图 17-5 上海电气公告截取（1）

把以上公告中存货、应收账款、应收款项融资以及应收账款表外融资几个流动资产科目加总，合计金额跟总资产金额相近。以此推测，通讯公司基本没有固定资产，不涉及生产制造，就是一家贸易公司。在业务过程中扮演的角色就是转卖，不涉及生产再加工环节，无技术附加值，也无须其他原材料及生产要素，无须更多的人力成本。

整理公告中披露的通讯公司的财务数据，并计算财务指标，如表 17-1 所示。

表 17-1 财务数据整理与分析　　　　　　　　　　（单位：亿元）

项目	2020-12-31	项目	2020-12-31
营业收入	29.84	其他应付款	43.38
营业成本	24.51	长期应付款	4.9
毛利率	17.86%	净资产	13.15
净利润	0.90	应收账款周期（天）	1048.27
净利率	3.02%	存货周转周期（天）	325.04
应收账款	3.89	应付账款周期（天）	173.32
应收款项融资	55.25	现金循环周期（天）	1200.00
应收账款表外融资	27.75	资产回报率（ROA）	0.89%
存货	22.13	净资产收益率（ROE）	6.84%
总资产	101.0	净利润/营业收入（净利率）	3.02%
短期借款	27.05	营业收入/总资产	0.30
应付票据	3.81	总资产/所有者权益	7.68
应付账款	7.99		

分析表 17-1 中的财务数据及财务指标，可得出以下结论：

通讯公司的毛利率为 17.86%、净利率为 3.02%。从毛利率和净利率指标上看，公司是盈利的，也符合贸易公司的利润率水平。

应收账款、应收款项融资以及应收账款表外融资加总金额约是营业收入规模的 3 倍。应收账款周转天数约 1048 天，存货周转天数约 325 天，导致现金循环周期为 1200 天。贸易公司的现金循环周期一般是不超过 60 天的，显然通讯公司的现金循环周期跟实际的贸易业务特征不相符，表现异常，远远超出了正常经营公司的现金循环周期。

分别计算 ROA 和 ROE，ROA 只有 0.89%，由于高财务杠杆的驱动，ROE 达到了 6.84%。在第 8 章财务指标分析的内容里曾提到过，在评估企业时，商业银行更关注 ROA 这个盈利能力指标。有一个判断逻辑，认为一个企业的 ROA 低于借债的财务成本，企业是不应该通过举债的方式发展业务的。而通讯公司在 ROA 仅有 0.89% 的情况下，杠杆率[⊖]高达 5.7 倍。

上海电气在发布的公告中（见图 17-6、图 17-7）披露了通讯公司与下游客户之间的结算方式的信息。

> 一、风险事项概述
> 上海电气集团股份有限公司（以下简称"公司"）持股 40% 的控股子公司上海电气通讯技术有限公司（以下简称"通讯公司"）成立于 2015 年，主要生产、销售专网通信产品。通讯公司采取的销售模式是由客户预先支付 10% 的预付款，其余款项在订单完成和交付后按约定分期支付。随着通讯公司业务发展，公司对其加大了资金支持。但自 2021 年 4 月末起，公司陆续发现通讯公司应收账款普遍逾期，经催讨，其客户均发生不同程度的欠款行为，回款停滞。截至本公告日，通讯公司应收账款为 867 174 万元，账面存货余额为 223 017 万元，公司为通讯公司提供的股东借款总额为 776 572 万元，上述情况已对公司构成重大风险。

图 17-6　上海电气公告截取（2）

> 二、本次诉讼案件事实、请求的内容及其理由
> 富申实业诉称：2019 年 5 月其与通讯公司签订了 11 份《产品销售合同》，约定由通讯公司向富申实业销售货物，总价人民币 67 741.8 万元，合同签订后五日内预付 10% 货款，275 天交货，货物验收合格后付余款 90%。合同签订后，富申实业向通讯公司支付了预付款，此后又支付了部分货款。现富申实业向法院起诉请求撤销上述《产品销售合同》，并要求通讯公司返还其已支付的预付款及货款共计人民币 9 774.18 万元。

图 17-7　上海电气公告截取（3）

根据富申实业的诉讼信息，通讯公司与富申实业签署合同后，富申实业先支付 10% 的预付款，275 天交货，验收合格后付余款。通讯公司只是贸易商，并不涉及生产加工环节，销售合同中约定的交货天数跟通讯公司贸易商的交货时间并不相符。假设通讯公司签署销售合同后就可以交货，则意味着剩余的货款在 275 天后支付，即 90% 的销售回款有长达 9 个月的账期。而从通讯公司披露的财务数据的估算得知，应收账款周转天数长达 1048 天，远远超出了公告中提到的 275 天。

分析以上财务数据和支付结算信息，发现存在很多不合理的问题点，可以

⊖　杠杆率 =（短期借款 + 其他应付款 + 长期应付款）/ 净资产。

推测通讯公司的贸易并非真实贸易，而是属于贸易融资行为。富申实业也很可能并不是通信器材的终端用户，而是会继续把通信器材通过贸易的行为销售给通讯公司的供应商，通过循环贸易帮助通讯公司的供应商融资。付款账期越短，意味着给供应商提供的融资期限越长，如果通讯公司是100%预付给供应商的，则帮助供应商实现了最长期限的融资。

根据上述分析，推测通讯公司与上下游客户之间可能存在如下交易结构，如图17-8所示。

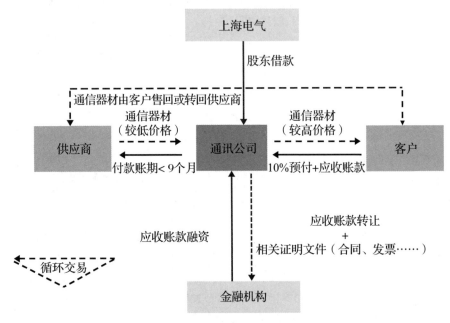

图17-8　通讯公司交易结构推测

在上海电气爆出通讯公司的事件后，市场上先后有10多家上市公司纷纷公告，称其"专网通讯"业务的应收账款和预付款项可能出现坏账，合计金额高达200多亿元。这些上市公司的交易结构跟通讯公司的贸易融资有相同的特征：向上游供应商采购时的支付方式是100%预付，销售给下游客户时先收取10%的预付款，其余90%的货款为赊销，应收账款账期是6～9个月不等，上市公司通过转让应收账款收益权给银行获得融资。交易结构如图17-9所示。

在上述交易结构中，上市公司作为借款主体，把应收账款收益权转让给银行获得融资，下游企业也就是应收账款的债务人大多是国企，信用较好、付款能力强。看似还款来源清晰，但实则并不是真正的贸易，只是通过设计了这类银行"喜欢"的交易结构，达到融资的目的。

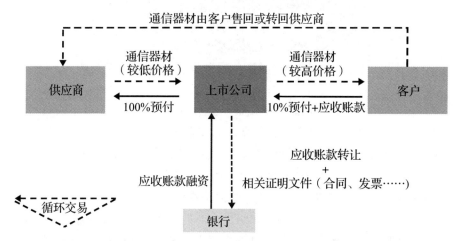

图 17-9　上市公司"专网通讯"业务交易结构图

通过以上案例分析，总结出融资性贸易的交易特征以及财务指标特征，实务中一旦发现企业有相同的交易特征和财务指标特征，就要警惕融资性贸易的"陷阱"。

- 融资性贸易的交易特征。

　　设计虚假的贸易往来（可能有也可能没有实际的货物交割，或者反复将同一批货物来回转卖）。企业跟上下游之间结算方式不同，对上游采用100%预付，给下游赊销账期，形成账期差。贸易链条里引入一个信用资质较好的国有企业，作为链条里的下游客户端，利用国有企业的信誉，实现为上游供应商融资的目的。

- 融资性贸易的财务指标特征。

　　资产回报率（ROA）低（比融资成本低）、财务杠杆高。应收账款规模跟营业收入不成比例，应收账款远远高于营业收入。应收账款周转天数、现金循环周期天数远高于一般贸易企业的平均水平。

在实务中，贸易金融、融资性贸易和供应链金融是容易被混淆的三个概念，用一张图来描述这三者之间的关系，如图17-10所示。

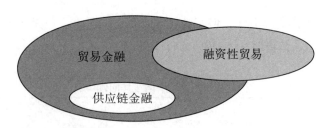

图 17-10　贸易金融、融资性贸易与供应链金融之间的关系

贸易金融是商业银行向企业提供的一类金融服务，是基于真实的贸易场景设计的，方便企业在贸易中融资的金融产品和服务的统称。

融资性贸易是"利用"了贸易金融中的融资结构，为实现融资的目的而设计的贸易交易，其中有些贸易行为是真实的，而有些是虚假的。

供应链金融是贸易金融的一种，通常是基于一个核心企业提供授信额度。该企业有着优质的信用，其一级、多级供应商是分散的，大部分都是中小企业。该企业在采购环节里对价格、结算方式、赊销账期等支付条件，有着较强的话语权。中小企业供应商在银行的融资成本较高，或者比较难通过自身的信用实现融资。金融机构基于企业的信用、供应商与核心企业间真实的贸易背景、货物流、信息流以及资金流的控制，向各级供应商提供融资。

CHAPTER 18

第18章

条　　款

18.1 限制性条款、先决性条件与承诺条款

商业银行向企业提供授信时，为了更好地管理和防范违约风险，基于企业的信用、授信额度的种类、贷款期限、抵质押担保措施、贷款的结构等条件，会对借款人设置一些约束条件和承诺条款，包括先决性条件、限制性条款和承诺条款。

1. 先决性条件

提款前限制性条款，也叫提款先决性条件（Conditions Precedent），是指贷款的审批基于某些条件的满足或达成，只有当设置的条件满足后，银行才能激活该笔授信额度，企业才能开始申请使用额度。

常见的先决条件包括：

- 获得某些担保条件，如母公司担保、保险公司出具的保函等。
- 某些不动产、所有权等抵押物作为担保。
- 取得借款企业董事会决议书。
- 借款企业取得了某些资质、政府或公司审批文件，并在贷款存续期内保持有效。
- 贷款行接受的法律顾问出具的法律意见。

- 贷款行要求借款人开立的账户。
- 贷款行要求的其他文件、签署的协议。

每一个贷款案件的情况不同，设置的先决条件也不同。

例如 A 银行给 B 公司的一笔海外收购，提供了相应的并购贷款。该笔贷款由中国某信用保险公司出具全额融资性保函作为担保条件。A 银行在贷款审批时就会将保函生效设置为该笔贷款的先决条件，只有当保函开立且生效后，A 银行才能受理 B 公司的提款申请。

2. 限制性条款

限制性条款（Restrictive Covenants）是指在企业使用授信额度以后，授信存续期间对企业的约束，用于授信银行的贷后管理。有些限制性条款并不会签署在贷款合同中，属于银行的内部限制性条款。有些限制性条款是银行和企业双方协商好的，会签署在贷款合同中，每一项约束的条款都会列在合同中。授信存续期间银行会把限制性条款作为贷后管理的监控指标，一旦触发了其中的条款，银行很可能会采取措施来控制风险，比如冻结授信额度、要求企业提前还款等。

常见的限制性条款包括：

- 在财务年度结束后 120 天需向银行提供审计报告。
- 在每个季度结束后的 120 天内向银行提供季度合并管理报表。
- 每半年向银行提供未决诉讼的信息。

或者还有一些财务上的约束指标：

- 净资产不低于人民币（　）元。
- 杠杆率不高于（　）倍。
- 受限制资产/合并总资产比率不得高于（　）% 等。

银行设置限制性条款的逻辑是保障自己作为债权人的权益，以此来作为贷后管理的监控标准，确保在授信存续期间，银行的权益和地位不会变成从属地位，能够及时获取企业的财务、诉讼等信息，以此来更好地管理贷后风险。

3. 承诺条款

承诺条款（Undertakings）也是在企业使用了授信额度后，授信存续期间对企业的约束条款，用于银行贷后管理。

常见的承诺条款包括：

- 主营业务或者集团公司的经营范围及性质不得做出重大变更。
- 控股股东不能发生改变。
- 股东/保证人保持国有企业的属性。
- 除获政府批准外，借款人不得与集团以外的其他公司合并、进行重组或并购。
- 在某交易所上市的状态不变。
- 除贷款协议所立以外，公司/集团公司不会对所有现在及将来的资产做任何抵押。
- 集团/股东/保证人的对外担保金额不能超过人民币（　）元。

实务中，承诺条件需要根据每个贷款企业的具体情况而设定。设置承诺条件遵循的基本逻辑是条款和条件要合理和可实施。

合理意味着要尊重事实规律，比如 A 股上市公司年报披露的截止时间是 4 月 30 日，设置的限制性条款中要求企业提供审计报告的日期就不应该早于该截止日，否则就不合理。

可实施意味着衡量标准必须清晰，不存在模棱两可的情况，否则企业申请使用授信额度或者银行进行贷后管理时，无法确认企业究竟是否已经满足了所设置的条件，或者双方存在争议，这会给银行和企业双方都带来困扰。

18.2 融资意向函

融资意向函也叫融资意向书（Term sheet），是银行完成了对拟授信企业基础的尽职调查和信贷风险评估后，向企业发出的贷款意向文件，表明银行有意向按照其中的条款与条件，进一步与企业展开商讨和洽谈授信业务。

融资意向书，并不代表也不构成银行对拟授信企业的贷款承诺，在双方达成共识，继续推进合作后，银行还会对企业做更深入的尽职调查和信贷风险评估。因此最终审批的结果，也有可能跟融资意向函中的条款与条件有差异，最终以签署的贷款合同为准。

融资意向函中包括的主要条款有：

- 借款人（借款人全称，如有多个借款人分别列出）。
- 保证人（保证人全称，如有多个保证人分别列出）。

- 贷款行（贷款行全称）。
- 贷款（贷款种类＋币种，如非承诺性人民币流动资金贷款、美元定期贷款）。
- 贷款额度（金额，如 1 亿人民币、2 亿美元，如有多个借款人，分别列出每个借款人的贷款额度）。
- 贷款用途（具体的资金使用用途，如流动资金、归还现有贷款等）。
- 贷款期限（具体的贷款期限，如 1 年、3 年）。
- 提款有效期（如贷款协议签署日之后的 3 个月，未提取的额度将自动被取消）。
- 提款（提款条件、计划，如借款人在有效提款期内于最少 3 个工作日前向贷款行发出提款申请，或每次提款是否有设定额度，总额度是否设定提款次数）。
- 还款（具体的还款时间表）。
- 利息（参考的计息利率，如人民币 LPR+150bps）。
- 利息期（贷款人约定或者由借款人选择的利息期，如 1、2 或 3 个月，利息期不得超过最终到期日）。
- 违约利息（借款人如违约需要支付的利息）。
- 承诺费（用于承诺性贷款中，借款人在有效的提款期内未提取贷款或者提取贷款未达到约定的额度，需要支付的承诺费）。
- 安排费（用于银团贷款中，安排费包括银团安排及簿记费、参贷记管理费、路演费、律师费等）。
- 提前还款（是否允许借款人提前归还贷款）。
- 提款先决条件。
- 财务承诺。
- 其他承诺。
- 违约事件（借款人如有列出事件的行为则视同违约：不履行付款义务，包括贷款本金余额、利息等；借款人违反贷款条件；违反承诺等）。
- 适用法律（如中华人民共和国法律）。

| PART 2 |
第二部分

贷　　中

CHAPTER 19
第 19 章

信贷报告的撰写

19.1 信贷报告的内容要点

当银行与拟授信企业对融资意向函达成一致并签署合同后,就需要开始准备信贷报告的撰写了。信贷报告是把对企业一系列尽职调查中收集的信息进行汇总、分析后浓缩的一份文字成果。完成后的报告需要提交给信贷审批部门审批。

每家银行信贷报告的格式是固定的、对报告的篇幅也会有限制,会定期更新格式和版本。不论企业情况和信贷结构复杂还是简单,都要按照银行要求的格式,在规定的篇幅内描述和表达清楚,其余的信息只能通过加附件的方式来补充。

各家银行的信贷报告内容会略有差异,但所包含的核心内容要点是一致的,梳理概括为以下几方面:

- 拟申请审批的贷款额度、类型、金额、期限等。
- 贷款主体简述。
- 阐述重要风险点及风险缓释方式。
- 贷款主体的背景及历史沿革。
- 控股股东 / 集团简述。
- 贷款主体的主营业务及核心产品分析。

- 上下游分析、行业分析。
- 财务报表分析（含与同业财务数据的对比分析）。
- 公司治理/信息透明度/对外担保/诉讼等分析。
- 贷款额度及结构条款。
- 计算贷款投放的回报率。
- 阐述对贷款主体及其集团公司的账户管理计划及方案。
- 授信的推荐理由。

对以上内容要点，做一些补充说明，如下：

贷款投放的回报率，指的是对银行来讲，向企业投放贷款能获得的综合回报率，或者叫净资产收益率（ROE）。不同的借款主体信用不同，对应的风险不同。不同类型的信贷产品风险等级不同。银行根据企业的信用等级和对应的信贷种类进行综合评估，制定出与风险所对应的贷款利率。根据贷款利率和资金成本测算 ROE。

贷款主体及其集团公司的账户管理计划及方案，指的是对借款企业和所属的集团公司的一揽子账户管理计划，包括其他潜在业务机会的拓展。除了持续的信贷业务合作外，银行还希望能给企业提供更多元化的金融服务，比如现金管理业务、中间业务、资本市场业务、金融衍生品等业务，实现更多元的业务合作。银行并不愿意做一次性的信贷投放，而是希望跟符合自身风险偏好的企业建立起持续的合作关系，展开越来越广泛的业务往来，合作的时间越久，银行对企业熟悉程度越高，从而风险管理成本也会越低。服务过程中能更全面地了解企业，从而对风险的把控更准确，也使得客户的黏性更强。所以潜在的业务机会和账户管理计划也要写在信贷报告中，供信贷审批人员参考。

授信的推荐理由是表达客户经理自己的判断，是作为一线的工作人员，通过自己的尽职调查、观察和分析得出的结论，认为可以给企业提供授信的理由。结论表达要力求客观，尽量控制在三点，言简意赅，不要长篇大论。

19.2　信贷报告撰写注意事项与技巧

信贷报告属于商务应用文，撰写时并不需要使用华丽的辞藻。看起来似乎非常简单易学，但想要写得好其实并不简单，对于新手来讲很可能一上手就会犯错，常犯的错误有以下 9 类。

1. 名称指代不清晰

在信贷报告中提及"公司""该公司"等名称时,要确保提及的每一个名称,读者百分百清楚是在指哪家公司,不能存在任何信息传递的偏差。这是非常基础但无比重要的首要原则。

避免名称指代不清晰的错误发生,实务中可以这么做:

在信贷报告中,列出信贷报告中涉及的每一个角色,如借款企业、担保企业、控股股东、集团公司、母公司、子公司等。如果角色是重合的,要交代清楚,以免混淆。比如借款企业的控股股东既为集团公司也是母公司,也是担保企业。

在信贷报告中第一次提及公司名称的时候,需要使用全称,同时在全称后用括号标注其简称,如:贵州茅台酒股份有限公司(以下简称"贵州茅台")。

公司简称的命名规则是,简称要清晰、易区分、易记,也可以用英文字母缩写。首选企业公开使用的简称,上市公司的简称通常是三个字或者四个字,比如"科沃斯"或者"贵州茅台"。如果公司已经有简称,在信贷报告中就不要再命名新的简称了,以免混淆。

2. 使用的计量方式不统一

请看下面这句话,"2020 年 A 企业在国内依然占据约 4 成的市场份额,而 B 企业约占 1/4"。这句话中,描述 A 和 B 两个企业的市场占有率,分别用了"4 成"和"1/4",使用了不同的计量方式。

当我们阅读这句话时,读到"A 企业在国内依然占据约 4 成的市场份额",大脑会自动把 4 成对应成 40%,而接下来读到下半句"B 企业约占 1/4",就需要稍微停顿一下,把 1/4 转化成 25%。

由于计量方式不统一,大脑需要切换计算方式,才能理解句子的意思。这种表述方式会造成读者在阅读时思维的不流畅。不如直接写"2020 年 A 企业在国内依然占据约 40% 的市场份额,而 B 企业约占 25%"。

还有一种常见的计量方式不统一的错误,是数字采用不同计量单位,这是信贷报告撰写的大忌。一份信贷报告中出现的所有数字,必须保持统一的计数方式,比如使用科学计数法、以万或亿等为单位等。不同的计数方式不断切换,非常影响读者对于整体内容的理解和分析。

信贷报告的撰写,重要的是用最简洁的话术清楚地描述出要表达的内容,无须参考文学作品写作的手法,比如一个句子里非要使用两个不同的形容词进行表述,否则看起来就显得重复而没有文采。信贷报告撰写中使用两个不统一的计量方式，反而不专业，变成了东施效颦。

3. 在同一句子和段落中对某一概念的描述用词不统一

请看这句话："泰国东南亚第二大经济体，2020年该国经修正后的GDP下滑6.2%，官方2022年2月21日公布，2021年国内生产总值同比增长1.6%……"这句话中，提到了"GDP"和"国内生产总值"，但实际上这并不是两个概念，而是同一个概念的不同叫法而已，GDP是国内生产总值（Gross Domestic Product）的英文缩写。

这个例子中"GDP"和"国内生产总值"这两种叫法大部分人非常熟悉，理解起来也不会出现偏差。但对于不知道"GDP"跟"国内生产总值"是一回事儿的读者，对这句话的理解就会出现障碍，需要思考一下这两者之间是不是有关联。

这是信贷报告撰写中经常出现的一类错误，对一个概念使用两种或者多种不同的叫法，而没有特别的注释和说明。这种表达方式很有可能导致读者理解错误，认为这是在说不同的概念和事情。

4. 使用带有主观色彩的词

有一部喜剧《爱情公寓》，其中有一个片段，女主角打电话订餐。她在电话的这一端，比画着问道："大盒的鸡米花是这么大的还是这么大的？"咨询了一阵，又比画着说："哦，好的好的，我要这么大的，不要这么大的。"然后就挂断了。我相信你看到剧里的这一场景也一定会捧腹大笑，觉得女主角太滑稽了，电话两端彼此其实根本不知道对方说的鸡米花到底是多大的，但就是觉得对方明白了。其实生活和工作中我们经常就是如此主观而不自知，说话时经常带着主观色彩的词，而自己觉察不到。

你有没有过这样的经历：一个人到餐厅吃晚餐，点了一份沙拉，服务员说："跟您确认一下，您就点了一份凯撒沙拉，现在给您下单了。"听到这句话你的感受是什么？有没有觉得服务员的话带着一种主观感情？

因为这句话里多了一个"就"字，于是"你点得很少"的一层意思就体现出来了。仅仅多了这么一个字，就传递出了主观的感情，就像这句话里加了"仅仅"两个字，就传递出了我更强烈的情绪。

我之前在一本书里看到过这样的内容："公司总收入为20.96亿元，收入规模还算不错，净利润为4.24亿元，净利率20.2%，也是不错的业绩。仅从上述数字来看，公司的经营状况很不错，公司和市场都建立了很不错的规模。"在这段话里，多次出现"很不错"，但具体是通过哪些指标判断得出的这些结论，并没有表述，读者无从判断，所以读起来很难达成共识，只会觉得作者在表达自己主观的评价。如果你平时留意一下，就会发现财经类的杂志、报纸中经常出现这种类似的写法，比如"负债规模远远超过了资产""收入增长非常快""2021年的净利润是不错的"。这些例子举不胜举。

看到这类描述时，你有没有过疑问？收入增长非常快，到底是多快？增长了50%还是翻了一倍，或者是更多？净利润还不错，收入规模还不错，究竟怎么算还不错？每个人对"非常快""还不错"的评价标准是不一样的。这类写作的错误跟《爱情公寓》里女主角订餐时犯的错，从本质上来说是一样的。尽管这类写法经常出现在期刊、杂志和自媒体文章中，可能是因为写给大众读者，要考虑到文学性，但这类的措辞，绝不应该出现在信贷报告中。

撰写信贷报告一定要避免使用这些带有主观色彩的形容词，而是要使用数字、对比和逻辑推理去描述事实。

比如上文中"净利润很不错"这一句，可以改写为："该企业在当年实现了净利润（1亿）元，净利率达到了（15%），比去年增长了（一倍），达到过去（5）年以来的峰值，且比同行业平均净利率高出（3%）。"

改写后的话术并没有直接表达利润很不错，但通过描述具体的增长率、和历史及同业数据的对比，读完以后自然会得出"利润很不错"的结论。

用数值和对比的描述方式，使表达效果更客观，并且更有画面感，比如用"企业的净利率达到5年以来的峰值"，描述出当年的净利率数值所处的位置和趋势，在读者脑子里可以形成一种画面感，易于理解。

还可以使用锚定数据对比的方式，比如与同行业平均值做比较，"比同行业平均净利率高出3%"这样的描述，可以让读者自己对比得出结论。

比如想要描述一个子公司对集团公司的重要性，不是直接写"某个子公司在集团公司中非常重要"，而是可以通过描述子公司对集团公司营业收入和利润的贡献度来体现其重要性，如"2021年，子公司A的营业收入和净利润分别为20亿元和1.6亿元，占母公司总营业收入和净利润的比例分别为50%和45%，是5家全资子公司中贡献最大的一家"。这种以数据支撑的表达方式，看起来更客观而直接，也更有说服力。

5. 缺少逻辑地罗列数字

比如以下这种描述："2021年的净利润实现了1亿元，比2020年增长了5%。"这个句子在描述净利润的增长，给出了具体的数据还做了对比，并且表述出了净利润增长的趋势。看似没有问题，但这种写法的错误在于缺少逻辑，只是罗列了数字，读完以后并不能得出任何结论。这种缺少逻辑地罗列数字写法，如果不是因为不专业，就是想要掩盖事实。

展开解释一下，单纯对比净利润这一指标的数值增长或者降低，其实没有实际意义，该指标不能单独拿出来做对比。必须参考同一时期（2021年）的营业收入是否增长。如果营业收入同期增长了50%，而净利润只增长了5%，这代表净利率是大幅下降的。

所以说，如果对一个净利率大幅下降的公司，采用了上述单独对净利润增长的描述方式，要么是出于不专业，没有分析出净利率下降的事实，要么则是想要用净利润的增长来掩盖净利率下降的事实。

利润表中，跟净利润一样不能单独做对比的项目还有营业成本、各项费用及营业利润，想要对比这些项目的变化必须同时加上营业收入的变化，也就是说要计算出比率进行对比。同理，资产负债表中的科目，也不能单独拿出来做对比。

6. 没有给定基数的情况下使用比率进行比较

举一个例子说明什么是"没有给定基数的情况下使用比率"。比如一篇文章中，写道"某种儿童药已上市两年，上市以来，全国范围内数据显示，今年因为药品副作用导致的死亡人数比去年上升了一倍"。

读完这句话，你对这种儿童药的副作用有什么感觉？假设医生给你的孩子开了这种药，服用前你恰好看到了这篇文章，这时候你会不会非常犹豫，究竟要不要给孩子服用。我猜你跟我一样，一定会被副作用导致的死亡人数翻倍的描述吓到。

实际情况可能是，去年有100万名儿童患者服用该药物，其中有1人因药品副作用死亡。现在你是不是就松了一口气。原来概率是100万分之一，去年1人死亡，今年上升一倍，意味着有2人因副作用死亡。

用了一个非常极端的例子来阐述这种错误，目的是让大家留下深刻印象，从而记住这一点：当想要描述一个比率的增长时，请务必给出一个基数，否则该比率的增长将毫无意义。

可能读到这里，有些读者会一笑而过，觉得自己怎么可能犯这种错误。但事实上，我在工作中经常看到这类错误。

信贷报告中可能是这样描述的："某企业2021年的净利率比去年翻了一番"，这句话可以用在什么样的企业里呢，我们来试着推演一下。

如果说这是一家营业收入2000万元的企业，2020年净利润100万元，2021年净利润200万元，意味着净利率从5%提高到了10%。对这家企业来讲，净利率上升了5%，是重要的财务指标变化，用净利率同比翻了一番没有任何问题。

但如果是一个营业收入100亿元的贸易公司，2020年的净利润100万元，2021年的净利润是200万元，净利率从万分之一提高到万分之二。如果这样的情况下，在信贷报告中写净利率同比翻一番，就会让人觉得故弄玄虚了。虽然说从数字计算上没有错误，但从表达的逻辑上会给读者带来困惑。

7. 没有结构地堆砌文字

企业在年报里或者官方网站上，对公司主营业务以及产品的描述，大部分是采用文字的形式，写信贷报告时切忌大段照搬原文。

比如某企业年报中对其主营业务的描述如下：

"公司主营业务为专注于绿色、安全、高品质、高性能子午线轮胎（半钢子午线轮胎、全钢子午线轮胎）及航空轮胎的研发、生产、销售，产品根据应用类型分为乘用车轮胎、轻卡轮胎、重卡轮胎及特种轮胎，乘用车轮胎包括经济型乘用车轮胎、高性能乘用车轮胎及特殊性能轮胎，特种轮胎包括赛车轮胎、航空轮胎。"

照搬这些描述主营业务的文字到信贷报告里，的确是最省力的一种方式，但效果非常不好。

请你再阅读一遍该公司对主营业务的描述。读完以后，你有没有感觉到，虽然知道了这是一家做轮胎的企业，产品类型很多，但闭上眼睛回想一下这段文字，在脑子里留下的印迹一片模糊。这就是照搬这段文字到信贷报告中，信贷审批人员读完以后的感受。

如果把整段文字，通过自己的理解，加工整理成以下文字加表格的方式：

该公司主营业务为绿色、安全、高品质轮胎的研发、生产及销售，类型如表19-1所示。

表19-1 主营业务简介

高性能子午线轮胎（半钢、全钢胎）	乘用车轮胎	经济型乘用车
		高性能乘用车
		特殊性能
	卡车轮胎	轻卡
		重卡
	特种轮胎	赛车
		航空

阅读完的感受就大不同，主营业务变得非常清晰，表格分类的方式让产品一目了然，容易被记住，该公司的产品类型覆盖了乘用车轮胎和卡车轮胎，还涉及高端制造的赛车轮胎和航空轮胎。

你再闭上眼睛感受一下，改写后的主营业务描述在脑子里留下的印迹，是不是就变成了清晰的、分类明确和有画面感的？

写信贷报告时，如果内容信息量很大，文字描述不足以让读者很容易地理解想要表达的意思，就可以采用表格或者结构图的方式。

信贷报告撰写中，有一个常见的表达难点是描述信贷结构。由于信贷结构里涉及借款企业、借款企业的股东、担保企业等多家企业，还涉及各家企业之间的关系，比如借款企业和担保企业的关系，以及交易结构等信息。借款企业还很有可能不止一个，担保企业也可能有多家。但凡报告中涉及的公司多、交易结构稍微复杂一些的，如果只用文字描述的话，读起来都是相当绕口的，不直观，读者很难高效地获取信息。

比如以下的贷款结构图：这是一个跨境融资结构，在实务中属于比较平常的一类信贷结构，其中涉及 1 个借款人和 2 家担保企业，如图 19-1 所示。

如果用文字去描述以上贷款结构的话，需要使用大篇幅的文字，很难表述而且读者不容易理解。用一个结构图来表达，就清晰明了、一目了然。

使用以下技巧和方法，可以帮你制作出简单、清晰的信贷结构图。

（1）使用不同颜色的边框区分借款与非借款企业集团，如图 19-1 中使用了灰底和白底，并且在交易结构图左下角给出了标注。读者很容易区分灰底框表示借款企业集团中包含的公司，而白底框代表非借款企业集团中包含的公司。描述股权结构复杂的借款企业时，用这种方式区分的效果更为明显。

（2）在图中用不同颜色的箭头区分不同的关系，比如股权、交易结构。图 19-1 中分别使用了黑色和灰色的箭头，黑色箭头代表着股权结构，而灰色箭头代表交易结构。这样做的目的是避免读者被错综复杂的箭头搞晕。

（3）在每一个企业的方框中，用双引号标注出在信贷报告中使用的该企业的简称，并标注出企业的角色，如"借款人"和"担保人"。如果企业有银行内部信用评级，需要标注出评级结果。信贷审批人员读信贷报告时可以参考这些信息，无须在阅读中停下来，去其他文件中查找相关信息。

（4）还可以在交易结构图里，标注出贷款额度、币种。比如信贷结构中涉及多个借款人时，可以把每个借款人的贷款额度具体是多少标注出来。

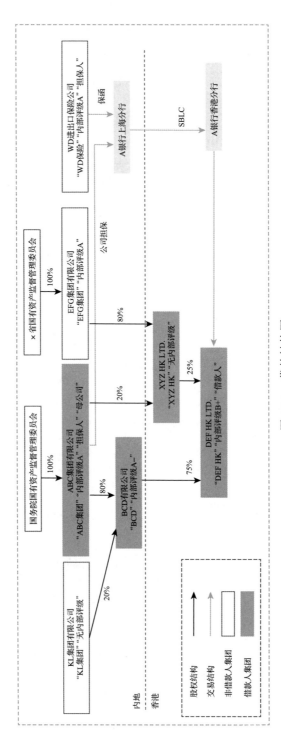

图 19-1 贷款结构图

通过图 19-1 贷款结构图的展示，相信你可以感受到图表表达和堆砌文字的差异，一张逻辑结构清晰的图表胜过千言万语。

8. 堆砌和罗列数字的表述

请你花 1～2 分钟速读图 19-2 的内容，试试看，读完一遍能否立即理解这段文字传达的信息，如果不能的话，读两遍、三遍呢？最终你花了多久的时间，掌握了所有信息呢？

> 2021 年，中国快递年业务量进入千亿件时代。
> 从最新数据来看，2022 年 6 月，全国快递业务量完成 102.6 亿件，同比增长 5.4%；快递收入完成 976.7 亿元，同比增长 6.6%；6 月快递单价 9.5 元，同比增长 1.2%。
> 分公司来看，2022 年 6 月，顺丰、韵达、申通、圆通分别完成件量 10.2 亿件、16.1 亿件、11.9 亿件、15.7 亿件，同比增速分别为 7.9%、–1.7%、30.8%、5.6%。从单价来看，6 月韵达、圆通、申通、顺丰票单价同比分别提高 0.55 元、0.51 元、0.39 元、0.46 元。
> 随着中报临近，多家快递上市公司相继披露 2022 年中报业绩预告。申通快递预计 2022 年上半年归属净利润 1.7 亿元～2 亿元，同比增长 216.20%～236.71%；顺丰控股预计上半年归属净利润 24.3 亿元～25.8 亿元，比上年同期增长 220%～240%；圆通速递上半年实现营业总收入 251.38 亿元，同比增长 28.94%，实现净利润 17.71 亿元，同比增长 174.24%，扣非净利润 16.98 亿元，同比增长 185.73%。

图 19-2　网络信息片段截取

阅读以上一段文字，你很可能会感觉到很辛苦，其中堆砌了大量的数字，信息量很大，阅读时很难快速把这些信息在大脑里进行整理、归类并总结出其中的核心观点。

有这样的感觉是很正常的，因为对于大脑来讲，在短时间里处理这么多没有逻辑的数据，的确是比较辛苦的一件事情，会让人感到非常枯燥，也很难提炼出关键信息点。

如果这是信贷报告里的一部分内容，信贷审批人员就不能随便一看，读完就算结束了，而必须提炼出关键信息并分析得出自己的结论，做出判断。你可以设想一下，如果你是一名信贷审批人员，阅读一份信贷报告，里面罗列和堆砌了大量的数字，你的内心是怎样的感受。很可能由于时间的限制，你不会反复去阅读，从而没能理解其中要表达的意思，无法给予及时的反馈和批复。

信贷业务中涉及大量的数字是再正常不过的一件事，那在信贷报告中怎样表达才能变得容易理解？我百试不爽的秘诀就是借助图表来传递信息。

把图 19-2 中的信息梳理、归纳，整理出了一张图表（见图 19-3）。

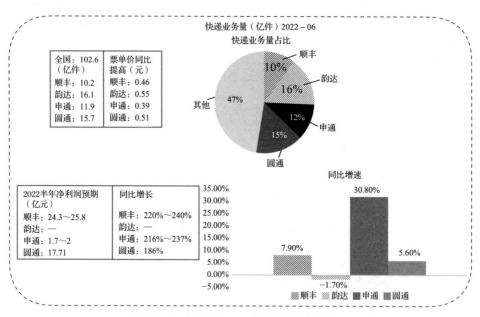

图 19-3　根据图 19-2 的信息整理的图表

把堆砌、罗列的数字整理成一个图表，信息在大脑里就立即变得立体且有序起来，接受度和理解度都大大提高。同时再搭配上一段文字的总结，就可以让人在最短的时间理解你想表达的意思。

结合图表，2022 年 6 月，顺丰、韵达、申通和圆通四家快递公司，快递业务量占到了全国总业务量的 53%，其中韵达占比最高 16%，其次是圆通 15%、申通 12% 和顺丰 10%。虽然韵达 6 月业务量第一，但同比业务量增速却是下滑的，而且是唯一一家同比业务量下滑的，下滑了 1.7%。申通的业务量同比增速为 30.8%，是四家中增速最高的。参考各家票单价同比提高金额，发现韵达是涨幅最高的，票单价增长 0.55 元，而申通涨幅为 0.39 元，是其中增长最少的一家，因此可以推测，韵达业务量的下滑可能是票单价的涨幅影响所致。顺丰、申通 2022 年半年的净利润增长幅度在 220%～240%，圆通实现了 186% 的净利润增长。

通过以上案例，相信大家再一次感受到了图表的表达效果有多强，不仅可以把冗长的文字转化成图表，用来表达数字信息效果也非常好。

信贷报告中常用的是饼图、柱状图和折线图，或者是几种图形的组合。选择合适的图形是很关键的，比如表达占比，最好是选用饼图，以上案例中的饼图就清晰展现了每家快递公司业务量的占比情况，以及4家公司合计业务量占全国总量的比例。对增长、下降等趋势的表述，则可以选择柱状图或折线图，或者两者的组合图。

在此就不一一列举了，大家在工作中可以尝试着多练习，也可以阅读相关书籍，学习如何用图表进行表达。相信只要你勤学苦练，一定可以成为制作图表的高手。

9. 把风险点或者重要的提示夹杂在报告中间

这不仅是一个信贷报告撰写中的错误，还是一个银行从业人员的大忌。

把风险点或者重要的提示夹杂在信贷报告中间的某段内容里，代表着客户经理可能并不想提示这些风险点，可能存在侥幸心理，希望信贷审批人员没看到这些内容，从而瞒天过海。如果从这个角度理解上述错误，就已经不再是一个写作的错误了，而是会引发信贷审批人员对客户经理诚信度的质疑。如果客户经理的诚信度被信贷审批部门质疑，那提交的信贷申请很可能无法被客观对待。如果客户经理被印上不诚实的烙印，这对他的整个职业生涯来讲都会是一场噩梦，这是一件非常严重的事情。

在我之前就职的银行里，有一位年长且资深的信贷审批官，他最忌讳的就是这一点。他曾经发现一个客户经理把风险点夹在信贷报告的某段内容里而没有特别提示，就把报告退了回去，拒绝审批，还发邮件给这位客户经理的直属领导，表达了对客户经理诚信度的质疑和自己不被尊重的愤怒。

信贷报告撰写中即使把前8点错误都犯了，也只能代表撰写人员的专业性有待提升，都不是致命的错误，但最后这条务必要记住，这不单是一个专业性的问题，所以千万不要犯这个错。

19.3　如何快速完成一份信贷报告

这一节里，我会把过往十多年工作中总结出的，如何快速完成一份信贷报告的方法传授给你。

有些人可能会有疑问，写信贷报告能有什么快速的方法？不就按照信贷报告的模板一项项写么？其实不是这样的。一份信贷报告的完成，不是从"写"这个动作开始的，也可以不按照顺序写。"写"这个过程，其实只是整个过程的一部分，而且是占比很小的一部分，开始写之前需要做充分的准备工作。

这就像是写作文，你可以回忆一下写作文的场景，并不是看到题目提笔就写，而是先构思，想想看要写些什么，构思好了主题和大概的内容后，可能还会列一个提纲，之后才是"写"这个过程。构思的过程，往往比写的过程花费更多时间。

完成一份信贷报告，跟写作文的流程类似，需要经历几个过程，从思考到下笔。我把多年来不断打磨的这一套方法叫作"快速成稿四步法"。

1. 整理信息、构思（15%）

第一步是信息的整理和对整个信贷报告的构思，这个过程花费的时间占整体时间的比例约15%。

整理信息是指把整个尽职调查过程中获取的信息、文件和得出的结论进行梳理。包括从企业收集的资料、通过第三方查询的资料、财务报表的分析、现场检查及高管访谈等所有环节的资料。目前银行收集到的资料大部分是纸质的，电子化程度较低。最好能按照自己的工作习惯，整理出一个文件清单，按清单顺序整理资料，打磨出一套符合自己工作习惯的流程。这样才能在工作中不断地提高熟练度、减少错误率，否则不仅会有不少时间浪费在反复查找信息和文件上，而且还容易遗漏一些信息。

根据拟授信企业的具体情况、贷款意向函中包含的条款、条件等信息，通盘梳理一遍，把逻辑、思路梳理清晰，构思信贷报告所要呈现的内容。

2. 搭架构（20%）

第二步是根据银行内部要求的信贷报告模板搭建框架。这一步可以不按照模板的顺序进行，因为在第一步，总的逻辑思路都已经梳理清楚了，所以模板中每一部分的内容也是相应清晰的，具体完成的先后顺序完全可以按照自己的工作习惯，只要确保信贷报告框架能展示最终要表达的全部内容即可。

框架搭建好，信贷报告就算快完成一小半了，这时候花费的时间也是将近过半。框架梳理地越清晰，后续的工作将越顺畅。

3. 准备素材（45%）

第三步是根据搭建的框架准备素材。准备素材是几个步骤中最耗费时间的，需要花费的时间大约占整体时间的一半。

根据搭建好框架中的要点，比如股权结构图、信贷结构图、财务报表分析、同业分析、诉讼信息查询、环保信息查询、企业相关资质的查询等，把所有要点涉及的素材都整理好，需要绘制的图表也制作好。

你可能会有疑问，为什么不边写边准备？我在工作中经过了反复多次的实验和对比，发现一旦进入到写的环节，如果中途需要不断翻阅资料去查找一些信息和数据，或停下来制作结构图，这会导致整体的思维受阻，写得很不流畅，导致完成信贷报告不仅需要耗费大量的时间，并且还很容易出错。

完成信贷报告的过程就像做饭，最好是先把各种食材准备好、清洁好，分门别类，并备好调料，想好要用哪个锅做哪道菜。假设你主食吃米饭，还可以同步先焖米饭。这样统筹下来，做一顿饭的时间就可以优化到最少，就不会遇到起锅烧油后菜都下锅了，发现调料不知道在哪儿或者没有开水等问题，那样你就不得不关掉火，停下来临时去找调料。如果你对找调料的时间判断有误而没有能够掌握好菜的火候，还可能导致把菜烧焦，不仅把自己搞得手忙脚乱，还影响到炒菜的品质。对比一下，你就会发现，中途停下来临时去做一些事情的时候，总会比较仓促，犯错的概率也较高。同理，完成信贷报告的过程也类似，当你准备好所有素材的时候，你就会避免不得不临时停下来，避免把自己搞得手忙脚乱。准备好需要的素材不仅对后续整个工作的完成度把握更高，正确率也更高。

4. 写（20%）

最后一步才是写报告。"写"这个流程其实需要的时间并不长，最多也就占整体时间的20%。当然前提是前几个步骤做得很好，否则在写的过程中很可能搞得手忙脚乱、抓耳挠腮，还需要不断地翻阅文件去找数据、制作图表等。

"写"的这个过程，就是根据自己构思好的思路和框架，按照模板逐一把内容表达出来，所需要的素材已经都是齐备的，写起来就会非常顺畅。完成了以上步骤，一份信贷报告就完成了。当然，别忘了检查这个必要的环节。要多检查几遍，尤其是要确保前后文中引用的数据一致，以及前后文没有逻辑上的矛盾。

CHAPTER 20

第 20 章

审批和使用

20.1 审批、合同签署、额度设立

商业银行的信贷审批遵循逐级审批的制度和流程。由一线的信贷业务人员（也称"客户经理"）发起申请，通过邮件或者内部系统提交完整的信贷报告及相关资料，相关业务条线的负责人均需要给出意见，最终提交给信贷审批部门审批。

在提交信贷报告时，有一个工作技巧：附上一段总结。总结要言简意赅地把案件的情况进行描述，包括核心的信息，如借款人、贷款额度、金额、借款人评级等，便于各个业务条线相关责任人，不需要完整读一遍信贷报告，就能在第一时间对整个报告有一个了解，能更快地给出反馈意见。

出于优化管理的目的，有些银行会划分不同的部门来集中管理某一类企业。比如按照营业收入划分，如小微企业、中小型企业、中大型和大型企业；或者按照行业划分，如房地产、医疗健康、大宗商品、互联网等。不同部门设置不同的信贷审批负责人。有些银行实行集中审批制，审批部门有多个审批负责人，每个审批负责人都会给出审批意见，然后再汇总。信贷审批部门提出的问题，如果超出了信贷业务人员在前期尽职调查时所了解的信息范围，则需要信贷业务人员再去调查和分析，之后再回复。切忌凭自己的感觉和直觉，想当然地回复信贷审批部门提出的问题，这是工作中的大忌。

当信贷报告通过了审批，客户经理就要协调相关部门推进后续的流程，最

主要的流程是协调法务部出具贷款合同。当然各家银行组织结构和岗位职能略有不同，有些银行前后台分工非常明确，在审批通过后，就会转给中后台人员负责，而有些银行是需要客户经理负责全流程的。

贷款合同里包含的核心要素，请参考第17章中关于融资意向函的内容，本章不再赘述。

贷款合同这种法律文本读起来很枯燥，有些企业会默认授信审批通过是按照融资意向函中的条件，因此可能忽视对贷款合同的审阅。所以如果贷款合同中的核心要素跟融资意向函有差异，记得一定要通知企业。如果是附条件通过审批，这些限制性条款和承诺条款也会加到合同里。为了避免出现不必要的麻烦，客户经理最好把贷款合同里的核心要素全部标注出来，帮助企业逐条梳理一遍，以确保对方理解无误，双方再签署贷款合同。

合同签署完毕后，银行的后台人员会进行审核，确认无误后，在系统里给企业设立授信额度，同时也会把合同中包括的限制性条款、承诺条款等一并设置在系统里，当提款的先决条件满足后，授信额度才能被激活。

20.2 提款申请的书写要点及注意事项

授信额度被激活后，企业会根据具体的业务需求申请使用，如提款、开立信用证、开立银行承兑汇票或者开立保函等。下面以提款为例，讲述提款流程和工作技巧。

企业申请提款时，必须按照审批的提款要求，提供相应的文件和材料。客户经理须向信贷审批部门提交提款申请，信贷审批部门给出相应的批复，运营部门核实了提款所需文件无误后，向企业指定账户发放贷款，就完成了提款的流程。

当企业有提款需求时，客户经理需要跟企业做好沟通，特别是大金额的提款申请，需要提前通知银行相关部门做好准备，尤其需要准备好的是头寸。后台运营部门审核提款申请的相关文件和资料需要一定的时间，如果涉及跨境的结算，流程就更复杂。所以双方要提前充分沟通，过程中很可能需要补充或者更换文件，所以要留出充裕的时间，以免给企业造成不必要的麻烦。

提款是客户经理经常要处理的一项工作内容，写提款申请书是一项需要熟练掌握的技能。想要让提款申请尽早获得信贷审批部门的批复，提升提款效率，一份逻辑清晰的提款申请书是关键。

1. 提款申请书标题命名技巧

信贷审批人员每天都可能会收到上百封邮件，如何才能让自己提交的提款申请邮件，第一时间吸引到信贷审批人员的注意力呢？

不论是通过邮件还是通过系统提交提款申请，请记住提款申请书的标题是至关重要的第一步。

邮件的标题要简明扼要，如"提款申请+某公司"，如果特别紧急的话可以在标题前标注出来，如"（紧急）提款申请+某公司"。信贷审批人员收到这封邮件，就会知道这是一封紧急的提款申请，会立即处理。

当然，也可以根据实际情况，加入其他核心要素，或者加入你想要突出的重点，比如"提款申请（首次）+某公司（评级A+）+USD30M"。标题中，在提款申请后标注了"首次"，对方就能明白这是一个新客户的首次提款申请。在公司名称后面标注了银行内部的评级，对方可以第一时间获知，这是一个评级很高的优质企业客户的第一次提款，提款金额是3000万美元。

2. 提款申请书内容

提款申请书的内容主要包括以下两部分。

（1）总结借款企业的授信额度

在提款申请书里，首先需要列出提款企业的总授信额度的相关信息，以及已使用额度的信息，比如：

- 借款人：ABC集团股份有限公司（"ABC"评级A）。
- 担保人/母公司：XYZ集团有限公司（"XYZ"评级A）。
- 额度：2亿元人民币1年期非承诺性流动资金循环贷款。
- 已使用额度：1亿人民币（利率：1年期LPR，ROE13%，状态：正常）。
- 额度使用率：50%。

如涉及其他核心要素、特殊事项或者风险需要提示信贷审批部，可根据实际情况罗列。比如此授信的审批涉及一些特殊批复事项或者附条件批复等，需要在开头的部分都强调出来。千万不要避重就轻，夹在提款申请的其他内容中间。最好是把该借款人的授信审批邮件作为附件，以便信贷审批人员需要更详细的信息时，可以直接点开查看。

标注企业的评级是一件特别重要的事情。因为银行是经营和管理风险的特殊商业机构，企业的信用评级对应的其实就是风险，因此提及借款人的同时标注其评级，这是做公司信贷业务基本的职业素养。

标注授信额度相关的信息，便于信贷审批人员参考，提供的信息要尽量完整但要简单明了。这是一种站在对方立场思考问题的工作方法。每个信贷审批负责人审批的授信企业有很多，记住每一个授信企业的信息，几乎是不太现实的一件事情。而银行的工作是极其严谨的，谁都不能凭感觉和记忆做决策。如果提款申请中的信息不够充分和完整，信贷审批人员就得自己去查找相关信息，这可能会导致提款申请被搁置。信贷审批人员可能会选择优先处理其他事情，也可能会直接回复邮件要求补充相关信息。如果需要反复补充信息，就会显得客户经理特别不专业，不仅耽误别人时间，也浪费自己时间，不仅工作低效还会给同事留下较差的印象。

（2）提款申请描述

提款申请可以按照以下 4 个步骤来写。

1) 请求（Request）。提款申请的开篇要用一句话描述出此次提款申请的请求，尽量简明扼要、清晰、无歧义。

如："ABC 集团股份有限公司（"ABC"评级 A）申请提款请求批复，2000 万人民币（流动资金贷款，受托支付），利率：1 年期 LPR，提款相关文件运营部已审核通过，提款后额度使用率达到（60%）。"

2) 背景（Background）。提款申请中要总结借款人及集团公司等的背景信息，和银行的往来情况。比如借款人与银行建立授信合作的期限、期间额度使用情况是否正常、是否正常还本付息、额度使用率以及给银行创造的收益等。母公司、集团公司或者其他关联公司，是否已经是银行的客户，是否已在银行取得过授信。如有，请简要说明使用和还款情况。

3) 证明理由（Justification）。提款申请中要给出明确、清晰的理由，证明企业已满足本次提款的所有要求，其他部门的审核、审批结果等证明文件要作为附件，如：

- 企业已提交所需相关文件及资料，已通过后台运营部门的审核（附件 1——运营部审核通过结果）。
- 此次放款的利率是 1 年期 LPR，经测算已符合 ROE 的要求（附件 2——ROE 测算结果）。
- 是否有特殊审批条件或提款先决条件，如有请列出，先决条件（ ）已满足（附件 3——证明文件）。

以上 3 点基本涵盖了大部分企业提款申请报告的撰写，如有特殊情况，可以根据实际情况增加。添加附件时，一定要根据括号中标注的编号和名称命名。

4）推荐意见（Recommendation）。提款申请中要写明客户经理自己的判断依据。可以通过两方面来表述：一方面是企业运营表现良好、财务数据健康、没有负面信息、还款记录良好；另一方面是企业或者关联公司（集团公司、母公司、子公司等）能给银行带来的价值，比如对银行的战略意义、更广泛和多元的业务机会、给银行带来的利润贡献等信息。

如过去（1年）的时间里：

- 企业的财务数据表现健康，无任何负面信息。
- 企业的交易账户未发现有可疑交易。
- 按时还款，无不良还款记录。
- 战略客户，已合作（3）年，集团总授信（10亿元），每年对银行贡献的利润（1000万元）。
- 其他潜在业务机会。

以上这4部分提款申请内容的表述逻辑，是用层层递进的方式，简明扼要地交代企业提款申请的完整信息。

提款申请提交后，最希望收到的回复意见就是"同意"，不再需要补充信息和资料。写提款申请时，就要以这个目标为出发点。表述每一方面时，都要站在信贷审批部门的角度思考一下，针对这一方面，可能会有哪些疑问，给出的信息是否清晰且充分。同时还要通盘考虑，比如附件的标号和名称是否清晰，是否方便读取和下载，是否能给对方的工作带来便利。

刚从业的新手客户经理，难免会想得不周全，遗漏一些信息，还可能会反复回答信贷审批部门的问题和提供补充文件，比较难一次性通过提款审批。但也不要太过于为追求一次性通过而感觉焦虑，导致在写提款申请的过程中耗费过多时间。要打磨出一套高效的工作流程是需要时间的积累的，要善于学习并及时复盘，总结自己阶段性工作的问题，日积月累，便会看到效果。工作中做的每一件事，自己都要去认真思考这件事和其他事情的关联、对其他事情的影响，如何能优化这件事情的流程和提升工作效率。

公司信贷业务客户经理的工作岗位，不仅是直接面对客户的一线岗位，而且还是需要跟银行内部中台、后台等各个部门协同和衔接的岗位。在每一项工作中，都需要有利他的思维，学会换位思考，学会尊重别人和珍惜别人的时间，最终才能获得真正的高效。

| PART 3 |
第三部分

贷　　后

CHAPTER 21
第 21 章

贷后管理及年审

21.1 如何做一份贷后管理方案

对每一笔授信业务来讲，当完成了第一笔放款的流程，就算正式进入到该笔授信业务的贷后管理工作了。贷后管理的主要工作内容包括：协调完成企业的每一次提款、还款；定期监控和分析企业的账户信息；定期的贷后审查、客户拜访；监控可疑交易和风险预警信号；配合内外部审计和监管机构定期检查。

贷后管理工作是非常繁杂的。初次应对企业提款以后的贷后管理工作，没有经验的客户经理会感觉没有头绪和无从下手。贷后管理经验的积累是建立在实践基础之上的，如果管理的客户种类越多、遇到的情况越复杂，尤其是经历过经济周期的下行期，就会对风险有越深的理解。

做好贷后管理工作，需要针对每个授信企业做一份详细的贷后管理方案，这样才能确保贷后管理工作有条不紊。培养出好的贷后管理工作习惯，在实践中慢慢摸索总结出一套有效的方法，可以避免随着管理的客户越来越多、管理的信贷规模越来越大时，贷后管理工作陷入混乱。

1. 制作贷后管理方案的工具选择

首先来谈一谈制作贷后管理方案的工具选择。贷后管理方案主要是方便自己工作使用的，目的是优化和提升贷后管理工作质量、提高效率，没有既定的格式和规则，完全可以根据自己的工作习惯来设计。当然最好同时兼顾需要提交的一些报告和文件的格式，尽量使用相同的格式，避免重复劳动。

我个人更推荐使用 Excel 表格，你也可以使用自己习惯的工具，比如 Notes、印象笔记等电子化的工具来制作和记录，不建议使用纸质的笔记。

纸质的笔记容易损毁、不方便携带，也不方便查找、调取、修改、加批注和整理，时间久了记忆模糊，就很可能会对字迹潦草的内容产生错误的理解。此外，纸质笔记也不方便加密，尤其是当管理的客户数量很多时，纸质版的笔记本里会包含大量客户信息，遗失就会有信息泄漏的隐患和风险，需要时刻注意信息的保密，耗费时间和精力。

在制作贷后管理方案的工具选择上，能电子化就尽量不要再使用纸质方式。电子化的文件使用更方便，从整理、查询搜索、调取、备份、语音转文字到加密和携带，各方面都比纸质方式更具优势，况且还环保。任何时候，只要带了手机或者电脑，就可以随时使用。

2. 贷后管理方案的内容

选定了工具后，下面就要开始制作贷后管理方案了。一份完整的贷后管理方案主要包括以下五个方面的内容。

（1）客户档案

银行与企业客户达成贷款意向后，双方签署贷款合同，签署完毕后存档管理。贷款合同里包括大量的信息和条款，仅凭记忆记住每一个企业客户的信息，是不切实际的，管理的客户数量越多，靠记忆越不现实。贷款合同里包括的核心信息在日常工作中使用频率非常高，使用时需要确保信息的准确性，靠记忆难免会出错。如果每次需要使用这些信息时，都要调取贷款合同查阅，就会耗费大量时间。一个很好的方法是把贷款合同里重要且高频使用的信息提取出来，给每一个企业客户做一份"客户档案"。

客户档案包括以下信息：

- 借款人（公司名称）+ 评级[⊖] + 客户号 + 账号。
- 借款人关联公司（公司名称）+ 评级（如有）+ 客户号 + 账号。
- 贷款信息（贷款种类 + 币种）。
- 贷款额度（如有多个借款人，分别列出每个借款人的贷款额度）。
- 贷款用途（具体的资金使用用途，如流动资金、归还现有贷款等）。

[⊖] 指银行内部评级结果，本章内容中如无特指外部评级，提到的评级都是指银行内部评级结果。

- 贷款期限（具体的贷款期限）。
- 提前还款（是否允许借款人提款归还贷款）。
- 提款先决条件。
- 财务承诺。
- 其他承诺。
- 股权结构图。
- 公司网站。
- 其他特别注意事项。

如果使用 Excel 表格做贷后管理方案，可以把上述核心要素，作为每个企业客户贷后管理方案的封面页信息，方案里的其他内容以添加工作表（Sheet）的方式制作，每一个企业形成一个完整的 Excel 文档。

有了一份客户档案，在平时的工作中使用起来就非常方便。比如企业客户有提款计划，就可以通过查询客户的档案信息，快速确认贷款具体的要素、核实是否有提款的先决条件等特殊事项，给予客户及时反馈并迅速安排提款的相应工作，无须再去翻阅贷款合同以及其他文件，节省了大量时间。

(2) 授信额度使用信息

管理授信额度是贷后管理中很大一部分的工作，客户经理的职责包括：协调企业客户使用授信额度，跟踪客户按时还款和支付利息，以及提高授信额度使用率。

企业客户每一次使用的授信额度，银行内部的系统里都会有相应的交易记录，比如开立信用证、开立保函、提款等。银行内部系统通常会支持信息导出，可以借助系统里的信息，也可以借助自己创建的 Excel 表格，把企业客户所有的授信额度使用相关信息整理在表格里，方便统计和管理。由于银行系统是加密的，很可能在某些时候不能顺利登录查看，所以拥有一套随时能查看授信额度使用情况的信息表，十分重要。

以贷款额度为例，提款和还款信息包括以下几部分：

- 提款（日期、额度种类、提款金额、币种）。
- 还款（日期）。
- 利率（提款实际利率、计算银行相应的收益（ROE））。
- 是否允许提款还款（Y/N）。
- 是否提款还款（Y/N）。

按照以上几部分内容，为每一个企业客户创建额度使用记录，并及时更新，跟踪企业客户的授信额度使用情况。

（3）限制性条款、承诺条款的监控

由于限制性条款、承诺条款原本就是为防范违约风险而设定的，因此监控这些条款也是贷后风险管理工作中非常重要的一部分内容。（第18章中讲述了限制性条款和承诺条款的具体内容。）

每个企业设置的限制性条款、承诺条款不同，监控的时间点也会不同，有些是按月、季度监控，还有些是按半年监控，所以需要把每一个贷款企业具体的限制性条款、承诺条款以及每一个监控时间点梳理清楚，做好相应的工作安排。按照监控的时间顺序，把每一个企业客户的每条限制性条款、承诺条款整理到贷后管理方案里。最好每周做一遍梳理，确保自己有充裕的时间完成监控的工作。可以通过设置备忘录的方式，在相应的时间点开启提示，以免遗忘和漏掉相关的工作。

在规定的时间里，有条不紊地完成每一个贷款企业的限制性条款和承诺条款的监控，需要良好的时间管理能力。除了需要梳理清楚每一个企业各项条款的监控时间，还要预估完成每一项条款监控所需要的时间。有些条款的监控，自己可以独立完成，时间安排就相对灵活。而有些条款的监控，需要外部配合，比如需要企业提供财务数据才能测算相关指标，需要企业提供诉讼案件的更新信息，或者需要通过第三方机构去查询股权、工商变更信息。凡是需要外部配合才能完成的条款监控，都需要提前跟企业客户沟通好，给企业客户留出足够的时间。这一点非常重要，尤其是对于新手客户经理来讲，工作还没有那么娴熟的时候，对完成一件工作所需时间的估计也很可能不准确。要考虑到侯世达定律[⊖]，以避免不能按时完成贷后监控的情况发生，那很可能会导致企业的授信额度被冻结，影响企业授信额度的使用和账户交易。

每一条限制性条款、承诺条款监控完成后，要及时按照银行的要求发送给信贷审批部门、后台运营部门等相关部门报备，同时把相应的文件和资料留档保存。

（4）客户拜访时间计划表

按照银行内部及监管机构对贷款企业客户实地拜访频率的要求及规定，制定客户拜访时间计划表，包括拜访时的具体事项及参加人员。根据客户拜访时

⊖ 侯世达定律：指我们做一件事所需要的实际时间，总会比预期要长，就算制订计划的时候考虑到本法则，也不能避免这种情况的发生。

间计划表安排日程，做好相应的准备工作并提前向相关参会人员发出邀请信，确保按时完成每一次拜访，做好拜访记录、留存档案并提交给相关部门。

作为客户经理，必须跟企业保持密切的联系，而不是为了满足合规的要求。客户经理不仅要保持跟企业财务部门的相关人员的联络，以确保及时知晓企业提款需求、用款计划及日常账户交易等信息；还要跟企业的管理层保持联络，定期拜访以确保及时获知企业的战略规划等重要信息。

（5）外部公开信息查询

在贷后管理工作中，对授信企业的公开信息要保持一定频率的查询（高效搜索的方法详见第1章）。外部公开信息包括所有可能跟企业相关以及会给企业带来直接、间接影响的信息，分为三个层面。

首先是宏观经济及政策层面。要时刻关注可能会导致企业营业收入、利润或现金流大幅下降的不利政策，比如某些行业取消补贴、增加税收等政策。对周期性行业企业来讲，在经济周期下行期对政策的关注更为重要。

其次是企业所在的行业层面。可以关注相关行业的权威公众号、协会、官方网站等，及时了解行业的动态和政策、行业里企业经营发展状况等信息。对行业信息的掌握越全面，对行业越熟悉，越有助于对企业财务数据的理解和对风险的判断。

最后是企业本身的层面。比如股东是否有变化，是否有经营状况、环保、安全、诉讼以及高管层变动等负面信息。如果是上市公司，还要及时关注公司发布的公告。

21.2　年度审查的要点

年度审查（也称"年审"）每年一次，按照每个企业授信审批时点向后推算一个自然年。年审工作的目的和意义是重新评估贷款企业的信贷风险，然后依据最新的评估结果，确定银行是否愿意继续向该企业提供授信。如果愿意继续提供授信，确定是否需要调整授信额度（增额或者减额），并根据企业额度使用的情况、现有额度跟企业商业模式和支付结算方式的匹配度，判断是否需要调整授信种类。

单一客户的年审，争取在授信额度（不超过银行注册资本金的10%）范围内，尽可能提高银行的综合收益。集团客户的年审，需要把隶属于该集团的所有信贷客户，集中在一个时点，逐一进行重新评估，完成年审。除了重新评估信贷风险，还要优化授信额度使用率，提高银行综合收益。这点对中小银行来说尤其重要，资本金较低，对集团客户的综合授信额度不能超过资本金的15%，对规模庞大的集团企业的授信额度通常都是给到了上限，因此要在现有的综合授信额度里，做充分的优化，提升银行综合收益。

年度审查的要点，包括以下几点内容：

- 基础信息（公司名称是否有变更、联系地址、联系人、联系方式）。
- 账户信息（账户是否有变更、预留印鉴是否有变更）。
- 主营业务（是否有变化、战略方向是否延续主营业务方向）。
- 核心产品（是否有变化、前五大客户和前五大供应商是否有变化）。
- 财务指标（核心财务指标的变化情况，盈利能力、营运能力及偿债能力是否有恶化）。
- 控股股东（是否有变化，持股比例是否有变化）。
- 内部评级（是否有升级或者降级）。
- 外部评级（是否有变化）。
- 高管层（是否有重大调整）。
- 对外担保（是否有增加或减少）。
- 诉讼（是否有新增重大诉讼？原有诉讼是否已经结案）。
- 限制性条款（是否逐条都已经满足，是否需要调整，调整的理由）。
- 承诺条款（是否逐条都满足，是否需要调整，调整的理由）。
- 额度使用（授信额度使用率，银行综合收益，是否按时还本付息）。

21.3 贷后管理（年审）的报告撰写

年审的信贷报告撰写，就是把年审中所做的信贷风险评估工作、分析后得出的结论，写成一份报告。需要把握的核心思路，包括以下三个层面。

1. 总结

年审的信贷报告，不是一个新客户的贷款申请，因此不能再按照新客户的思路去表述，照搬原有的内容，而是需要先做一个总结。

包括以下几点：

- 总结综合授信额度的使用情况，包括每一种授信额度的使用率以及银行所获得的收益。

- 客户的还本付息情况（是否按时还本付息，是否有出现过延期等不良还款记录）。
- 账户交易信息总结（是否存在洗钱等不良交易记录，是否存在可疑交易，是否存在关联交易信息？）。
- 限制性条款、承诺条款等是否都有满足。
- 除授信额度的使用外，银行是否有跟企业开展其他业务往来。

2. 强调

要强调企业的信贷风险在重新评估后是否发生重大变化。尤其要强调核心风险点的变化，如企业的内部或外部评级、主营业务、商业模式、控股股东的重大变化，核心财务指标的恶化，限制性条款、承诺条款未满足约定或企业所处行业发生重大变化。

年审报告中不仅要强调发生的重大变化，还需要详细阐述造成重大变化的原因以及会造成哪些风险，如何应对风险以及风险是否可以缓释。

如果没有重大变化，也要强调没有变化，而不能避而不谈。企业核心风险点没有变化，意味着授信额度存续的话，银行承担的风险没有增加，这点在报告中不能不提，否则信贷审批人员无法做出判断。

年审报告中需要强调的内容，梳理总结如下：

- 总结拟申请审批的额度、类型、金额、期限等（强调跟上一年度对比后的变化，最好是做一张对比图，就会一目了然）。
- 贷款主体简述（不再是新客户，因此最好是注明跟银行的合作期限）。
- 阐述重要风险点及风险缓释方式（强调重要风险点与上一年度对比后是否有发生改变，如果有改变，要写清楚是哪些变化，风险上升还是下降）。
- 贷款主体的背景及历史沿革。
- 控股股东/集团简述（控股股东是否变更，持股比例是否变化）。
- 贷款主体的主营业务及核心产品分析（主营业务是否改变，核心产品是否改变，战略方向是否延续）。
- 上下游分析、行业分析（前五大客户、前五大供应商是否变化，行业有哪些变化）。
- 财务报表分析（强调与上一年度对比后的变化，包括内部评级是否有变更，如果有变化是升级还是降级）(含与同业财务数据的对比分析)。
- 公司治理/信息透明度/对外担保/诉讼等分析（如有变化需要强调）。

- 贷款额度及结构条款（包含上一年度贷款的使用情况介绍及银行综合收益计算）。
- 计算贷款投放后银行的综合收益率。
- 阐述对贷款主体及集团公司的账户管理计划及方案。

3. 结论

年审的信贷报告，最终要写明经过重新评估及分析后得出的结论，并附上相应的理由，供信贷审批部门的参考。

包含以下 4 种情况：

- 保持原有授信额度不变（授信额度种类如有调整要写明原因并列出前后额度对比情况）。
- 增加授信额度（增加授信额度的种类、金额、期限、利率，增加额度的理由）。
- 减少授信额度（减少授信额度的种类，减少授信额度的理由）。
- 取消授信额度（取消授信额度的理由）。

还会涉及的一些其他内容的调整，如：

- 限制性条款。
- 承诺条款。

如需调整，写明调整的理由并列出调整前后的条款对比。

第 22 章

风险的预警信号

22.1 账户、交易的监控风险点

按照银行了解你的客户（Know Your Customer，KYC）和反洗钱等合规要求，对企业客户的账户和交易进行定期的审查和汇报，是客户经理工作职责的一部分。

本节要谈及的对账户、交易的监控，不是合规要求范畴里的工作内容，而是对风险预警信号的挖掘。通过观察客户的账户、交易等信息，分析是否存在与客户基本信息不符的交易、是否存在资金紧张和流动性减弱的预警信号、是否存在关联交易等风险点。

由于行业众多，并且不同行业属性的企业账户情况和交易特点不同，在此很难总结得面面俱到。但底层逻辑是相通的，所以主要是讲述方法论和逻辑，可以应用到各行业企业的贷后管理工作中。对于账户、交易的监控风险点，集中在以下三个方面。

1. 与现有商业模式不吻合的交易

贷前尽职调查中，对拟授信企业的商业模式已经进行了充分的分析。贷后管理工作需要以贷前分析的结果为依据，监控和分析企业的账户交易信息。如果账户信息中出现不符合企业商业模式的异常交易，就可能存在风险点。

举个例子，在某个授信企业的贷前尽职调查中，了解到该企业是通过直销的模式销售商品。但贷后管理中发现企业账户收款信息中，大部分付款方都是经销商的公司名称。这显然与尽职调查中了解到的直销商业模式不符，因为直销模式下，收款应该主要来自终端客户而非经销商。因此根据账户交易信息就能判断存在风险点。企业的商业模式很可能发生了改变，或者贷前尽职调查获取的信息有误。

2. 与现有信息不吻合的交易

企业账户的收付款信息，应该跟贷前尽职调查中所了解的前五大客户和前五大供应商信息吻合。在企业的主要结算账户中，这一点应该表现得最为明显。如果贷后管理中，发现账户交易的收付款信息跟主要的客户及供应商不能对应或者大部分不能对应，就是一种风险预警信号，说明主要的客户和供应商可能发生了变化，企业的客户和供应商并不稳定，主要客户和供应商的变化可能给企业带来收入和成本的波动，影响企业的盈利能力。

如果在账户交易中发现有来自供应商的付款信息，这是需要引起高度关注的预警信号，说明该企业可能存在供应商与客户重叠的特殊情况，参照第4章用具体的案例讲述了这种特殊情况存在的风险。

如果发现企业支付结算方式与贷前尽职调查时了解的情况不符，比如尽职调查时了解到企业销售以现金结算为主，但贷后管理时，发现企业收款以商业承兑汇票为主。当现金结算变为商业承兑汇票时，支付结算方式的改变增加了收款的不确定性风险。

贷后管理中如果发现收付款的支付结算方式发生变化，无论结算条件变好还是变坏，都是一种预警信号，需要调查清楚原因，并做出应对。

3. 关联交易

贷后管理中发现企业账户交易的支付方或者收款方，是企业的关联企业，比如股东、关联公司等，或者是非同一实际控制人控制的疑似关联的企业及实际控制人的亲属等自然人。

22.2 宏观经济、政策及行业层面的预警信号

每一个企业的发展，都会受到外部宏观经济和市场环境的影响，同时也会受到经济政策和产业政策的影响。在贷后管理工作中，不仅要密切关注信贷客

户自身的经营和发展，同样要密切关注宏观经济政策及产业政策，留意可能给企业造成负面影响的信号。

经济是具有周期性的，2008年美国次贷金融危机对全球经济造成严重影响，在之后的衰退、萧条、复苏与繁荣阶段，我国经济经历了高速发展时期，GDP高速增长，现已经成为世界第二大经济体。

目前，我国继续采取积极的财政政策和稳健的货币政策，目标是实现持续均衡的经济增长、充分就业、物价稳定、国际收支平衡。

财政政策包括政府支出、转移支付以及税收政策。经济萧条时，政府会采取宽松的财政政策，加大政府开支、对某些行业进行补贴、减少税收刺激经济，提升经济活力。而经济出现过热时，则采取紧缩的财政政策，减少政府开支、增加税收，放缓经济发展速度。

货币政策包括存款准备金制度、再贴现及公开市场操作。存款准备金制度是中央银行通过提高或者降低存款准备金率，来调节银行可放贷的资金，从而控制市场中的货币供给量。再贴现主要是通过调整贷款条款的松紧程度，实现对贷款成本的影响，进而调整市场中的货币供应量。公开市场操作包括正回购和逆回购，中央银行通过回购实现增加或者减少市场的货币供应量，从而释放或限制货币流动性。

政府在经济周期的不同阶段，会采取相应的财政政策和货币政策来调节经济。

扩张性的货币政策可以降低企业融资成本，反之，紧缩性的货币政策会提高企业融资成本。显然受此政策影响最大的是负债率相对较高的重资产行业，如交通运输、钢铁、电力、煤炭、石油化工、重型机械制造等，降息直接带来财务成本的降低。反之，则增加。

重资产行业对经济周期波动比较敏感，属于周期性行业。因为这类行业的特点是经营杠杆较高，利润的弹性较大，周期上行时利润增长更快，但下行时利润下跌也更快。重资产企业受利好政策驱动，固定资产投资增加，相应会带动大宗商品需求，如有色金属、原油、煤炭等能源资源类。

重资产行业的投资增加，相应也会拉动设备投资的增长，会带动一般性生产资料行业，如机械设备、通信设备、轻工制造等行业业绩增长，而大宗商品行业的增长又会促进交通运输行业的发展。

同时，重资产行业的业绩增长会带来对上游基础原材料、能源等资源型行业的需求。由于资源的稀缺性，会导致供给一时无法满足快速增长的需求，引起这些上游行业产品价格上涨，大宗商品价格上涨。反之，当重资产行业处于经济下行或紧缩的政策时，会减少固定资产投资。按照以上提到的传导链条，会影响其他行业，一般性生产资料行业业绩会下滑，能源、大宗商品价格会下降。

医药、餐饮、教育等行业则对经济周期波动不太敏感，属于逆周期性行业。这类行业的经营杠杆相对较低，利润的弹性较小。经济下行时，营业收入和利润的下滑趋势会相对平缓。因此，当经济周期表现为下行时，贷后管理中，要给予周期性行业企业更多的关注，利润下跌快会使得企业的偿债能力减弱，可能造成违约。

当前，我国经济发展由高速增长阶段转向高质量发展阶段，要求依靠科技创新和产业高端化来提升经济发展质量。在纷繁复杂的全球经济环境的影响下，"双循环"的新发展格局正在快速形成。我国已经广泛展开未来产业的布局。

双碳政策的实施，会给产业结构带来影响，也会给能源结构带来影响。以高碳能源的化石能源为核心的能源行业要向低碳清洁的能源转型；高耗能、高污染、高排放的行业要向绿色低碳的行业转型。光伏、风电、氢能、核能等可再生能源行业、储能产业、电动汽车制造等相关行业等，会在政策的鼓励下有更广的发展空间。

大数据、人工智能等数字化产业，也将迎来更广阔的发展机遇；数据中心、工业互联网、5G 网络通信等将是新型基础设施建设的发展方向。2022 年，国家启动"东数西算"工程，产业布局的调整、产业链的升级使得数字化产业秩序在加速重构中。产业中的相关智能制造企业也会迎来新的发展与挑战。

高附加值的智能制造、硬科技将会在政策的支持下获得更多的资源与机会，比如生命科学、生物医药、新材料等行业，而低附加值、高耗能、高污染、高排放的行业会受到越来越多的限制，比如限制产能及出口。

22.3　经营及业务层面的预警信号

尽职调查中企业经营及业务层面的分析要点，请详细阅读第 1～4 章。贷后管理中关注的要点，跟贷前尽职调查中的分析要点是相同的。贷后管理工作就是监控企业经营及业务方面的变化，尤其是监控可能存在风险或者带来风险的变化。

常见的经营及业务层面的预警信号有以下内容：

（1）主营业务或商业模式发生改变

主营业务或商业模式发生改变是一种重大的预警信号。这对企业来讲是一个极其重大的改变，意味着贷前的信贷风险评估失真了，企业的信贷风险发生了重大改变。主营业务或商业模式的改变，会带来客户、结算方式、营运模式等的改变，利润率、现金流也都会发生改变，这些变化都意味着风险，最终会体现在财务报表上。（关于主营业务和商业模式的分析请参看第 3 章）。

（2）业务多元化

业务多元化指企业的战略发生改变，在原有业务的基础上，开拓新业务板块。这对企业来讲意味着新的机遇，同样也意味着新的风险。企业的资源和能力是有一定边界的，如果一家企业创立时间短，主业还没有建立稳固的基础，管理精细化程度不够，各方面经验还欠缺，追逐市场热点，盲目扩张和多元化，很容易经营失败。市场上存在大量的失败案例。

在贷后管理中，如果遇到企业业务多元化的情况，要区分企业有没有清晰的发展战略，判断企业是否在追逐市场的热点行业，盲目进行多元化。分析和判断企业多元化的业务跟现有主业是否存在协同和关联，并评估企业是否拥有核心的资源和优势。

要了解清楚企业新业务拟投资规模，分析当下的主营业务是否有足够强的盈利能力、现金流来支撑多元化的投资与发展，并预测多元化失败对企业造成的影响会有多大。如果多元化的发展战略，会造成巨额亏损，使企业陷入流动性危机，则需要采取冻结该企业授信额度或者提前收回贷款等相应的风险管理措施。

（3）下属公司的数量快速增加、业务种类跟原有业务不同，且没有上下游的延伸与协同

这是实务中常见的一种情况，过去曾有一段时间，追求规模化发展似乎是国企、民企的通病。发展方式就是通过设立子公司、孙公司的方式，实现粗放式规模增长。第 2 章中讲到的中科建的案例就属于一个典型案例。这种信号非常容易识别。银行不要因为企业属性不同，而对国企进行差别化对待，从而对这种预警信号视而不见，忽视其中的风险。

（4）将亏损的子公司剥离、由控股转为参股、通过产业基金等其他形式持有，不再合并报表

贷后管理中要留意企业核心子公司[注]的变化。尤其是当企业出现业绩下滑和

[注] 此处的核心子公司是指对企业收入和利润影响大的子公司。

亏损的迹象时，通过将亏损的子公司剥离，或者通过股权转让的方式把控股子公司转为以参股的方式持有，再或者通过产业基金等其他形式持有，而不再合并报表。这些方式通常只是一个掩人耳目的操纵方式，而非真正解决了企业本身存在的问题，也不是真正转让子公司股权，很有可能只是短暂美化合并报表而已。需要详细分析这类企业真实存在的问题点和真正的风险点，不要被这种形式上的"花招"所迷惑，掩盖了真实的风险。

（5）把业绩好的子公司股权转让后不再合并报表

企业把业绩好的子公司通过转让控股权的方式，或者通过产业基金等其他形式持有，使得子公司不再合并报表。业绩好的子公司不再合并报表，会对财务数据造成实际的影响，很可能会导致亏损，使得偿债能力下降。如果实务中遇到这些情况，同样是要搞清楚企业如此操作的真实目的，以判断真实的风险并做出相应的应对。

（6）跨行业并购

判断跨行业并购风险点的逻辑，跟业务多元化相近。并购意味着企业有大额资本支出，必然会连带着举债和财务杠杆的上升，同时还可能会积累巨额的商誉。跨行业的并购，对企业的资源、技术、人才、管理能力等诸多方面都有着很大的挑战，是否能达到预期，存在着很大的不确定性。参照第16章中的详细案例剖析。

（7）员工数量骤降、研发人员数量骤减

员工数量和研发人员数量骤减是一种风险预警信号，意味着企业的生产经营可能出现了严重的问题。

（8）核心客户出现财务危机或违约，失去重要客户或者部分订单

当企业的核心客户出现财务危机或者债务违约，这对企业来讲有两重影响。首先会影响现有的应收票据或者应收账款，可能无法兑付和收回；其次会影响未来的销售收入，因为客户倒闭或者其他原因，失去重要客户或者失去部分订单，都会对未来的业绩造成负面影响。

这个风险点在客户集中度高的企业中，体现得会尤其明显，在第16章有详细的讲述。

对存在客户集中度风险的授信企业，贷后管理时必须要把该企业的核心客户监控一并纳入贷后管理的范围，追踪其核心客户的财务数据（如有公开）、外部信息、新闻等，并且要关注其所处行业的信息，留意是否有限产、增加税收等不利的产业政策及其他负面信息。

（9）销售客户/采购供应商变化，收款/付款结算方式、账期发生变化

通常一个行业里，上、中、下游之间的合作关系最终都会因市场竞争的作用而逐渐形成相对稳定的格局，包括结算方式以及账期等。随着企业成立的时间越来越长，业务模式越来越稳定，会逐渐跟上下游建立起较为稳定的合作关系。当销售额占比高的客户或者采购额占比高的供应商发生变化时，当收付款结算方式发生变化时，都是风险的预警信号。

向上游供应商采购本来是有赊销账期的，支付方式却突然变成了100%预付的形式，或者销售给下游客户的赊销账期，突然延长甚至远超行业平均水平。当这些预警信号出现时，首先要分析企业所处的行业是否发生了一些重大事情，导致了这些变化的发生。如果这些变化并不符合行业现状，尤其是发生在与新的供应商和新客户之间，就要引起高度关注。

当客户和供应商发生变化时，要分析企业是否真的开发了新的供应商或者客户？新的供应商提供的原材料、半成品或产成品是否跟主营业务相关？是否有稳定的供货能力？价格比之前的供应商是否有优势？新的客户是否为产品的终端用户？销售的产品是否跟其主营业务相关？如果不是终端用户，是代理商、经销商还是贸易商？通过进一步的深入调查，重新评估企业的风险，判断是否存在舞弊行为。

22.4 财务指标层面的预警信号

上一节讲了企业经营及业务层面的风险预警信号，这一节讲财务指标层面的预警信号。其实这两类预警信号是相关联的，但经营及业务层面的风险预警信号会出现得更早，财务指标具有滞后性，经营及业务层面的变化最终还是会体现在财务报表中。

常见的财务指标预警信号有以下几种。

（1）受限制货币资金大幅增加

受限制货币资金大幅增加，使得企业的流动性风险上升。如果受限制货币资金用于授信额度的保证金，会增加债务规模，导致杠杆率进一步上升，加剧流动性风险。

以A股的一家上市公司为例，2021年（期末金额）公开披露的年报信息中货币资金的项目注释显示，受限制货币资金大幅增加，高达38亿元，是2020年（期初金额）的近6倍，如表22-1所示。

表 22-1　货币资金项目注释　　　　　　　　（单位：元）

项目	期末余额	期初余额
库存现金	1 944.00	902.00
银行存款	8 396 383 974.17	13 908 892 617.67
其他货币资金	3 801 245 889.06	684 676 201.89
合计	12 197 631 807.23	14 593 569 721.56
其中：存放在境外的款项总额	18.55	3 777.20

其他说明
受限的货币资金明细如下：

项目	期末金额	期初金额
银行承兑汇票保证金、贷款保证金、期货保证金、信用证保证金等	3 790 376 169.60	684 624 465.46

货币资金项目注释信息显示，受限的货币资金的用途是用于银行授信额度的保证金，包括银行承兑汇票、信用证以及贷款保证金，还包括期货保证金。

受限制货币资金的增长可能是由于银行提高了授信的保证金比例，这意味着银行对企业信用的认可度降低了，或者是由于使用的授信额度的增加。假设以上案例企业银行授信条件中的保证金比例不变，2021 年（期末金额）受限制货币资金增长到之前的近 6 倍，意味着企业使用的授信额度也增长到之前的近 6 倍。对使用额度基数大的企业来讲，杠杆效应就会更大。受限制货币资金大幅增加，可使用的货币资金大幅减少、债务规模大幅增加，会导致杠杆率上升，流动性风险增加。

上述企业的货币资金受限原因还包括期货保证金，如果受限制货币资金用于期货保证金，意味着期货仓位的增加。衍生品仓位的增加有可能是企业超额认购了金融衍生品，可能导致平仓、差额交割等亏损。

无论事实属于以上哪种原因，受限制货币资金大幅增加都是一个需要引起高度关注的风险预警信号。

（2）营业收入下滑

营业收入的下滑是一种风险预警信号，营业收入的下降会导致亏损以及盈利能力和偿债能力的下降。需要分析营业收入下滑的具体原因，判断营业收入下滑是短暂的、阶段性的还是长期的，从而做出相应的应对措施。具体分析方法详见第 5 章。

（3）营业成本构成发生显著变化

在本书第 5 章营业成本的部分以及第 8 章盈利能力指标的部分中，都有涉及营业成本的讲解和分析，此处不再赘述。

营业成本构成发生显著变化是一种风险预警信号，代表着商品的生产方式或者商业模式可能发生了变化。

如以下这家 A 股的上市公司，该公司在 2015～2017 年的主营业务是通信产品的研发、生产与销售。2016 年的营业收入为 19 亿元，2017 年下降至 16 亿元，同比下降约为 16%，这 2 年中通信产品的销售收入分别为 12.5 亿元和 10.2 亿元。

对比 2 年中通信产品的营业成本构成（见表 22-2），原材料占营业成本的比例发生了较大的变化。2016 年占比是 63.71%，2017 年上升至 98.55%。人工工资和折旧的合计占比从 26.84% 下降到 0.11%。这意味着，2017 年的通信产品不再涉及生产加工，变成了纯贸易业务，与 2016 年相比较，业务已经发生了质的改变，从通信产品的生产变成了纯贸易业务。

表 22-2 营业成本构成 （单位：元）

产品分类	项目	2017 年 金额	2017 年 占营业成本比重	2016 年 金额	2016 年 占营业成本比重	同比增减
专网通信产品及贸易收入	原材料	805 920 107.55	98.55%	1 022 903 123.68	63.71%	−21.21%
专网通信产品及贸易收入	人工工资	886 358.18	0.11%	496 158.34	13.96%	78.64%
专网通信产品及贸易收入	折旧	15 036.27	0.00%	292 558.26	12.88%	−94.86%
专网通信产品及贸易收入	其他	10 933 962.05	1.34%	13 127 400.00	9.46%	−16.71%
专网通信产品及贸易收入	合计	817 755 464.05	100.00%	1 036 819 240.28	100.00%	−21.13%

除了营业成本构成发生变化这一预警信号外，营业收入也出现了下滑。该公司的确还存在其他问题，在此不再详细展开讨论了。这个案例主要强调营业成本构成发生显著变化是贷后管理中监测财务状况的指标，是一种有效的风险预警信号。

(4) 毛利率水平远高于行业平均水平、波动幅度偏离行业平均水平

关于毛利率的分析，请参考第 8 章盈利能力财务指标中的详细内容。当毛利率水平远高于行业平均水平时，很可能存在舞弊的行为，尤其是处在成熟行业里的生产制造型企业。

同一个行业中的企业，毛利率的波动幅度趋同，尤其是周期性强的行业中的企业，这个特征尤其凸显。如果某个企业毛利率的波动幅度偏离行业平均水平很大，这其中很有可能是通过财务舞弊在平滑和调整毛利率。

(5) 应收账款大幅增加、应收账款周转天数大幅增加

应收账款会随着营业收入的增长而增加，这部分销售并没有实现真正的现金流入。如果应收账款的增长率超过了营业收入的增长率，会表现出应收账款周转天数的增加，这就是一个风险预警信号，意味着企业不得不采取更激进的赊销方式实现营业收入或者虚增营业收入。虚增营业收入和应收账款是市场违约案件中最常见的舞弊方式。

(6) 应收账款大幅减少、被转让

应收账款的大幅减少代表企业拥有的未来收款权益减少，意味着未来获取的现金流会下降。这是一个负面信号，有可能是营业收入下滑导致，需要确认企业的生产、经营与销售是否出现了问题；也有可能是企业把过往虚增的收入和应收账款"毁尸灭迹"的做法，可以通过分析企业是否把应收账款收益权转让给了关联公司或者不并表的公司来判断。

(7) 预付款项大幅增加

预付款项的结算方式，代表着企业的话语权弱于上游的供应商，需要通过先支付货款的方式进行采购。当预付款项大幅增加时，如果增长率超过了营业收入的增长率，这是一个风险预警信号，代表着企业在采购中的支付条件变差，或者通过预付款项的方式转移资金。

关于预付款项的舞弊案例，本书共有三个部分介绍了相关内容：第 6 章预付款项的讲解，列举了市场违约案例万福生科的案例；第 6 章在建工程科目的讲解，讲述了通过预付款项将资金导出体外，同时虚增在建工程、虚增营业收入的财务舞弊案例；第 17 章贸易融资违约案例中，讲解了企业如何通过预付款项的结算方式构造虚假贸易进行融资。

(8) 存货大幅增长，存货周转天数增加，或存货周转天数远低于行业平均水平

关于存货的预警信号，请阅读第 6 章存货的部分，其中详细讲述了存货的

变化可能带来的风险,并列举了市场上的财务舞弊案例,包括退市的上市公司同济堂的舞弊案例。

(9)应付账款周转天数远远超过行业平均水平

应付账款代表着企业"占压"供应商的资金,但应付账款周转天数越长,并不意味着企业"占压"供应商资金的能力或者话语权更强,这一点在第6章应付账款的部分里有详细讲解。

每一个行业上下游之间的合作关系最终都会因市场竞争机制的作用而形成相对稳定的格局,尤其是越成熟的行业,特征越明显。

如果应付账款周转天数远远超过了行业平均水平,很有可能是里面混入了主营业务外的一些应付账款,如第6章应付账款科目讲解中提到的案例,该企业的大部分应付账款是工程款。企业很有可能是在通过应付账款,隐藏有息负债,美化报表。应收账款周转天数、存货周转天数以及应付账款周转天数的恶化,都会体现出企业现金循环周期的延长和恶化(参照第8章)。

(10)预收款项和合同负债大幅减少

预收款项和合同负债这两个科目的金额较大,都代表着上游供应商相比下游客户话语权更强,要预先收到货款,才会提供商品或服务。对预收款项、合同负债的理解,同其他负债科目的逻辑相反。其他负债类科目,比如短期借款、长期借款等的增加意味着杠杆率上升、流动性风险增加,而预收款项和合同负债这两个科目大幅减少时反而是一个预警信号,这意味着企业的订单或者合同大幅下滑,收不到下游客户的预付款了,同样也意味着未来能够确认收入的金额将减少。

(11)现金和贷款同比例增加

"存贷双高"一词,因为康美药业的财务造假一案被市场所熟知,存款和贷款同时大幅增长是一种风险的预警信号。需要找到企业拥有充裕的货币资金还需要大额举债的真实原因,判断其是否合理,并不是所有的存贷双高都是财务舞弊,参考第6章现金科目的讲解。

(12)异常的对外担保

对外担保是企业的或有负债,在第12章中有详细讲解,列举了上市公司菲达环保为名义上的非关联方企业浙江神鹰集团有限公司的银行借款提供了担保,导致巨额亏损的案例。

对外担保是贷后管理工作中需要监测的重要指标之一。除了常规的对外担保方式外,还要留意一些异常的担保方式。如通过给参股的子公司(不合并报表)提供担保,帮助子公司进行融资,然后销售商品给子公司。这种担保方式有可能是财务舞弊行为，企业通过这种方式增加了销售收入和经营活动现金流，把负债留在了表外。

企业调整子公司的控股比例由控股并表转为参股不再并表，或者给第三方提供担保，通过提供担保或者融资的方式向第三方销售产品，这些情况下舞弊的可能性较大。

（13）会计政策和会计估计变更

除非国家统一的会计制度调整，和其他能够提供充足可靠信息的客观情况变化，证明需要变更，否则企业采用的会计政策，在每一个会计期间、前后各期，应该保持一致，不可以随便变更。

有些企业在业绩不好的时候，美化报表不择手段，其中通过变更会计政策实现调整财务数据的案例屡见不鲜。在贷后管理工作中，要留意企业使用的会计政策是否有变化，判断是否符合法规、是否合理，是否存在美化财务数据的动机。比如拉长了固定资产折旧的期限、无形资产摊销期限，会使得当期的利润有所增加；改变存货计价方式、改变应收账款、合同资产等资产科目的坏账准备计提方式可以增加利润。参照本书第6章流动资产及非流动资产中的相关内容及案例。

（14）将常规经营费用不当资本化

如果发现企业的利润无理由地增长，资产激增，自由现金流意外骤减，同时，经营活动现金流净额增加，并且增加的金额跟自由现金流减少的金额差不多。遇到这种财务预警信号时，可以分析一下，企业是否把常规的经营费用进行了资本化的操作，最常见的就是研发投入的资本化。参照第5章研发费用部分的内容。

（15）经营活动现金流净额持续为负值

企业一切的生产经营活动的运转，都伴随着现金的流转。现金就像是企业正常运行的"血液"。第7章中详细讲解了对现金流量表的分析，请参照其中经营活动现金流的内容。

经营活动现金流净额是正值，代表着企业经营活动能创造出正向的现金流，意味着企业的主营业务有真正的盈利能力。因此经营活动现金流净额由正值变成负值或者持续为负值，就是一种风险预警信号，意味着企业并不是依靠自身的生产经营活动创造现金流实现运转，而是依靠融资来维持运转的，很可能存在流动性风险和偿债能力较弱。

（16）经营活动产生的现金流量净额是负值，同时毛利率低、财务杠杆高

以上三个财务指标特征同时出现时，这种预警信号意味着企业盈利能力弱，无法通过自身的生产经营活动创造出正向的现金流，依赖于债权融资来维持运

营。详细内容请参照下一小节的实战案例分析。

（17）经营活动现金流净额波动幅度大

经营活动现金流净额波动幅度大，有可能是两种情况。一种情况是企业的盈利能力不稳定，另一种情况是通过财务舞弊等其他方式构造的经营活动现金流。

这种预警信号出现时，要着重分析经营活动现金流的异常是哪些科目的变化导致的。如第6章中使用权资产和租赁负债科目中，讲解了新租赁准则的实施，会导致经营活动现金流的增加。

经营活动现金流的增加还可能是某些舞弊行为导致的，如融资性现金流包装成经营性现金流，转让应收账款（保理、ABS）确认为经营活动现金流。只有无追索权的应收账款转让才可以确认为经营活动现金流入；保留追索权的转让只能确认为筹资活动现金流入。

（18）净现比下滑

第7章讲了两个现金流量表中常用的财务指标，其中之一就是净现比。这个指标比利润更能体现企业的盈利能力，反映了净利润在当期转换成现金流的比例。

净现比低是一种风险预警信号，意味着企业净利润转换成现金流的能力差。而净现比下滑，意味着净利润转化成现金流的比例减少，存在虚增利润的可能性，或者存在现金流变差、流动性变弱的可能性，违约风险增加。

（19）收现比高，但净现比低

收现比和净现比这两个财务指标，收现比代表着销售收入回款的现金流质量，收现比越高意味着转化成现金流的收入比例越高。

收现比高，净现比低，意味着收入转化为现金流的能力较好，但净利润转化为现金的能力弱。这有可能是因为企业真实的盈利能力就很差，也有可能存在虚增收入、虚增利润的舞弊行为。虚增收入也是可以带来经营活动现金流入的，通过净现比和收现比的差异，进一步分析，可以识别出虚增的经营活动现金流入通过哪些项目流出，导致了净现比低，参照第7章的案例分析。

（20）自由现金流充裕，但有息负债规模不断地扩大

关于自由现金流，在第7章有详细的讲述。自由现金流是企业经营活动现金流净额减去资本支出后的剩余。自由现金流充裕意味着企业自身经营获得的现金完全可以覆盖资本支出，并没有举债的需求。因此，如果一个自由现金流充裕的企业，有息负债规模却不断扩大，这是不合理性的，自由现金流的真实

性存疑。

（21）经营活动现金流净额为正值，但自由现金流较低或为负值

当经营活动现金流净额为正值，但自由现金流较低或者为负值，存在一种可能性，即企业把部分经营活动现金流出转化成了投资活动现金流出。比如研发费用不当的资本化，导致虚增利润、虚增资产、虚增经营活动现金流净额，这种操作把本应该计入经营活动的现金流出计入了投资活动现金流出。

以上内容是对财务指标预警信号的梳理和总结，因为三张财务报表是互相勾稽的，所以财务指标的变化也是互相勾稽的，一些财务指标的变化会带动其他财务指标的变化。

22.5　财务指标预警信号实战案例分析

在第 7 章列举了贷前信贷风险评估中，从现金流量表入手进行财报分析的案例。本章从贷后管理工作的角度，再来探讨从现金流量表入手挖掘财务指标的预警信号。

以 A 股中一家主营业务为化学原料和化工制品制造的上市公司为例。

根据该公司 2015～2019 年公开披露的信息，整理经营活动、投资活动和筹资活动现金流净额数据如表 22-3 所示。

表 22-3　现金流净额数据　　　　　　　　（单位：亿元）

项目	2015 年	2016 年	2017 年	2018 年	2019 年
经营活动现金流净额	–0.41	–6.95	–1.60	–4.76	–5.57
投资活动现金流净额	–0.10	–0.27	–0.03	0.02	–0.87
筹资活动现金流净额	0.50	8.06	2.78	6.43	7.91

根据三类活动现金流净额数据，制作柱状图，如图 22-1 所示。

从图 22-1 中不难看出，2015～2019 年的 5 年时间里，经营活动现金流净额始终都是负数。投资活动现金流净额显示，该企业在 2015～2018 年并无太多资本支出，筹资活动现金流净额显示该企业一直在通过筹资的方式来获取现金流，维持企业的生存与发展。

分析三类活动产生的现金流，发现了预警信号（1）：经营活动现金流净额持续为负值且波动剧烈。

计算自由现金流得到以下数据（见表 22-4），并制作柱状图（见图 22-2）。

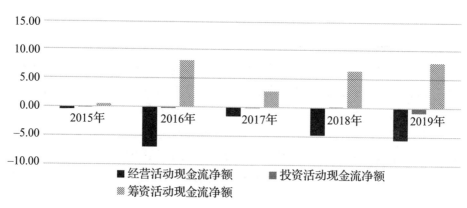

图 22-1　现金流净额柱状图

表 22-4　现金流量表（自由现金流）　　（单位：亿元）

项目	2015 年	2016 年	2017 年	2018 年	2019 年
经营活动现金流净额	−0.41	−6.95	−1.60	−4.76	−5.57
投资活动现金流净额	−0.10	−0.27	−0.03	0.02	−0.87
筹资活动现金流净额	0.50	8.06	2.78	6.43	7.91
自由现金流	−0.51	−7.22	−1.63	−4.74	6.93

注：自由现金流 = 经营活动现金流净额 − 投资活动现金流净额。

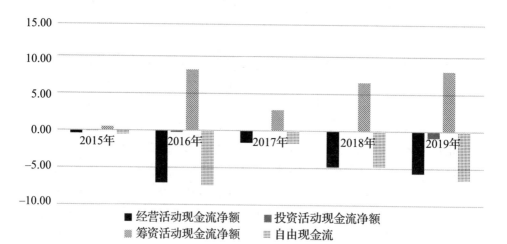

图 22-2　自由现金流柱状图

由于该企业的资本支出较小，因此自由现金流跟经营活动产生的现金流净额很相近。

接下来，通过利润表和资产负债表的分析，寻找经营活动现金流表现差的原因，并挖掘其他的预警信号。

根据该企业公开披露的信息，整理 2015～2019 年的利润表（见表 22-5）和资产负债表（见表 22-6）。

表 22-5　利润表　　　　　　　　　　（单位：亿元）

项目	2015 年	2016 年	2017 年	2018 年	2019 年
营业收入	75.70	98.49	118.11	132.49	123.98
营业成本	73.00	95.00	114.80	115.70	118.00
销售费用	1.09	1.20	1.30	1.50	2.26
管理费用	0.88	0.82	1.00	0.94	1.34
财务费用	0.36	0.24	0.59	0.86	1.36
研发费用	—	—	0.15	0.22	0.40
营业利润	0.30	0.42	0.46	0.39	0.72
营业外收支	0.05	0.12	0.01	0.02	0.07
利润总额	0.36	0.54	0.47	0.41	0.79
净利润	0.30	0.40	0.34	0.33	0.62

表 22-6　资产负债表　　　　　　　　（单位：亿元）

项目	2015-12-31	2016-12-31	2017-12-31	2018-12-31	2019-12-31
货币资金	2.92	3.10	4.49	7.38	10.30
应收票据	0.51	2.25	4.00	1.86	—
应收账款	13.00	17.60	22.41	30.10	34.46
应收账款融资	—	—	—	—	8.30
预付款项	4.18	4.38	4.93	9.19	9.65
存货	5.34	5.03	3.50	12.61	13.77
流动资产合计	26.60	33.20	39.70	61.87	79.14
长期股权投资	2.24	2.05	2.07	2.28	0.30
固定资产	4.47	4.64	4.38	4.15	5.87
在建工程	0.85	0.75	0.82	0.85	1.74
非流动资产合计	8.68	8.55	8.43	8.78	9.79
资产总计	35.30	41.70	48.13	70.65	88.93
短期借款	5.89	6.49	6.61	13.33	23.30
应付票据	12.40	9.01	12.42	21.60	14.64
应付账款	2.24	3.68	5.38	4.25	10.37

（续）

项目	2015-12-31	2016-12-31	2017-12-31	2018-12-31	2019-12-31
预收款项	1.58	1.90	1.17	2.88	6.39
其他应付款	1.04	0.83	0.49	4.69	5.17
流动负债合计	23.80	23.42	29.21	51.22	66.56
长期借款	—	—	—	—	1.85
非流动负债合计	0.44	0.43	0.51	0.50	3.32
负债合计	24.30	23.85	29.73	51.72	69.88
股本	4.46	5.23	5.23	6.28	6.28
资本公积	4.47	10.33	10.64	9.89	9.15
未分配利润	1.46	1.71	1.98	2.17	3.07
所有者权益合计	11.00	17.85	18.40	18.93	19.04

2015～2019年，营业收入稳定增长，毛利率低；净利润较稳定，但净现比为负数。资产负债表中，有息负债规模迅速增长。

分析利润表和资产负债表，发现了预警信号（2）：净现比低、毛利率低且财务杠杆高。

接下来，把利润表、资产负债表与现金流量表整合在一起（见表22-7），进一步去推演和分析：

表22-7 财务报表分析（1） （单位：亿元）

项目	2015-12-31	2016-12-31	2017-12-31	2018-12-31	2019-12-31
经营活动现金流净额	−0.41	−6.95	−1.60	−4.76	−5.57
投资活动现金流净额	−0.10	−0.27	−0.03	0.02	−0.87
筹资活动现金流净额	0.50	8.06	2.78	6.43	7.91
营业收入	75.70	98.49	118.11	132.49	123.98
净利润	0.30	0.39	0.34	0.33	0.62
应收账款及应收票据	13.59	19.82	26.42	31.95	34.46
应付账款及应付票据	14.60	12.69	17.80	25.81	25.01
存货	5.34	5.03	3.50	12.61	13.77
应收账款周转天数（天）	65.53	73.45	81.65	97.39	101.45
存货周转天数（天）	26.74	19.23	11.13	39.78	42.61
应付账款周转天数（天）	73.12	48.52	56.61	81.42	77.39
现金循环周期（天）	19.15	44.16	36.17	55.75	66.67
预付款项	4.18	4.38	4.93	9.19	9.65
短期借款	5.89	6.49	6.61	13.33	23.30

2016年该企业经营活动现金流净额达到了 –6.95 亿元，当年营业收入比 2015 年增长了 30%，达到近百亿元。2016 年应收账款和应收票据较 2015 年增加了 6.23 亿元，同比增长 46%。2016 年应收账款周转天数较 2015 年增加了 8 天，而现金循环周期增加了 25 天。根据以上财务数据的变化，可以推测 2016 年企业采取了更激进的赊销策略，当年增加的营业收入有部分转变成了应收账款及应收票据，并没有转化成真实的现金流。

财务预警信号（3）出现：应收账款大幅增长且增长幅度超过了营业收入增长幅度。应收账款周转变慢、现金循环周期变长，企业营运能力在变差。

随着营业收入的增长，应收账款也在持续增加，2018 年增加到 32 亿元。当年还出现了明显的预警信号（4）：2018 年存货大幅增长，比 2017 年增加了 260%，从 3.5 亿元暴增到 12.61 亿元，在 2018 年现金循环周期恶化到 56 天。

2018 年预付款项增长到 9.2 亿元，同比增加 88%，2018 年该企业在采购的支付结算方式上发生了很大的变化，开始通过增加预付款的形式采购，这又是一个预警信号（5）。

2018 年该企业增加了化工原料的贸易业务，在当年带来了 49.04 亿元的营业收入，当年的营业收入并不是原有业务板增长带来的。在此，又有一个预警信号（6）出现，主营业务增长停滞，有新业务板块出现。

存货和应收账款大幅增长、现金循环周期越来越长，经营活动产生的现金流量净额持续恶化，不得不通过加大负债的方式来维持资金链，2018 年短期借款规模翻了一番，从 2017 年 6.61 亿元增加到 13.33 亿元。财务费用达到了历史最高 8600 万元，2018 年的净利润只有近 7000 万元，而经营活动产生的现金流量净额是 –4.76 亿元（见表 22-7）。

综合以上分析结论，在 2018 年其实已经能看到很多财务指标的预警信号了。2019 年各项指标持续恶化。在这样的财务状况下，又有一些银行在 2019 年给该企业提供了 10 亿元短期借款，短期借款增长至 23.3 亿元。

读到这里，相信有读者会对该企业表现出的财务特征产生好奇，该企业向上游供应商采购需要通过预付的方式结算，同时向下游客户销售需要通过赊销的方式结算，为什么会在上下游的话语权都变得越来越差呢？而一个对上下游话语权如此之差的企业，在融资能力上却又表现得如此之强？虽然这么多财务预警信号出现，但还有新增银行提供该企业借款。

下面一起来看看该企业在后续发展中的业绩表现，根据 2020 年公开的财报信息，整理财务数据如表 22-8 所示。

表 22-8 财务报表分析（2） （单位：亿元）

项目	2015-12-31	2016-12-31	2017-12-31	2018-12-31	2019-12-31	2020-12-31
经营活动现金流净额	−0.41	−6.95	−1.60	−4.76	−5.57	−18.99
投资活动现金流净额	−0.10	−0.27	−0.03	0.02	−0.87	14.47
筹资活动现金流净额	0.50	8.06	2.78	6.43	7.91	2.95
营业收入	75.70	98.49	118.11	132.49	123.98	33.15
净利润	0.30	0.39	0.34	0.69	0.62	−47.40
应收账款及应收票据	13.59	19.82	26.42	31.95	34.46	3.88
应付账款及应付票据	14.60	12.69	17.80	25.81	25.01	8.44
存货	5.34	5.03	3.50	12.61	13.77	3.27
应收账款周转天数（天）	65.53	73.45	81.65	97.39	101.45	42.30
存货周转天数（天）	26.74	19.23	11.13	39.78	42.61	39.17
应付账款周转天数（天）	73.12	48.52	56.61	81.42	77.39	101.10
现金循环周期（天）	19.15	44.16	36.17	55.75	66.67	−19.63
预付款项	4.18	4.38	4.93	9.19	9.65	1.46
短期借款	5.89	6.49	6.61	13.33	23.30	33.21

2020 年，该企业营业收入骤减，净利润巨亏。很显然该企业在这年彻底爆雷了。当年又新增了短期借款近 10 亿元，使短期借款规模达到 33.2 亿元。而 2020 年投资活动产生的现金流量净额正是企业变卖资产的自救行为。

现在就来揭秘案例中的企业，该企业就是 A 股上市公司广州浪奇，是华南地区早期的洗涤用品生产企业，也是广东省早期的日化行业上市公司，曾因其产品"浪奇"牌洗衣粉物美价廉而家喻户晓。

在 2020 年下半年，广州浪奇拉开了一连串的爆雷序幕，先是大量债务出现逾期、银行账户被冻结，随后爆出存货"丢失"的新闻。公告称其存放在两家第三方仓库共计价值 5.72 亿元的存货丢失。之后公司信息披露违规被相关部门立案调查，随后发布了退市风险警示公告。2021 年 2 月发布了 2020 年度业绩预告，扣除非经常性损益（扣非）后的净利润预计亏损 41.05 亿元至 52.05 亿元。对存在业务风险的大宗贸易业务应收账款计提坏账准备约 32 亿元，预付货款计提坏账准备约 18 亿元。2021 年 4 月年报公告 2020 年扣非后净利润亏损 61.37 亿。

直到 2021 年 12 月 29 日，广州浪奇发布关于收到广东证监局行政处罚决定书的公告，揭开了存货消失的谜底。

广州浪奇公告称：

1）2018～2019年虚增营业收入、营业成本及利润，虚增存货。

2）同期，未按规定披露关联方资金往来以及关联交易。

处罚书中披露的关联交易的内容如下：

1. 广州浪奇与三家企业构成关联方。

广州钿融企业管理有限责任公司（以下简称"广州钿融"）和其子公司攀枝花市天亿化工有限公司（以下简称"攀枝花天亿"）、会东金川磷化工有限责任公司（以下简称"会东金川"）。攀枝花天亿是广州钿融的全资子公司，会东金川是广州钿融的控股子公司。2017年起，广州浪奇时任董事长持有广州钿融34%股份，长期将广州浪奇资金提供给这三家企业使用。具体的操作路径是，以预付采购货款的名义，经过多层中间公司掩护过渡，将资金给这三家企业使用，2018年资金发生额约为11.78亿元、2019年资金发生额约为24.49亿元。

2. 广州浪奇与江苏琦衡农化科技有限公司（以下简称"江苏琦衡"）构成关联关系。

广州浪奇自2013年9月起持有江苏琦衡25%的股份，依照相关法律条例该公司应该被认定为广州浪奇的关联法人。2018～2019年，广州浪奇以支付采购货款的名义，经过多层中间公司掩护过渡，将资金给江苏琦衡使用，供其扩大生产和偿还银行债务等。

根据广州浪奇的财务数据以及处罚书中披露的信息，来推测一下财务舞弊手段。

广州浪奇以预付款的模式跟上游供应商（关联方）进行采购，销售给下游客户时，给客户一个较长的赊销期，再利用自己"国有上市公司"的信用在银行进行融资，供应商及客户再进行多层的中间方嵌套，形成一个融资性贸易的环，圈圈空转，不断地虚增收入、利润和存货，如图22-3所示。

综合以上分析，这个案例企业的财务预警信号其实都很明显，并且关联交易并不隐蔽，广州浪奇的董事长持有广州钿融34%的股份，并没有通过代持等隐蔽的方式操作。董事长持股的企业，是应该纳入贷后管理范围的。另外，广州浪奇持有江苏琦衡25%的股份，虽然没有合并报表，但这种直接持股的情况，也是能很容易直接查到的。尤其是采购支付方式发生了重大变化，这种预警信号出现时，需要关注是否存在关联交易和利益输送。

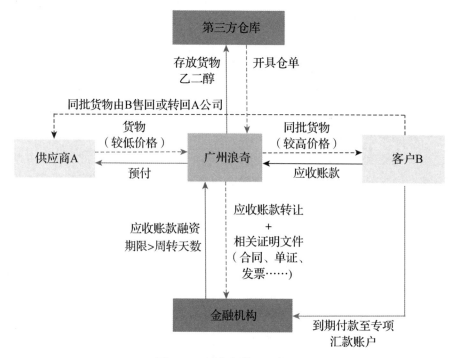

图 22-3　财务舞弊交易推测

商业银行其实完全有充裕的时间撤出和控制管理好风险。然而实际情况是，2017～2020年短期借款新增了26.6亿元，截至2020年末，短期借款合计33.2亿元，是由于国有企业的光环，还是由于贸易融资结构对还款的保障，使得新进入或者未撤出的银行对这些预警信号视而不见，这值得我们思考。

22.6　利益相关方的预警信号

可以把贷后管理工作的信息监控范围，理解成一个以授信企业为核心的生态集群。风险预警信号就是整个生态集群中任何个体可能发生的风险，尤其是可能传导给核心授信企业的风险。

利益相关方主要是指控股股东或实际控制人、高管层、其他债权人、核心供应商及客户、同一股东或实际控制人控制的关联企业。

1.控股股东或实际控制人

控股股东或实际控制人的变化属于重大变化，控制权的转变可能会带来企业经营发展战略、主营业务以及高管层等诸多方面的变化。

在贷后管理中要监控控股股东或实际控制人的持股信息,也要及时与企业保持交流。控制权的变更信息,越早知道越好,以做好应对与管理风险的准备。这种监控要注意以下三个方面的信息。

监控控股股东或实际控制人是否把持有的股票进行了质押融资。如果有质押融资,需要定期监控质押比率(质押比率=已质押股票/总的持股)。股票质押比率过高,传递出的信息是控股股东或实际控制人资金链紧张,股价走低时很可能会引发爆仓,最终可能引发控股权的变更。民营上市公司尤其要关注这一点。

监控控股股东或者实际控制人的负面信息或报道。这可能会给授信企业带来直接或间接的影响,包括生产、经营、声誉等方面,还有可能会因为控股股东或实际控制人的某些法律风险导致无法履行某些权利、无法签署文件,影响到企业的正常经营、账户使用或者融资等,导致企业的债务逾期或者违约。

监控控股股东或实际控制人是否存在资金侵占。控股股东或实际控制人侵占企业资金的案例,屡见不鲜。通过监控与分析企业的交易账户信息,查询授信企业与控股股东之间是否存在资金往来,如果交易非常频繁且金额巨大,要及时采取应对的预警措施。

2. 高管层

高管层的变化会对企业生产经营的稳定性造成或多或少的直接影响,尤其是核心高管的离职,影响就更大一些。要密切关注企业核心高管层的离职信息、法律诉讼及其他负面信息,包括董事、总经理、CEO、CFO、CTO等核心高管。

核心高管的离职也能传递出一些信号,比如公司的控制权可能即将发生转变,或者企业内部可能出现了一些问题等。如果高管层频繁变动或者在短期内有多人离职,那么更要高度关注。A股上市公司里,曾经出现过高管集体辞职的情况,出现这样的信息都意味着企业出现了严重的问题。

3. 其他债权人

在贷后管理中,不仅要关注银行自身的信贷额度,同时必须密切地关注其他债权人的信息。如果企业借款规模增加,这可能会使得企业的财务杠杆增加,很可能会突破约定的某些信贷承诺条款,增加企业的流动性风险。

如有新的债权人加入,要关注新进入的债权人与企业之间的信贷条件,是否会对银行与企业现存信贷额度造成影响,是否会影响清偿顺序,使银行陷入从属风险中。

要留意是否有其他债权人退出,这可能会引发企业的流动性风险。

以某家 A 股上市公司为例说明。

以下内容摘自该公司披露的 2019 年、2020 年年度审计报告:

"截至 2019 年 12 月 31 日,公司及控股子公司取得银行综合授信总额为人民币 15.1105 亿元,其中已使用银行授信金额为 11.6805 亿元。报告期内公司共取得银行借款 10.9205 亿元,偿还银行贷款 8.4049 亿元。

截至 2020 年 12 月 31 日,公司及控股子公司取得银行综合授信总额为人民币 10.79 亿元,其中已使用银行授信金额为 9.41 亿元。报告期内公司共取得银行借款 9.40 亿元,偿还银行贷款 10.06 亿元。"

对比以上信息中 2019 年和 2020 年授信额度使用情况,该企业 2020 年从银行获得的授信总额比 2019 年减少了 4.32 亿元,2020 年报告期内取得银行借款额度减少了 1.52 亿元。

该企业在 2019 年的营业收入是 13.44 亿元,对于这个营业收入规模的企业,授信总额度 15.1 亿元,至少有 10 家银行提供了贷款。2020 年授信总额度减少了 4.32 亿元,意味着至少有 3 家银行都停止了提供贷款额度。再来计算授信额度使用率,2019 年的使用金额占总授信额度的比例为 77%,2020 年上升到了 87%。可见该企业的再融资能力逐渐下降,并且流动性风险上升。

当一个企业从银行获得的综合授信总额度减少,尤其是总额度大规模减少时,这是一种预警信号。通常被抽贷的企业本身就可能遭遇了经营中的问题,抽贷会导致企业面临更严峻的流动性风险。

4. 核心供应商及客户

核心供应商和客户的变化会直接给企业的生产经营带来重大影响。贷后管理中要注意核心供应商及客户变化的预警信号,尤其是供应商集中度高、客户集中度高的授信企业,更要引起高度关注。这个话题在很多章节中都有反复讲到,此处不再赘述。

5. 同一股东或实际控制人控制的关联企业

贷后管理中对关联企业的监控主要是关注关联交易,可以从交易账户信息、财务报表中挖掘是否存在关联交易。

如以下这家 A 股上市公司,该企业的应付账款中有近一半比例的工程设备款,如表 22-9 所示。

表 22-9 应付账款项目注释（1） （单位：元）

项目	期末余额	期初余额
贷款	17 210 550 042.52	6 965 699 846.04
工程设备款	14 586 371 745.98	7 528 953 046.65
其他	191 726 504.76	128 789 969.94
合计	31 988 648 293.26	14 623 442 862.63

该企业应付账款期末余额合计约 320 亿元，其中 146 亿元是工程设备款，占应付账款总额的比例为 46%。这是一家以生猪养殖为主营业务的企业，工程设备款并非主营业务。

查询应付账款中交易对手方的信息（见表 22-10），发现其中有 2 家企业是该企业大股东控股的公司，即关联公司，关联交易期末余额高达 80 多亿元。

表 22-10 应付账款项目注释（2） （单位：元）

项目名称	关联方	期末账面余额	期初账面余额
应付账款	1	7 074 252 321.12	3 264 769 219.60
应付账款	2		18 734.00
应付账款	3	1 105 873 092.26	298 211 067.89
应付账款	4	607 297 269.50	63 005 468.83
应付账款	5		280 800.00
应付账款	6	578 064 786.60	55 694 956.32
应付账款	7		5 527 906.65

这是一个非常明显的关联交易，在年报中比较容易发现，应付账款科目中非常醒目、金额巨大。实务中，大部分关联交易都很隐蔽，往往藏在"其他应收账款""其他应付账款""预付款项""预收款项"等科目中，而且没有详细的附注信息，较难发现。

关于关联交易可以参照第 4 章、第 6 章中的相关内容。

22.7 其他预警信号

贷后管理中还需要留意一些可能对企业的生产经营、声誉等带来负面影响的其他预警信号。如安全、环保等负面信息，可能会造成停产、限产等影响；诉讼等负面信息或者报道，可能对企业的声誉造成负面影响，也有可能产生金额不等的或有负债。

此外，在经济下行周期和不景气的时候，对风险管理的挑战最大。除了经济、政策和市场等各原因带来的影响外，企业还往往选择在这样的时候趁机"洗大澡"[⊖]。

商业银行是一个管理和经营风险的特殊机构，作为客户经理需要尽职尽责，在有预警信号出现时，要按照银行的内控流程及时汇报并采取相应的风险管理措施。切忌拿着斧子看什么都像钉子，但也别拿着斧子连钉子都没看明白。

⊖ 指财务上对损失和费用的过度确认。

| 附录 |
案例解析

大宗商品企业客户的贷前、贷后风险管理

(青山伦镍实例)

2022年3月,伦敦金属交易所(简称"LME")上演了一场镍期货交易的逼空大战。

相关新闻回顾

3月7日至3月8日,短短2日内,LME镍期货3个月合约价格从最高29 246美元飙升至101 365美元,远高于现货的市场价格。据悉,这是LME有史以来最极端的价格走势。LME3月8日被迫暂停交易,之后宣布作废当日全部镍交易。

国内的一家民营企业青山控股集团有限公司(简称"青山")卷入了这次逼空大战,据报道其持有空头头寸20万吨。在LME取消交易后,报道中称青山在寻求帮助拆借现货镍,并与多家银行交涉关于保证金的补仓。

3月15日,青山发布声明,称其已经与由期货、银行债权人组成的银团达成一项静默协议。在静默期内,银行同意不对青山的持仓进行平仓也不要求其追加保证金。

3月16日,LME恢复镍交易,设置了每日价格限制,并向所有基本金属品种设置"每日价格限制"。伦镍重启交易后连续4日跌停,而后回弹至40 000美元/吨以下,在LME的多重举措下,逼仓风险已基本得到化解,镍价正逐渐向基本面方向回归。⊖

⊖ 相关新闻来自新浪财经、中国证券报、Mystell。

大宗商品套期保值的原理

套期保值，英语叫作 Hedging，是指为了对冲现货市场商品价格上涨或者下跌的风险，而在期货市场对同一商品进行数量相同的买入或者卖出的操作。

比如一个镍板的生产企业，为防止镍板库存在未来销售时，现货市场价格下跌，于是选择在期货市场卖出镍。这样未来镍板现货市场价格下跌的话，企业现货市场会亏损，但由于期货市场和现货市场受到相同的供求因素影响，变化趋势相同，因此期货市场就可以盈利，通过这种套期保值的操作来弥补自己现货市场的亏损。

同理，如果一个生产汽车零部件的企业，需要采购镍作为原材料，担心原材料价格上涨，从而在期货市场买入同等数量的镍，通过期货和现货的结合，来防止原材料价格上涨的风险，把损失降到最低。

期货市场是零和的，这是期货市场最大的特点，即买家（多头）和卖家（空头）之间的契约，在某一个时点必须按照约定的价格履约，因此，两方的回报加起来是零，空头的盈利必定来自多头的损失，同理，多头的盈利也必定来自空头的损失。○

多空双方完成交易，主要有两种方法：一种方法是交割，合约到期后的交割期内按照约定的交割地点、产品规格等进行实物交割；另一种方法是平仓，即空头如果不想交割或者多头不想收下这些实物，那么可以选择在期货市场平仓，空头把自己的空仓填平，多头把自己的仓位卖出。

因为大宗商品金融属性强、单价高，价格波动会带来很高的风险，所以大宗商品的玩家通过期货的套期保值来对冲风险，是很常见的一种风险管理方式。

青山简介

公开资料显示，青山是一家拥有镍矿开采、镍铬铁以及不锈钢冶炼全产业链的温州民营企业。Mysteel 调研数据显示，2020 年，青山全年生产不锈钢粗钢 1080 万吨，销售收入 2908 亿元人民币，是中国销售收入最高的民营钢企。金属镍业务方面，据中信建投统计，2020 年青山已占据全球 18% 的市场份额，而根据青山方面披露，公司镍产量 2021 年可达 60 万吨。

金属镍是生产不锈钢相关产品重要的上游原材料，在目前的金属镍消费结

○ 本段参考自微信公众号"伍治坚证据主义"的文章：伦镍事件有哪些教训？

构中，不锈钢占据全部比重高达 80%，电池占比为 5%。

镍是三元锂电池正极材料中的原材料之一，电动车销量的持续增长推高了对动力电池的需求，同时也带来了镍需求的增长。

世界上的镍矿分为硫化镍矿和红土镍矿两类，硫化镍矿可通过冶炼生产出高冰镍，再加工成可用于制造电池的硫酸镍，即电池用镍。但硫化镍矿的储量小，仅占全球镍资源储量的 28%，且多年开采后储量下降、开采难度加大。而占全球剩余 72% 的红土镍矿无法直接加工成电池用镍，主要用于生产不锈钢。硫化镍的供应于是出现了结构性短缺。业界 2018 年开始研究用红土镍矿转制成电池用镍，据说已经突破技术壁垒。俄罗斯是世界上最大的镍生产国之一，仅次于印度尼西亚和菲律宾，供应全球约 10% 的镍需求。

2021 年底，青山宣布在印度尼西亚的大型电池用高冰镍项目投产，预计产量将逐渐提升到 2022 年 85 万吨，和 2023 年 110 万吨。如果能达产，将进一步巩固青山金属镍供应的世界级龙头地位。由此可见青山对镍产业链及价格的巨大影响力。

事件梳理与分析

1. 青山为什么会在期货市场做空镍？不锈钢生产企业不是应该在期货市场买入吗

青山进行产业链延伸向上游原材料布局，在印度尼西亚投资了镍矿，包含镍矿的开采、冶炼及出口，据报道镍产量 2021 年实现了 60 万吨。2022 年以来镍金属价格大幅上涨，青山考虑到两个印度尼西亚生产基地将陆续提产，预计量产后对市场整体供应的冲击，全球镍供应将从短缺转为过剩，镍价格会下跌，因此选择用期货作为套期保值，在期货市场卖出镍来对冲未来现货市场价格下跌带来的损失。

2. 为什么明知道现货不符合交割标准还会在期货市场做空

青山印度尼西亚基地出产的主要是高冰镍，期货市场没有直接的期货合约产品跟高冰镍对应，而高冰镍的价格走势跟电解镍相近，所以青山会选择在期货市场卖出电解镍，以对冲现货高冰镍价格下跌的风险。

目前全球镍期货的交易平台主要集中在 LME 和上海期货交易所（简称"上期所"），上期所设置持仓限额，且套期保值需要单独向交易所上报现货情况才能申请到足够额度。在此前提下，上期所的镍期货无法容纳青山的海量头寸，这是青山的巨额空仓头寸主要集中于 LME 的原因。

3. 青山为什么会面临逼空

青山虽然坐拥印度尼西亚的镍矿，但公司的产品中仅为镍铁（含镍量约 10%）和高冰镍（含镍量约 70%），并不是符合 LME 合约交割标准的高纯度电解镍（含镍量约 99.8%），不符合交割标准。这意味着期货合约到期日，青山需要在市场上取得符合交割标准的电解镍或者平仓。

LME 镍在东南亚有交割库，分布在马来西亚和新加坡，对于主生产地在印度尼西亚的青山控股来说，交割品入库注册仓单的运输过程显然不够便利。临近交割月的期货合约通常流动性较差，在没有减仓的迹象下，很可能会出现逼仓行情，所以没有参与交割意向的仓位一般会通过提前移仓换月来规避风险。但青山并未重视移仓或者减仓，进入 2 月下旬仍持有大量 LME 镍 3 月合约的空仓头寸。伴随着俄乌冲突的突然引爆，符合交割条件的俄镍难以进入 LME，市场对于这突如其来的事件始料未及，引发期货市场反应，价格跳升，进一步将青山推至面临逼空的局面。⊖

青山持有空头头寸 20 万吨，平均合约价位约在 20 000 美元。在期货合约价格上涨时需要补交保证金，并且要在当天完成，交不上就会被强行平仓，按照实际平仓价位，还会被追索实际亏损差额。假设平仓价位在 50 000 美元以上，结算损失将高达 60 亿美元或更多。由此可见，无货空头的头寸被逼仓的话，理论上亏损是可以无限大的。

从历史信息来看，青山控股交易镍期货的方向多变，交易数量巨大。据媒体报道，2019 年 9 月，青山控股曾购入近半数 LME 镍库存，总量高达 3 万吨～8 万吨，引发镍期货价格大涨，导致 LME 对镍库存大幅下降进行调查，并要求交易客户披露业务原因。

站在商业银行的角度，如何评估以及管理大宗商品企业套期保值的风险

通常大宗商品都伴随着进出口的贸易，从而不仅涉及大宗商品的价格波动风险，还涉及汇率波动风险，在这里，暂且只分析大宗商品价格的套期保值。

⊖ 陈欣，张元豪. 青山控股博弈镍期货 [J]. 证券市场周刊，2022，(9).

1. 评估企业的套期保值需求（品种、买卖方向）

首先，需要评估企业的套期保值需求，通过尽职调查，了解企业全面的信息，从而判断套期保值的需求来自哪些环节，是担心产成品的价格下跌，还是担心库存原材料的价格下跌，还是担心原材料的价格上涨。

拿案例中的青山控股来看，如果是镍矿生产镍的环节，会担心镍的价格下跌，需要对镍价下跌进行套期保值；但如果是生产不锈钢的环节，是担心镍这个原材料的价格上涨，而需要对镍价上涨进行套期保值。

2. 评估企业套期保值规模（额度、期限）

在明确企业的套期保值需求以后，需要做的是计算套期保值的规模，例如对产成品价格下跌进行套期保值，需要计算每年的产成品有多少规模，跟客户签订了什么样的销售合同，是长协固定价格还是随着市场的价格波动可以调整价格。

对于企业来讲，由于跟不同供应商和客户的话语权的差异、合作期限等因素，会有不同的定价方式和销售价格，对于银行端很难做一个精确的计算。简单匡算的话可以把企业财报中的现金循环周期作为套期保值期限，而套期保值的授信额度跟正常授信风险评估的流程一样，单一机构提供的套期保值额度不会超过企业套期保值总需求规模的 20%。

银行向企业收取的保证金比例跟期货公司计算的方式不同，在银行端可能会得到完全敞口的信用额度，也可能需要比例不等的保证金，取决于企业的信用情况。对于防止库存商品价格下跌和原材料商品价格上涨进行套期保值的逻辑和操作，跟以上产成品的套期保值相同。

对于案例中的青山来讲，上游布局了矿资源，部分是为了满足不锈钢生产过程中用到的镍原材料，再有余量加工成高冰镍出售到市场。所以严格意义上讲，青山的镍产品的套期保值规模应该是矿基地的产量扣除掉向自己集团产业链里供货的部分，只计算对外销售的部分。

3. 管理套期保值客户常见的风险

（1）套期保值产品不匹配（也可以简称为 Basis Risk，即套期保值基准差异风险）

例如案例中的青山，生产的现货是高冰镍，高冰镍没有直接对应的期货产品，但价格走势跟电解镍接近，从而选择电解镍进行套期保值，这种操作方式在很多企业也常见。

这时候需要防范的风险就是仓位要控制好，因为套期保值的产品不是直接对应。需要考虑手中的现货跟电解镍之间的转换会受到哪些因素影响，有哪些风险，之间的价格相近度受到哪些因素影响会产生偏离，如何管理和应对这些风险。

这次青山被逼空事件，是套期保值产品不匹配风险的一次重大爆雷。电解镍在期货市场由于夹空仓突然疯涨，现货的高冰镍价格和期货市场的价格必然严重偏离，所以沽空方在期货市场体现的重大亏损，在现货市场将得不到抵消。

（2）超额套期保值/赌单边（Over-Hedge/Wrong-Side Trade）

严格意义上讲，套期保值的规模和期限应该是现货和期货一一对应的，但在日常企业生产经营中做不到一一对应。如果企业按照设立的套期保值流程严格执行交易，通常偏差不会太大，仓位的多少以及现货期货的时间差都会是偏离很小的。

但如果在套期保值的交易中，存在着对价格走势的判断以及投机的心态，期货买入或者卖出的规模超过了现货，甚至利用金融市场增加认为对自己有利方向的头寸，这时候就已经不再是套期保值，不再是对冲风险，而意味着暴露在风险下，就要为自己的判断买单了。

真正的套期保值交易，在期货账户出现了亏损时，现货账户会盈利，但如果没有现货而通过自己的判断在期货市场的交易就是赌单边，一旦判断错了，意味着期货账户的实亏。

青山持有20万吨空单，在这种极端情况下如果交易不被作废的话，会出现多大的亏损呢？按照做空价格20 000美元/吨，以最高点10 000元美元/吨计算，青山控股20万吨空仓平仓亏损约为160亿美元。

（3）杠杆风险、保证金制度带来的流动性风险（Liquidity Risk）

期货市场交易本身就是带杠杆的。企业根据自身的信用资质，在期货经纪公司开仓的时候只需要缴纳部分保证金，而非全额资金。如果是10%的保证金就意味着10倍的杠杆。开仓之后每天需要通过变动保证金来进行清算，不管是多头还是空头，当浮亏时需要按时缴纳保证金，以确保期货经纪公司或者银行（OTC交易）在其清仓的时候没有亏损。

如果企业采用在银行端展开套期保值交易获得信用额度，就意味着企业有更高的杠杆，相当于企业在期货公司开仓时需要缴纳的保证金由银行全部或部分代缴。还有另外的情况是，银行根据客户的需求设计专门的套期保值产品，这些组合产品中有可能使用期货以外的多种衍生品，比如期权，这也会增加杠杆和交易风险。使企业对自己仓位的控制和敞口风险的评估难度增加。这也是本次事件中有多家银行跟青山达成静默协议的原因，银行给青山提供了信用额度，所以在此次事件中也同样面临着亏损的风险。

保证金的引入，本来是期货交易所或金融机构用来管控交易对手风险（Counterparty Risk）的措施，在市场价格正常波动的情况下是有效的。但是，当价格涨跌幅较大和波动剧烈时，交易出现亏损就会涉及交易账户要补充保证金的情况。有时候市场遭遇到特大波动时，交易所或者中介机构甚至会临时提高保证金比例。通常保证金还需要当天补充，否则面临被强行平仓。通常期货交易账户都开立在境外，保证金以美元为主，企业在境外的账户需要保证充足的现金流动性，用于及时补充保证金。

例如案例中的青山，当期货价格上涨到 10 000 美元时，按 10% 的保证金缴纳，需要补充保证金 16 亿美元，这对于任何一个企业来说都是对流动性非常大的挑战。所以当企业有期货头寸时，要根据市场行情做压力测试，尤其是在俄乌冲突发生后，多种大宗商品市场都剧烈波动，要提前对市场价格波动产生的冲击进行评估，做好风险防范。

4. 客户管理

（1）贷前

通常参与套期保值活动的企业内部，会建立一套完整的套期保值流程，这是企业运营及财务风险管理中的重要组成部分。如果企业是上市公司，按照交易所对上市公司的监管要求，企业需要公开披露套期保值流程才能开展套期保值业务。流程包含了套期保值业务会涉及的交易场所、可以合作的机构、使用的衍生品种类、交易金额上限、资金来源以及交易中的授权层级等。

在尽职调查时，客户经理应该对企业套期保值的流程以及授权层级中涉及的核心岗位进行访谈，充分了解信息，以便后续对该企业做好风险管理。对于缺少套期保值经验以及还未建立套期保值流程的企业，银行可根据实际情况评估客户价值，决定是否要在企业建立套期保值流程的初期提供咨询，是否要在开展套期保值交易的早期作为其合作机构以及在信贷条款中需要哪些抵质押等增信措施。

在信贷评估等实务中，可根据财报中现金科目中的受限制货币资金，反向推算该企业已使用的套期保值额度或交易头寸和盯市盈亏。在尽职调查访谈中询问企业在各家期货公司或者银行的保证金比例范围，这样可以根据已存入的保证金除以保证金的平均比例，粗算企业实际使用了多少套期保值额度，再跟企业套期保值实际需求的规模进行对比，判断企业过往对于套期保值工具的使用是谨慎的还是激进的。

（2）贷后

贷后，客户经理要对企业的生产经营情况做定期的拜访及跟踪了解，确保对企业的真实情况了如指掌，从而判断企业日常进行的套期保值交易是否跟其真实的需求匹配。对套期保值产品的市场价格做日常的跟踪，在价格波动剧烈时提高警惕。

企业在实际业务量无重大变化的情况下，若出现财报显示保证金相关受限制货币资金大幅提高，可能意味着企业套期保值额度大幅提高了，或者是期间交易头寸出现亏损，也可以通过交叉验证交易品类期间的价格变动求证。

当企业使用的套期保值额度增加时要提高警惕。可能是交易出现不利情况时加大头寸或者救盘的行为，也可能是别家机构由于盯市亏损产生的被动超额导致的额度不够用所致。

信贷工作人员要对企业日常账户交易情况非常熟悉，尤其是观察到企业现金流变得紧张时，比如收到客户的货款当天立即转走，紧急请求提高现金额度、申请提款，近期频繁有钱转走去补充保证金等信号，都要引起警惕，尤其是大宗商品市场价格波动的时候更要对这些信号保持高度的警惕。

信贷工作人员要定期查询企业的征信记录，并收集财报分析其经营情况。同时也要看其他银行的额度使用情况，是否有在其他银行加增套期保值的额度、是否有在其他银行增加提款的额度等。

企业的套期保值流程中授权的核心人员变动、交易人员变动，也需要引起高度重视，要知道其人员变动的真实原因是否在于造成了亏损，也同时要关注缺乏套期保值经验的企业突然开展套期保值活动，大张旗鼓地建立交易团队甚至事业部、对交易和产品结构显得过于激进等行为。

本案例由林铭恩女士（朗榕咨询创始人，前花旗银行亚太区首席风控官）指导完成。

后 记

在这个深秋来临的时候，书稿终于写完了。一年前第一次去拜访机械工业出版社策划老师的场景就像发生在昨天。见面的那个下午，这本书还只是我脑海里的点点思路和心里的一股子热情。

与策划老师交流完以后我内心澎湃，说想走一走，她指向远处的一条路，说出版社附近的银杏树很美。我沿着那条路边走、边看、边想。盛夏傍晚的微风和道路两边的银杏树，好像都在鼓励着我，那一路内心悸动的记忆还依然清晰。

写书过程中感觉到的困难，远远超出了我之前的想象。刚开始，几乎每周，我都会质疑上一周写的内容。在频繁的出差途中，我都会挤出时间来写作。就这样一直写，还一直不满意，写作的内容就像出差的节奏一样断断续续，不连贯。

在过去工作的十几年里，每天说的、做的事情，本以为都是很熟练的，但在写书的过程中才意识到，真正要把这些内容全部写下来，梳理成一个系统化的框架体系，并把每项工作内容、每个知识点、财报中每个科目都能描述得简单、清晰、易懂，居然是这么困难的事情，比想象中难得多。这时候我才发现自己原本以为熟悉的很多工作内容，其实掌握得并不扎实，思考得并没有那么深入。这让我想到了之前看过的节目《十三邀》，有一期采访的是刘擎教授，采访中他提到："给大众看的内容远比给学者看的内容写起来更难，因为当你写给学者时，表达不清楚的时候可以加两三个专业术语，再引用两个学者的名字就可以了，默认在这个圈子里交流，你看不懂是你的责任。"这段采访给我的启发很大。

反思自己，之所以会在写作中感觉到困难，是因为在银行工作的时候，跟同事、企业之间的交流存在这样的情况：用所谓的专业词汇掩盖了自己认知上的不足。而当时的自己意识不到这个非常严重的问题。所以写这本书也是给我自己一个很好的机会，来审视和复盘自己的工作，这使我得到非常大的收获。

虽说写作的过程真的非常艰难，但把过去15年工作中的知识和经验重新进行梳理，也让我回忆起很多美好的人和事，从这些回忆里再一次获得了能量和成长。在写作推敲的过程中，要不断地跳出自我的视角，有意识地让自己避免陷入经验主义的局限、狭隘和误区，通过辩证让自我成长。

我很享受在写作过程中的沉浸，在过去1年多的时间里，坐在电脑前，用我最大的热爱，一字一句竭尽全力地去呈现想表达的内容。对每个知识点和案例的使用进行反复推敲，痴迷的程度完全不逊于贾岛的"僧推月下门还是僧敲月下门"。

期待这本书早日与大家见面。在此，想要向我的家人和朋友表达我最真挚的感谢，感谢你们的支持和鼓励，是你们给了我完成这本书源源不断的动力。

希望这本书能给每一位读者带来帮助或启发，希望你们能喜欢。